Aprender
Internet Explorer 8
con 100 ejercicios prácticos

Aprender
Internet Explorer 8
con 100 ejercicios prácticos

marcombo
ediciones técnicas

Título de la obra:
Aprender Internet Explorer 8 con 100 ejercicios prácticos

Primera edición, 2009

Diseño de la cubierta: OENE DISSENY

ISBN: 978-84-267-1582-1

ISBN (obra completa): 978-84-267-1533-3

D.L.: BI-1540-09

IMPRESO EN GRAFO, S.A.

Presentación

APRENDER INTERNET EXPLORER 8 CON 100 EJERCICIOS PRÁCTICOS

100 ejercicios prácticos resueltos que conforman un recorrido por las principales funciones del programa. Si bien es imposible recoger en las páginas de este libro todas las prestaciones de Internet Explorer 8, hemos escogido las más interesantes y útiles. Una vez realizados los 100 ejercicios que componen este manual, el lector será capaz de manejar con soltura el programa y navegar por la Red con rapidez, seguridad, fiabilidad y eficacia.

LA FORMA DE APRENDER

Nuestra experiencia en el ámbito de la enseñanza nos ha llevado a diseñar este tipo de manual, en el que cada una de las funciones se ejercita mediante la realización de un ejercicio práctico. Dicho ejercicio se halla explicado paso a paso y pulsación a pulsación, con el fin de no dejar ninguna duda en su proceso de ejecución. Además, lo hemos ilustrado con imágenes descriptivas de los pasos más importantes o de los resultados que deberían obtenerse y con recuadros IMPORTANTE que ofrecen información complementaria sobre los temas tratados en los ejercicios.

Gracias a este sistema se garantiza que una vez realizados los 100 ejercicios que componen el manual, el usuario será capaz de desenvolverse cómodamente con las herramientas de Internet Explorer 8 y sacar el máximo partido a sus múltiples y avanzadas prestaciones.

LOS ARCHIVOS NECESARIOS

En el caso de que desee utilizar los archivos de ejemplo de este libro puede descargarlos desde la zona de descargas de la página de Marcombo (www.marcombo.com) y desde la página específica de este libro.

A QUIÉN VA DIRIGIDO EL MANUAL

Si se inicia usted en la práctica y el trabajo con Internet Explorer 8, encontrará en estas páginas un completo recorrido por sus principales funciones. Pero si es usted un experto en el programa, le resultará también muy útil para consultar determinados aspectos más avanzados o conocer nuevas herramientas que podrá localizar en el índice.

Cada ejercicio está tratado de forma independiente, por lo que no es necesario que los realice por orden (aunque así se lo recomendamos, puesto que hemos intentado agrupar aquellos ejercicios con temática común). De este modo, si necesita realizar una consulta puntual, podrá dirigirse al ejercicio en el que se trata el tema y llevarlo a cabo sobre su propio navegador.

INTERNET EXPLORER 8

Probablemente, el navegador más utilizado actualmente para explorar la Red es Internet Explorer, de la compañía Microsoft. Este software, que viene instalado por defecto con el sistema operativo Windows, permite navegar por Internet con seguridad y rapidez. Este manual está dedicado a Internet Explorer 8, nueva versión del navegador que puede instalarse como actualización para Windows desde la página de Microsoft.

La última versión hasta el momento del navegador Internet Explorer presenta un gran número de novedades para mejorar la experiencia de explorar la Red de redes. Entre estas novedades encontramos algunas dirigidas a realizar más rápidamente determinadas tareas habituales y a mantenerse puntualmente actualizado (aceleradores y Web Slices), otras destinadas a explorar la Web con mayor privacidad y total seguridad (InPrivate y Filtro SmartScreen), y otras tantas específicas para visualizar las búsquedas y visitar sitios más fácilmente (sugerencias de búsqueda, búsqueda visual, exploración por pestañas mejorada, vista de compatibilidad...).

Cómo funcionan los libros "**Aprender...**"

El título de cada ejercicio expresa sin lugar a dudas en qué consiste éste. De esta forma, si le interesa, puede acceder directamente a la acción que desea aprender o refrescar.

Los ejercicios se han escrito sistemáticamente paso a paso, para que nunca se pierda durante su realización.

El número a la derecha de la página le indica claramente en qué ejercicio se encuentra en todo momento.

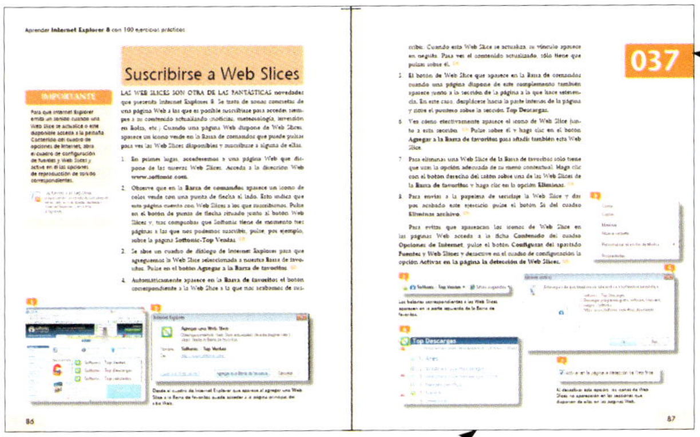

Los recuadros Importante incluyen acciones que deben hacerse para asegurarse de que realiza el ejercicio correctamente y también contienen información que es interesante que aprenda porque le facilitará su trabajo con el programa.

En la parte inferior de todas las páginas puede seguir el ejercicio de forma gráfica y paso a paso. Los números de los pies de foto le remiten a entradas en el cuerpo de texto.

Índice

Índice

Los orígenes de Internet

IMPORTANTE

Hoy en día, los servicios que ofrece la Red de redes van desde la búsqueda de información y su publicación en el **World Wide Web** hasta conversar con otras personas de cualquier parte del mundo mediante la mensajería instantánea y el chat, pasando por el correo electrónico, las compras, las descargas de todo tipo o las visitas virtuales, entre otros muchos.

SE HA CREÍDO CONVENIENTE INICIAR este libro con una lección teórica acerca de los orígenes de Internet ¿Cómo empezó todo? ¿Eran sus usos y finalidades los mismos para los que millones y millones de personas de todo el mundo lo utilizan? Como se describirá a continuación, los objetivos de Internet distan mucho de para los que fue creado hace ya casi cincuenta años.

1. Internet no nació tal y como la conocemos actualmente, sino como una red de ordenadores cuya conexión tenía como finalidad unir los sistemas informáticos de distintas instituciones militares de los Estados Unidos para evitar la interrupción de la comunicación entre estas instituciones en el hipotético caso de que una de ellas fuera destruida. La primera red de ordenadores se creó a finales de la década de los sesenta y se denominó **ARPANET**. 1
2. El impulsor de ARPANET fue el **Departamento de Defensa de los Estados Unidos**, que, gracias a esta innovación, permitió poner en contacto por primera vez a investigadores científicos con académicos norteamericanos. Esta red de ordenadores estaba formada únicamente por cuatro ordenadores, dos de ellos en el estado de **California** y los otros dos, en **Utah**. 2
3. Para que los equipos conectados se entendieran entre ellos y fueran capaces de intercambiar la información necesaria, fuera

1

Las siglas ARPANET corresponden al término en inglés ***Advanced Research Projects Administration Network***.

2

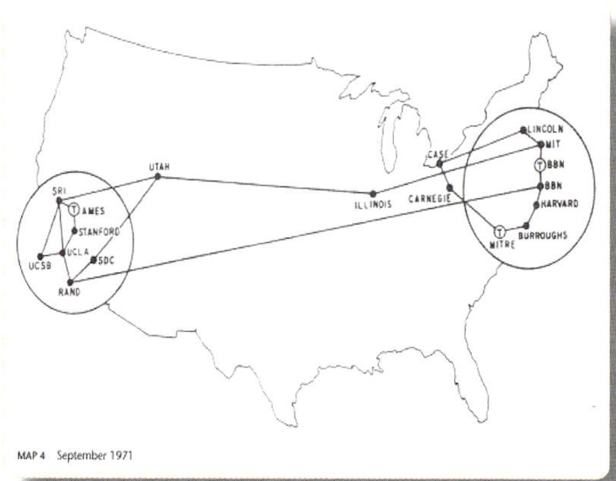

cual fuera el sistema operativo instalado, se desarrolló una serie de normas que se denominaron en su momento **protocolos** y que hasta hoy se han conocido con el nombre de **TCP/IP**. [3]

4. Las enormes posibilidades que ofrecía la red de ordenadores recién creada fueron descubiertas cuando, en 1971, **Ray Tomlinson** [4] desarrolló una aplicación que permitía enviar mensajes entre los equipos que formaban parte de aquella red.
5. A partir de aquel momento, y visto el éxito y la viabilidad del proyecto ARPANET, se llevaron a cabo otras interconexiones entre pequeñas redes que dieron lugar a lo que ahora llamamos Internet. De hecho, si hablamos con propiedad, fue el nacimiento y la interconexión de otros dos tipos de redes los que originaron la Red: las redes **USENET** y **BitNET**.
6. En 1989, en el Centro Europeo de Investigación Nuclear, el investigador **Tim Berners-Lee** [5] creó en Ginebra un sistema de intercambio de información en la Red con posibilidades multimedia, es decir, para el intercambio de textos, imágenes y sonidos. Nacía el **World Wide Web.**
7. La ***Internet Society*** es una unión de grupos y organismos que se encargan de que todo se desarrolle perfectamente en la Red. Su principal función es establecer normas que faciliten el intercambio de información por Internet. Sus miembros son tanto corporativos como individuales y su labor se extiende a nivel internacional.
8. Los documentos que se visualizan en la Red tienen una estructura de hipertexto, es decir, contienen textos que, a su vez, disponen de enlaces o vínculos a otros textos. Además, las páginas Web pueden mostrar imágenes, vídeos y hasta sonido. Para poder visualizar las páginas contenidas en la Red es imprescindible contar con un navegador.

001

IMPORTANTE

Existen una serie de organismos de gestión que se encargan de la elaboración de los protocolos que permiten el correcto y continuo funcionamiento de Internet, así como de la parte técnica. Entre estos organismos se encuentran el **IETF** (*Internet Engineering Task Force*) y el **IESG** (*Internet Engineering Steering Group*), aunque el más reconocido e importante es la ***Internet Society***.

3

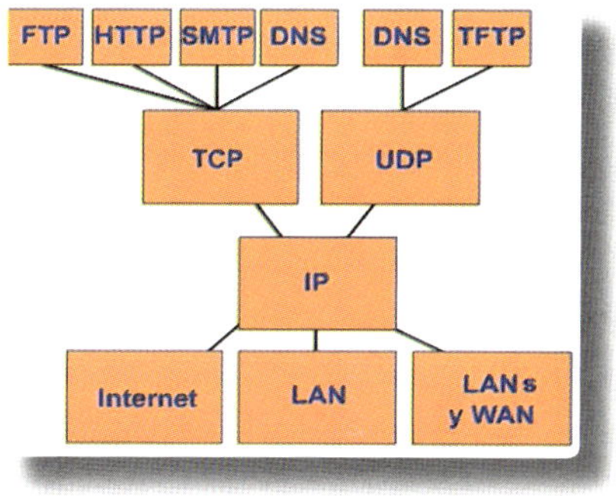

El protocolo **TCP/IP** forma un lenguaje universal.

4

Ray Tomlinson introdujo por primera vez la **arroba** en las direcciones de correo electrónico.

5

El **World Wide Web** ideado por **Tim Berners-Lee** es el elemento que más ha contribuido a la popularidad de Internet.

Instalar Internet Explorer 8

CADA VERSIÓN DE WINDOWS INCLUYE una versión del navegador más utilizado en el mundo, Internet Explorer. Sin embargo, los programadores de Microsoft trabajan continuamente para ofrecer a los usuarios nuevas versiones mejoradas, como la 8 que nos ocupa. En este ejercicio veremos los pasos que se deben seguir para instalar en el equipo esta versión del programa.

1. Para empezar, acceda la versión de Internet Explorer que tenga instalada en su equipo. Puede hacerlo usando el acceso a la aplicación que encontrará en el menú **Inicio**. (Si no dispone de Internet Explorer, abra su explorador habitual). 1
2. Se abre el navegador con la página configurada como página de inicio. En la **Barra de direcciones** escriba la dirección **www.microsoft.es**.
3. Escriba el término **Internet Explorer 8** en el cuadro de búsqueda de la página principal de Microsoft en España y pulse la tecla **Retorno** o el icono de lupa.
4. Acceda a la página principal del programa pulsando sobre el vínculo adecuado de la lista de resultados.
5. En función de si tiene instalado en su equipo **Windows XP** o **Windows Vista**, pulse sobre el vínculo adecuado del apartado **Descargar ahora**. 2

1

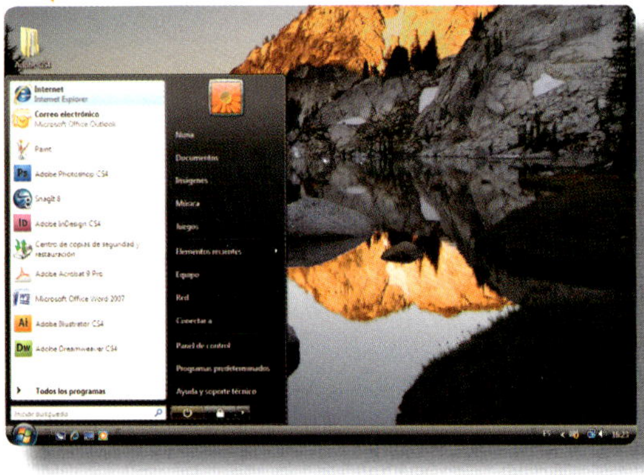

Si no dispone del vínculo Internet Explorer en el menú Inicio, puede acceder al programa desde el comando **Todos los programas**.

2

002

6. En la siguiente página puede ver las principales características del programa, así como los requisitos que debe cumplir el sistema para poder descargarlo. Una vez leída esta información, pulse el botón **Descargar** para iniciar el proceso.
7. Antes de iniciar la descarga, el sistema le advierte de un posible riesgo para el equipo en el caso de no conocer el origen. Pulse el botón **Ejecutar**. 3
8. En función de la velocidad de su conexión a Internet, el proceso de descarga será más o menos largo. 4 Una vez descargado el instalador, de nuevo se abre una ventana de advertencia. Pulse el botón **Ejecutar** para continuar.
9. Comienza ahora la instalación del programa propiamente dicha. Simplemente debe seguir las indicaciones del asistente que aparece en pantalla. Lea la información de la primera ventana de dicho asistente y pulse el botón **Siguiente**. 5
10. En el siguiente paso puede leer e imprimir los términos de la licencia del software. Hágalo y pulse el botón **Acepto**.
11. Mantenga activada la opción **Instalar actualizaciones** 6 en este cuadro y pulse **Siguiente**.
12. Al completarse la instalación, el sistema le recomienda reiniciar el equipo. Hágalo pulsando el botón **Reiniciar ahora (recomendado)** para dar por acabado el ejercicio. Verá cómo se instalan las actualizaciones necesarias.

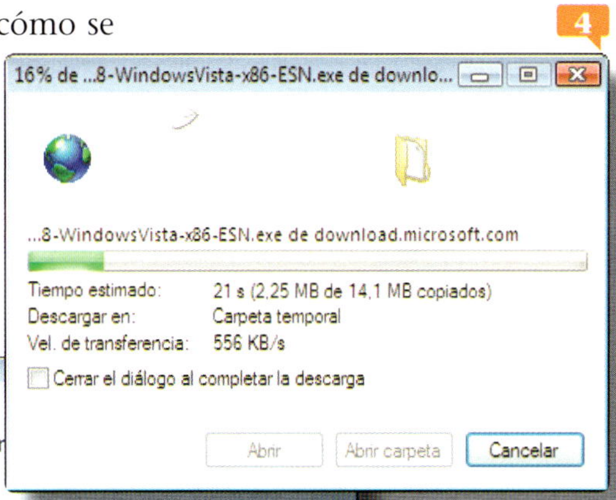

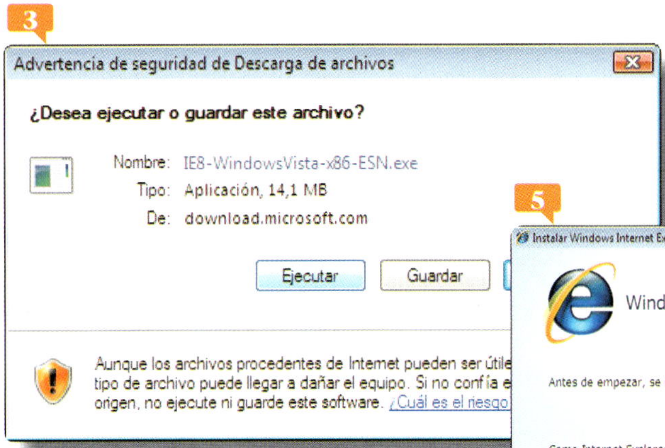

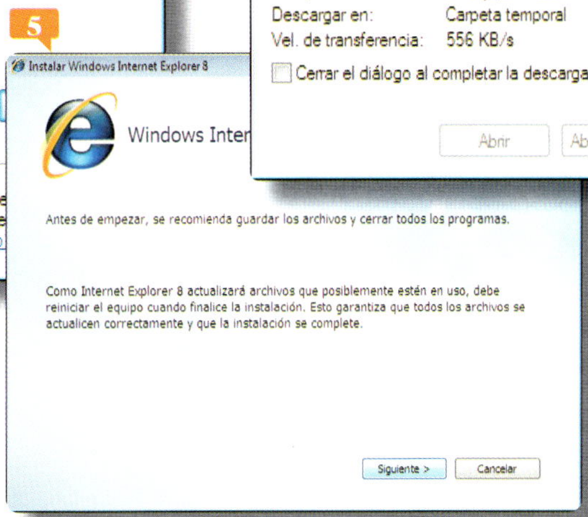

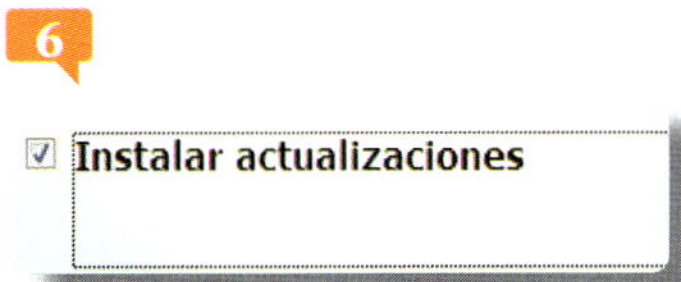

Si lo desea, puede desactivar la opción **Instalar actualizaciones** e instalarlas posteriormente una vez disponga de Internet Explorer 8.

Acceder a Internet Explorer 8

LA VERSIÓN 8 DE INTERNET EXPLORER mejora las funciones existentes y agrega nuevas características relacionadas con la seguridad y la privacidad, así como múltiples novedades que facilitan las tareas cotidianas. La exploración por pestañas, que ya se presentó como novedad en Internet Explorer 7, permite tener más de una página Web abierta y pasear por ellas de una forma cómoda y rápida. Windows Vista cuenta con un acceso directo en su renovado menú Inicio que permite abrir la aplicación y empezar a trabajar con ella.

1. En este ejercicio queremos mostrarle cómo acceder a Internet Explorer 8 desde Windows Vista. Como se vio en el ejercicio anterior, Vista presenta por defecto un vínculo de acceso directo al navegador de Internet en el menú **Inicio**. Empecemos. Despliegue el menú **Inicio** pulsando sobre el botón que muestra el logotipo de Windows en la **Barra de tareas**. 1
2. Como se vio en el ejercicio anterior, en la parte superior del menú **Inicio** se ubican dos vínculos; uno al navegador de Internet predeterminado y otro al programa de correo electrónico del sistema. Pulse sobre el primero. 2
3. La primera vez que acceda a Internet Explorer 8 aparecerá un asistente para su configuración. Pulse el botón **Siguiente** del primer paso de ese asistente. 3

1

2

Los vínculos a Internet Explorer y al gestor de correo electrónico predeterminado están "anclados" al menú Inicio, es decir, siempre aparecen al abrir este menú. Puede anclar los accesos a otros programas que use con frecuencia usando la opción **Anclar a menú Inicio** de su menú contextual.

3

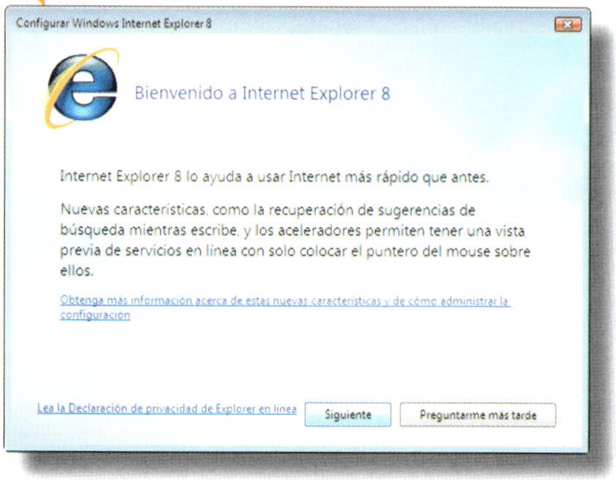

4. En el siguiente paso debe indicar si desea que el programa detecte sitios Web preferidos en función de los visitados. Active la opción **Sí, activar sitios sugeridos** y pulse **Siguiente**.
5. A continuación debe elegir entre usar una configuración rápida predeterminada o bien elegir una configuración personal. En esta ocasión, haga clic en el botón de opción **Usar configuración rápida** y pulse el botón **Finalizar**.
6. Se abre el navegador mostrando la página configurada por defecto como página de inicio Cierre el programa pulsando el botón de aspa de su **Barra de título**.
7. Ahora veremos cómo añadir el icono de Internet Explorer a la **Barra de inicio rápido**. Abra de nuevo el menú **Inicio,** haga clic en la opción **Todos los programas** y, en la lista de aplicaciones que se despliega, haga clic con el botón derecho del ratón sobre el comando **Internet Explorer** y elija la opción **Agregar a Inicio rápido**.
8. Inmediatamente el icono de Internet Explorer se sitúa en la ubicación especificada. Debe saber que esta acción, igual que la ubicación en el Escritorio, se puede llevar a cabo mediante la técnica de arrastre, es decir, pulsando sobre el icono del menú Inicio y arrastrando hasta la ubicación deseada. Pulse en una zona libre del Escritorio para ocultar el menú **Inicio**.
9. Comprobaremos que el icono funciona sin problemas. Haga clic sobre el nuevo icono de **Internet Explorer** de la **Barra de inicio rápido** y para terminar este sencillo ejercicio, cierre el programa pulsando el botón de aspa de la **Barra de título**.

003

IMPORTANTE

Si ha **actualizado** su versión de Internet Explorer, al abrir el navegador aparecerá la página que estaba configurada como página de inicio en la versión anterior.

6

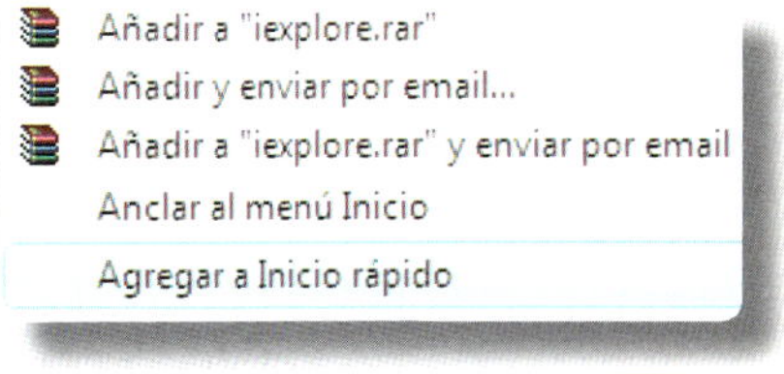

5

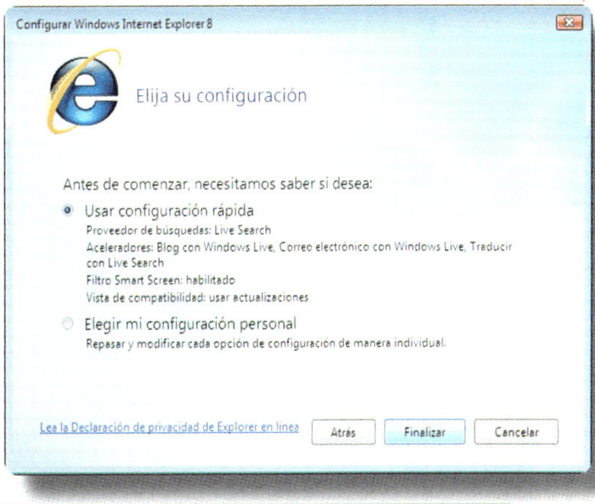

4

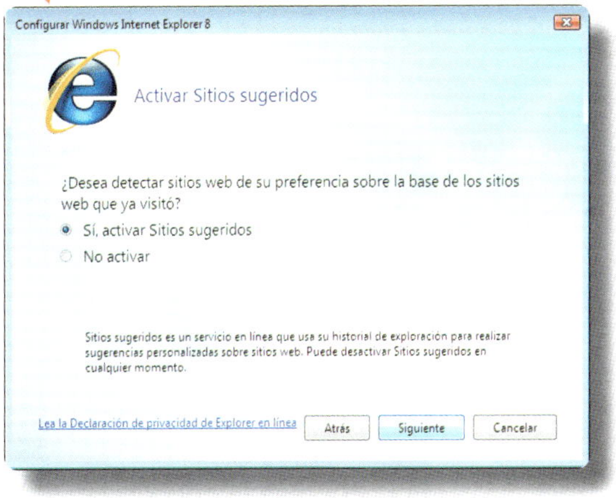

Puede desactivar la **detección de sitios sugeridos** en cualquier momento.

7

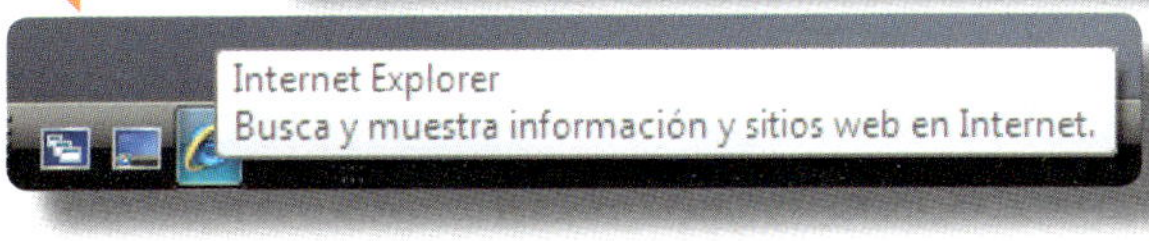

Configurar la conexión a Internet

IMPORTANTE

También puede acceder al cuadro Propiedades de Internet desde el Panel de control, pulsando en la opción **Redes e Internet** y después en el vínculo Opciones de Internet.

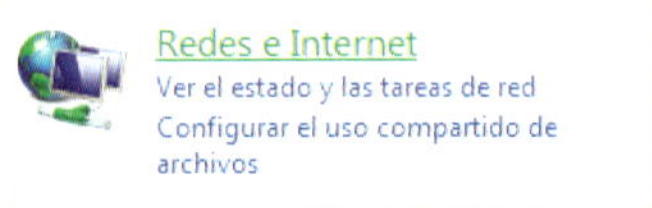

AL INSTALAR WINDOWS VISTA, EL SISTEMA INSTALA por defecto el navegador Internet Explorer en su versión 7. Sin embargo, dicha instalación no supone la configuración de la conexión necesaria para navegar por la Red. En la actualidad, lo más común es que el acceso a Internet se lleve a cabo mediante una línea denominada banda ancha, que proporciona conexión a la red utilizando una línea independiente a la telefónica. Además, lo más habitual es que el usuario contrate un servicio de tarifa plana, permitiéndole así una libre navegación durante todo el día.

1. Contar con un navegador como Internet Explorer no es suficiente para navegar por la Red, sino que es preciso disponer de una buena conexión. Para ello, supondremos que previamente nos hemos puesto en contacto con nuestro Proveedor de servicios de Internet, es decir, la compañía que nos da este servicio, el cual nos ha proporcionado una serie de datos que debemos introducir durante el proceso de configuración. Para empezar, acceda a Internet Explorer pulsando sobre el icono que ubicamos en la **Barra de inicio rápido**. 1
2. Aunque en un ejercicio posterior trataremos con detalle las opciones de Internet, en esta ocasión es preciso que accedamos a ellas para poder iniciar el proceso de configuración de la conexión. En la **Barra de opciones** del navegador, pulse sobre el comando **Herramientas** y elija **Opciones de Internet**. 2

1

2

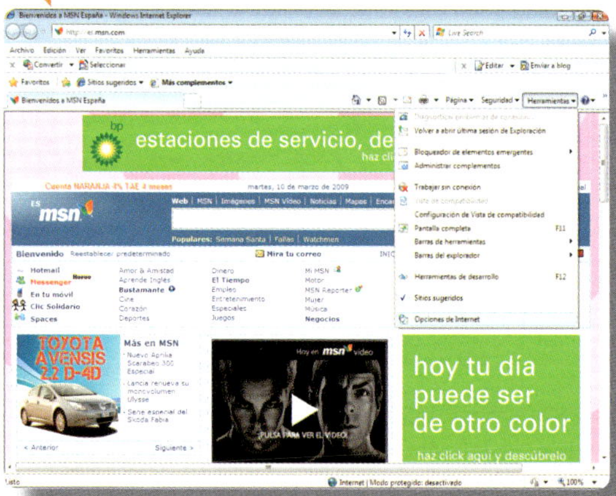

004

3. Desde el cuadro **Opciones de Internet** puede configurar cualquier aspecto relacionado con el navegador y con la conexión a Internet. Pulse sobre la pestaña **Conexiones** y haga clic en el botón **Configurar**.
4. Si el cuadro **Conectarse a Internet** detecta que ya existe una conexión, nos informa de ello y nos da la posibilidad de configurar una nueva conexión. Pulse sobre el vínculo **Configurar una nueva conexión de todas formas**.
5. En el siguiente paso debemos elegir cómo queremos conectarnos según el tipo de línea que vamos a utilizar. Pulse sobre la opción **Banda ancha** para seguir adelante.
6. Seguidamente, como indica esta ventana, debemos introducir los datos que nos ha proporcionado nuestro proveedor de servicios, esto es, el nombre de usuario y la contraseña. Hágalo y pulse el botón **Conectar**.
7. Si los datos sean correctos, la conexión a Internet se configura correctamente, como indica el cuadro de diálogo que ha aparecido en pantalla. A partir de estos momentos ya puede empezar a navegar por la Red de forma ilimitada. Pulse el botón **Cerrar** para dar por terminado el proceso de configuración.
8. Compruebe que la nueva conexión se refleja también en el cuadro de opciones de Internet, mostrando entre paréntesis el término predeterminado. Esto significa que, si no se indica lo contrario, será ésta la conexión que se utilizará por defecto. Pulse sobre el botón **Aceptar** para salir del cuadro de opciones de Internet y cierre Internet Explorer pulsando sobre el botón de aspa de la **Barra de título** para dar por terminada esta lección.

7

4
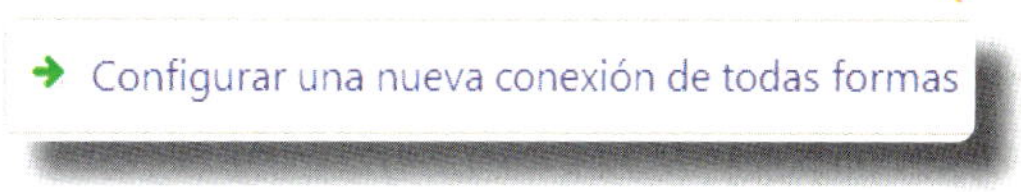

3
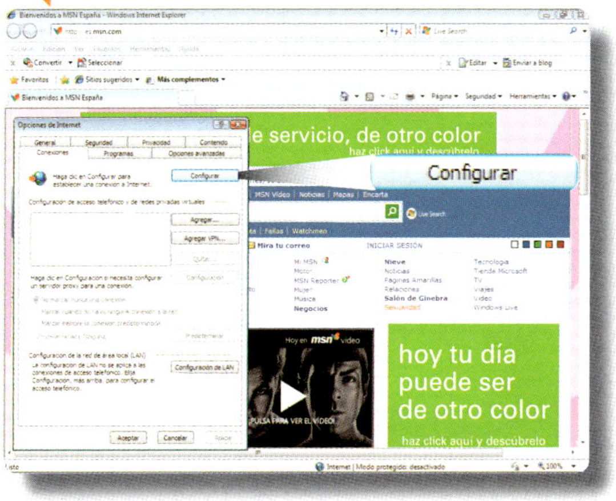

5
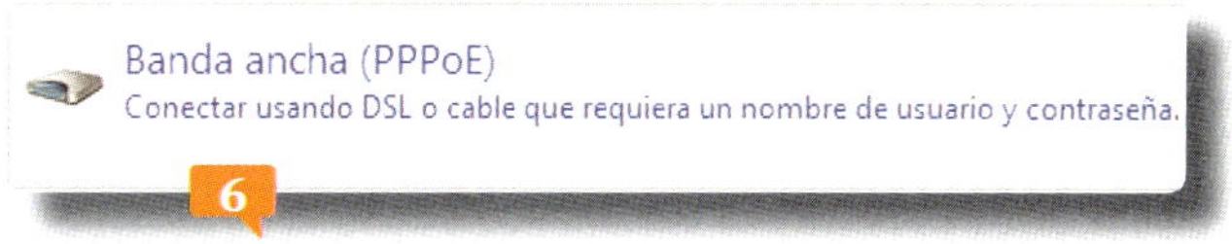

6
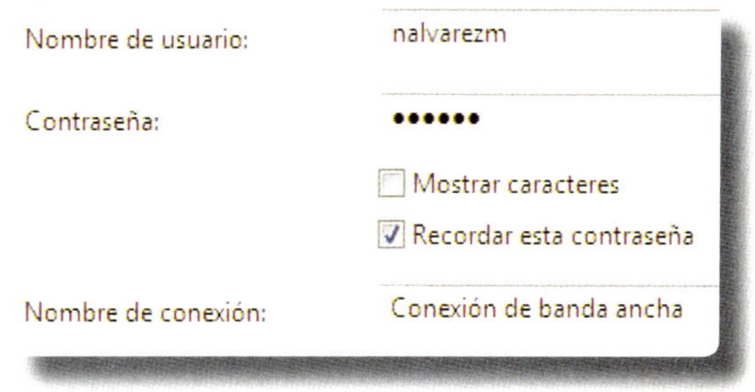

La interfaz de Internet Explorer 8

AL ACCEDER A LA NUEVA VERSIÓN DE INTERNET Explorer, la versión 8, el usuario percibe que se conserva el uso de pestañas para explorar la Red introducido en Internet Explorer 7. Dichas pestañas permiten abrir varias páginas o sitios Web al mismo tiempo en una misma ventana. Aunque en ejercicios posteriores se detallará la navegación con pestañas, en éste se llevará a cabo una primera aproximación desde el punto de vista de la disposición en la interfaz de Explorer. ¿Cómo podría definirse la interfaz de Internet Explorer 8? Con un único adjetivo: sencilla.

1. Empezaremos el ejercicio, accediendo una vez más al programa. En primer lugar, pulse sobre el icono de Internet Explorer situado en la **Barra de inicio rápido**.
2. La parte superior de la ventana de Internet Explorer se encuentra ocupada por la **Barra de título**, que muestra el nombre del sitio Web cargado en estos momentos, seguido del nombre del navegador. En la parte derecha de esta barra se muestran los controles que permiten minimizar, restaurar o maximizar y cerrar la ventana. El botón de cierre ya lo conoce puesto que lo hemos utilizado en dos lecciones anteriores. Haga clic sobre el primero de los tres botones de la **Barra de título**. 1
3. La ventana se minimiza situándose en forma de botón en la

1

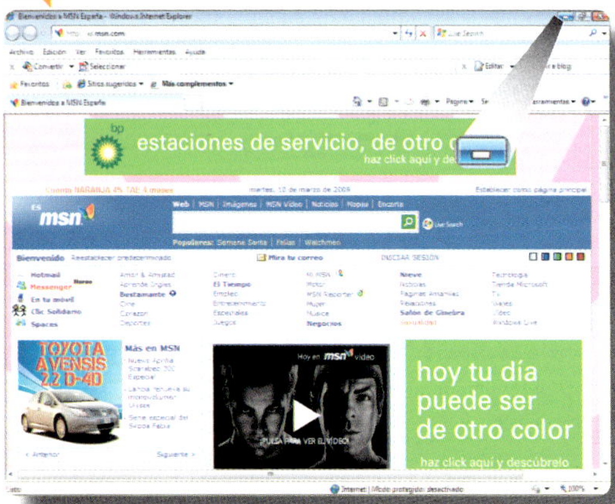

Si pulsa con el botón derecho del ratón sobre la Barra de título encontrará también los comandos para cerrar, minimizar, maximizar, restaurar...

2

005

Barra de tareas. Para recuperar la ventana, tenemos dos opciones: restaurarla o maximizarla. La diferencia entre ambas opciones es que la primera no ocupará toda la pantalla mientras que la segunda, sí. Pulse con el botón derecho del ratón sobre el botón expandido de Internet Explorer y, del menú contextual, elija la opción **Restaurar**.

4. Para recuperar el tamaño mayor de la ventana, haga clic en el botón **Maximizar** de la **Barra de título**, el que muestra un cuadrado.
5. Debajo de la **Barra de título** se sitúan la **Barra de navegación**, formada por los botones **Atrás** y **Adelante**, la **Barra de direcciones** y la **Barra de búsqueda rápida**. Por debajo de éstas se muestran la **Barra de menú** y las pestañas y, a la derecha de éstas, la **Barra de comandos**. Pulse con el botón derecho del ratón a la izquierda del comando que muestra el dibujo de una casa y desactive la opción **Barra de menú**.
6. Vuelva a mostrar la **Barra de menú** siguiendo el mismo procedimiento, abra el menú **Ver**, despliegue el submenú **Barras de herramientas** y muestre de nuevo la **Barra de menú** .
7. En la parte inferior de la ventana del programa se ubica la **Barra de estado** que nos informa acerca del estado de las cargas de las páginas, de los posibles errores de visualización producidos durante las descargas y el tamaño del contenido, que, por defecto, se establece en un 100%. Además, nos informa del modo de seguridad del navegador. Haga doble clic sobre la palabra **desactivado**, en la **Barra de estado** del navegador.
8. Cierre el cuadro **Propiedades de Seguridad de Internet**, que conoceremos más adelante, pulsando el botón **Cancelar**.

5

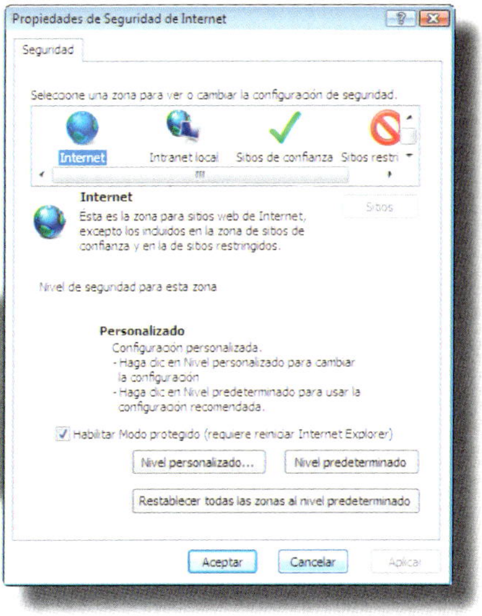

3

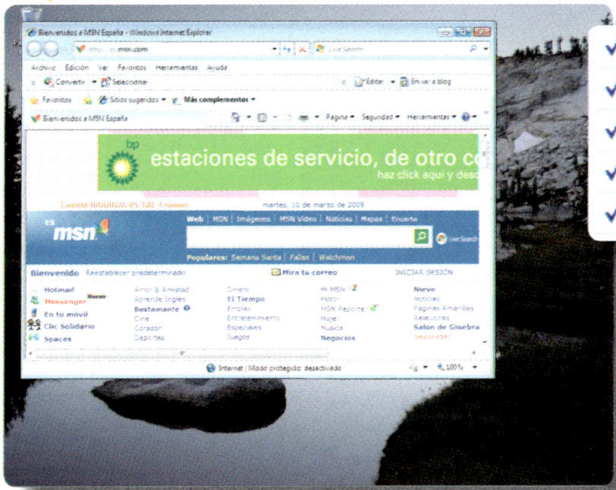

4

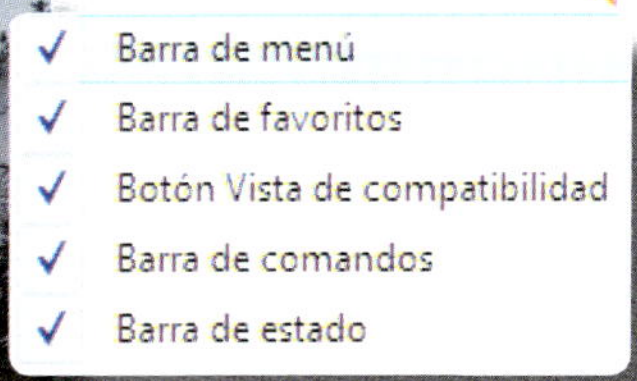

La disposición de los elementos de la interfaz de Internet Explorer proporciona más espacio para las páginas Web visitadas.

Personalizar la interfaz de Internet Explorer 8

IMPORTANTE

Los últimos botones de la Barra de comandos son el de la **ayuda** y el de **referencia** y, por motivos de espacio, no se visualizan a simple vista, sino que es necesario pulsar el botón con una doble flecha situado en la parte derecha de la barra.

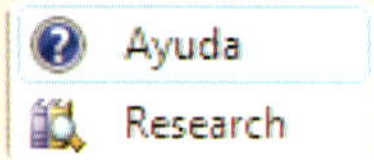

EN EL EJERCICIO ANTERIOR, ADEMÁS DE CONOCER los distintos elementos que componen la interfaz del navegador, se mostró cómo visualizar y ocultar la Barra de menús, uno de los elementos clásicos en cualquier versión anterior. La personalización del navegador puede llevarse a cabo en múltiples aspectos, entre los que se encuentra la gestión de las barras de comandos, la modificación de la visualización de las páginas o el cambio de la página de inicio.

1. La interfaz de Internet Explorer se caracteriza por su sencillez y por destinar el mayor espacio posible al contenido de los sitios Web visitados. Para empezar, haga clic con el botón derecho del ratón en un espacio libre de la **Barra de comandos** y, en el menú contextual que se despliega, haga clic sobre la opción **Barra de favoritos** para desactivarla.
2. La **Barra de favoritos** queda reducida a un botón a la izquierda de las pestañas. Pulse de nuevo con el botón derecho del ratón en una zona libre de la **Barra de comandos** y elija esta vez la opción **Barra de menú**.
3. La **Barra de menús** se sitúa por encima de la **Barra de Adobe PDF** (que sólo aparece si tiene instalado Adobe Reader o Ado-

1

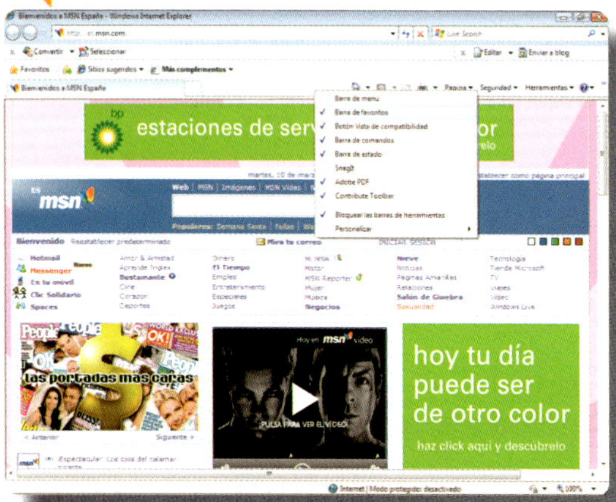

El menú contextual de la **Barra de comandos** permite gestionar las barras de herramientas disponibles, mostrando u ocultando aquellos elementos que nos interesen o nos resulten innecesarios.

2

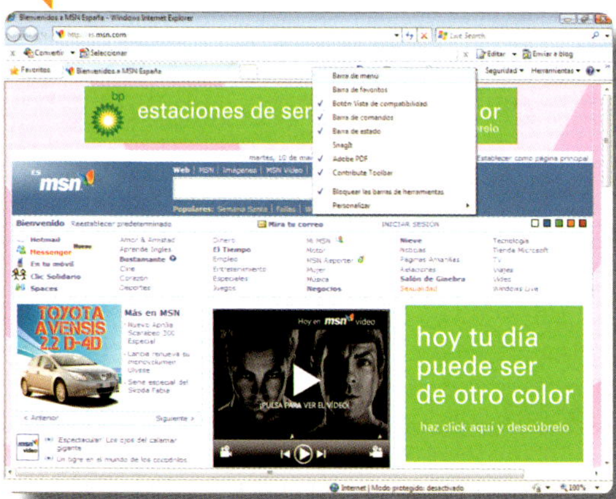

Desde el menú **Ver** también es posible mostrar u ocultar las diferentes barras de herramientas de Internet Explorer.

006

be Acrobat). Pulse con el botón derecho del ratón esta vez en la **Barra de menús** y elija la opción **Barra de estado.** 3

4. La **Barra de comandos**, a la derecha de las pestañas, muestra por defecto una serie de comandos que permiten efectuar las acciones más básicas del navegador (como novedad en Internet Explorer 8 tenemos el botón **Seguridad**). Pulse con el botón derecho del ratón en una zona libre de esa barra, pulse en la opción **Personalizar** y elija **Agregar o quitar comandos.** 4
5. Se abre el cuadro **Personalizar la barra de herramientas**, con el que practicaremos en el ejercicio siguiente. Pulse el botón **Cerrar** de este cuadro. 5
6. Para que los botones muestren un icono sin texto, haga clic con el botón derecho del ratón a la izquierda del botón que muestra una casa, seleccione la opción **Personalizar** y pulse sobre la opción **Mostrar sólo los iconos**.
7. Ahora, la **Barra de comandos** muestra sólo los iconos de las herramientas. 6 Las barras se encuentran, por defecto, bloqueadas. Para desbloquearlas, pulse con el botón derecho del ratón en una zona libre de la **Barra de comandos** y desactive la opción **Bloquear las barras de herramientas.** 7
8. En el extremo izquierdo de las barras de herramientas aparece una línea vertical de puntos, que indica que, mediante el arrastre, podemos modificar su posición y su tamaño. Haga clic sobre esa línea de la **Barra de comandos** y arrastre ligeramente hacia la izquierda, hasta ver aparecer el icono de ayuda.
9. Termine el ejercicio pulsando con el botón derecho del ratón en la **Barra de comandos** y activando la opción **Barra de estado.**

3

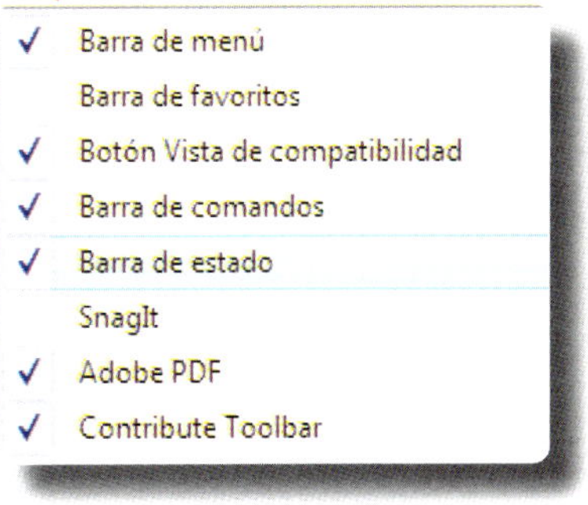

Las barras que se muestran en pantalla quedan marcadas en este menú con un signo de verificación.

4

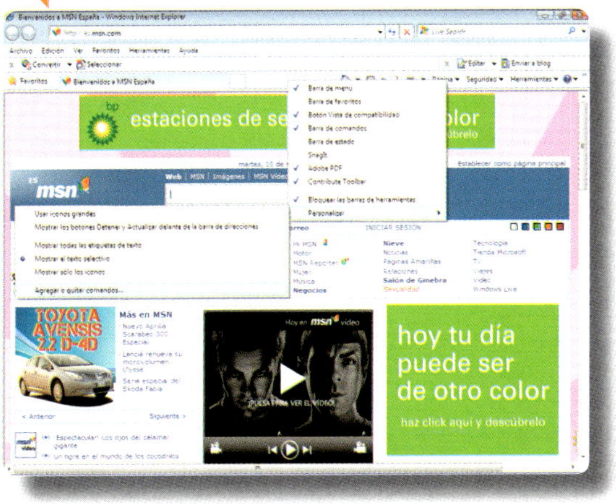

5

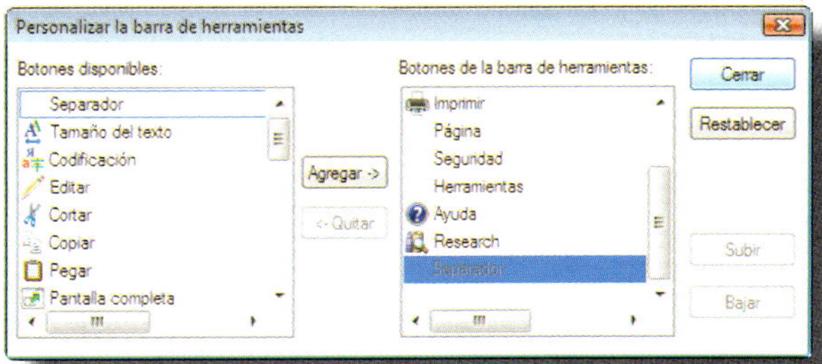

6

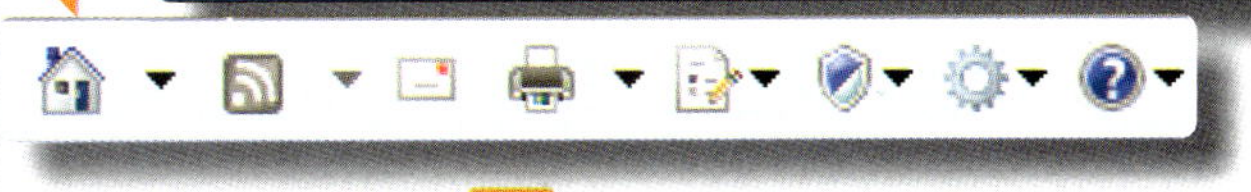

Cuanto más espacio necesite, menos barras de herramientas deberán mostrarse en el navegador.

7

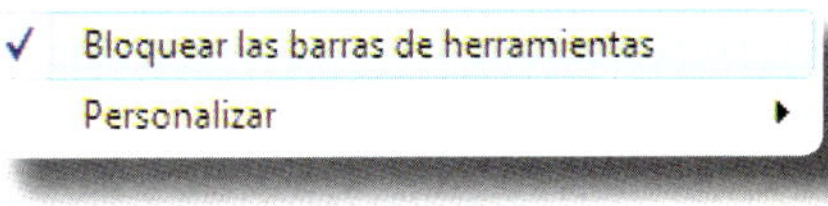

Personalizar la Barra de herramientas

EN FUNCIÓN DEL USO QUE VAYA a hacer del explorador Internet Explorer 8, es posible que necesite utilizar frecuentemente una herramienta que no aparece por defecto en la barra de comandos. En este ejercicio aprenderá a agregar herramientas a esa barra y a quitar las que considera que no va a necesitar.

1. En este caso, queremos mostrarle cómo personalizar el contenido de la **Barra de comandos**. Pulse con el botón derecho del ratón a la izquierda del icono que muestra una casa, en el menú contextual que se despliega, haga clic sobre la opción **Personalizar** y, en el submenú que contiene esta opción, pulse sobre la opción **Agregar o quitar comandos**. 1
2. Se abre el cuadro de diálogo **Personalizar la barra de herramientas**. En el cuadro de la izquierda se muestra la lista completa de botones disponibles, mientras que en el de la derecha se visualizan los botones actuales de la barra de herramientas. Vamos a agregarle un botón. En la lista **Botones disponibles**, haga clic sobre el botón **Copiar** para seleccionarlo. 2
3. A continuación, haga clic sobre el botón **Agregar** situado entre los dos cuadros y compruebe que el botón seleccionado pasa a formar parte de los botones de la barra. 3

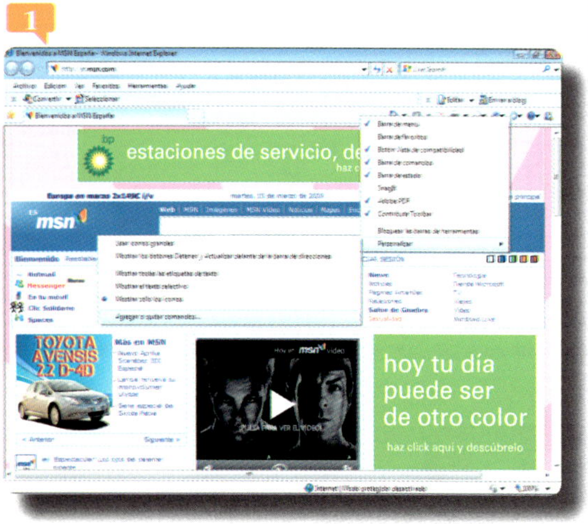

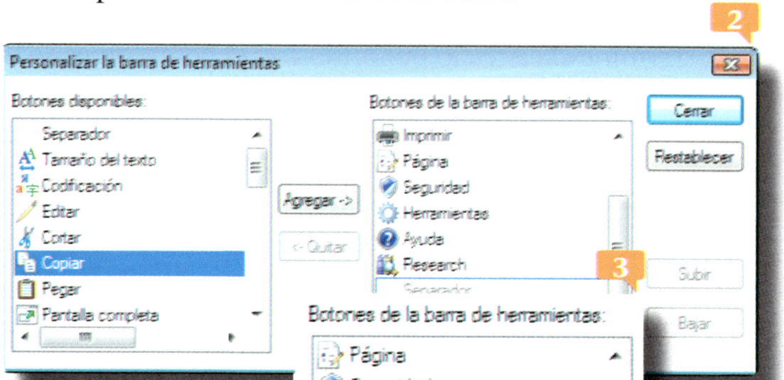

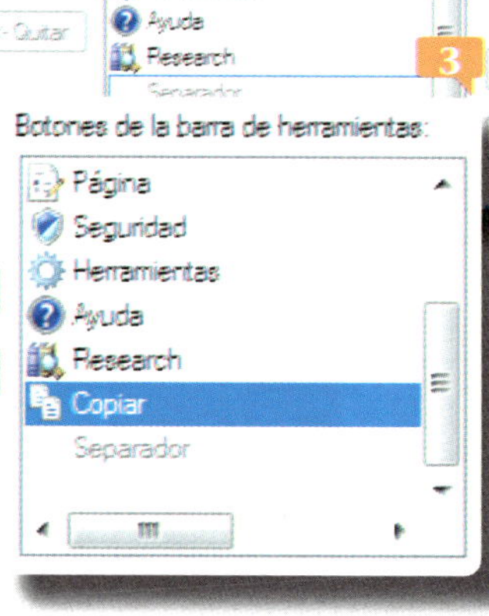

Puede arrastrar **separadores** desde el panel de la izquierda y colocarlos entre las herramientas o grupos de herramientas de la Barra de comandos que desee separar.

007

4. Antes de aceptar este cambio, vamos a modificar la situación de uno de los botones disponibles en la barra de herramientas. En el cuadro **Botones de la barra de herramientas**, localice y seleccione el botón **Imprimir**. 4

5. Nuestra intención es situar este botón por detrás del botón Herramientas. Haga clic tres veces sobre el botón **Bajar** para situar el comando seleccionado en el punto de la barra que nos interesa. 5

6. De igual forma que puede agregar botones a la barra de herramientas, también puede eliminarlos. ¿Cómo? Seleccionando el botón pertinente en el cuadro de la derecha y pulsando el botón **Quitar**. Esta acción no es irreversible, puesto que puede recuperar los botones eliminados realizando la acción inversa cuando lo necesite. Seleccione el botón **Leer correo** en el panel de botones de la barra y pulse el botón **Quitar**. 6

7. Pulse sobre el botón **Cerrar** del cuadro de personalización para comprobar los cambios sobre la propia **Barra de comandos**.

8. Podemos comprobar que el comando **Leer correo** ha desaparecido, se ha agregado el icono **Copiar** y el icono **Imprimir** ocupa el lugar especificado. Para acabar, restableceremos la Barra de comandos de manera que muestre sus iconos por defecto. Pulse con el botón derecho en una zona libre de la **Barra de comandos**, haga clic en **Personalizar** y elija **Agregar o quitar comandos**.

9. De nuevo en el cuadro **Personalizar la barra de herramientas**, pulse en el botón **Restablecer** y después el botón **Cerrar** y vea cómo la **Barra de comandos** vuelve a mostrar sus botones por defecto. 7

6

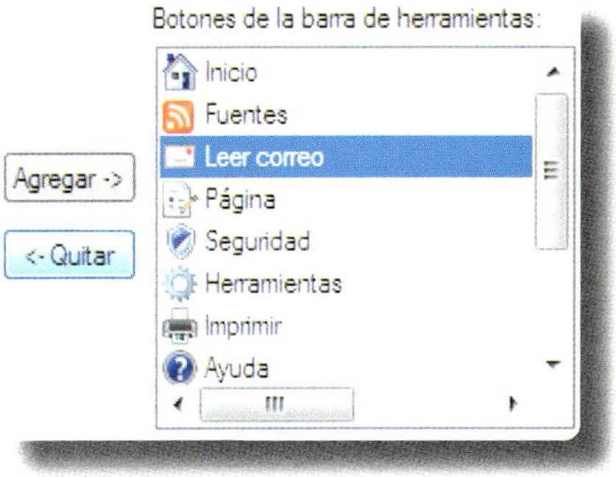

4

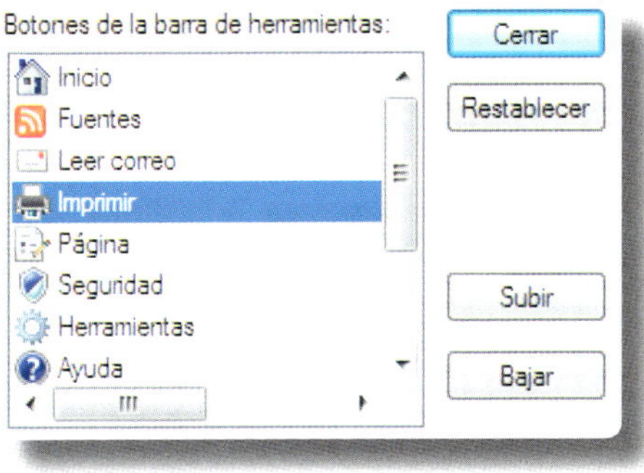

Puede cambiar la ubicación de los botones de la Barra de comandos usando los botones **Subir** y **Bajar** del cuadro de personalización.

5

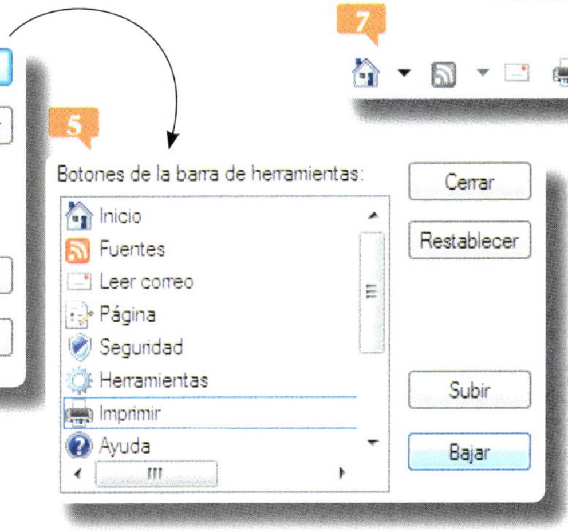

7

Recuerde que si no caben todos los botones en la Barra de comandos, aparecerá en su extremos derecho un botón de flecha que deberá pulsar para acceder a ellos.

Ampliar o reducir una página Web

IMPORTANTE

Encontrará también los diferentes porcentajes de visualización en el comando **Zoom** del menú Ver.

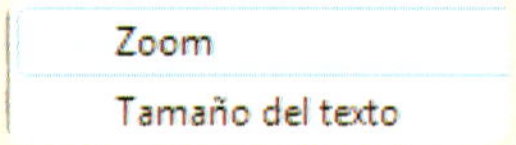

UNA DE LAS CARACTERÍSTICAS DE INTERNET EXPLORER es el espacio que destina a la visualización de los sitios y las páginas Web. Gracias a la disposición de las barras de herramientas, dicho espacio es más amplio y, en consecuencia, más cómodo para el usuario. La Barra de estado cuenta con un comando que permite ajustar la visualización del contenido mostrado. Por defecto, ésta se encuentra fijada en un 100%, pero puede ampliarse o disminuirse según las preferencias del usuario.

1. Para empezar, pulse sobre la punta de flecha situada junto al botón **Cambiar nivel de zoom**, en la parte derecha de la **Barra de estado**. [1]
2. El botón de zoom contiene una lista con distintos porcentajes de visualización. El valor seleccionado por defecto es 100%, como ha podido comprobar. En la lista que se despliega, haga clic sobre la opción **75%**. [2]
3. El tamaño de visualización disminuye considerablemente. [3] La verdadera finalidad de estos tamaños menores es mostrar más cantidad de contenido en una única página para que el usuario no tenga que utilizar las barras de desplazamiento para consultarlo en su totalidad. Para aumentar de nuevo el tamaño de la visualización, pulse la combinación de teclas **Ctrl.** + + (signo más).

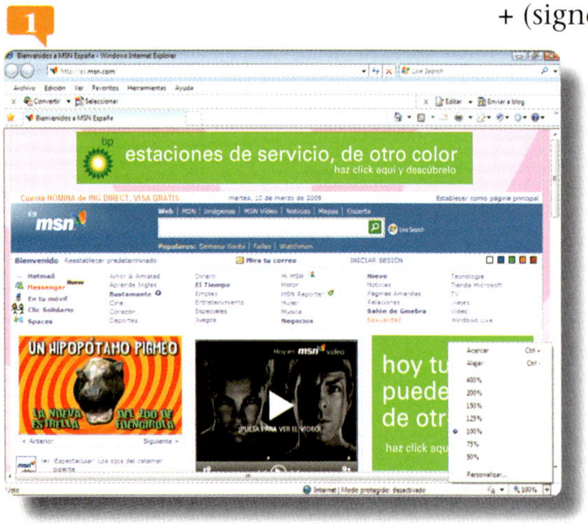

El porcentaje de **zoom de visualización** por defecto es del 100%.

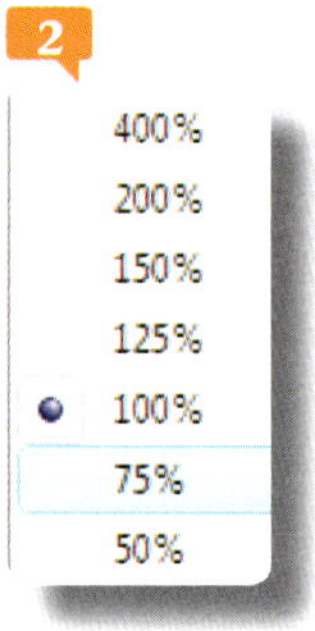

008

4. Puede ir controlando el porcentaje de zoom en la parte derecha de la **Barra de estado**. Ahora nos encontramos de nuevo en el 100%. Aumentaremos un poco más la visualización. Pulse una vez más la combinación de teclas **Ctrl.** + + (signo más).

5. El aumento se produce de 25 en 25, como puede comprobar. Para reducir el nivel de zoom desde el teclado, la combinación correcta es **Ctrl.** + – (signo menos). Veamos ahora de qué manera podemos personalizar el zoom. Haga clic de nuevo sobre la punta de flecha del comando **Cambiar nivel de zoom** y, de la lista que se despliega, elija la opción **Personalizar**.

6. Se abre el cuadro de diálogo **Zoom personalizado**, en el cual, como puede comprobar, es posible insertar el nivel de zoom exacto que necesitemos. Como ejemplo, escriba directamente el valor **107** en el campo **Porcentaje de zoom** y pulse el botón **Aceptar** para aplicar el zoom personalizado a la página.

7. Existe una opción de visualización que permite aumentar el espacio destinado a las páginas Web sin modificar el tamaño del contenido. En la **Barra de comandos** del explorador, haga clic sobre el botón **Herramientas**, cuyo icono muestra una tuerca y haga clic sobre el comando **Pantalla completa**.

8. Al seleccionar esta opción de visualización, el explorador oculta temporalmente las barras superiores y sitúa en primer plano la ventana del navegador. Sitúe el puntero del ratón en la parte superior de la pantalla y, cuando aparezca la **Barra de comandos**, pulse de nuevo sobre el comando **Herramientas** y haga clic en la opción **Pantalla completa** para desactivarla.

9. Para acabar, haga clic sobre el botón **Cambiar nivel de zoom** de la **Barra de estado** y elija la opción **100%**.

4

5

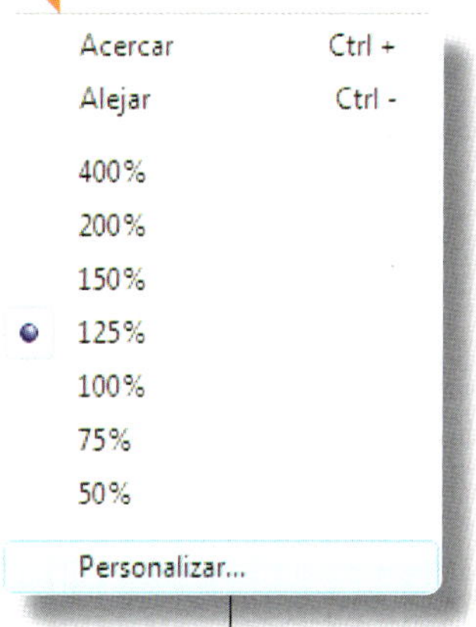

6

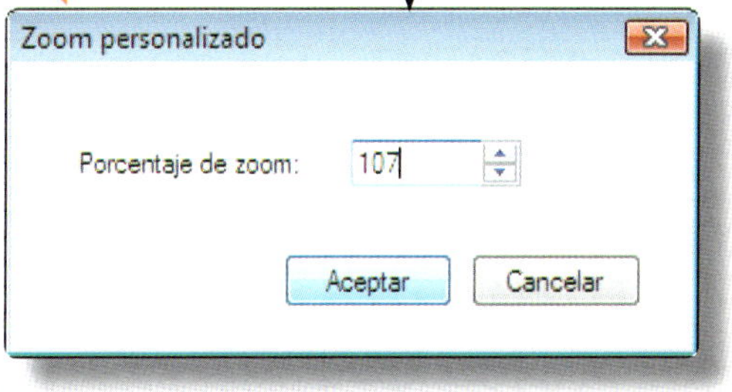

7

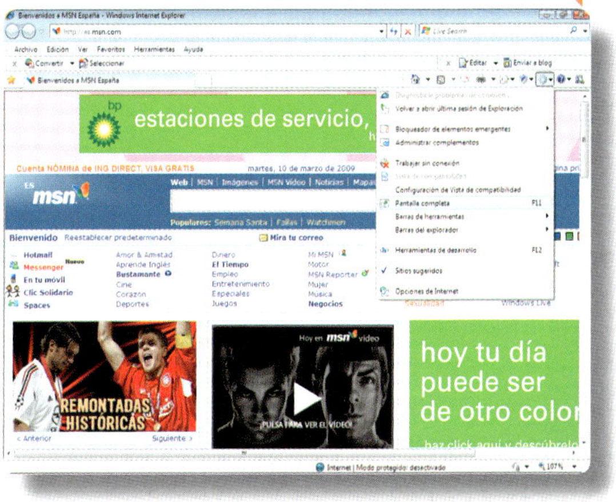

El modo de visualización **Pantalla completa** también puede activarse directamente pulsando la tecla **F11**.

Cambiar la página principal

IMPORTANTE

También puede agregar pestañas a la página principal escribiendo nuevas direcciones en líneas independientes del cuadro **Página principal**, en el cuadro de opciones del navegador.

http://www.mediaactive.es/
www.google.es
www.rae.es

AL ABRIR INTERNET EXPLORER POR PRIMERA VEZ, el navegador carga una página predeterminada, denominada página principal o de inicio, que puede ser configurada por el usuario según sus preferencias. Si el usuario desea cambiar la página de inicio predeterminada, dispone de distintas opciones: si está visualizando la página que desea transformar en principal, puede usar el menú del botón Página principal, incluido en la Barra de comandos; pero, si desea introducir una dirección Web concreta como página de inicio, deberá acceder al cuadro de opciones de Internet.

1. Para empezar, en la **Barra de comandos**, pulse sobre la punta de flecha que acompaña al botón **Herramientas**, que muestra una pieza de engranaje y elija **Opciones de Internet**. 1
2. Aparece el cuadro **Opciones de Internet**, mostrando el contenido de la ficha **General**. El primer apartado de esta ficha es el que nos interesa. Vamos a introducir la dirección Web de la página que queremos establecer como principal. En el cuadro del apartado **Página principal**, escriba esa dirección. 2
3. El botón **Usar actual** permite establecer como página de inicio la que se encuentra en pantalla en estos momentos. El botón **Usar predeterminada** restablece la página de inicio que presentaba Internet Explorer tras su instalación. Por último, también puede elegir una página en blanco como página prin-

1

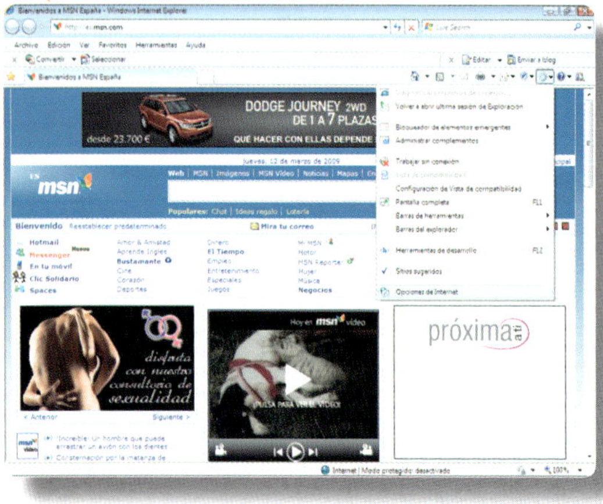

2

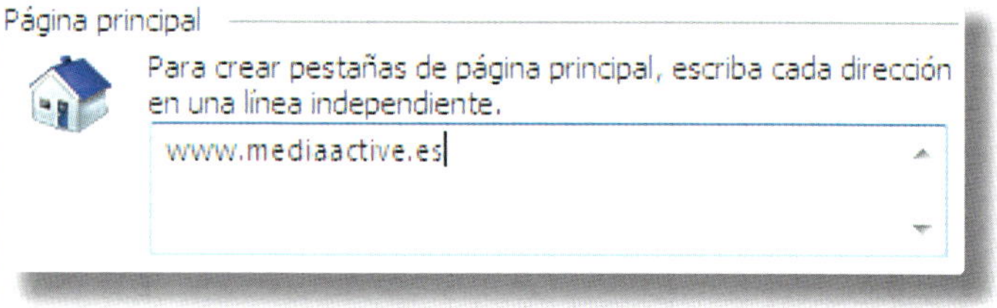

La versión 8 de Internet Explorer carga por defecto como página de inicio la página de **MSN en España**.

009

cipal, pulsando para ello el botón **Usar página en blanco**. Pulse los botones **Aplicar** y **Aceptar**.

4. Para acceder a la página de inicio, pulse el botón **Página principal**, que muestra una casa en la **Barra de comandos**.
5. Puede configurar el navegador para que muestre de forma predeterminada dos pestañas en la página principal. Para volver a la página anterior, pulse la combinación de teclas **Alt+tecla de dirección hacia la izquierda**.
6. Para realizar esta acción, debemos situarnos en la página que queremos añadir como página de inicio. En la **Barra de comandos**, haga clic en la punta de flecha del botón **Página principal** y elija **Agregar o cambiar la página principal**.
7. En el cuadro **Agregar o cambiar la página principal** debemos indicar si la nueva página será la nueva y única página de inicio o si formará parte de la página principal predeterminada. Active la opción **Agregar esta página Web a las pestañas de página principal** y pulse el botón **Sí**.
8. Para comprobar que nuestra modificación funciona, pulse el botón **Página principal** de la **Barra de comandos**.
9. Comprobamos que a la página principal se ha agregado una nueva pestaña mostrando el nombre de la página de inicio predeterminada. Para mantener una única página como principal, pulse la punta de flecha del comando **Página principal**, seleccione la opción **Quitar y** pulse sobre la segunda página para eliminarla.
10. Pulse el botón **Sí** del cuadro **Eliminar página principal** y, para terminar, haga clic con el botón derecho del ratón sobre la pestaña de **MSN España** y elija la opción **Cerrar pestaña**.

3

4

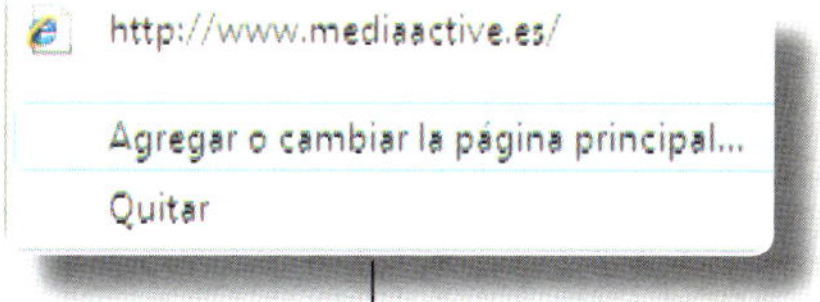

5

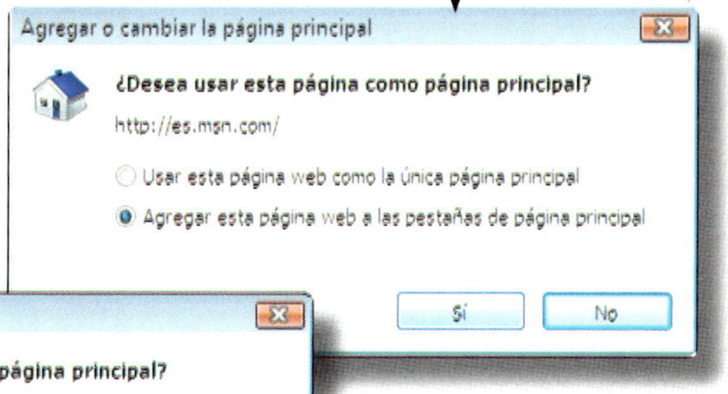

6

7

La opción **Quitar** contiene todas las páginas establecidas como principal o como pestañas adicionales a la página de inicio.

8

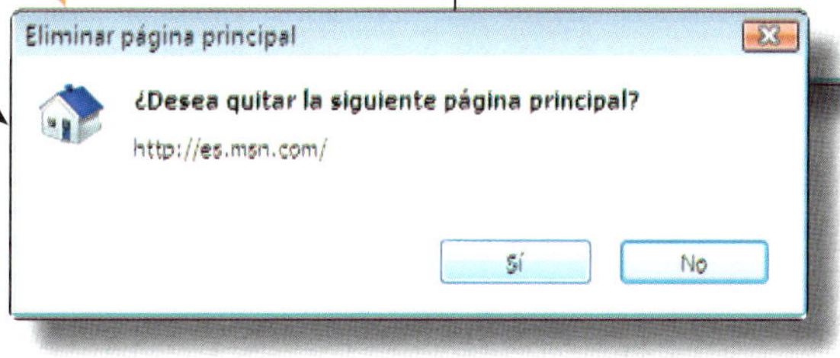

El comando Página

IMPORTANTE

Puede copiar mediante las opciones **Copiar**, **Cortar** y **Pegar** del comando Página cualquier texto de la página visualizada en el navegador para pegarlo en otro documento, ya sea de texto o de cualquier otro tipo.

EL COMANDO PÁGINA DE LA BARRA DE COMANDOS permite gestionar las páginas mostradas en el navegador en distintos aspectos. Desde este comando es posible abrir una nueva ventana del navegador, Cortar, Copiar y Pegar texto, almacenar una página en el equipo o enviarla por correo electrónico. Además de estas funciones, el comando Página también permite editar el texto de la página en cuanto a su tamaño y su codificación, así como gestionar el nivel de zoom, entre otras funciones, algunas de las cuales se presentan como novedad en Internet Explorer 8.

1. Pulse el comando **Página**, que muestra una hoja y un lápiz en la **Barra de comandos** y elija la opción **Nueva ventana**.
2. Esta opción abre otra ventana del navegador con el mismo contenido actual. En la **Barra de tareas**, puede comprobar que, efectivamente, contamos en estos momentos con dos ventanas de Internet Explorer. Cerraremos una para continuar trabajando con el comando **Página**. Pulse el botón de aspa de la **Barra de título** de la nueva ventana del navegador.
3. A continuación, abra de nuevo el comando **Página**.
4. Las funciones **Cortar**, **Copiar** y **Pegar** se encuentran desactivadas puesto que no hay ningún texto seleccionado. Haga clic sobre el comando **Editar con Microsoft Office Word**.

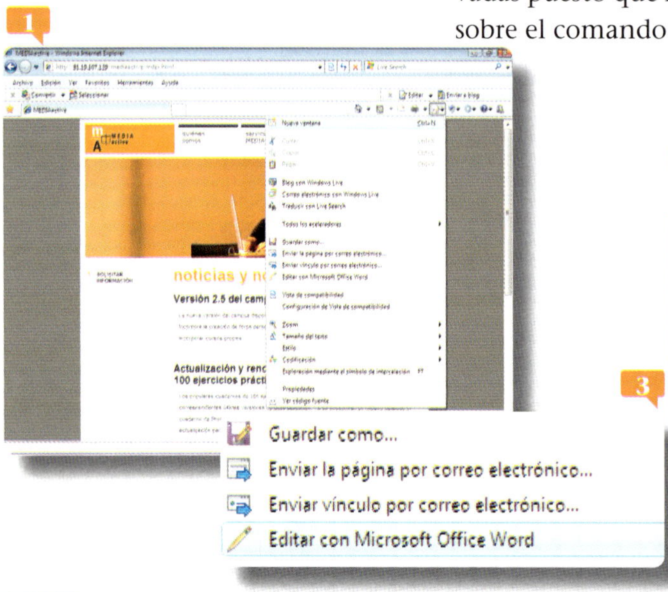

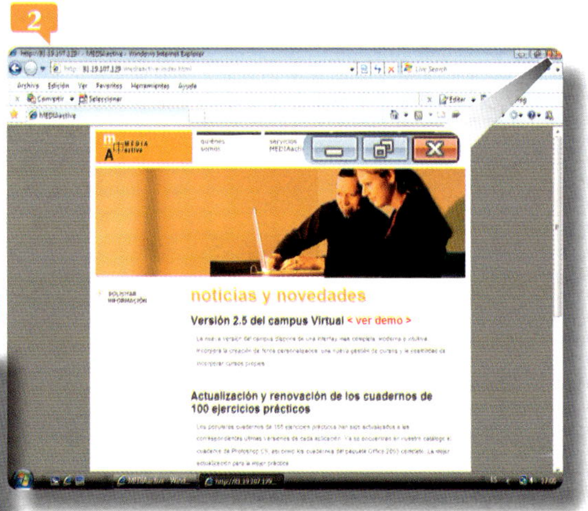

010

5. El texto de la página Web se abre en el procesador de textos Microsoft Word, listo para ser editado. Cierre este programa pulsando el botón de aspa de su **Barra de título**.
6. Pulse una vez más sobre el comando **Página** y haga clic sobre la opción **Zoom**.
7. El comando **Zoom** permite ajustar la visualización de la página, aumentándola o disminuyéndola. Según la cantidad de contenido de la página, será preferible aumentar o disminuir su visualización. Pulse sobre el comando **Alejar**.
8. Observe el cambio en pantalla. La página ha reducido su tamaño un 25%, ajustándose a un 75%. Es preciso no confundir el comando **Zoom** con el comando **Tamaño del texto**, cuya función se centra solamente sobre el texto de la página, no sobre el conjunto de la misma. Sin embargo, la modificación de este comando no siempre proporciona los resultados esperados, puesto que depende del tipo de configuración aplicada por los creadores de la página. Pulse de nuevo el botón **Página** y elija en esta ocasión la opción **Codificación**.
9. La codificación podría definirse como el conjunto de letras, números y símbolos que representan un idioma determinado. El botón **Más** esconde una larga lista de otras codificaciones. Las dos últimas opciones de este comando permiten especificar la dirección de lectura del texto en la página. Haga clic en la **Barra de título** del explorador para ocultar el menú del comando **Página**.
10. Para acabar, en la **Barra de estado** del navegador, haga clic sobre la punta de flecha que acompaña al botón **Cambiar nivel de zoom** y elija la opción **100%**.

6

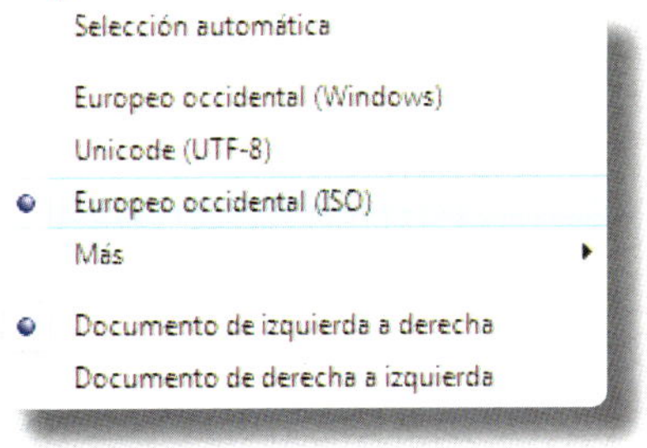

Según la configuración del navegador o, en este caso, de Windows, la codificación de caracteres establecida es la del **europeo occidental**, que usa el código ISO, comprensible para todos los países de Europa.

4

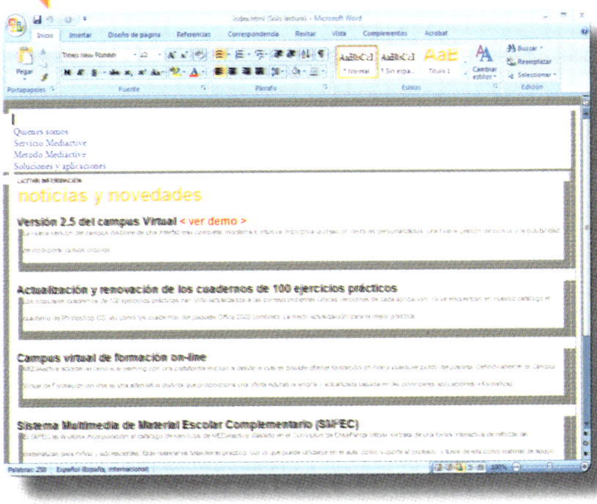

5

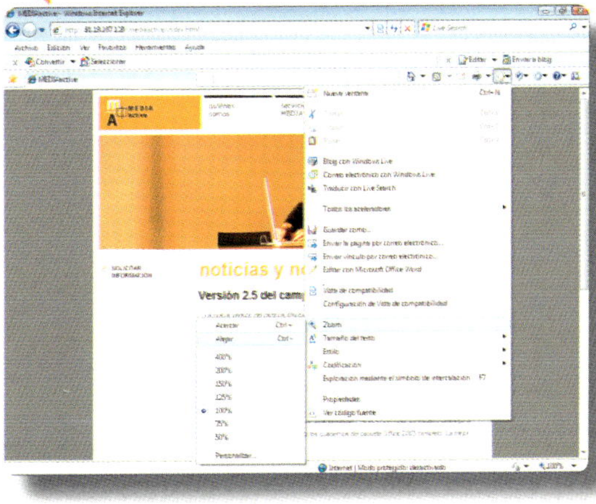

Acceder a las opciones de Internet

IMPORTANTE

Las **fuentes** son suscripciones que proporcionan contenido actualizado de determinados sitios Web, como boletines de noticias o información meteorológica, por ejemplo.

INTERNET EXPLORER CUENTA CON UN COMPLETO cuadro de opciones que permite controlar cualquier acción que se pueda desarrollar en el navegador. El cuadro Opciones de Internet cuenta con siete pestañas, cada una de ellas dedicada a un tema en concreto, organización que resulta muy práctica en el momento de encontrar una función determinada. Las opciones de Internet se basan en la seguridad, la privacidad, el contenido de las páginas y los sitios visitados, la conexión y las aplicaciones o programas utilizados para la navegación y para el correo electrónico o la mensajería instantánea.

1. Aunque en ejercicios anteriores hemos tenido la oportunidad de acceder al cuadro de opciones de Internet, en éste le mostraremos a modo de introducción qué tipo de información puede configurar en este cuadro. Para empezar, haga clic sobre el botón **Herramientas** de la **Barra de comandos** de Internet Explorer y elija el comando **Opciones de Internet**. [1]
2. El cuadro se abre mostrando el contenido de la ficha **General**, con la que ya trabajamos durante la configuración de la página principal del navegador. Las otras funciones que se pueden ajustar se refieren al historial de exploración, las opciones de búsqueda, la configuración de las pestañas y la apariencia del navegador. Como trataremos estas funciones más adelante, pase a la ficha, **Seguridad** [2] y después a la ficha **Privacidad**.

1

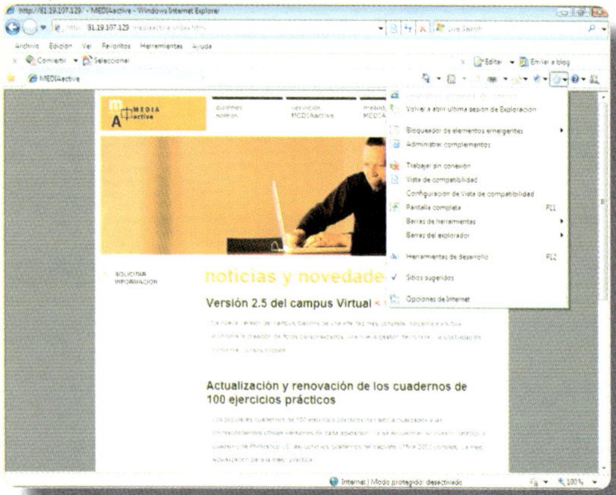

2

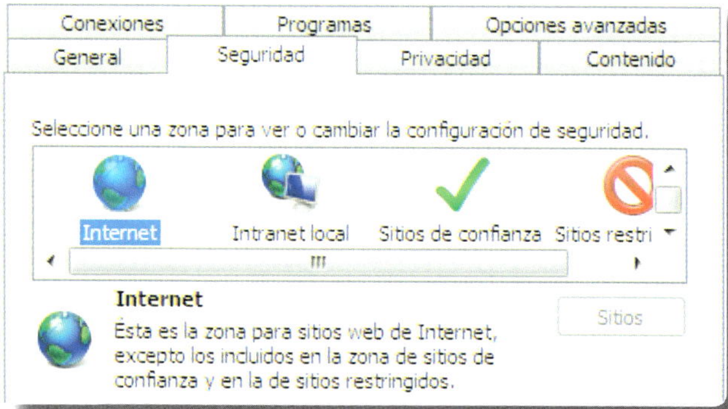

Cualquier aspecto relacionado con la seguridad en Internet Explorer podrá ser configurado en la ficha **Seguridad**.

011

3. Esta ficha contiene las opciones necesarias para controlar la gestión de las cookies en el equipo y la configuración del **Bloqueador de elementos emergentes** y del nuevo sistema de filtrado **InPrivate**. También estos elementos serán tratados más adelante, por lo que haga clic en la pestaña **Contenido**.
4. Desde la ficha **Contenido** se pueden gestionar el **Control parental**, el **Asesor de contenido**, los **certificados**, la función **Autocompletar** y las **fuentes** y las nuevas **Web Slices**. Pulse sobre la pestaña **Conexiones**.
5. Ya accedimos a esta ficha para iniciar el proceso de configuración. Si deseara configurar una red de ordenadores de área local, iniciaría el proceso también desde aquí. Haga clic en la pestaña **Programas**.
6. Si instala en su equipo otro navegador distinto a Internet Explorer, es necesario indicar cuál será el predeterminado. De igual forma, Explorer también permite elegir otros programas para otros servicios de Internet, como el correo electrónico. En el apartado **Programas de Internet**, haga clic sobre el botón **Establecer programas**.
7. Desde la ventana de Windows **Programas predeterminados**, es posible configurar otros aspectos relacionados con el uso de archivos y programas en Windows Vista. Ciérrela pulsando el botón de aspa y pase a la ficha **Opciones avanzadas**.
8. Localice en la lista la sección **Imprimir** y active la opción **Imprimir colores e imágenes de fondo**.
9. El botón **Restablecer** situado en la parte inferior del cuadro permite recuperar la configuración inicial de Internet Explorer. Pulse los botones **Aplicar y Aceptar** para aplicar los cambios.

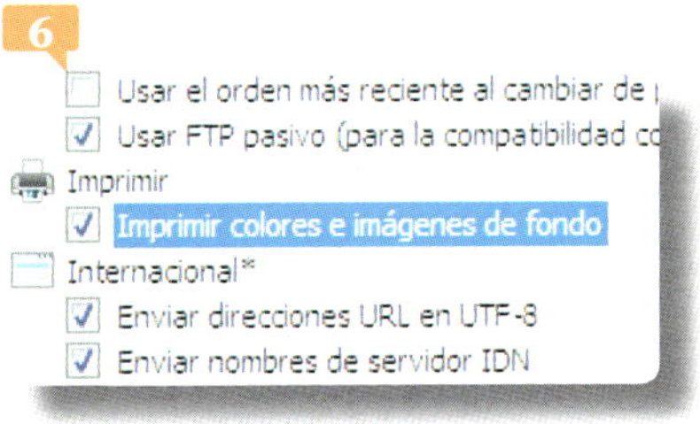

En la ficha **Opciones avanzadas** encontrará opciones referidas a cualquier elemento de Explorer y al comportamiento de distintos archivos en el navegador.

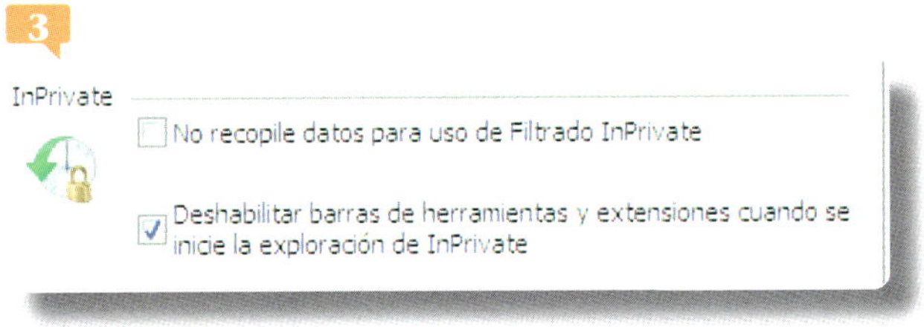

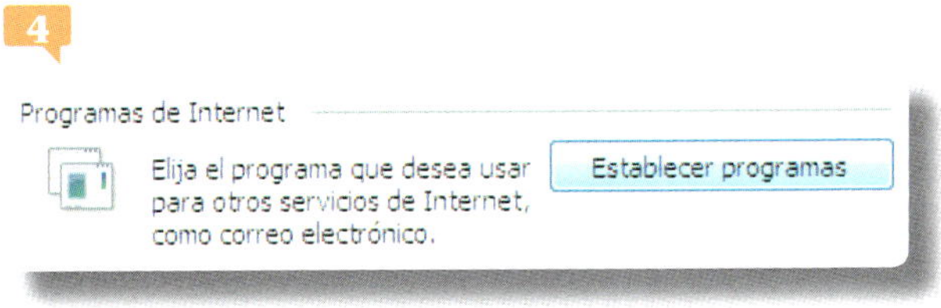

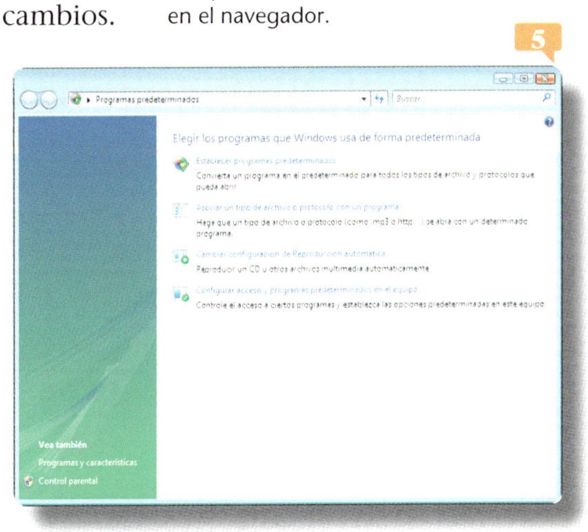

Cambiar la apariencia de Internet Explorer 8

IMPORTANTE

Tenga en cuenta que los cambios relativos al tipo de letra en las páginas Web no siempre dan resultado debido a que algunas páginas o sitios tienen una fuente de texto específica, lo que significa que siempre se mostrará esa fuente. Esto ocurre, sobre todo, en páginas personalizadas. Sin embargo, es interesante saber que existe un modo de pasar por alto estos formatos preestablecidos que consiste en acceder a las opciones de accesibilidad mediante el botón **Accesibilidad** de la ficha General de las opciones de Internet y activar la opción correspondiente a la omisión de tipos de letra.

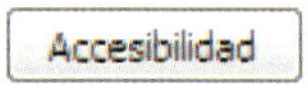

EN ESTE EJERCICIO SE MOSTRARÁN LAS OPCIONES que se pueden manipular para modificar la apariencia del navegador, que se encuentran en la ficha General del cuadro Opciones de Internet. Los detalles que se pueden modificar son los colores del texto, del fondo y de los vínculos, el idioma y las fuentes del contenido de las páginas Web.

1. Con este ejercicio aprenderá a cambiar la apariencia de Internet Explorer en cuanto al contenido que en él se visualiza. Para empezar, debemos acceder a las opciones de Internet. Pulse el botón **Herramientas** y elija **Opciones de Internet**.
2. En la parte inferior de la ficha **General** se encuentran los comandos que nos interesan en este ejercicio, referentes a la apariencia. Haga clic sobre el botón **Colores**. [1]
3. Aparece el cuadro **Colores**. De forma predeterminada, el navegador utiliza los colores de Windows para mostrar texto, fondo, vínculos visitados y no visitados y desplazamiento. Para personalizar esta apariencia, haga clic sobre la casilla de verificación de la opción **Usar colores de Windows** para desactivarla. [2]
4. Ahora podemos cambiar los colores que más nos interese. Como ejemplo, cambiaremos el color del texto y el de fondo. Pulse sobre la muestra negra situada junto a la opción **Texto**.

1

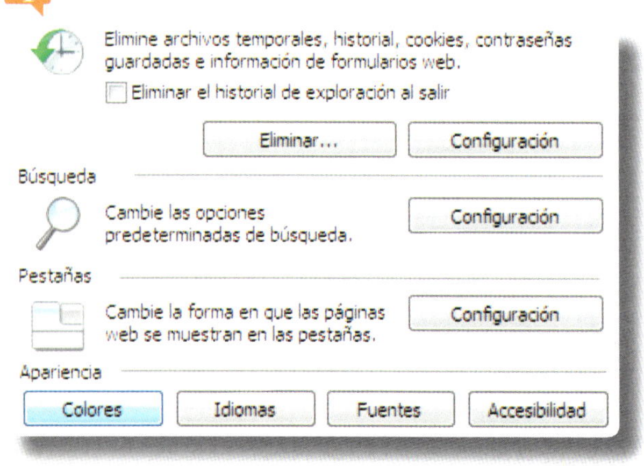

2

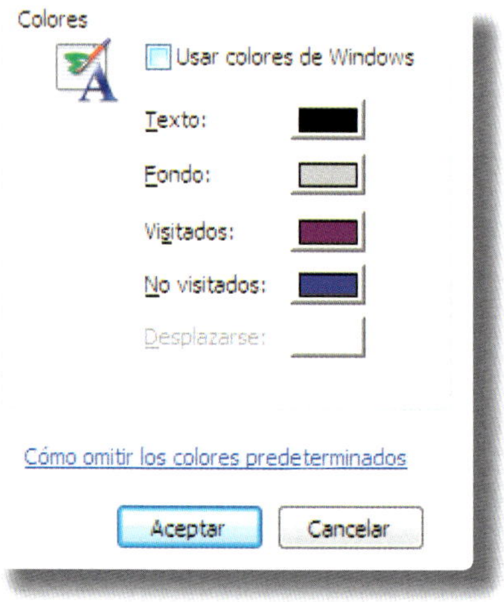

Si la opción **Usar color de desplazamiento** está desactivada, también lo estará la muestra de color correspondiente a la opción Desplazarse.

012

5. En el cuadro **Color**, elija una muestra y pulse **Aceptar**. [3]
6. Cambiemos ahora el fondo. Pulse sobre la muestra gris situada junto a la opción **Fondo**, elija otro color en la paleta y pulse **Aceptar**.
7. Haga clic en **Aceptar** en el cuadro **Colores** para volver al cuadro de opciones.
8. Al final del ejercicio comprobaremos la nueva apariencia. A continuación, veremos las opciones de idioma que se pueden configurar en este cuadro. Pulse sobre el botón **Idiomas**.
9. En el cuadro **Preferencias de idioma** debemos elegir los idiomas en los que deseamos leer los sitios Web. Además de esta elección, también podemos indicar ciertas opciones de prefijo y de sufijo. En este caso, mantendremos las opciones predeterminadas. Salga del cuadro pulsando el botón **Cancelar**. [4]
10. Seguidamente, haga clic sobre el botón **Fuentes**.
11. Vamos a cambiar la fuente de las páginas Web. En el cuadro de lista **Fuente de página Web**, haga clic sobre el tipo de letra **Tahoma** [5] y pulse en **Aceptar**. Acepte también el cuadro **Opciones de Internet**.
12. En la **Barra de direcciones** del navegador, haga clic sobre el icono de Internet Explorer para seleccionar la dirección existente, escriba la dirección de la página Web (por ejemplo, **www.orange.es**) y pulse la tecla **Retorno**. [6]

3

5

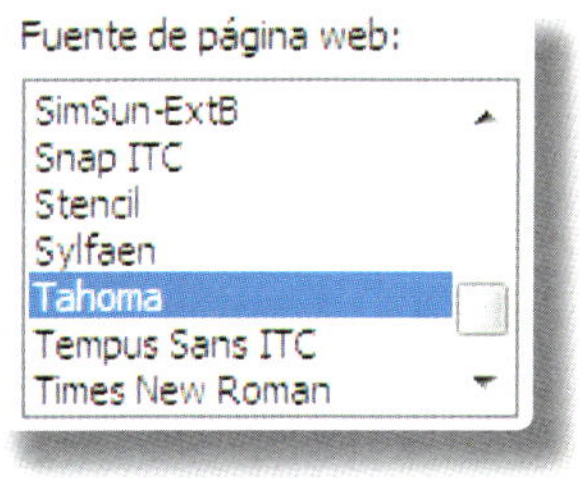

4

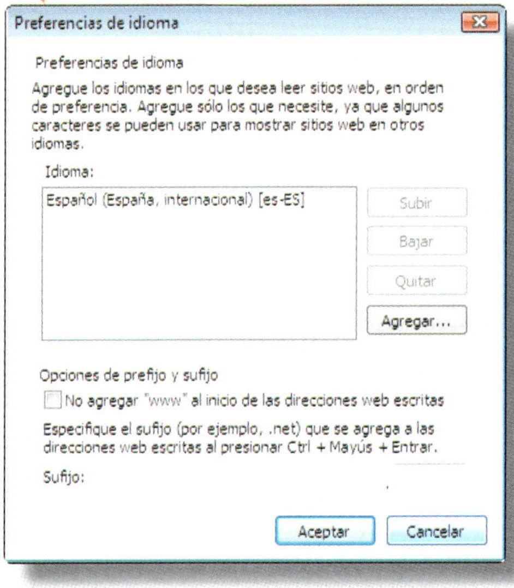

6

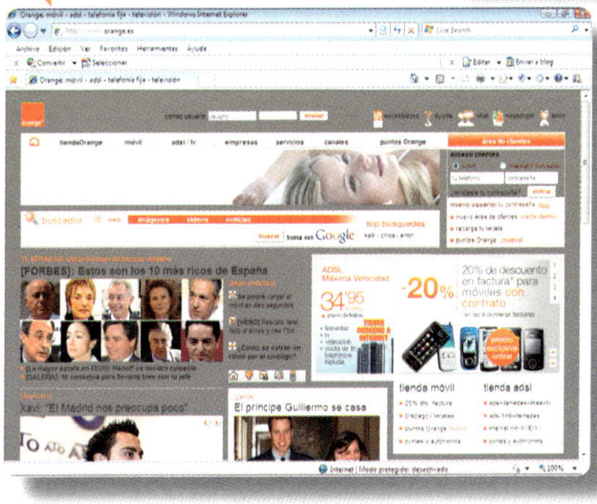

Si la página cargada en el navegador es una página personal, es posible que tenga un formato establecido por defecto, lo que supone que no acepte nuestra personalización.

Navegar con Internet Explorer 8

LA ACCIÓN DE PASEARSE POR INTERNET, buscar sitios y páginas Web y desplazarse por ellas se denomina navegar. De hecho, los programas como Internet Explorer se llaman navegadores. Existen distintas formas de navegar por la Red: introduciendo direcciones completas en la Barra de direcciones, efectuando búsquedas por palabras clave con un buscador o saltando entre los distintos vínculos que se ofrecen en las páginas. En este ejercicio, se mostrarán las acciones básicas que se pueden llevar a cabo con Internet Explorer.

1. En este ejercicio nos dirigiremos a un sitio Web para iniciar esta práctica de navegación. Para empezar, haga clic sobre el icono que muestra una hoja de papel y el símbolo de Internet Explorer en la **Barra de direcciones** y, una vez seleccionada la dirección Web existente, escriba directamente la dirección Web **www.terra.es**.
2. Internet Explorer 8 ofrece útiles **sugerencias de búsqueda** 1 a medida que se va introduciendo la dirección, lo que permite ahorrar tiempo, ya que puede pulsar en el comando **Entrar** de la sugerencia incluso antes de escribir toda la dirección. Para que el navegador inicie la búsqueda de la página cuya dirección hemos introducido, pulse la tecla **Retorno**.
3. Nos encontramos ahora en la página principal del sitio Web de Terra. Debido a la gran cantidad de contenidos de este sitio,

Las nuevas **sugerencias de búsqueda** permiten seleccionar una sugerencia para ejecutar inmediatamente la búsqueda.

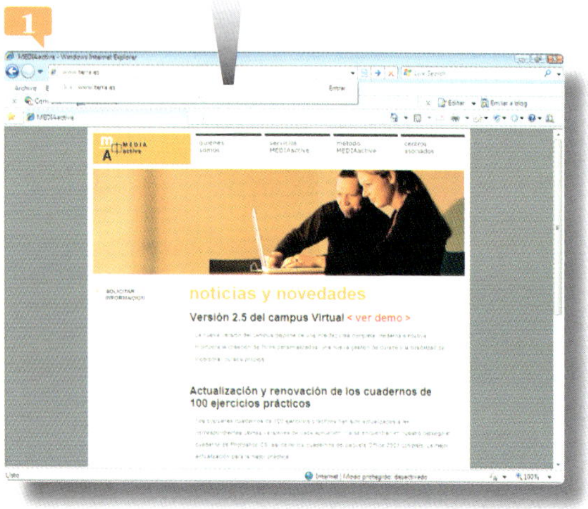

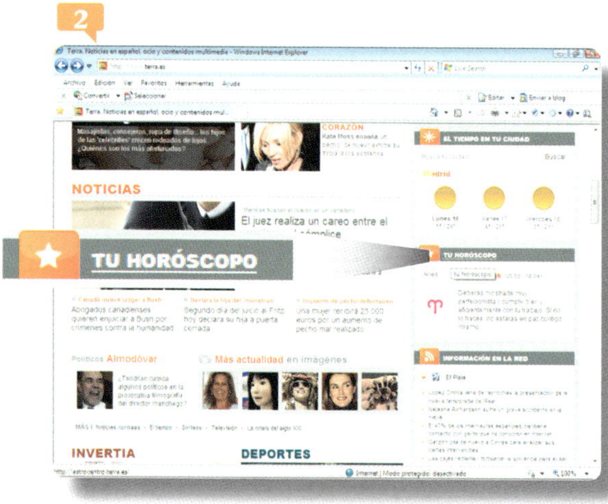

no se puede visualizar a simple vista toda la información. Para desplazarse hacia la parte inferior de la página, haga clic en la parte inferior de la **Barra de desplazamiento vertical**.

4. Ya sabe que si desea visualizar más contenido sin tener que utilizar las barras de desplazamiento puede cambiar el nivel de zoom. La navegación por Internet puede efectuarse introduciendo la dirección Web completa o bien utilizando los distintos vínculos que existen en las páginas. Los vínculos son partes del contenido de una página Web que le permiten dirigirse a otras páginas. Veamos un ejemplo. Haga clic sobre el vínculo **Tu horóscopo** (o sobre cualquier otro).
5. El contenido de la página se ha actualizado mostrando la sección indicada. Desde aquí, podemos continuar saltando a otras páginas utilizando otros vínculos. Compruébelo.
6. A medida que va cambiando el contenido de la página, se van actualizando la dirección de la **Barra de direcciones** y el título de la pestaña. La **Barra de direcciones** del navegador permite moverse por las últimas páginas visitadas, volviendo atrás una a una o visualizando una lista. Para volver a la página anterior, haga clic en el botón **Atrás**, el primero de la barra.
7. El botón situado a la derecha del que acabamos de usar sirve para ir hacia delante. Compruébelo.
8. Si desea volver a una página que no sea inmediatamente anterior, puede acceder al menú **Páginas recientes**. Pulse la punta de flecha que aparece a la derecha del botón **Adelante** para ver las últimas páginas visitadas y vaya a una de ellas.

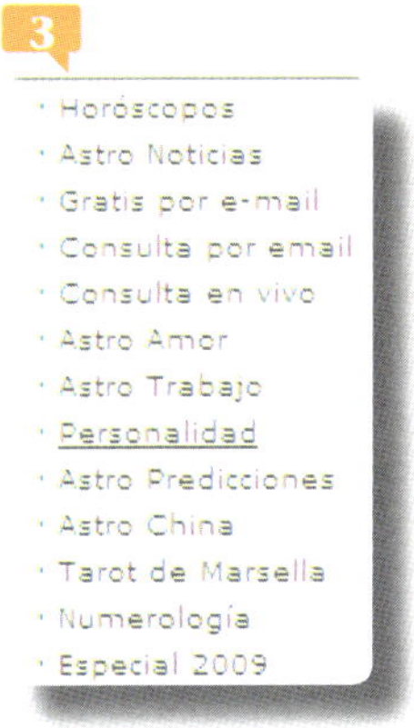

De manera predeterminada, en Internet Explorer el puntero del ratón pasa a mostrar una **mano** cuando se sitúa sobre un vínculo.

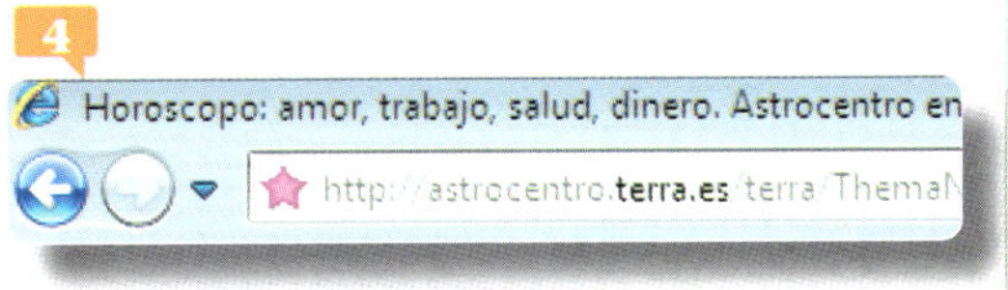

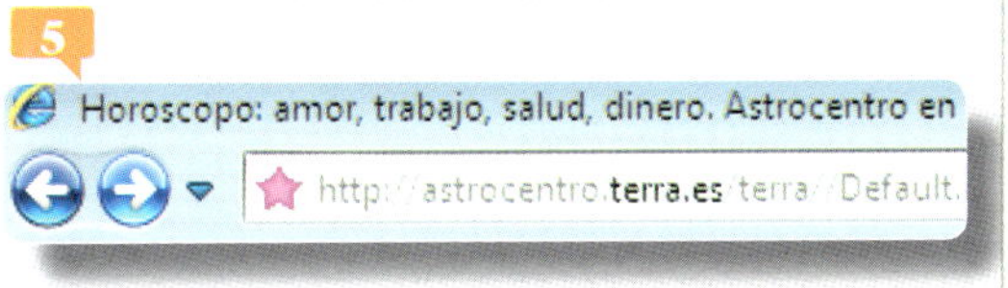

El botón **Adelante** se activa y desactiva dependiendo del número de páginas visitadas y de movimientos que usted haya realizado.

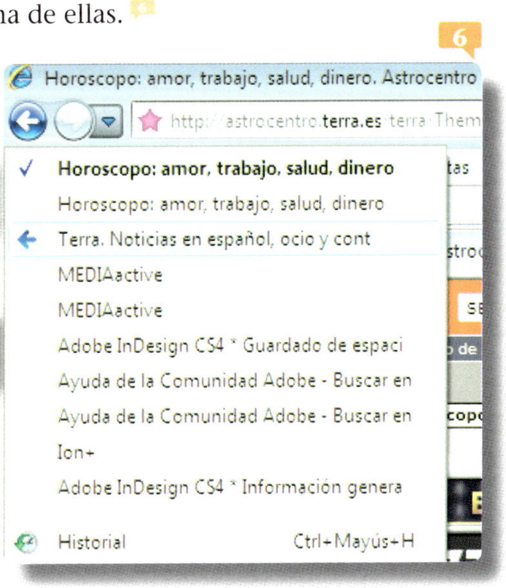

Desde el menú de Páginas recientes también es posible acceder al **Historial de navegación**.

Controlar la carga de una página

IMPORTANTE

También puede encontrar los comandos **Detener** y **Actualizar** en el menú **Ver** del navegador.

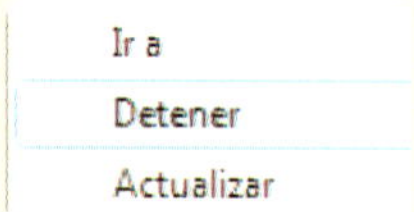

AUNQUE ACTUALMENTE ES BASTANTE frecuente que los proveedores de Internet proporcionen conexiones de Internet que incluyen altas velocidades, lo que se denominan MB, en ocasiones y, sobre todo, en algunos momentos del día, la navegación se hace más lenta. Dicha ralentización produce el mismo efecto sobre las descargas de página, lo que puede impacientar al usuario. En aquellos casos en que las descargas de páginas van muy lentas, ya sea por la conexión o por la cantidad de elementos, imágenes o vídeos que contiene, es posible controlar la descarga deteniéndola o actualizando el contenido. La actualización también es muy útil cuando la carga no se lleva a cabo completa por causas técnicas o errores en el proceso de descarga.

1. En este ejercicio le mostraremos cómo controlar la carga de una página mediante los botones **Actualizar** y **Detener** situados a la derecha de la **Barra de direcciones**. Imagine que quiere acceder a una página que contiene una gran cantidad de imágenes y que, debido a ello, la descarga se eterniza. En tal caso, decidimos detener la carga de la página para volver a intentarlo o proceder con otra búsqueda. Para empezar, pulse en el icono que precede a la dirección actual en la **Barra de direcciones** para seleccionarla. 1

1

2

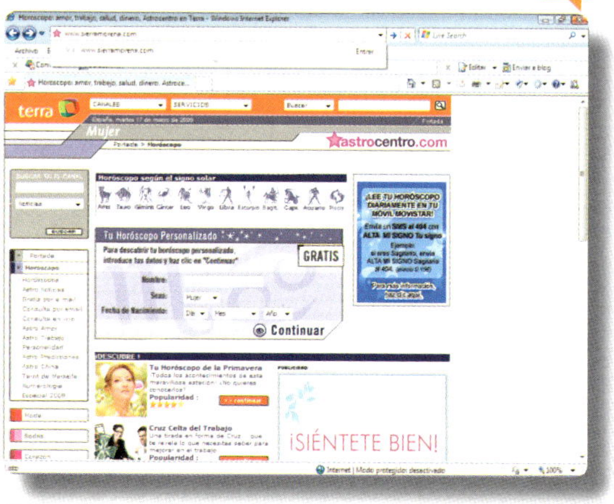

Si escribe una dirección a la que ya ha accedido con anterioridad, la nueva sugerencia de búsqueda le mostrará la dirección completa.

2. Escriba, por ejemplo, la dirección **www.sierramorena.com** y pulse la tecla **Retorno**.
3. La carga de la página se inicia. Antes de que acabe el proceso, y para detenerlo, haga clic sobre el botón **Detener**, que muestra un aspa de color rojo a la derecha de la **Barra de direcciones** (también puede usar la tecla **Escape** de su teclado).
4. Seguramente, las imágenes y vídeos de la página no se habrán cargado del todo y lo más probable es que aparezca la frase **Error en la página** en la **Barra de estado**. Si la lentitud de la carga se debe a un problema del servidor, podríamos probar a actualizar el proceso para ver si así se soluciona. Haga clic sobre el botón **Actualizar**, situado a la izquierda del botón **Detener** (o pulse la tecla de función **F5**).
5. Efectivamente, si el problema era temporal, la carga se realizará ahora sin problemas. También puede actualizar la descargar cuando aparece un mensaje que indica que no se puede mostrar una página Web o si desea asegurarse de que está viendo la versión más reciente de la página. Terminaremos este sencillo ejercicio volviendo una vez más a la página establecida como principal de Internet Explorer. En la **Barra de comandos**, haga clic sobre el botón **Página principal** (o pulse la combinación de teclas **Alt.+P**) para dar así por acabada la lección.

4

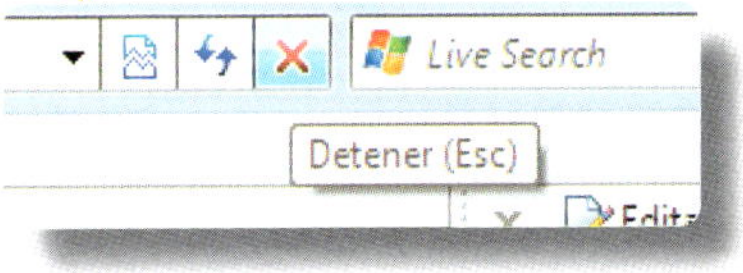

5

3

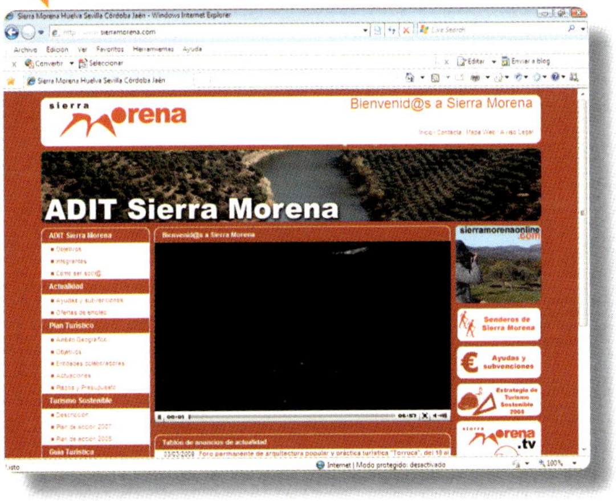

6

Autocompletar

A MEDIDA QUE SE VA USANDO INTERNET Explorer, uno se da cuenta de que este excelente navegador cuenta con gran cantidad de opciones y funciones diseñadas para evitar la realización de tareas repetitivas. Una de ellas es la función Autocompletar, mediante la cual el programa detecta la introducción de una dirección o cualquier otra información que ya ha sido escrita y propone la inserción automática de dicha información o, en su defecto, de posibles coincidencias. Esta función está presente en gran cantidad de secciones del navegador, como la introducción de direcciones Web, el proceso de relleno de formularios o la inserción de un nombre de usuario y una contraseña para acceder a áreas restringidas.

1. Para acceder a la configuración de la función **Autocompletar**, debemos entrar en las opciones de Internet. Para empezar, pulse sobre el comando **Herramientas**, elija **Opciones de Internet** y, en ese cuadro, active la ficha **Contenido**.
2. Pulse el botón **Configuración** del apartado **Autocompletar**.
3. En el cuadro **Configuración de Autocompletar** podemos indicar sobre qué funciones se utilizará esta característica. Por defecto, el navegador muestra las funciones **Barra de direc-**

1

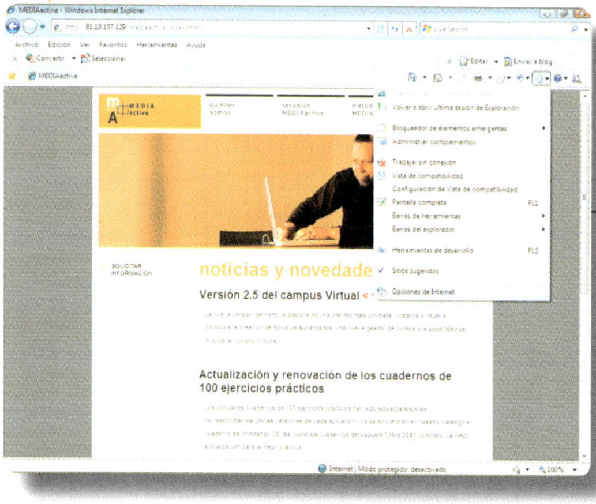

Recuerde que también puede acceder al cuadro de opciones de Internet desde el menú **Herramientas**.

2

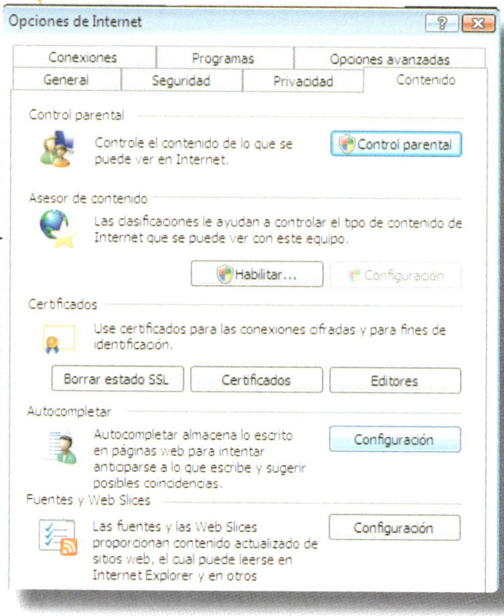

015

ciones y **Nombres de usuario y contraseñas en formularios** y sus subfunciones marcadas. Según esta configuración, el navegador completará automáticamente las URL que escriba en la **Barra de direcciones** y recordará los nombres de usuarios y las contraseñas que utilice para entrar en ciertos sitios Web de acceso restringido. Desactive la opción **Nombres de usuario y contraseñas en formularios.**

4. La información que aparece en el apartado **Eliminar el historial de Autocompletar** le indica cómo debe proceder para suprimir los datos de formulario y contraseñas del navegador. Pulse en **Aceptar** para salir de este cuadro.
5. De vuelta al cuadro de opciones de Internet, haga clic sobre la pestaña **General** y, en el apartado **Historial de exploración**, pulse sobre el botón **Eliminar.**
6. Deje activada únicamente la opción **Datos de formularios** y pulse el botón **Eliminar**. Después, pulse sobre el botón **Aceptar** del cuadro de opciones.
7. Para acabar, comprobaremos el funcionamiento de la característica **Autocompletar** en la **Barra de direcciones**. Para ello, empezaremos a introducir una dirección utilizada antes, para comprobar que el navegador nos propone la dirección completa. Pulse en el icono de la **Barra de direcciones** para seleccionar toda la dirección, escriba el inicio de una página que haya visitado ya y vea cómo el navegador despliega un cuadro con la dirección completa. Pulse sobre ella para que se cargue la página y dar por terminado este ejercicio.

6

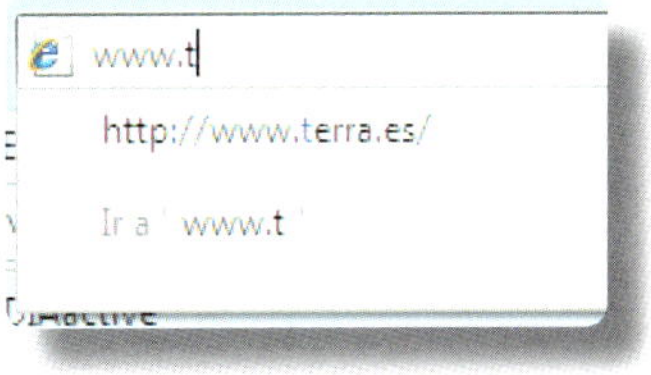

4

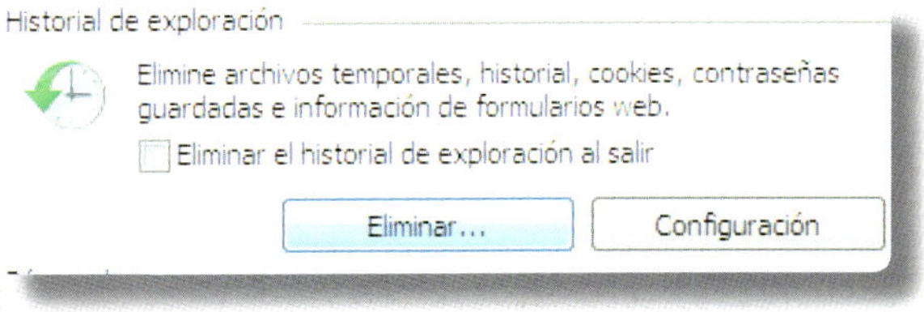

3

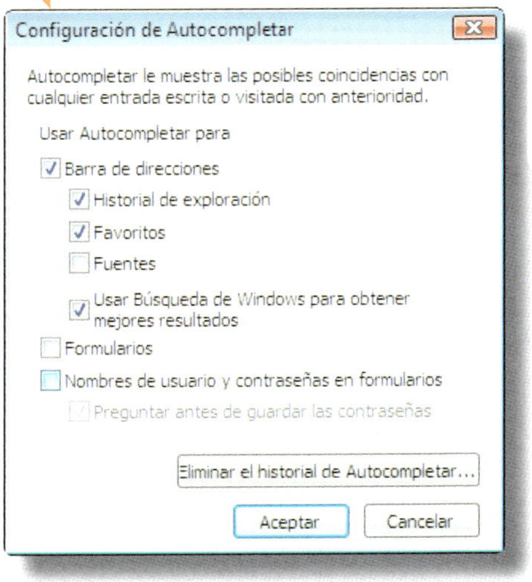

La opción **Formularios** rellena automáticamente algunos tipos de formularios en páginas Web a partir de sus datos personales.

5

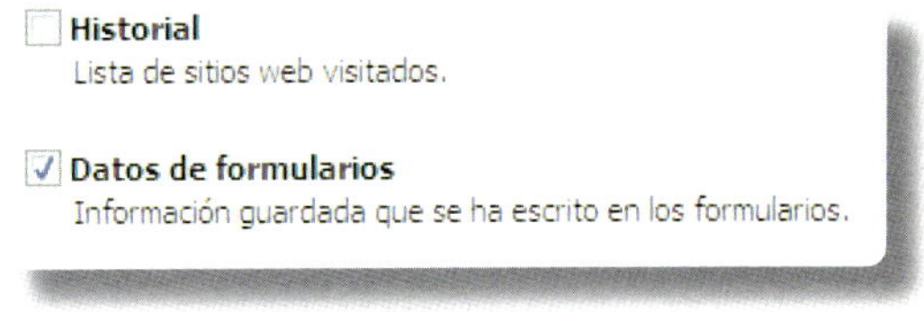

En la ventana **Eliminar el historial de exploración** debe indicar los elementos que desea suprimir de su equipo.

Las novedades de la Barra de direcciones

COMO YA HEMOS VISTO, LA NUEVA BARRA de direcciones, más inteligente, de internet explorer 8 recuerda los sitios que se han visitado y los muestra en una lista que se despliega al empezar a escribir la dirección. Internet Explorer 8 busca en el historial, en los favoritos y en las fuentes RSS y permite eliminar fácilmente direcciones URL mal escritas u otras direcciones pulsando en el aspa roja que aparece junto a ellas en la lista.

1. Seguimos practicando en este ejercicio con la Barra de direcciones, que ha añadido nuevas características en Internet Explorer 8 para facilitar la búsqueda de páginas Web. Imagine que quiere visitar un sitio Web cuya dirección completa no recuerda. Como ya se vio en el ejercicio anterior, la función **Autocompletar** facilita enormemente la búsqueda. Veamos un ejemplo. Seleccione la dirección que aparece en la **Barra de direcciones** y empiece a escribir la dirección de **Terra** (o de otro sitio que haya visitado antes.)
2. Internet Explorer 8 busca en el historial, en los favoritos y en las fuentes RSS y muestra en una lista las coincidencias de la dirección del sitio Web o bien una parte de la dirección URL. Puede eliminar direcciones mal escritas u otras direcciones que no desee conservar. Para ello, sitúe el puntero del ratón sobre la dirección en cuestión (por ejemplo, **http://www.terra.es**) y pulse sobre el icono de aspa que aparece a su derecha. 1

1

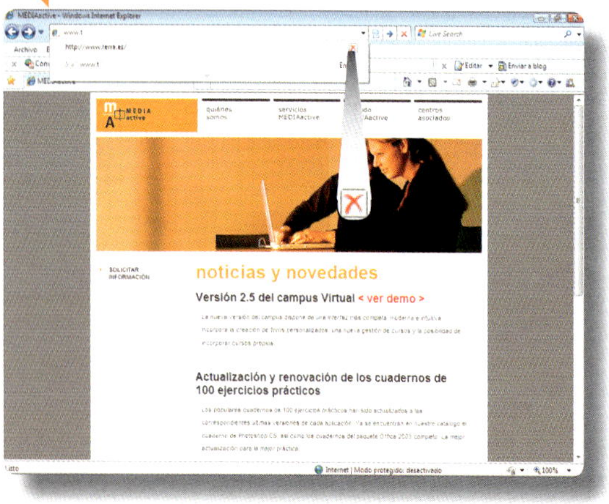

2

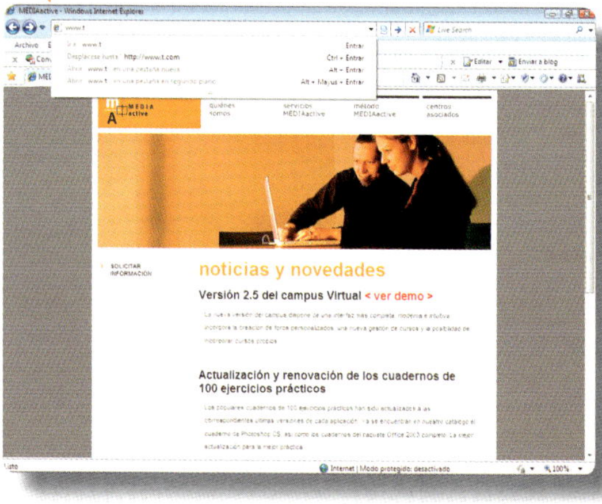

3. De este modo, la dirección desaparece de la lista. La nueva lista de la **Barra de direcciones** muestra también los métodos de teclado que se pueden utilizar para acceder a las páginas Web de diferentes maneras. Haga clic en la pequeña punta de flecha que aparece bajo el listado de coincidencias para mostrar otros atajos de teclado y sugerencias de uso. 2
4. Ahora puede ver cuáles son las combinaciones de teclas apropiadas para abrir una página en la misma ventana, para desplazarse hasta la dirección indicada, para abrir la página en una nueva pestaña o para abrirla en un segundo plano. Oculte la lista de atajos de teclado pulsando el botón de punta de flecha y pulse la tecla **Escape** para recuperar la dirección inicial.
5. Vamos a ver ahora cómo puede mostrar una lista de páginas Web para las que escribió la dirección en la **Barra de direcciones** sin necesidad de empezar a escribir ninguna dirección. Pulse en el botón de punta de flecha que aparece en el extremo derecho de la **Barra de direcciones.**
6. Se despliega así una lista con las páginas que ha visitado recientemente. En esta lista las páginas están clasificadas en tres grupos: principal, Historial y Favoritos. Para ver las listas completas del segundo y el tercer grupo sólo tiene que pulsar en el botón de flecha que aparece a la derecha de sus nombres. Despliegue la lista completa del grupo **Historial**. 3
7. Recuerde que puede eliminar sitios de esta lista pulsando el botón de aspa que aparece junto a su nombre. Dé por acabado este ejercicio de repaso pulsando la tecla **Escape**. 4

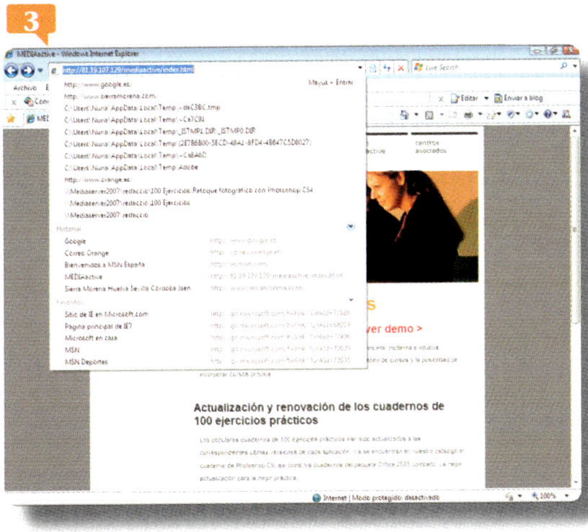

Para desplegar las listas de historial o favoritos sólo tiene que pulsar en el icono de flecha.

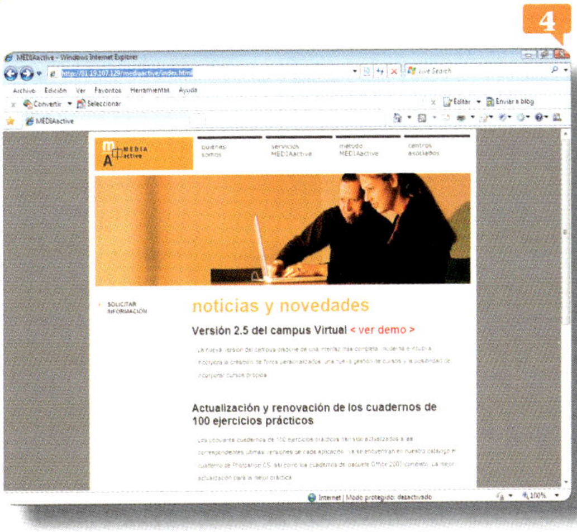

Al pulsar la tecla **Escape** se cierra la lista de sugerencias de la Barra de direcciones y se muestra la última página cargada en el navegador.

Configurar la vista de compatibilidad

IMPORTANTE

Seguro que ha notado que Internet Explorer 8 **carga las páginas con más rapidez** que las versiones anteriores del navegador, lo que mejora notablemente la experiencia de exploración del usuario.

OTRA DE LAS NOVEDADES DE INTERNET explorer 8 es la Vista de compatibilidad. El botón integrado Vista de compatibilidad, situado al lado del botón Actualizar de la Barra de direcciones permite mostrar sitios Web que fueron diseñados para explorador más antiguos. Al pulsarlo, los posibles problemas de visualización de menús, imágenes y texto se corrigen automáticamente.

1. En este sencillísimo ejercicio le mostraremos la utilidad del nuevo botón **Vista de compatibilidad**. Al realizar búsquedas en la Web puede encontrar páginas que se diseñaron para versiones anteriores de Internet Explorer y que, en esta nueva versión, no se muestran correctamente. Cuando se dan esos casos, el navegador muestra al lado del botón **Actualizar**, en la **Barra de direcciones**, el botón **Vista de compatibilidad**. Si las páginas están actualizadas correctamente para la nueva versión, ese botón no aparece. Vamos a comprobarlo. Pulse en el icono de la **Barra de direcciones**, escriba la dirección **www.google.es** y pulse la tecla **Retorno**.
2. Observe la **Barra de direcciones**. No aparece el botón **Vista de compatibilidad**, lo que indica que el diseño de la página está actualizado para la nueva versión del navegador. 1 Accedere-

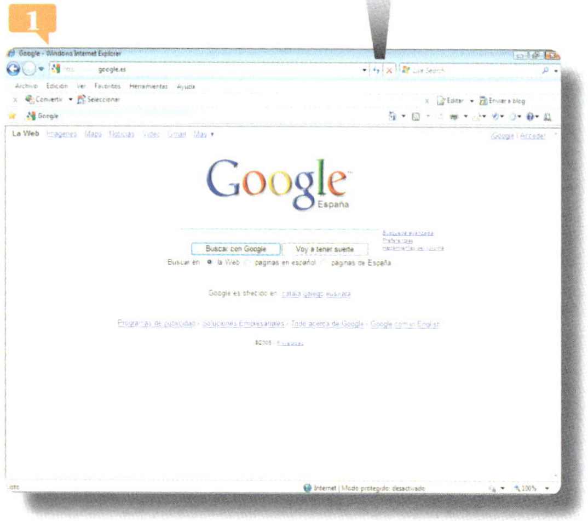

Si la página está actualizada para ser compatible con el navegador Internet Explorer 8 no aparece en botón **Vista de compatibilidad**.

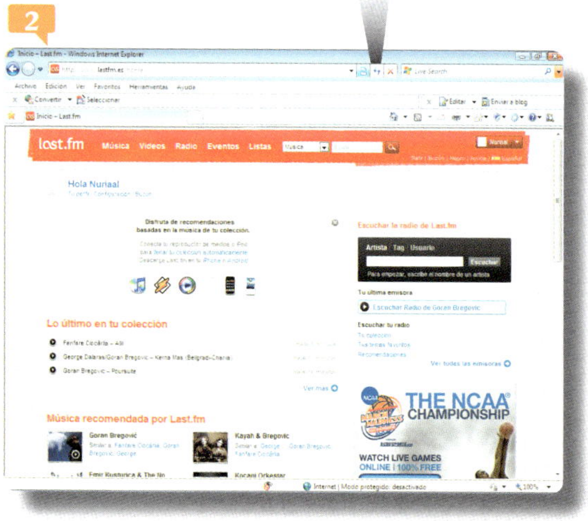

mos ahora a otra página de ejemplo que no está actualizada. Seleccione nuevamente la dirección en la **Barra de direcciones**, escriba la dirección **www.lastfm.es** y pulse la tecla **Retorno**.

3. En este caso, aunque la visualización de la página parece correcta, ha aparecido el botón **Vista de compatibilidad** en la **Barra de direcciones**. Al pulsarlo, se corregirán los posibles problemas de alineación de texto, visualización de imágenes, etc. Pulse ese botón. 2

4. Aparece durante unos segundos un cartel informativo 3 que nos indica que la página se está viendo en modo de compatibilidad, a la vez que el botón se muestra activado. Para desactivar la vista de compatibilidad puede volver a pulsar ese botón o bien desactivar la opción en el menú **Herramientas** de la **Barra de menús** o de la **Barra de comandos**. Haga clic en el icono **Herramientas** de la **Barra de comandos** y desactive la opción **Vista de compatibilidad**. 4

5. Debe tener en cuenta que no todos los problemas de visualización de las páginas son debidos a incompatibilidades con el navegador, también se pueden producir por interrupciones del servicio de conexión, por ejemplo. Además, si la página que en estos momentos no es compatible con la versión 8 del navegador se actualiza, el botón **Vista de compatibilidad** dejará de aparecer. Vuelva a su página de inicio pulsando en el icono **Página principal** de la **Barra de comandos**. 5

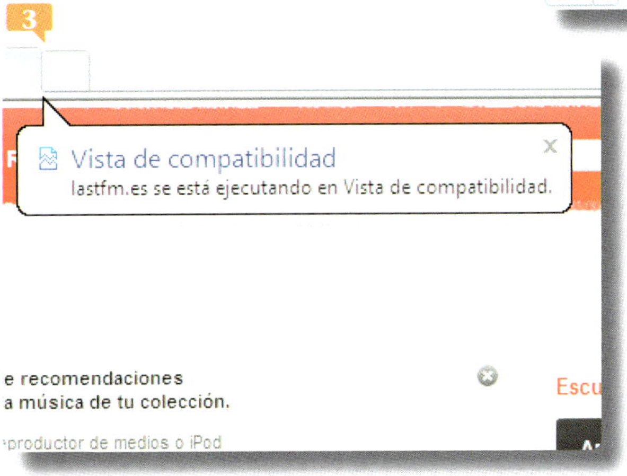

Al activar la vista de compatibilidad aparece un mensaje informativo junto a la pestaña de la página.

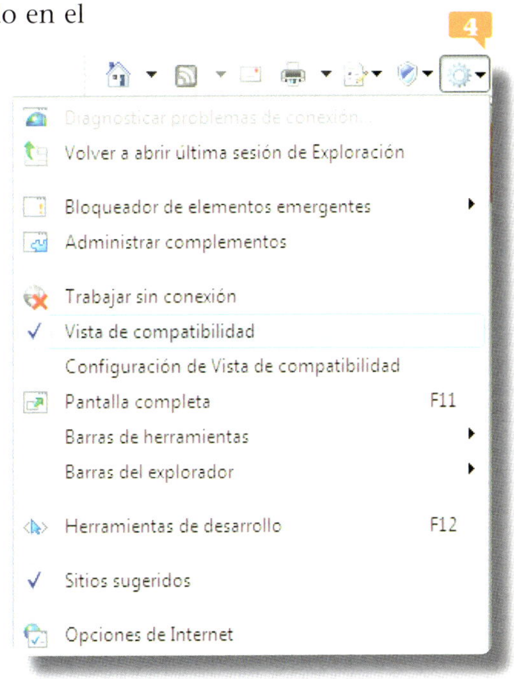

Guardar una página Web como archivo

LA NAVEGACIÓN POR INTERNET IMPLICA la descarga de gran cantidad de páginas que contiene mucha y muy variada información. De forma predeterminada Internet Explorer guarda las páginas visitadas en un elemento conocido como Historial, desde el cual es posible recuperarlas posteriormente para volver a acceder a ellas. Sin embargo, puede ocurrir que desee guardar el contenido de una página en su equipo para poder acceder a él sin necesidad de recordar su dirección completa.

1. En este ejercicio le mostraremos cómo puede guardar en el equipo una página Web que está visualizando en el navegador. Para empezar, nos dirigiremos a la página que nos interesa. En la **Barra de direcciones**, haga clic sobre el icono que precede la dirección Web existente para seleccionarla, escriba, por ejemplo, la dirección **www.homeopatia.net** y pulse la tecla **Retorno**.
2. A continuación, accederemos a una de las páginas que forman parte de este sitio. Haga clic sobre el vínculo **Homeopatía**, situado a la izquierda de la página.
3. Imagine que ésta es la página cuyo contenido le interesa guardar en su equipo. Haga clic sobre el comando **Página** de la **Barra de comandos** y elija la opción **Guardar como.**

IMPORTANTE

También es posible guardar una página Web como archivo con otros formatos: el formato **Página Web, completa** permite guardar todos los archivos necesarios para mostrar esta página, incluidos los gráficos, los marcos y las hojas de estilos; la opción **Página Web, sólo HTML** guarda la información de la página, pero no los archivos de gráficos, de sonido o de cualquier otro tipo; por último, la opción **Archivo de texto** guarda la información de la página Web como texto sin formato. Resulta interesante saber que las opciones Página Web, completa y Archivo Web permiten ver, una vez guardada, toda la página Web sin conexión.

1

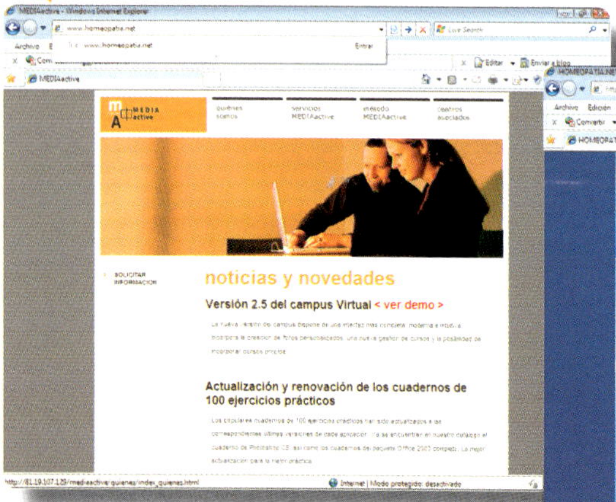

2

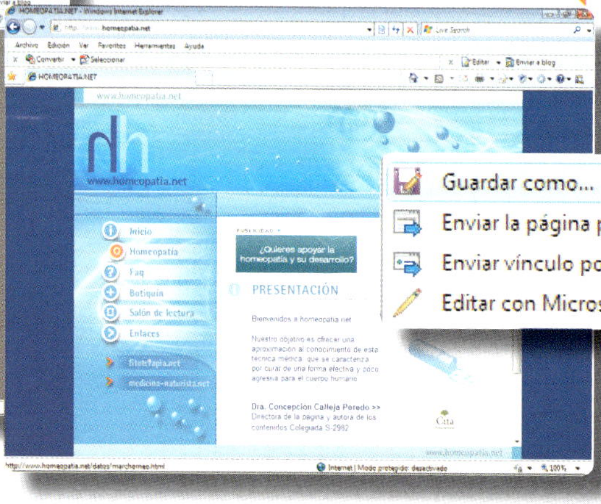

3

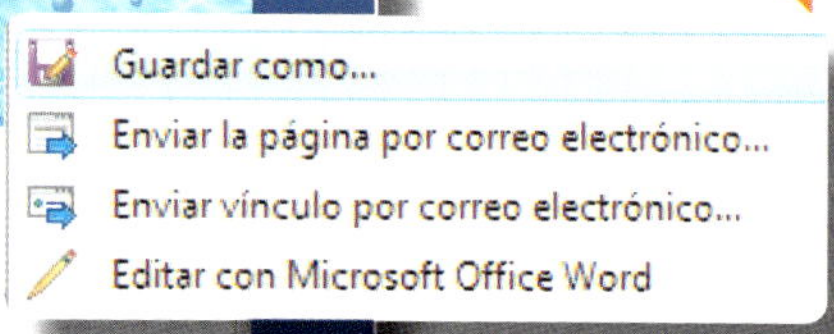

También dispone de la opción **Guardar como** en el menú **Archivo**.

018

4. En el cuadro **Guardar página Web** debemos indicar la ubicación en la que guardaremos el archivo, su nombre y su formato. Observe que el tipo de formato seleccionado por defecto es **.mht**, correspondiente a la descripción **Archivo web, archivo único**. Este tipo de archivo permite guardar toda la información necesaria para mostrar esta página en un único archivo codificado como MIME. El navegador propone como nombre para el archivo el nombre de la página Web y la carpeta **Documentos** de Windows como ubicación para las páginas Web guardadas desde Internet Explorer. Cambiaremos esta ubicación. Haga clic en el botón de punta **Examinar carpetas**.
5. El cuadro de diálogo se expande para que pueda localizar la ubicación que más le interese. En el panel de carpetas de la izquierda, seleccione el elemento **Escritorio**.
6. A continuación, pulse el botón **Guardar** para almacenar la página Web.
7. Sólo queda comprobar si la página se ha guardado correctamente. Cierre el navegador pulsando el botón de aspa de su **Barra de título**.
8. Nos encontramos en el Escritorio de Windows, donde, efectivamente, se encuentra el acceso al archivo Web **Homeopatía**. Veamos si funciona. Haga doble clic sobre ese acceso.
9. La página Web se abre en el navegador sin problemas. Si la hubiéramos guardado como texto, el archivo mostraría la extensión .txt y se abriría en un procesador de textos. Para terminar, pulse el botón **Página principal** de la **Barra de comandos**.

7

El acceso directo a la página guardada muestra el nombre y el formato asignados.

4

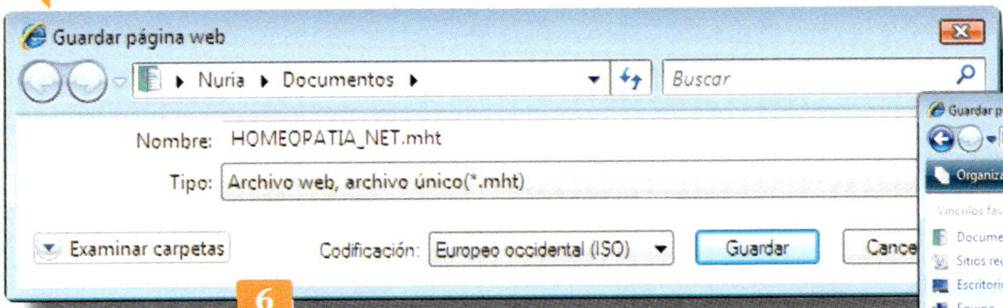

5

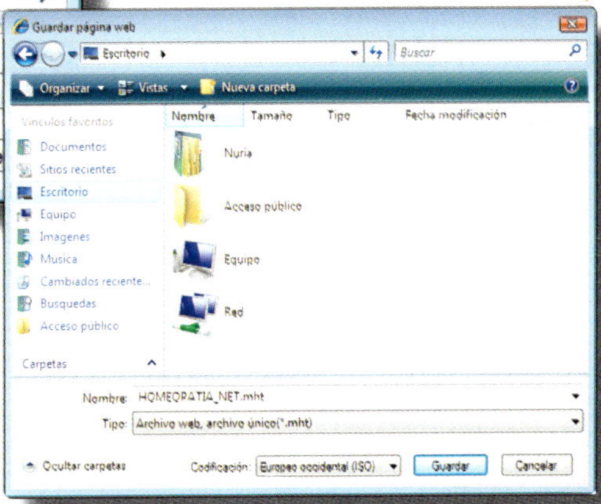

6

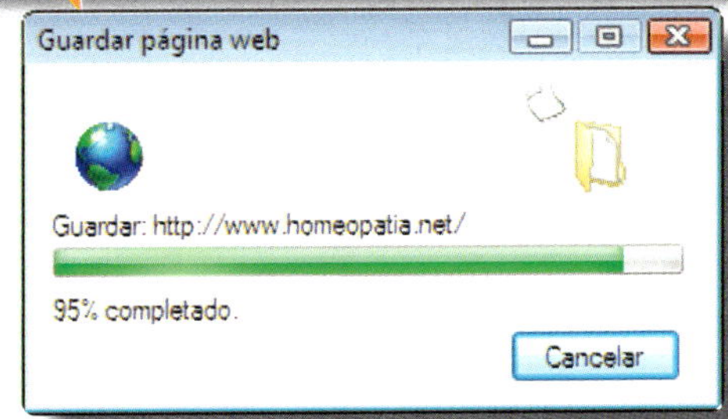

Durante el proceso de guardado de una página Web aparece un cuadro informativo que muestra el progreso.

Guardar un sitio Web como favorito

IMPORTANTE

También puede acceder al cuadro **Agregar a favoritos** usando el botón del mismo nombre que encontrará en el Centro de favoritos.

LOS FAVORITOS SON AQUELLOS SITIOS Y PÁGINAS WEB que el usuario visita más a menudo y que, por ello, guarda en un espacio reservado. La gran ventaja de los favoritos es que no es necesario introducir la dirección Web para acceder a ellos, sino simplemente pulsar sobre el vínculo correspondiente en una ventana exclusiva. El proceso para guardar sitios favoritos es muy sencillo: en primer lugar, es necesario situarse, mediante el proceso normal, en la página o el sitio que se desea almacenar, y, a continuación, abrir el panel de favoritos, desde el cual se dará la orden de agregar el sitio a la lista de favoritos, pudiendo elegir una carpeta en concreto.

1. En este ejercicio le mostraremos cómo guardar un sitio Web como favorito. Para ello, empezaremos accediendo a un sitio en concreto que será sobre el cual realizaremos esta práctica. (Lógicamente, usted puede personalizar estos ejercicios introduciendo otras direcciones.) Haga clic en el símbolo que precede a la dirección en la **Barra de direcciones**, escriba la dirección **www.bcn.es** 1 y pulse la tecla **Retorno**.
2. Éste es el sitio Web que deseamos guardar como favorito, la página del ayuntamiento de Barcelona. Para llevar a cabo esta acción, dispone del comando **Agregar a Favoritos** o del **Centro de Favoritos**. Como trabajaremos con ese panel en otro ejercicio, utilizaremos ahora la primera opción. Abra el menú **Favoritos** y pulse sobre la opción **Agregar a Favoritos**. 2

1

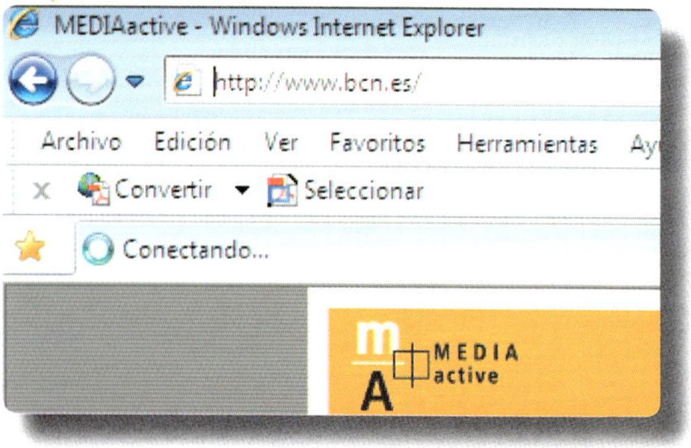

2

3. Se abre el cuadro de diálogo **Agregar un favorito**. Como puede ver, en el campo **Nombre** se muestra por defecto el mismo texto que aparece en la **Barra de título** del navegador en estos momentos, que, a su vez, será el mismo texto que se mostrará en el panel de favoritos una vez hayamos guardado el sitio. Vamos a simplificar este título. En el campo **Nombre** del cuadro **Agregar un favorito** escriba la palabra **Barcelona**.
4. Antes de guardar el sitio Web como favorito, especificaremos una nueva carpeta como destino. Para ello, haga clic sobre el botón **Nueva carpeta**.
5. Se abre un nuevo cuadro de diálogo en el cual asignaremos el nombre para la nueva carpeta. Es recomendable que estos nombres describan brevemente el contenido de cada carpeta. En el cuadro de diálogo **Crear una carpeta**, escriba en el campo **Nombre de la carpeta** la palabra **ocio**.
6. Haga clic sobre el botón **Crear** para crear la nueva carpeta.
7. Compruebe que en el campo **Crear en** se refleja ahora el nombre de la carpeta que acabamos de crear. Pulse en **Agregar** para guardar el sitio Web como favorito.
8. A simple vista no se ha producido ningún cambio pero la página ya se ha guardado como favorito. Para terminar, nos situaremos en la página de inicio. En la **Barra de comandos** del navegador, haga clic sobre el botón **Página principal**.

3

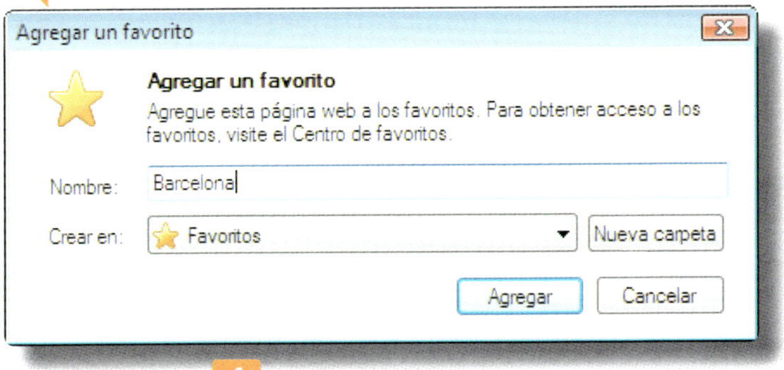

5

Compruebe que la carpeta en la que quiere guardar la página Web como Favorito se encuentra seleccionada en el campo **Crear en** del cuadro Agregar un favorito.

4

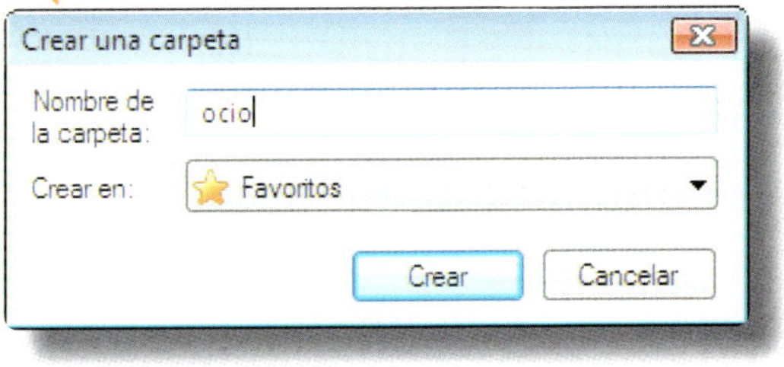

Todas las subcarpetas que cree desde este cuadro se almacenarán en la carpeta **Favoritos**.

6

Consultar los sitios Web favoritos

LA GRAN VENTAJA DE LOS FAVORITOS es la rapidez y la sencillez con que, una vez guardados, se puede acceder a ellos. El uso de favoritos adquiere todo su sentido en aquellos sitios cuya dirección Web es larga y, por tanto, difícil de recordar. A este tipo de sitios normalmente se llega a través de vínculos que se encuentran en páginas procedentes de otros vínculos. Para acceder a los sitios o páginas almacenados como favoritos, el usuario debe entrar en el Centro de Favoritos mediante el comando con el mismo nombre de la Barra de comandos.

1. En este ejercicio le mostraremos cómo acceder al sitio Web almacenado como favorito en el ejercicio anterior y a agregar un nuevo sitio como favorito desde dicho panel. Para empezar, seleccione la dirección que aparece en la **Barra de direcciones** haciendo clic en el icono que la precede, escriba la dirección **www.cocina.com** y pulse la tecla **Retorno**. 1
2. Éste es el sitio que guardaremos también como favorito. En la **Barra de comandos** del navegador, haga clic en el botón **Centro de Favoritos**, que muestra una estrella de color amarillo, en el extremo izquierdo de dicha barra. 2
3. A la izquierda de su pantalla, se sitúa el **Centro de Favoritos** que, además de mostrar y administrar los sitios Web favoritos,

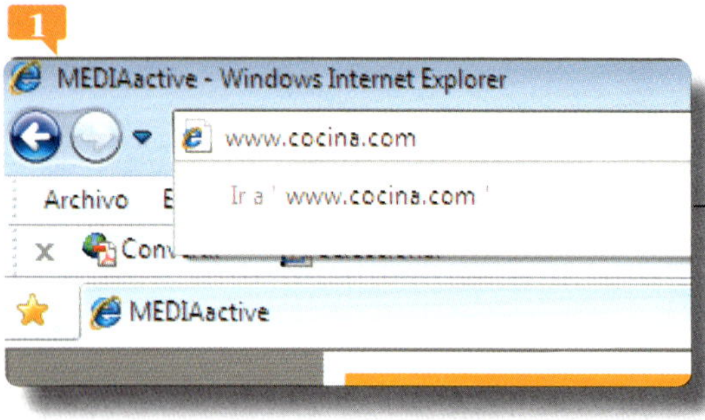

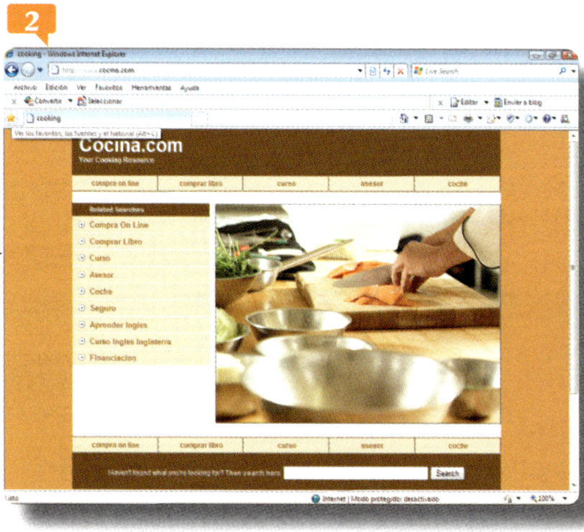

La combinación de teclas **Alt.+C** también permite abrir el Centro de favorito.

020

también proporciona acceso a las fuentes y al historial. Como puede ver, el **Centro de favoritos** contiene varias carpetas predeterminadas y una creada por nosotros durante el ejercicio anterior: la carpeta **ocio**. En la parte superior derecha del **Centro de Favoritos** se encuentra el botón **Anclar el Centro de favoritos** que le permitirá inmovilizar el panel en la interfaz de Explorer. Compruébelo. 3

4. Ahora el panel forma parte de la interfaz. Para agregar este sitio como favorito, haga clic sobre el botón **Agregar a Favoritos**.
5. Nos encontramos de nuevo en el cuadro **Agregar un favorito**. En el campo **Nombre**, escriba la palabra **recetas** y seguidamente, pulse en el botón **Agregar** para guardar el nuevo sitio como favorito en la carpeta raíz, **Favoritos**. 4
6. El nuevo sitio aparece en el **Centro de favoritos**. A continuación, le mostraremos cómo acceder a un favorito. Haga clic sobre la carpeta **ocio** para ver su contenido 5 y pulse sobre el vínculo del favorito **Barcelona** para acceder a ese sitio.
7. Todavía queremos mostrarle una forma más de agregar un sitio Web a sus favoritos. Haga clic en el icono que precede a la **Barra de direcciones** para seleccionar su contenido, escriba la dirección **www.navegar.com** y pulse **Retorno**.
8. Una vez nos encontramos en el sitio deseado, debemos usar su menú contextual. Pulse con el botón derecho del ratón sobre el fondo de la página y, del menú contextual, elija la opción **Agregar a Favoritos**. 6
9. A partir de aquí, el proceso es el mismo. En el cuadro **Agregar un favorito**, escriba la palabra **navegar** y pulse sobre el botón **Agregar** para aceptar la acción.

6

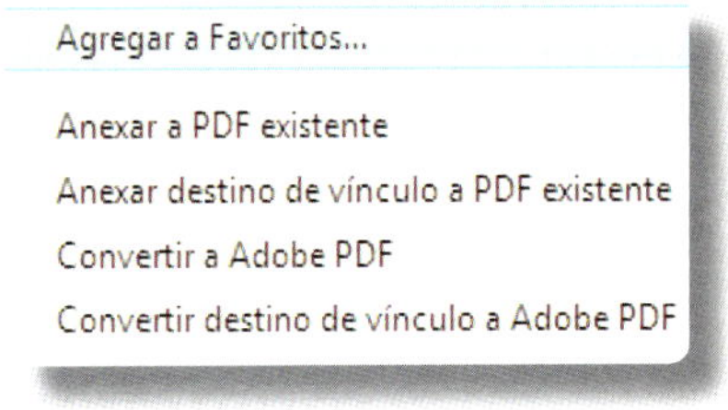

4

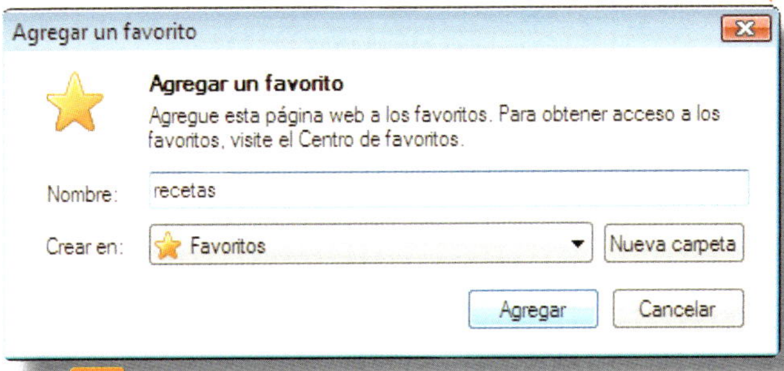

3

5

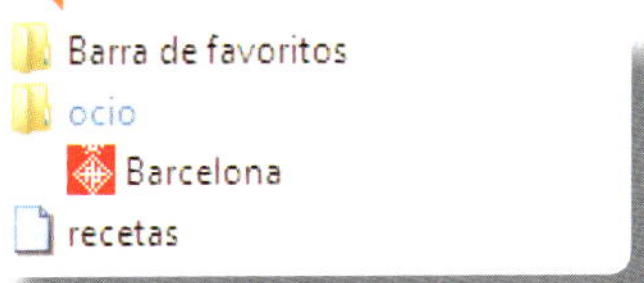

Además de consultar los favoritos almacenados, el Centro de Favoritos permite agregar otros nuevos y gestionarlos.

Administrar el Centro de favoritos

EL CENTRO DE FAVORITOS ES un elemento de Internet Explorer realmente interesante siempre y cuando el usuario aprenda a administrarlo y a controlar su contenido. De nada sirve llenar el panel de direcciones Web si, en el momento en que se necesitan, es imposible encontrarlos. Por esta razón, es recomendable organizar de vez en cuando el contenido del Centro de favoritos, moviendo cada elemento, creando carpetas e, incluso eliminando aquellos sitios a los que ya no se acceda o que hayan quedado obsoletos.

1. En este ejercicio le mostraremos cómo puede administrar el contenido del Centro de favoritos. Imagine que usted ha ido incluyendo en dicho centro vínculos y vínculos a páginas que le resultan interesantes y que éstos se han ido agregando de forma individual y sin ningún orden al Centro de favoritos. En casos así, lo mejor es organizar este elemento. Para empezar, haga clic sobre el botón de punta de flecha del comando **Agregar a Favoritos y**, del menú que se despliega, elija la opción **Organizar Favoritos.** 1
2. En el cuadro central de la ventana **Organizar Favoritos** 2 se listan todas las carpetas y los vínculos incluidos en el panel y en la parte inferior, los botones que permiten llevar a cabo la organización de los mismos. En este ejercicio guardaremos uno de los sitios favoritos en una carpeta existente, cambiaremos el

1

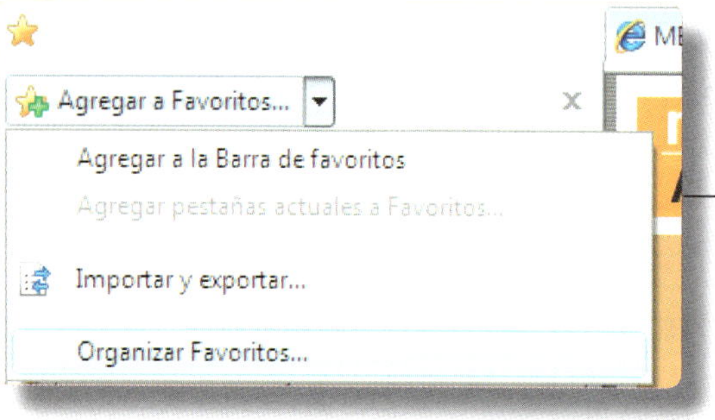

Recuerde que si el Centro de favoritos está oculto, puede mostrarlo pulsando el icono Ver los favoritos, las fuentes y el historial, cuyo icono muestra una estrella amarilla.

2

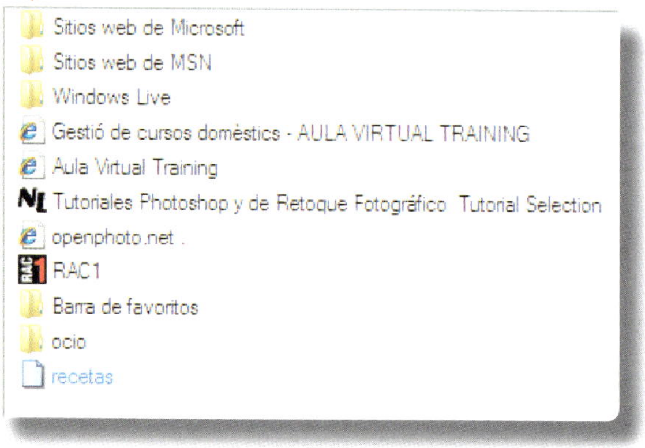

nombre de uno de los sitios actuales y, por último, eliminaremos un favorito. Vamos allá. Haga clic sobre el nombre de uno de sus favoritos para seleccionarlo.

3. Compruebe que, al seleccionar un favorito, se proporciona información acerca de su dirección Web completa, el número de visitas e, incluso, la fecha de la última visita. Pulse sobre el botón **Mover**, en la parte inferior del cuadro de favoritos.
4. En el cuadro **Buscar carpeta** debemos localizar y seleccionar la nueva ubicación para el favorito. Seleccione una de sus carpetas y pulse el botón **Aceptar**.
5. El favorito ya no aparece en la lista puesto que ahora se encuentra en la carpeta indicada. Compruébelo pulsando en la carpeta que haya escogido antes para ver su contenido.
6. Seleccione otro de sus favoritos (puede ser uno de los incluidos en una carpeta) y pulse el botón **Eliminar**.
7. En el cuadro **Eliminar archivo**, haga clic sobre el botón **Sí** para confirmar la supresión del favorito.
8. Por último, cambiaremos el nombre de otro favorito. Para ello, seleccione el que desee modificar y pulse el botón **Cambiar nombre**.
9. El nombre del favorito queda en modo de edición. Escriba el nuevo título y pulse la tecla **Retorno** para confirmarlo.
10. También puede crear nuevas carpetas en las que guardar los favoritos para mantener este panel mucho más organizado. Para terminar este ejercicio, salga del cuadro **Organizar favoritos** pulsando el botón **Cerrar**.

3

6

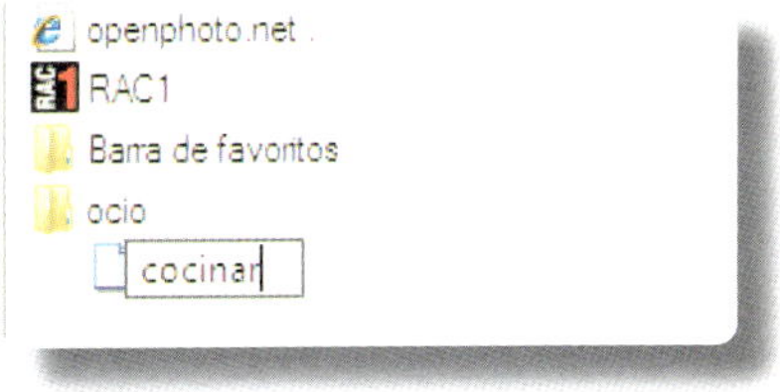

4

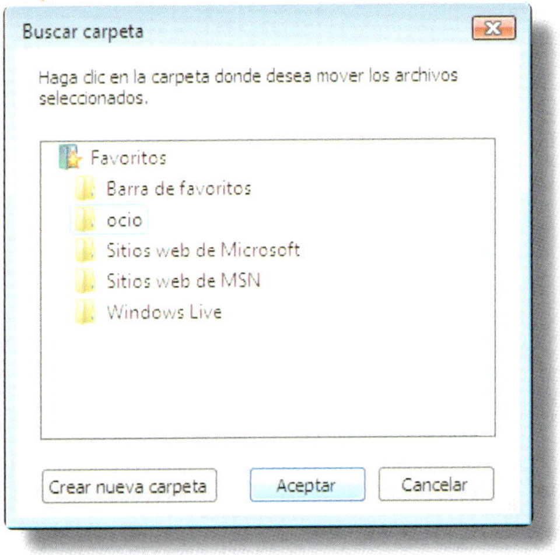

5

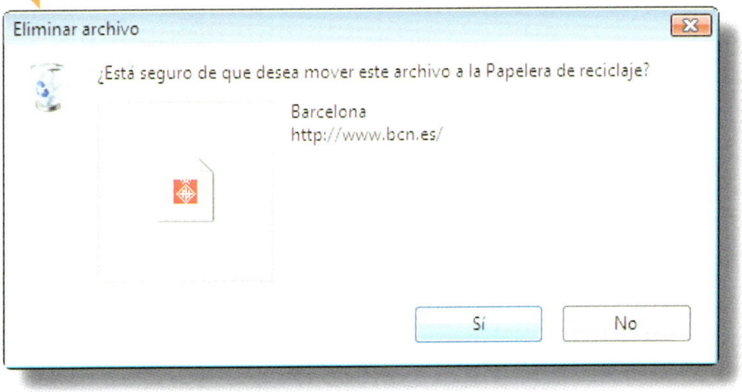

Importar y exportar favoritos

IMPORTANTE

Puede imprimir su lista de favoritos abriendo el archivo **Bookmark.htm** en Internet Explorer y pulsando el icono **Imprimir**.

COMO ESTÁ PUDIENDO COMPROBAR Los favoritos, conocidos también como marcadores, son una forma cómoda de organizar las páginas Web que se visitan frecuentemente. Si utiliza Internet Explorer en varios equipos, puede exportar su lista de favoritos en un equipo para importarla después en los otros. El archivo que se crear al exportar una lista de favoritos se denomina Bookmark.htm.

1. En este ejercicio aprenderá a exportar su lista de favoritos para después importarla en otro equipo. Para empezar, haga clic en el botón de punta de flecha del comando **Agregar a favoritos** y pulse sobre la opción **Importar y exportar**.
2. Aparece el cuadro **Opciones para importar o exportar** en el que, en primer lugar, debemos seleccionar la operación que vamos a llevar a cabo. Como hemos dicho, primero veremos cómo exportar los favoritos a un archivo. Active la opción **Exportar a un archivo** y pulse el botón **Siguiente**.
3. En la siguiente ventana del asistente debemos indicar los elementos del centro de favoritos que queremos exportar. Active la opción **Favoritos** y pulse el botón **Siguiente**.
4. Seguidamente, el asistente nos pide que indiquemos la carpeta desde la que se van a exportar los favoritos. Para exportar to-

1

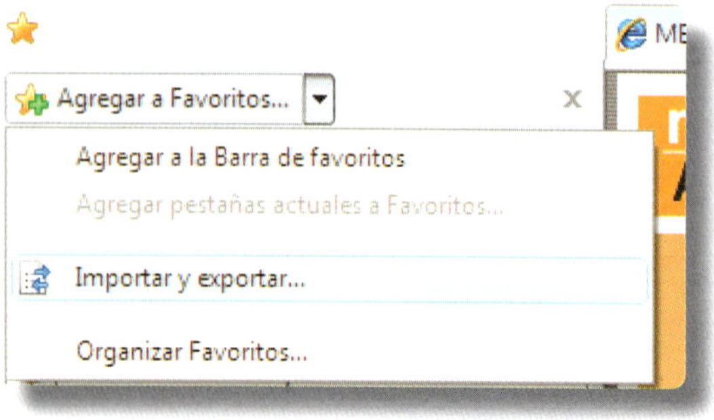

También puede acceder al asistente para la importación o la exportación de favoritos, fuentes o cookies desde el menú **Archivo** del navegador.

2

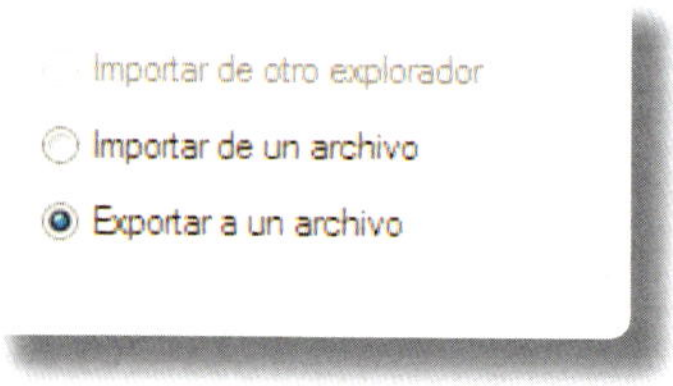

Active la opción **Importar de otro explorador** para importar la lista de favoritos desde un explorador diferente a Internet Explorer.

3

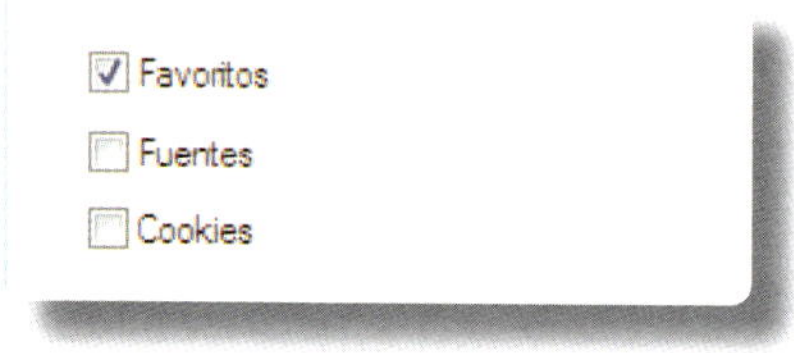

El asistente para la importación o la exportación le permite importar o exportar **Favoritos**, **Fuentes** y **Cookies**.

dos los favoritos, mantenga seleccionada la carpeta **Favoritos** y pulse el botón **Siguiente**.

022

5. El último paso consiste en establecer la ruta en la que se almacenarán los favoritos. Como ve, por defecto el archivo resultante, **bookmark.htm**, se guardará en el elemento **Documentos** del equipo. Puede usar el botón **Examinar** si desea cambiar esa ubicación. Después pulse el botón **Exportar**.
6. Una vez exportados los favoritos, pulse el botón **Finalizar**.
7. Ahora dispone de un archivo en el que se listan sus favoritos en su carpeta **Documentos** (o en la ruta que haya indicado). Puede importar esa lista en otro equipo tras copiar el archivo en una unidad extraíble o en una ubicación de red. Pulse el botón de punta de flecha del botón **Agregar a Favoritos** y haga clic en **Importar y exportar**.
8. De nuevo en el cuadro **Opciones para importar y exportar**, active la opción **Importar de un archivo** y pulse **Siguiente**.
9. En el siguiente paso, active la opción **Favoritos** y pulse **Siguiente**.
10. Seguidamente debemos localizar el archivo **bookmark.htm** en el que se encuentra la lista de favoritos. Use el botón **Examinar** para localizarla si no aparece la ruta correcta y pulse el botón **Siguiente**.
11. Sólo falta que seleccione la carpeta de destino para la importación. Hágalo y pulse el botón **Importar**.
12. Una vez importada la lista de favoritos, pulse el botón **Finalizar** y compruebe en su **Centro de favoritos** que el proceso se ha llevado a cabo correctamente.

4

Puede **exportar** carpetas concretas de favoritos seleccionándolas en el asistente para la exportación.

5

Por defecto, el navegador guarda el archivo con la lista de favoritos en la carpeta Documentos del equipo.

6

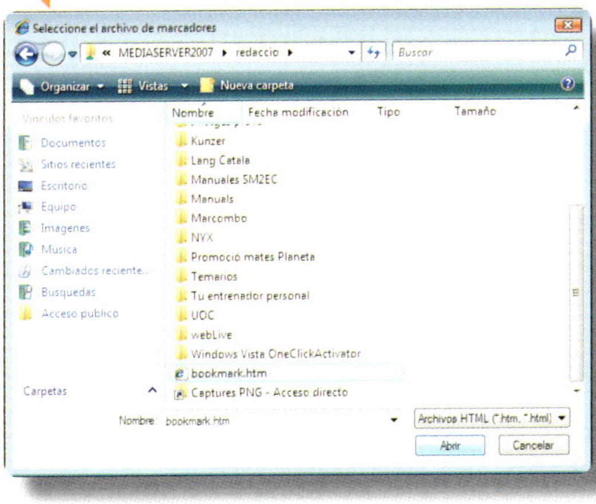

7

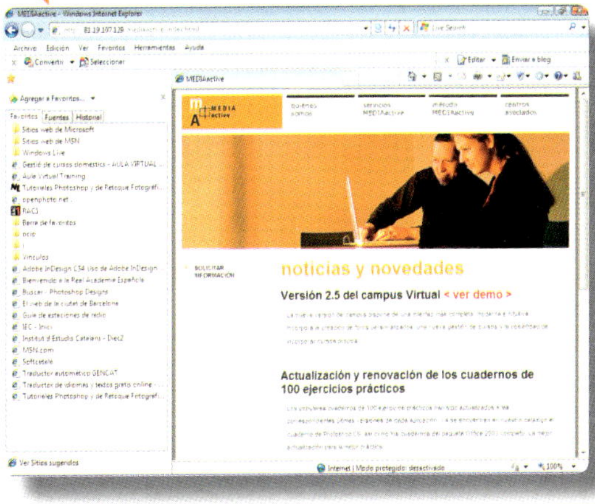

Explorar con pestañas

IMPORTANTE

La principal ventaja que presenta la **exploración con pestañas** es que la Barra de tareas presentará sólo un elemento aunque sean varias las pestañas abiertas.

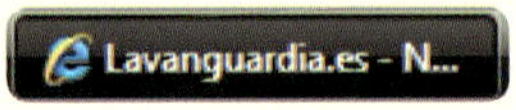

LA EXPLORACIÓN CON PESTAÑAS, mejorada notablemente en Internet Explorer 8, permite abrir varios sitios Web en una única ventana del explorador. Si no se indica lo contrario, al introducir una dirección Web en la Barra de direcciones el navegador abrirá la nueva página en la misma ventana, sustituyendo el contenido actual. Si se desea contar con dos sitios Web abiertos a la vez, es recomendable trabajar con pestañas. Para abrir una nueva pestaña, simplemente debe pulsar sobre la pestaña en blanco que aparece a la derecha de la pestaña activa o bien la combinación de teclas Ctrl. + T.

1. En este primer ejercicio dedicado a la exploración con pestañas, le mostraremos cómo abrir un sitio Web en una pestaña nueva siguiendo distintos métodos y cómo alternar la visualización entre las pestañas existentes. Para empezar, pulse en la pestaña en blanco situada a la derecha de la pestaña actual. 1
2. Al pulsar sobre la nueva pestaña en blanco, el navegador muestra una página con información acerca de las principales novedades de la versión 8 del explorador. A continuación, insertaremos la dirección del sitio o la página que queramos visualizar en la nueva pestaña. Pulse sobre el icono de Internet que precede al texto en la **Barra de direcciones**, escriba la dirección Web **www.lavanguardia.es** y pulse la tecla **Retorno**. 2

1

También puede abrir nuevas pestañas en blanco desde el menú Archivo o desde el menú contextual de las pestañas existentes.

2

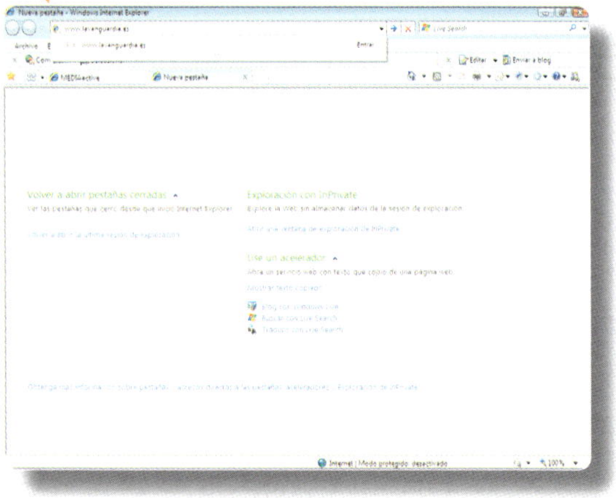

Puede acceder a información acerca de las principales **novedades de Internet Explorer 8** pulsando en los vínculos que aparecen en las pestañas en blanco.

023

3. Observe como el sitio Web solicitado se ha cargado en la nueva pestaña mientras que la pestaña con el sitio establecido como página de inicio permanece abierta. Para visualizar el contenido de esa pestaña, haga clic sobre ella.

4. Internet Explorer permite abrir un número ilimitado de pestañas. Veamos otro método para abrir pestañas. Pulse la combinación de teclas **Ctrl. + T** y observe el resultado.

5. Se abre una nueva página en blanco, tras la última que hemos insertado. Visualizaremos en ella otro sitio Web. Con el texto de la **Barra de direcciones** seleccionado, escriba la dirección **www.elpais.com** (utilice si lo desea las sugerencias de búsqueda para agilizar el proceso) y pulse **Retorno**.

6. Otra forma de abrir nuevas pestañas consiste en usar el menú contextual en los casos en que el contenido que se desea visualizar tiene como origen un vínculo. Haga clic con el botón derecho del ratón sobre uno de los titulares y, en el menú contextual, elija la opción **Abrir en una nueva pestaña**.

7. La nueva página se carga en una nueva pestaña, aunque el navegador no la muestra de inmediato. Pulse sobre la última pestaña insertada, que muestra el título de la noticia.

8. En Internet Explorer 8, cuando se abre una pestaña a partir de otra, como acabamos de hacer, se aplica un código de colores que nos permite distinguir rápidamente las pestañas con contenido relacionado. Pulse el botón de aspa de la última pestaña abierta para cerrarla.

9. Antes de terminar queremos mostrarle cómo actúa el navegador cuando se cierra mientras hay varias pestañas activas. Pulse el botón de aspa de la **Barra de título** de Internet Explorer.

10. Como ve, puede optar por cerrar todas las pestañas abiertas o sólo la actualmente activa. Pulse el botón **Cerrar la pestaña actual** para dar por acabado el ejercicio.

4

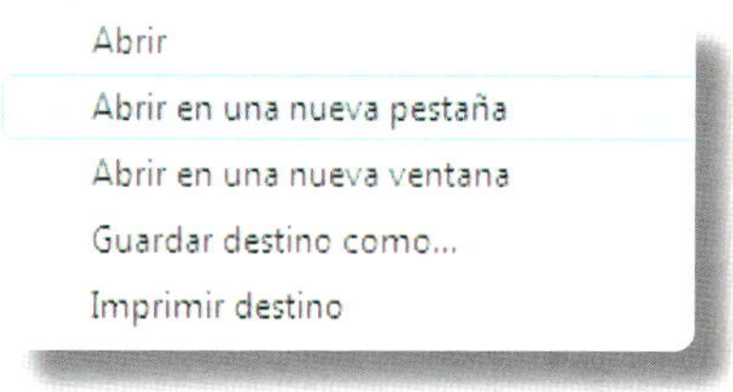

3

6

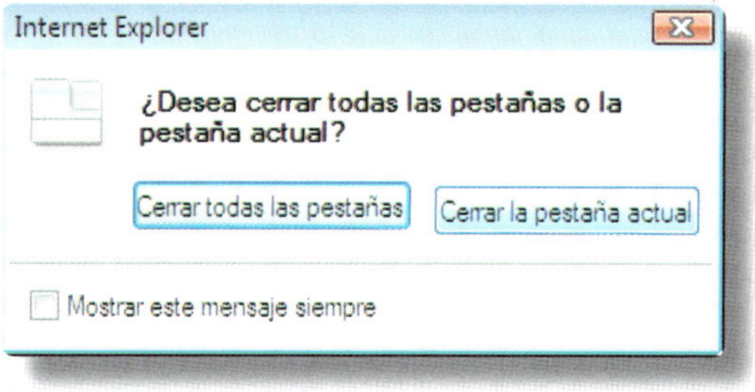

5

La opción Pestañas rápidas

INTERNET EXPLORER PERMITE LA EXPLORACIÓN con pestañas, método que tiene como principal ventaja la reducción de botones en la Barra de tareas y la posibilidad de disponer de más de un sitio Web abierto en el navegador. Internet Explorer no impone límite alguno en cuanto al número de pestañas abiertas simultáneamente; es más, facilita al usuario la navegación en los casos en que el número de fichas abiertas sea muy elevado. Para ello, el comando Pestañas rápidas, situado a la izquierda de la tira de pestañas abiertas, permite disponer de un listado de las páginas y los sitios que se visualizan en cada pestaña.

IMPORTANTE

En el menú del botón **Lista de pestañas** las diferentes páginas abiertas con contenido relacionado también se agrupan para facilitar así su identificación.

1. En este ejercicio le mostraremos cómo funciona el comando **Pestañas rápidas**. Siguiendo las indicaciones del ejercicio anterior, abra varias pestañas en el navegador con contenido diverso. (Procure abrir alguna a partir de un vínculo de otra para comprobar la nueva función de coloreado de pestañas con contenido relacionado.) 1
2. El comando **Pestañas rápidas**, situado a la izquierda de la tira de pestañas, junto al botón de favoritos, aparece sólo cuando se dispone de más de una pestaña abierta. Púlselo. 2

Las páginas que se han abierto a partir de un vínculo de otra muestran las pestañas del mismo color y agrupadas.

También puede activar la opción **Pestañas rápidas** desde el menú **Ver** o pulsando la combinación de teclas **Ctrl.+Q**.

024

3. El navegador muestra así el contenido de todas las pestañas abiertas en forma de miniaturas. Para acceder a la que desee visualizar, sencillamente pulse sobre ella.
4. Imagine la eficacia de esta función en aquellos casos en que disponga de muchas más pestañas abiertas y necesite localizar el contenido concreto de una de ellas. El botón de punta de flecha que acompaña al comando **Pestañas rápidas** proporciona, en lugar de miniaturas, una lista con las direcciones Web de las páginas o los sitios abiertos. Pulse sobre ese botón, denominado **Lista de pestañas**.
5. Ésta es la lista de todas las pestañas abiertas actualmente en el navegador. El contenido activo es el que se encuentra señalado con un signo de verificación. En la lista que se despliega, haga clic sobre otro de los sitios para activarlo.
6. El comando **Pestañas rápidas** permite cerrar aquellas pestañas que ya no nos interesen. Pulse de nuevo sobre ese comando para acceder a las miniaturas de las páginas abiertas.
7. A continuación, haga clic sobre el botón de aspa que se encuentra en el vértice superior derecho de la miniatura de la página que desea cerrar.
8. Para terminar esta lección dedicada a la opción **Pestañas rápidas**, pulse de nuevo sobre esa opción para desactivarla y mostrar la página maximizada en el navegador.

3

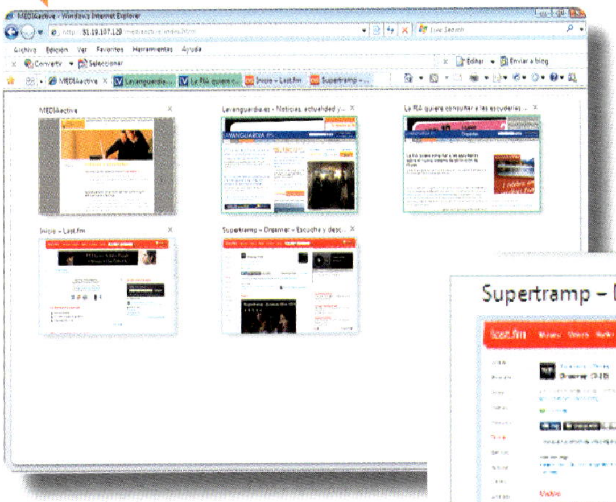

Utilice la opción **Cerrar las otras pestañas** del menú contextual de una de las miniaturas para cerrarlas todas menos esa.

5

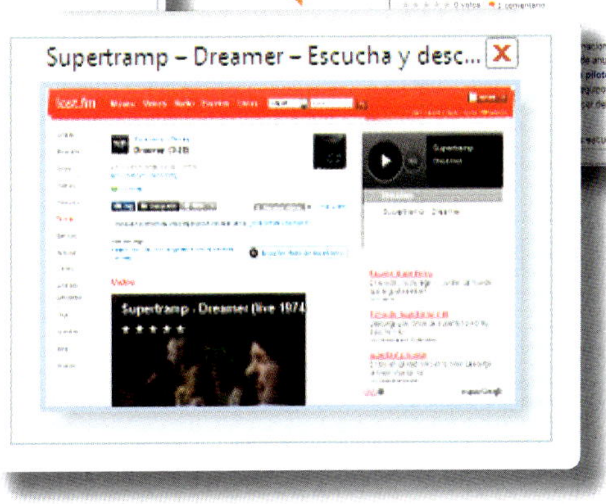

4

Los colores de las **pestañas agrupadas** cambian cada vez que accede a un sitio nuevo. Además, las miniaturas de la vista Pestañas rápidas están enmarcadas por el color de su pestaña.

Personalizar la exploración con pestañas

LA EXPLORACIÓN CON PESTAÑAS es un modo de navegación completamente opcional, lo que significa que es el usuario quien decide si desea o no utilizar esta nueva característica de Internet Explorer. Por esta razón, la exploración con pestañas se puede personalizar de manera que esta opción quede deshabilitada. El cuadro Opciones de Internet cuenta con una sección dedicada exclusivamente a la configuración de las pestañas.

1. En este ejercicio le mostraremos cómo puede habilitar y deshabilitar la exploración con pestañas, así como otras opciones de configuración. Además, no queremos terminar esta sección sin que aprenda a guardar grupos de pestañas como favoritos y a recuperarlos posteriormente. Haga clic sobre el comando **Herramientas** y pulse en **Opciones de Internet.** 1
2. El cuadro **Opciones de Internet** dispone de la sección **Pestañas**, en la que se incluye un botón de configuración. Pulse sobre el botón **Configuración** de esa sección. 2
3. Se abre el cuadro **Configuración de exploración con pestañas**, donde la opción **Habilitar exploración por pestañas** se encuentra activada, lo que supone que el resto de opciones también se muestren disponibles. La tercera de las opciones permite habilitar el comando **Pestañas rápidas**, 3 con el que practicamos en el ejercicio anterior. Cuando trabaje por

IMPORTANTE

Otra de las novedades de Internet Explorer 8 consiste en la posibilidad de volver a abrir pestañas cerradas siguiendo los vínculos que se muestran en el apartado **Volver a abrir pestañas cerradas** de una nueva pestaña en blanco.

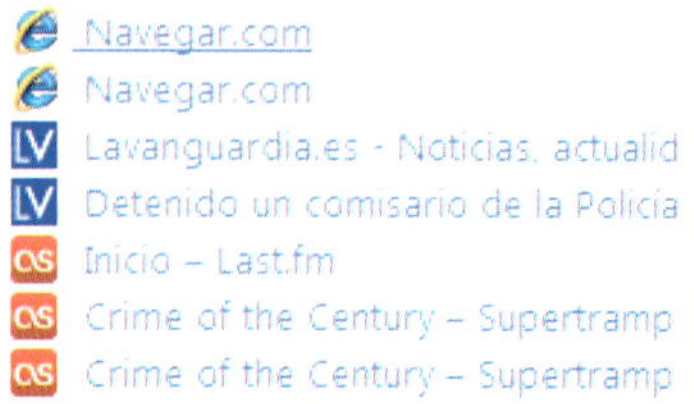

1

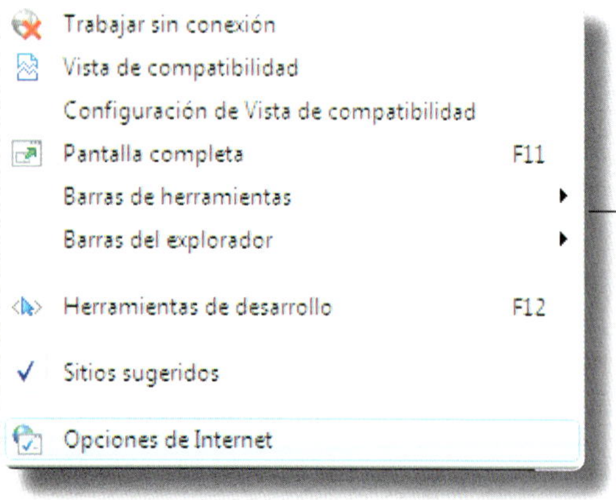

2

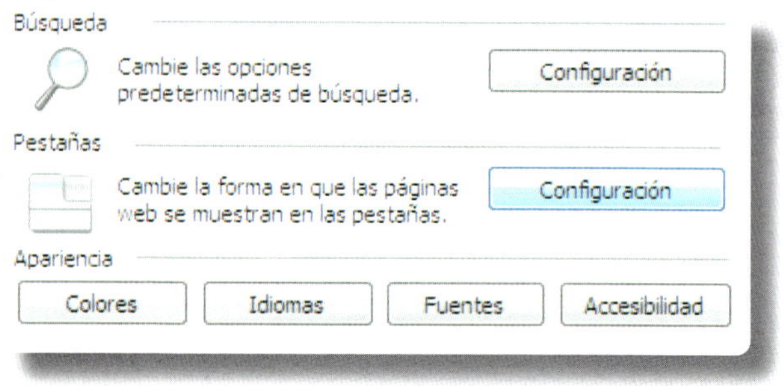

Puede configurar a su gusto el modo en que las pestañas actúan al abrir nuevas páginas usando el botón **Configuración** del apartado Pestañas del cuadro de opciones de Internet.

su cuenta estudie con detenimiento las opciones de este cuadro para configurar esta característica según sus preferencias. Como la configuración inicial es habitualmente la más apropiada, la mantendremos. Pulse el botón **Aceptar** del cuadro de configuración y del de opciones.

4. Queremos mostrarle ahora cómo agregar grupos de pestañas a la lista de sitios favoritos para recuperarlas en cualquier momento. Abriremos dos nuevas pestañas con páginas dedicadas a la navegación. Cierre todas las pestañas excepto la de la página principal y pulse la combinación de teclas **Ctrl + T**.
5. En la **Barra de direcciones**, introduzca la dirección de ejemplo **www.navegar.com** y pulse **Retorno**.
6. Agreguemos una pestaña más, esta vez desde un vínculo de la página actual. En la barra horizontal de vínculos, pulse con el botón derecho del ratón sobre el vínculo **deportes** y elija la opción **Abrir vínculo en una nueva pestaña**.
7. Una vez abiertas las pestañas que nos interesan ya podemos guardarlas como grupo en la lista de favoritos. Abra el menú **Favoritos** y elija **Agregar pestañas actuales a Favoritos**.
8. En el campo **Nombre de la carpeta** del cuadro **Agregar pestañas a Favoritos** escriba la palabra **barcos** y pulse **Agregar**.
9. Active la primera pestaña, pulse con el botón derecho del ratón sobre ella y elija la opción **Cerrar las otras pestañas**.

Ahora sólo tiene que acceder a su **Centro de favoritos** y comprobar que se ha creado una carpeta denominada **barcos** que contiene las pestañas guardadas como favoritos.

5

7

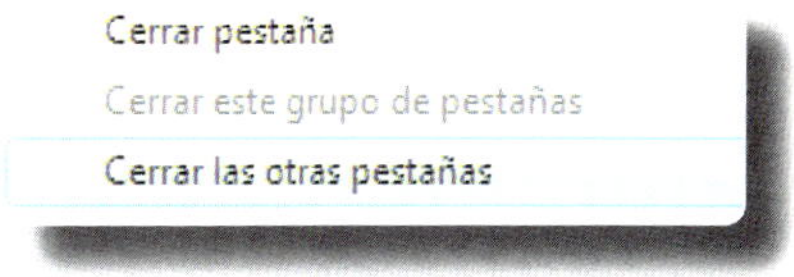

3

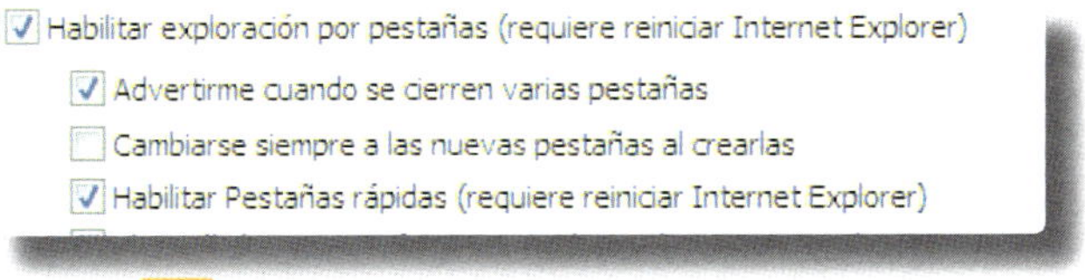

4

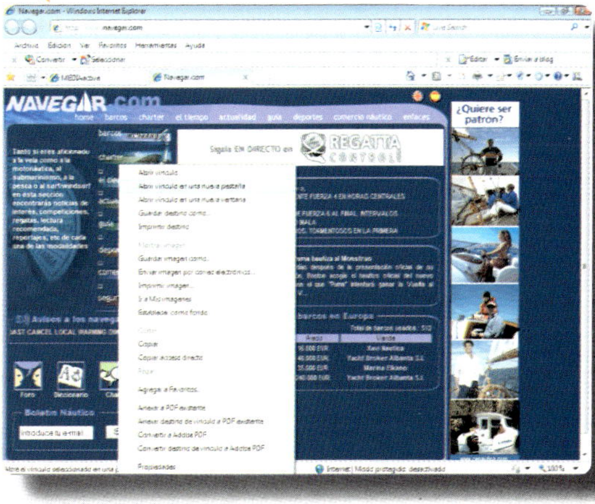

Ya sabe que las pestañas creadas a partir de vínculos no se sitúan por defecto en primer plano.

6

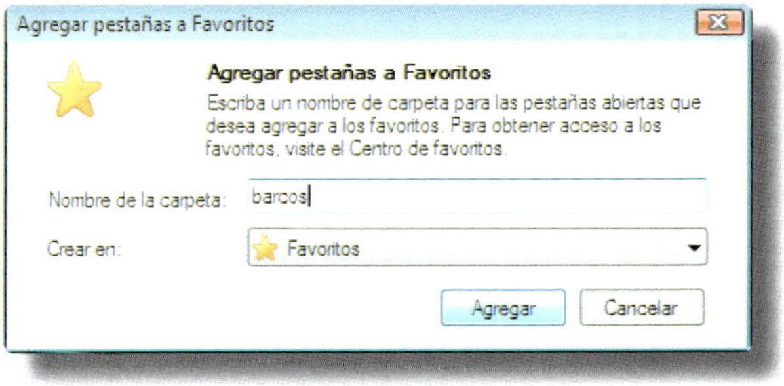

Conocer el historial

EL HISTORIAL PERMITE SABER QUÉ SITIOS y páginas han sido visitados en los últimos días, semanas o meses. Es, por tanto, una forma más de acceder a sitios ya visitados de los cuales no se recuerda la dirección exacta. El usuario es quien configura el Historial, pudiendo especificar el número de días que el navegador debe guardar los sitios visitados y, según esta elección, qué organización debe tomarse.

1. En la **Barra de direcciones**, haga clic sobre el comando **Páginas recientes**, situado a la derecha del botón **Adelante** y pulse sobre la opción **Historial**. [1]
2. Se abre el Centro de Favoritos, mostrando el panel **Historial**. Según el uso que hayamos hecho del navegador, este panel mostrará una disposición u otra, siendo la categoría **Hoy** común en todos los casos. Haga clic sobre el vínculo **La semana pasada** para visualizar su contenido. [2]
3. Éstos son todos los sitios Web visitados durante la semana pasada. Para acceder a uno de estos sitios, sólo tiene que pulsar en su vínculo. Por defecto, el Historial ordena alfabéticamente los sitios visitados, aunque puede hacerlo también por fecha, por preferencia de los más visitados, etc.. En el panel **Historial**, haga clic sobre la punta de flecha que aparece en el botón de este comando y elija la opción **Por el más visitado**. [3]

1

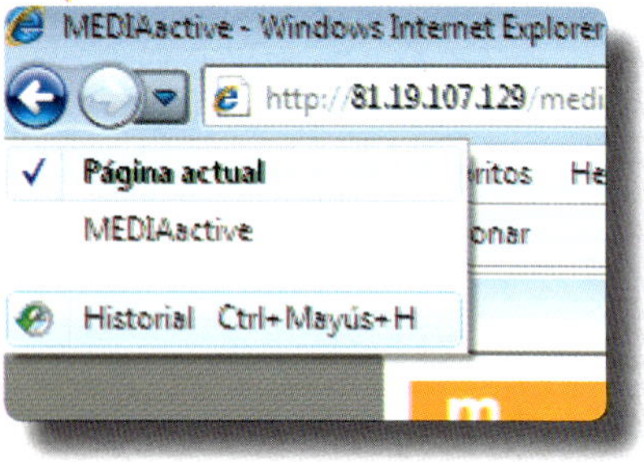

También puede acceder al panel Historial pulsando la combinación de teclas **Ctrl.+Mayúsculas+H**.

2

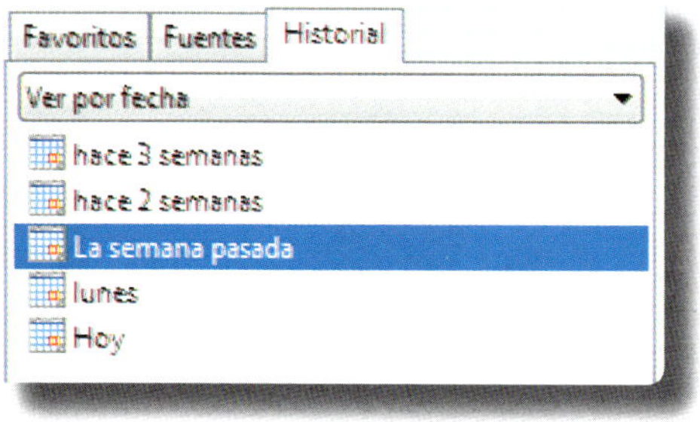

Al empezar a utilizar Internet Explorer, el Historial muestra sólo el día de **Hoy** y, a medida que la navegación vaya produciendo páginas y sitios visitados, estos se irán guardando y clasificando siguiendo un orden periódico.

3

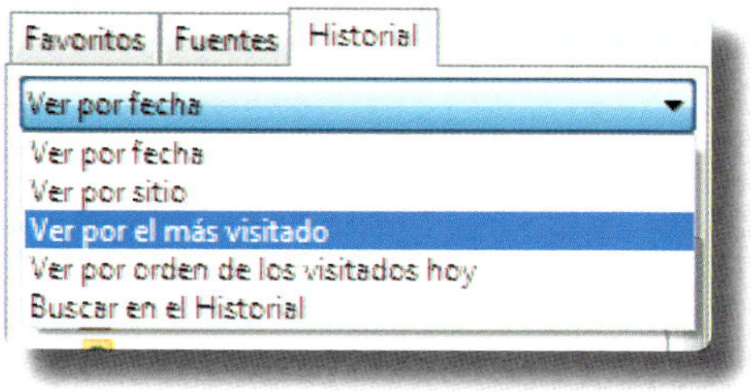

Es posible **ordenar** el historial por fecha, por sitio, por el último visitado o por orden de los visitados hoy.

026

4. Efectivamente, el Historial sustituye las categorías temporales por una lista de sitios según las veces que hayan sido visitados. Pulse sobre el botón de aspa del Centro de Favoritos para cerrarlo.
5. En la barra de comandos, pulse sobre el comando **Herramientas** y elija la opción **Opciones de Internet**.
6. Desde el apartado **Historial de exploración** puede eliminar los sitios Web del historial y configurar otros aspectos de este elemento. Pulse el botón **Configuración** del apartado **Historial de exploración**. [4]
7. En este cuadro puede indicar el número de días que el historial guardará las páginas visitadas, por defecto 20. Haga doble clic en ese valor, introduzca, por ejemplo, el valor **10** [5] y pulse el botón **Aceptar** para salir del cuadro de configuración.
8. Antes de aceptar definitivamente los cambios, daremos la orden de borrar el contenido del historial para que empiece a guardar las páginas visitadas desde este momento. Pulse el botón **Eliminar** del apartado **Historial de exploración**.
9. Desde el cuadro **Eliminar el historial de exploración**, además de borrar los sitios Web visitados, puede suprimir otros elementos, como datos de formularios y contraseñas. Deje activada únicamente la opción **Historial** [6] y pulse el botón **Eliminar**.
10. Una vez llevada a cabo la eliminación del historial [7], pulse el botón **Cerrar** y acepte el cuadro **Opciones de Internet**.

IMPORTANTE

En el cuadro **Configuración de Archivos temporales de Internet e Historial** puede indicar si desea que el navegador compruebe si existen nuevas versiones de las páginas guardadas en el Historial y cada cuánto tiempo debe hacerlo, entre otras opciones.

4

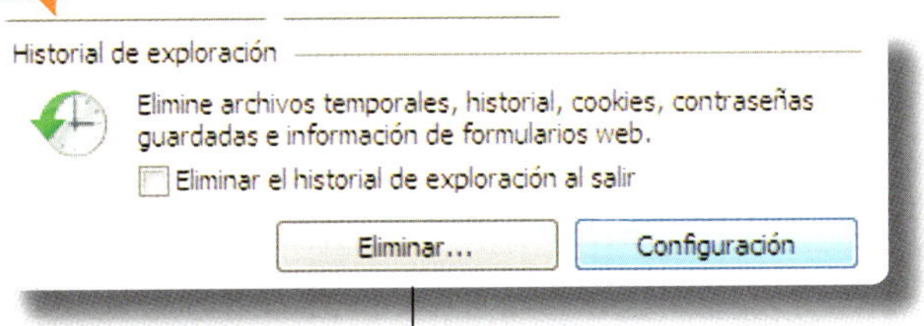

5

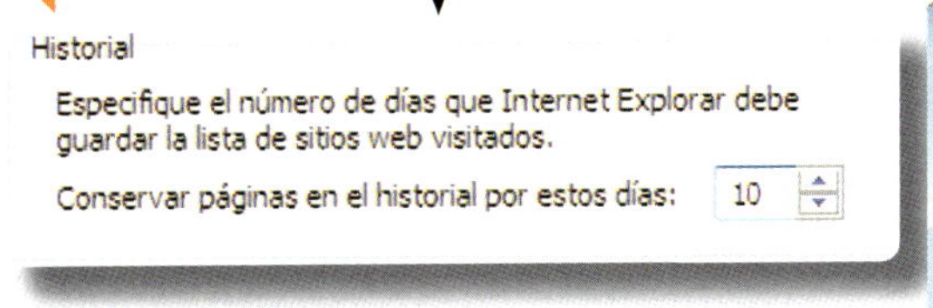

6

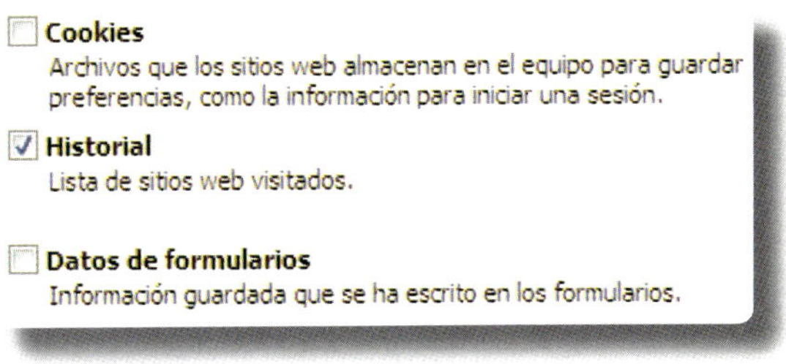

7

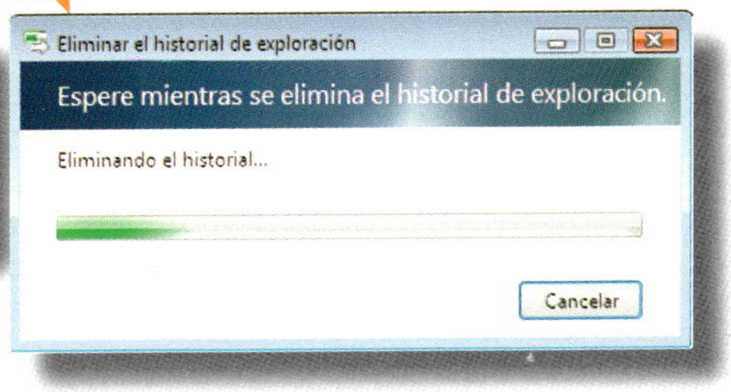

Al **eliminar el Historial**, tanto la lista de Páginas recientes como la lista emergente de la barra de direcciones se quedan en blanco.

Configurar los archivos temporales

A MEDIDA QUE SE VISITAN PÁGINAS WEB, los archivos e imágenes asociados a dichas páginas se almacenan en una carpeta de archivos temporales de Internet de su equipo, generalmente con la extensión .tmp, para acelerar la presentación de las páginas que se visitan frecuentemente o que ya se han visitado, puesto que Internet Explorer puede abrirlas desde el equipo en lugar de desde la Web. Es posible cambiar la cantidad de espacio reservado para los archivos temporales de Internet y eliminar los archivos guardados en esa carpeta.

1. En primer lugar, comprobaremos cuál es el espacio de nuestro disco duro permitido para el almacenamiento de archivos temporales creados a partir del acceso a páginas Web. Haga clic en el comando **Herramienta** de la **Barra de comandos** y elija **Opciones de Internet**.
2. Pulse sobre el botón **Configuración** del apartado **Historial de exploración.** 1
3. Se abre de este modo el cuadro **Configuración de archivos temporales de Internet e Historial**, que hemos conocido en el ejercicio anterior. En el campo **Espacio en disco que se va a usar** puede ver el espacio máximo permitido para los archivos temporales. Se recomienda un espacio de entre 50 y 250 MB. Haga doble clic en ese campo e inserte el valor **70.** 2

IMPORTANTE

Para que se **vacíe automáticamente** la carpeta de archivos temporales de Internet al cerrar el explorador, active la última opción de la ficha Opciones avanzadas del cuadro de opciones de Internet.

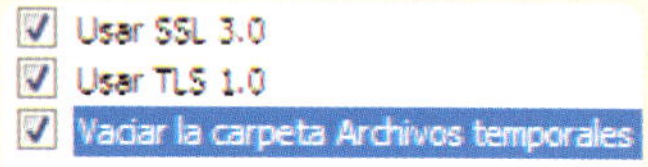

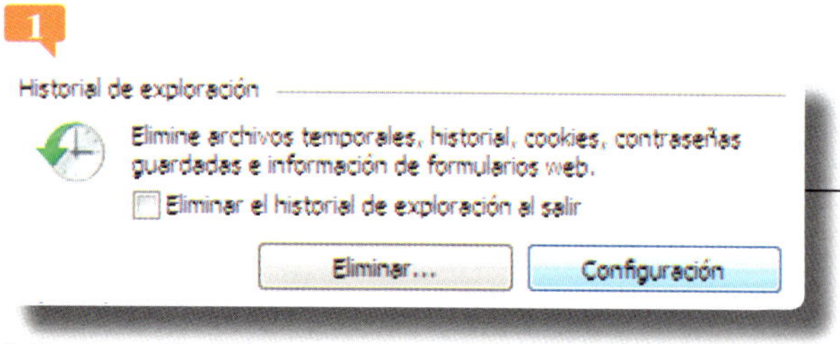

Active la opción **Eliminar el historial de exploración al salir** del apartado Historial de exploración para que el historial no muestre las páginas a las que se ha accedido los últimos días.

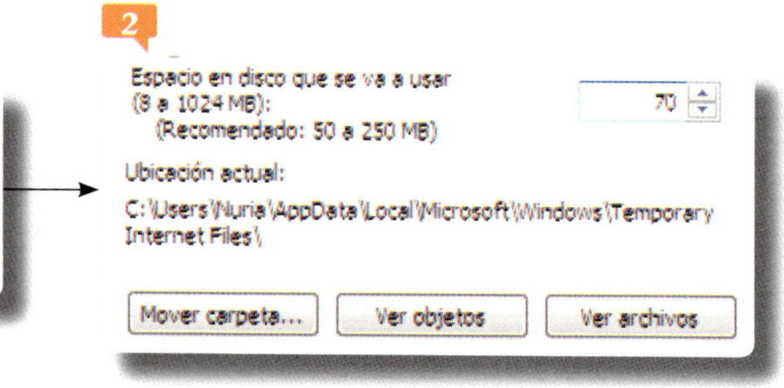

Si aumenta el espacio reservado para la carpeta de archivos temporales, aumentará la rapidez con que se muestran las páginas visitadas anteriormente, pero disminuirá la cantidad de espacio disponible para el resto de archivos del equipo.

4. También en este cuadro puede ver la ruta en la que se almacenan por defecto los archivos temporales. Si desea cambiar esa ruta predeterminada, pulse en el botón **Mover carpeta** y elija la nueva ubicación en el cuadro **Buscar carpeta**. 3
5. Para ver los archivos temporales, pulse el botón **Ver archivos** del cuadro de configuración.
6. Se abre de este modo la carpeta en la que se encuentran los archivos temporales generados a partir de los accesos a las diferentes páginas Web visitadas. 4 Podría seleccionar todos los archivos en esta ventana y pulsar la tecla **Suprimir** para eliminarlos, pero le mostraremos otro método más práctico. Cierre la ventana de archivos temporales pulsando el botón de aspa de su **Barra de título**.
7. Pulse el botón **Aceptar** del cuadro de configuración.
8. De nuevo en el cuadro **Opciones de Internet**, pulse el botón **Eliminar**.
9. Aparece el cuadro **Eliminar el historial de exploración**, con el que también hemos practicado antes. Active únicamente la opción **Archivos temporales de Internet** 5 y pulse el botón **Eliminar**.
10. En función de la cantidad de archivos temporales que se hayan acumulado en su equipo, el proceso de eliminación será más o menos largo, como mayor o menor será el espacio en disco que recuperará. Pulse el botón **Aceptar** del cuadro **Opciones de Internet** para dar por acabado este ejercicio.

027

IMPORTANTE

Puede guardar una **copia permanente de un archivo temporal** de Internet en otra carpeta usando la opción Copiar de su menú contextual y pegándolo después en otra carpeta.

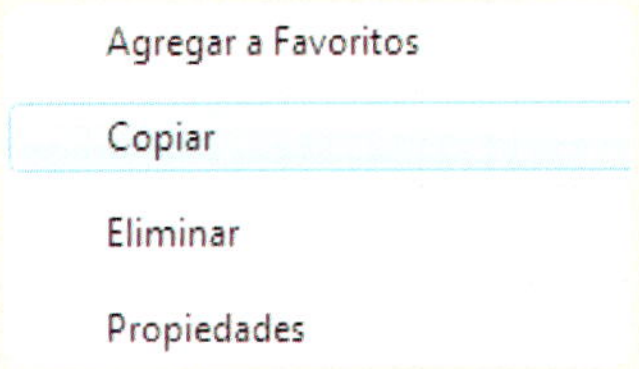

3

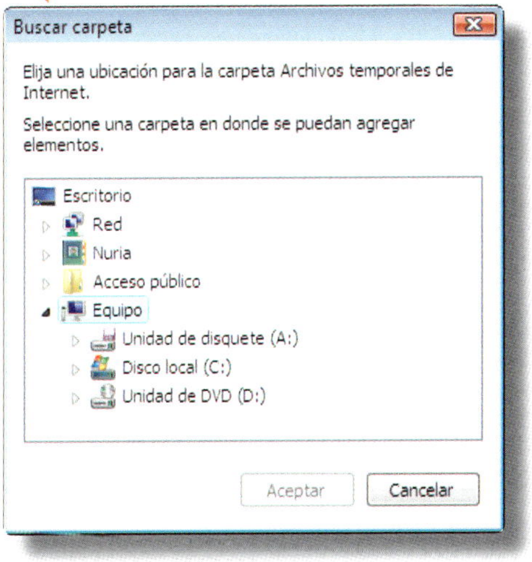

4

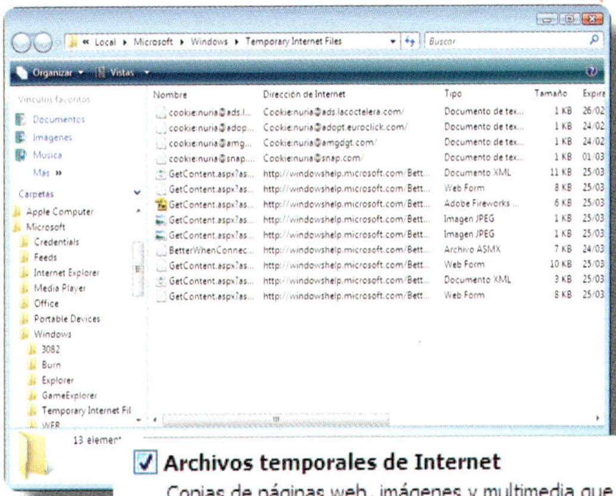

5

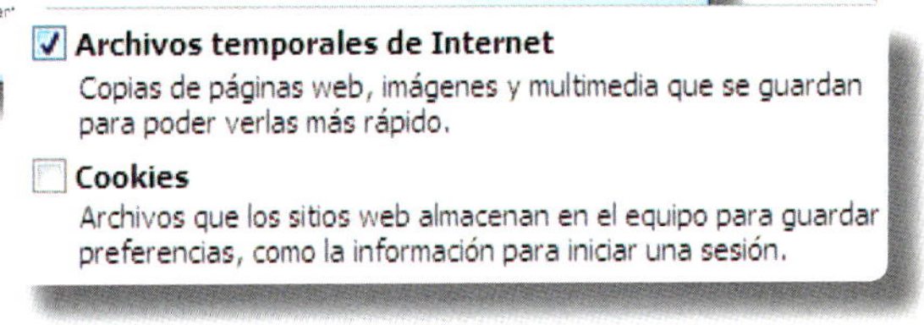

Usar aceleradores

IMPORTANTE

La **lista de aceleradores** para Internet Explorer 8 se actualiza periódicamente, por lo que le recomendamos que la vaya comprobando con frecuencia.

LOS ACELERADORES SON UNA de las novedades más interesantes de Internet Explorer 8. Se trata de elementos de ayuda que permiten realizar con más rapidez las habituales tareas de exploración sin necesidad de ir a otros sitios Web. Por ejemplo, puede usar aceleradores para encontrar una dirección en un mapa, traducir una palabra, hacer compras, etc.

1. Internet Explorer 8 pone a disposición del usuario diversos aceleradores que le facilitarán enormemente la navegación por Internet. En este ejercicio vamos a ver un ejemplo de cómo utilizar uno de esos aceleradores, en concreto un traductor que viene instalado por defecto con el navegador. Acceda a la página Web **www.visitlondon.com**.
2. En esta página, seleccione mediante el arrastre cualquier palabra, por ejemplo **enjoy**.
3. Observe que junto a esa palabra aparece ya el icono de **Acelerador**. 1 Pulse sobre él para ver la lista de aceleradores instalados por defecto con el navegador.
4. Al colocar el puntero del ratón sobre los diferentes aceleradores, puede ver una vista previa de la información que ofrecen.

1

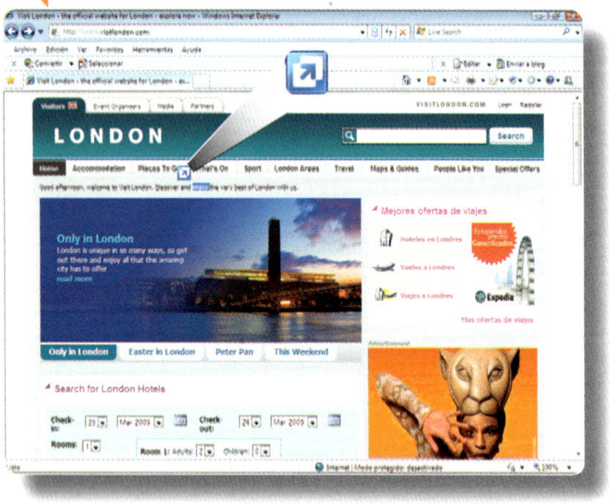

Si no quiere que aparezca el botón Acelerador al seleccionar texto, desactive esa opción en la ficha de opciones de avanzadas del cuadro de opciones de Internet.

2

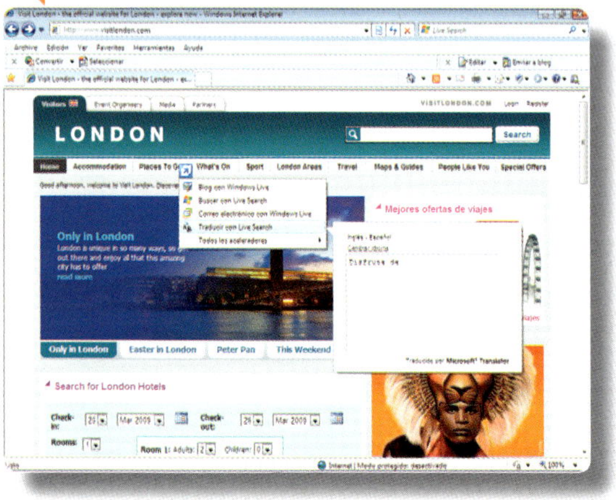

Tenga en cuenta que no todos los aceleradores disponen de vista previa.

En este caso, como queremos traducir el término seleccionado, sitúe el puntero del ratón sobre el acelerador **Traducir con Live Search**.

028

5. Automáticamente aparece la vista previa de la que hablábamos. Puede ver en ella la traducción del término seleccionado así como cambiar el idioma. Haga clic sobre el vínculo **Cambiar idioma** de la vista previa. 2
6. Imaginemos que queremos traducir el término seleccionado del inglés al francés. Haga clic en la parte inferior de la **Barra de desplazamiento vertical** de la lista de idiomas y pulse en la opción **Inglés-Francés**. 3
7. En este caso concreto la vista previa nos muestra la traducción de la palabra, pero si ésta no apareciera, siempre puede acceder al servicio Web del acelerador pulsando sobre él. Haga clic en la opción **Traducir con Live Search** en el menú de aceleradores.
8. Se abre de este modo en una nueva pestaña el traductor de **Windows Live** mostrando el término seleccionado en inglés y su correspondiente traducción al francés. Práctico, ¿verdad? Podemos así ahorrar muchos pasos necesarios antes para traducir un término, encontrar una dirección en un mapa, enviar contenido por correo electrónico, etc. Cierre la pestaña del traductor pulsando el botón de aspa. 4
9. En los siguientes ejercicios veremos cómo añadir nuevos aceleradores y cómo administrarlos. Para acabar éste, vuelva a la página establecida como página de inicio pulsando en el icono **Página principal** de la **Barra de comandos**. 5

5

3

El acelerador predeterminado **Traducir con Live Search** dispone de un gran número de combinaciones de idiomas.

4

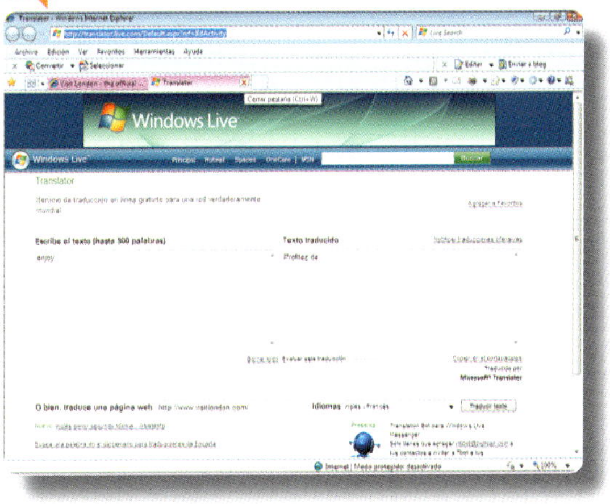

Recuerde que ahora Internet Explorer 8 muestra las pestañas con contenido relacionado coloreadas del mismo color.

Añadir aceleradores

IMPORTANTE

No instale un acelerador si el sitio Web que aparece en el campo De del cuadro Agregar acelerador no es de confianza y use el botón **Reemplazar** de ese mismo cuadro para cambiar la versión de un acelerador ya instalado por otra más actualizada.

COMO SE HA VISTO EN EL EJERCICIO ANTERIOR, Internet Explorer 8 ofrece cuatro aceleradores predeterminados, Blog con Windows Live, Buscar con Live Search, Correo electrónico con Windows Live y Traducir con Live Search. Puede añadir nuevos aceleradores a esta lista usando la opción Buscar aceleradores que encontrará tanto en el menú de aceleradores de la página como en el cuadro Administrar complementos.

1. En este ejercicio veremos cómo agregar aceleradores a la lista de aceleradores predeterminados de Internet Explorer 8. En cualquier página Web que tenga abierta, seleccione un texto mediante el arrastre para que aparezca el icono de aceleradores y pulse sobre él.
2. Los cuatro aceleradores que aparecen en primer término son los aceleradores predeterminados. Los aceleradores que se añadan como no predeterminados se ubicarán en la opción **Todos los aceleradores**. Pulse sobre esa opción y haga clic en **Buscar más aceleradores**.
3. Se abre de este modo una nueva página con la galería de complementos para Internet Explorer. En este caso, la galería muestra los aceleradores más vistos. Puede cambiar esta clasificación usando el menú contenido en la opción **Clasificados por**. Para ver más aceleradores, use los vínculos a páginas que

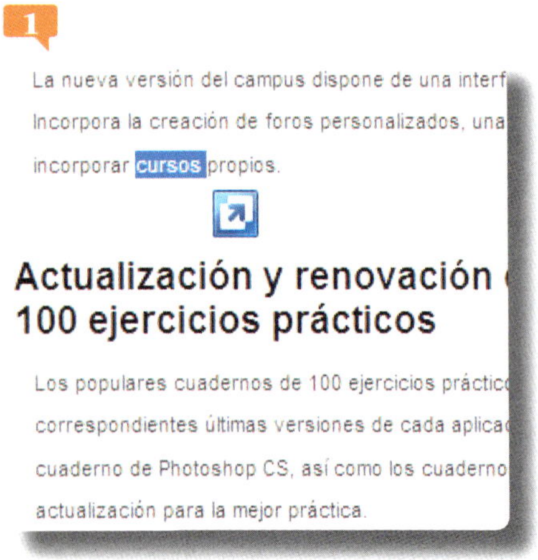

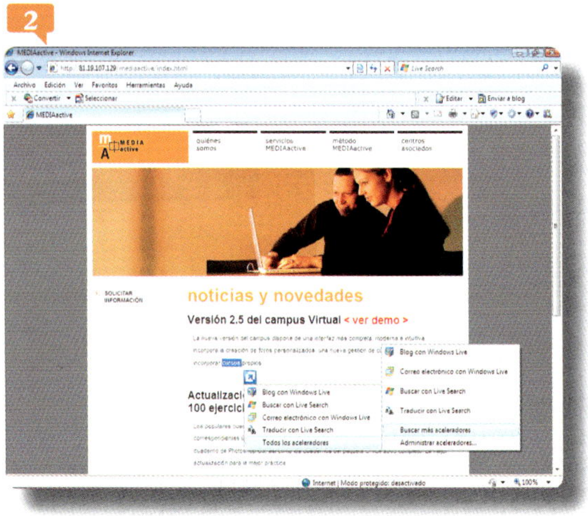

También puede acceder a la página de búsqueda de nuevos aceleradores desde el cuadro **Administrar complementos**, incluido en el comando Herramientas.

029

aparecen en la parte superior. En este caso, añadiremos a Internet Explorer los aceleradores **Mapas en Live Maps** y **Comparte en Facebook**. Pulse sobre el botón **Añadir a Internet Explorer** del primero de ellos.

4. En el cuadro **Agregar acelerador**, active la opción **Convertir este proveedor en el predeterminado para este tipo de acelerador.**
5. De este modo, cuando queramos ubicar una dirección en un mapa, utilizaremos este acelerador como predeterminado. Pulse el botón **Agregar**.
6. Repita estos pasos para agregar el acelerador **Comparte en Facebook.**
7. Para acabar, comprobaremos que los dos nuevos aceleradores se han agregado correctamente a Internet Explorer 8. Vuelva a la página de inicio pulsando en el icono **Página principal** de la **Barra de comandos.**
8. Seleccione en texto cualquiera en su página de inicio (por ejemplo una dirección) y pulse sobre el icono de aceleradores que aparece.
9. Efectivamente, puede comprobar que los dos nuevos aceleradores aparecen ya como predeterminados. Si ha seleccionado una dirección, sitúe el puntero del ratón sobre el acelerador **Map with Live Maps** y vea cómo aparece en la vista previa su ubicación en el mapa.
10. Para cerrar el menú de aceleradores y dar por acabado este ejercicio, pulse en cualquier zona libre de la página.

3

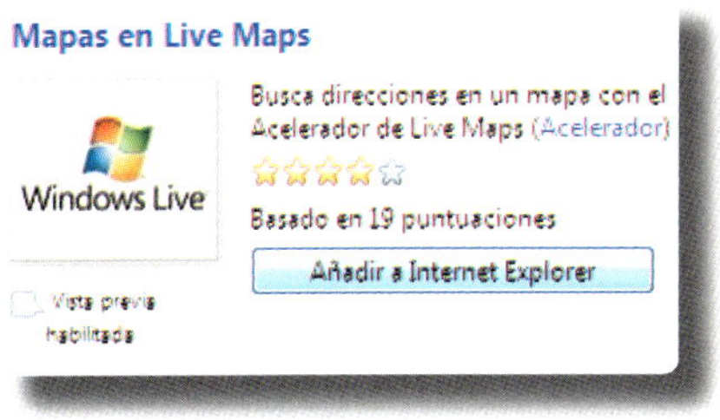

Algunos aceleradores como éste disponen de la **vista previa habilitada**, que permite ver el resultado de la búsqueda en un cuadro de vista previa, sin necesidad de acceder a su correspondiente página.

4

5

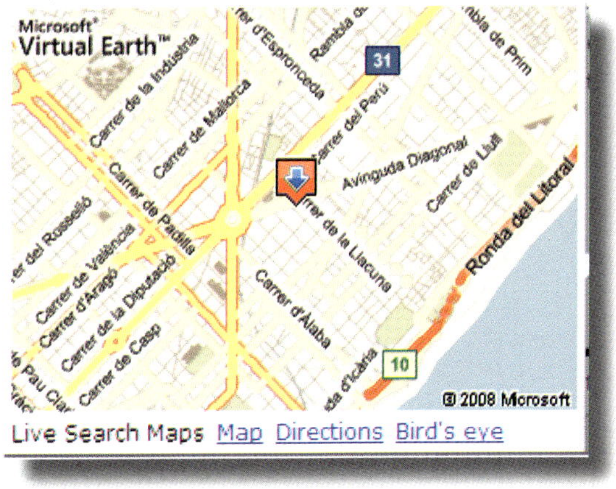

Administrar aceleradores

IMPORTANTE

Si una acelerador está **deshabilitado**, el botón Quitar como predeterminado no estará disponible, pero sí el botón **Habilitar**.

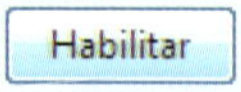

DESDE EL CUADRO ADMINISTRAR COMPLEMENTOS, al que se accede desde el comando Herramientas, puede eliminar, deshabilitar o habilitar los aceleradores de que dispone su navegador. Además, desde este cuadro, también puede ver la página principal del servicio de aceleradores o el sitio Web desde el que los instaló, cambiar la categoría de un acelerador y buscar y agregar otros aceleradores.

1. En este ejercicio le mostraremos cómo administrar los aceleradores de Internet Explorer 8. Para empezar, haga clic en el comando **Herramientas** de la **Barra de comandos** y pulse sobre la opción **Administrar complementos**. 1
2. Se abre de este modo el cuadro **Administrar complementos**, al que accederemos varias veces en este curso. Desde este cuadro, como ve, puede administrar las barras de herramientas y extensiones, los proveedores de búsquedas los aceleradores y el nuevo filtrado InPrivate. En el apartado **Tipos de complementos**, pulse sobre la opción **Aceleradores**. 2
3. Puede ver ahora, clasificados por categorías, los aceleradores instalados en su navegador. Antes de cambiar uno de los aceleradores, veremos cómo buscarlos y agregarlos desde este cuadro. Pulse en el vínculo **Buscar más aceleradores**. 3

1

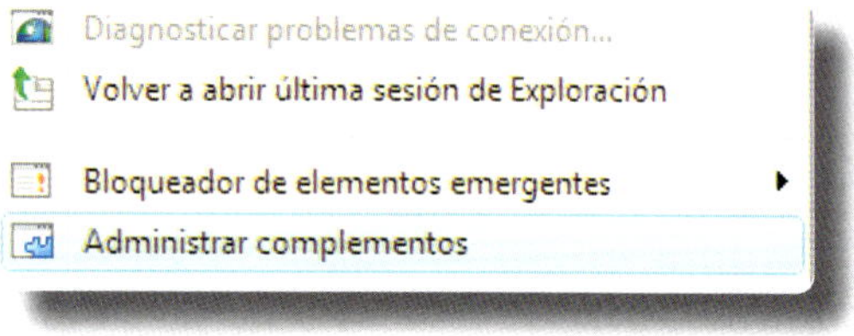

2

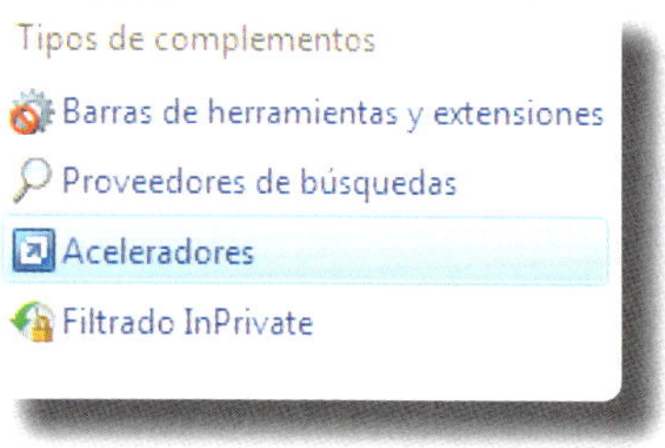

3

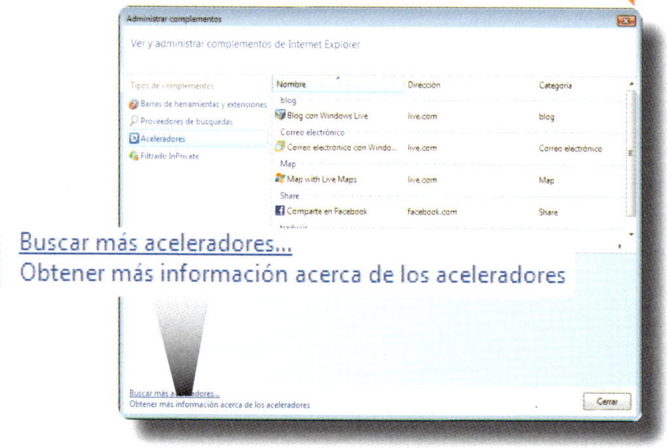

Si pulsa en el vínculo Obtener más información acerca de los aceleradores se abrirá la ayuda de Windows mostrando ese tema en cuestión.

030

4. Se abre la galería de complementos mostrando la sección de aceleradores. Ya sabe cómo proceder para agregar otro a su lista. Pulse, por ejemplo, el botón **Añadir a Internet Explorer** del acelerador **Mapas de Yahoo!** [4] y pulse el botón **Agregar** del cuadro **Agregar acelerador**.
5. Cierre la página de complementos y el cuadro **Administrar complementos** para que se actualice, vuelva a acceder a él y active la opción **Aceleradores**.
6. El nuevo acelerador aparece ya en la categoría **Map**. Veamos ahora cómo eliminar un acelerador. Seleccione el acelerador **Comparte en Facebook**, incluido en la categoría **Share**.
7. Aparece toda su información en la parte inferior del cuadro (su estado, la categoría a la que pertenece y la dirección de su página principal, entre otros datos.) Pulse el botón **Quitar**. [5]
8. Internet Explorer nos pide confirmación para esta acción. Pulse el botón **Sí** para eliminarlo definitivamente. [6]
9. A continuación, estableceremos como acelerador predeterminado de la categoría **Map** el que hemos agregado en este ejercicio. Seleccione el acelerador **Map with Yahoo!**, cuyo estado es Habilitado y pulse el botón **Predeterminado**.
10. Como hemos dicho antes, también es posible deshabilitar y habilitar aceleradores así como cambiar la categoría a la que pertenecen. Pulse sobre el vínculo cambiar y, tras comprobar que puede insertar una nueva categoría en el cuadro **Categoría** [7], ciérrelo pulsando el botón **Cancelar**.
11. Para acabar, salga del cuadro **Administrar complementos** pulsando el botón **Cerrar**.

7
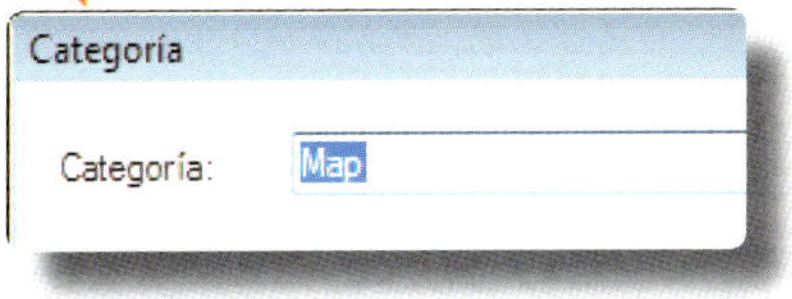

4

5
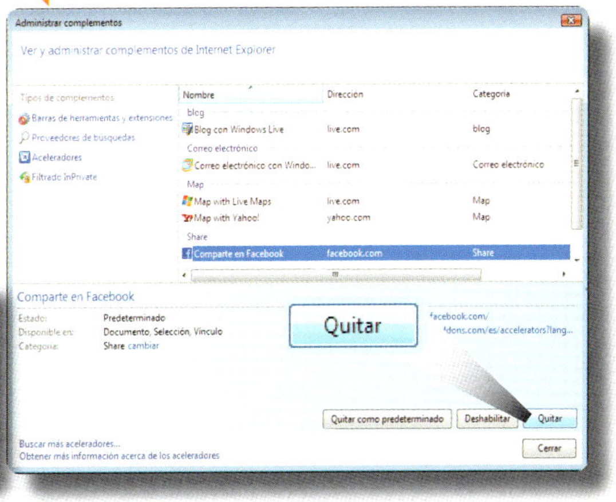

6
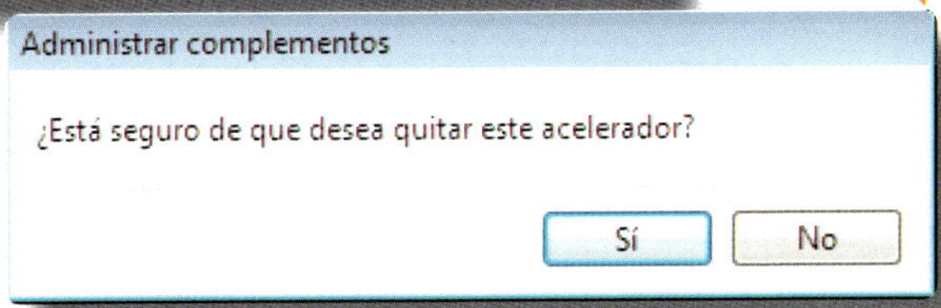

Usar aceleradores desde una nueva pestaña

IMAGINE QUE HA RECIBIDO UN MENSAJE de correo electrónico con una dirección de un amigo y desea ubicarla en uno de los aceleradores de la categoría mapas que tiene en su navegador. Puede copiar esa dirección en el portapapeles y utilizar la opción use un acelerador de una pestaña en blanco.

1. En este ejercicio veremos cómo utilizar un acelerador desde una nueva pestaña en blanco. Si no dispone de ningún e-mail con una dirección, abra el **Bloc de notas** o cualquier otro procesador de textos, escríbala usted mismo, selecciónela y cópiela en el Portapapeles del sistema. 1
2. Cierre el procesador de textos, abra Internet Explorer y pulse sobre la pestaña **Nueva pestaña**. 2
3. La nueva pestaña le permite elegir lo que desea hacer a continuación. Como ve, puede volver a acceder a pestañas cerradas que ha abierto desde que inició Internet Explorer, activar la exploración InPrivate, novedad de Internet Explorer 8 con la que practicaremos más adelante, y usar alguno de los aceleradores que tenga instalados en el navegador. Pulse en el botón de punta de flecha redondo que aparece junto a la opción **Use un acelerador**. 3

1

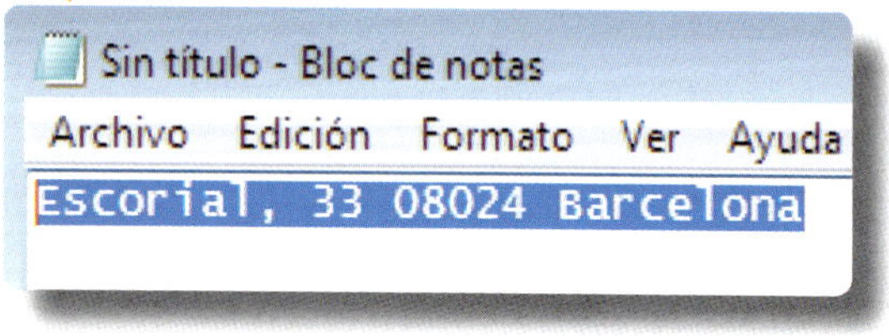

2

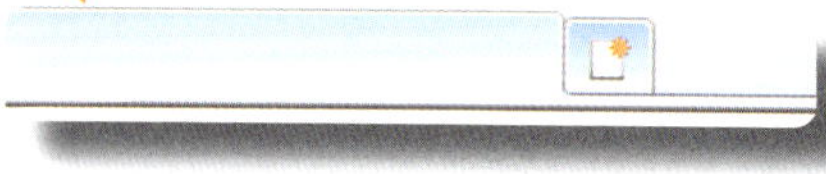

Recuerde que también puede abrir una nueva pestaña pulsando la combinación de teclas **Ctrl.+T** o seleccionando la opción **Nueva pestaña** del menú **Archivo**.

3

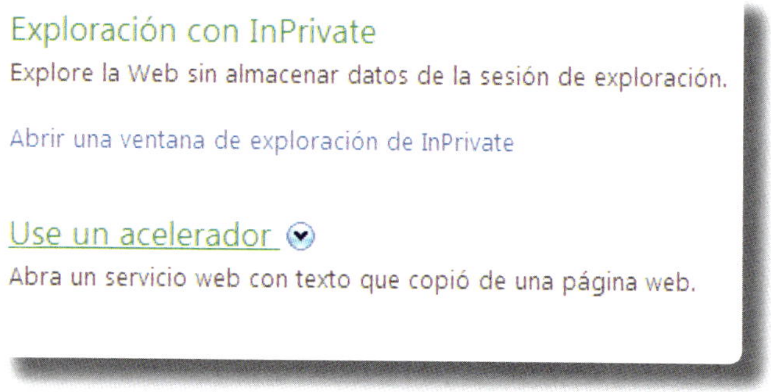

031

4. Aparece de este modo la lista de aceleradores que usted tiene establecidos como predeterminados. Pulse en la opción **Mostrar texto copiado.**

5. Aparece automáticamente la dirección que ha copiado en su Portapapeles. Lógicamente, puede utilizar cualquier otro texto como una palabra en inglés para su traducción, un fragmento de texto para crear un blog, un término concreto para ejecutar su búsqueda. ¡Usted mismo! Si está trabajando con una dirección, como en el ejemplo, haga clic en el acelerador que haya escogido para generar mapas.

6. Se abre de este modo su página de mapas (en el ejemplo la de **Yahoo! Maps**), mostrando en el mapa la ubicación exacta de la dirección copiada. Para aumentar la escala del mapa, arrastre ligeramente el regulador de zoom hacia el signo +. (Generalmente, todos los mapas funcionan igual y permiten acercar o alejar la imagen.)

7. Como ve, los aceleradores son muy prácticos y reducen el número de pasos que hasta ahora se tenían que llevar a cabo para realizar tareas tan rutinarias como la búsqueda de una dirección en un mapa. Cierre la pestaña de Yahoo! Maps para dar por acabado este sencillo ejercicio.

4

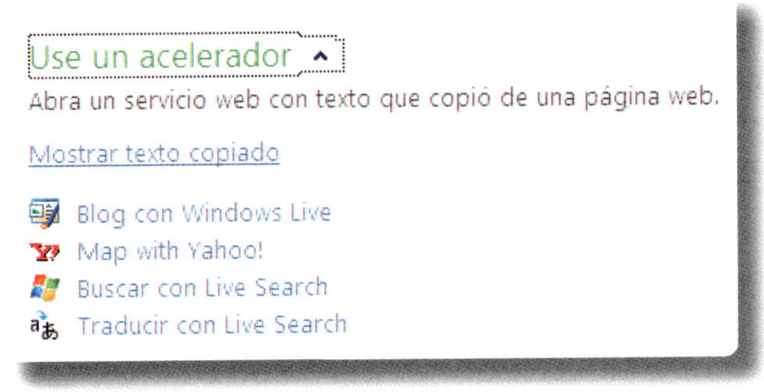

6

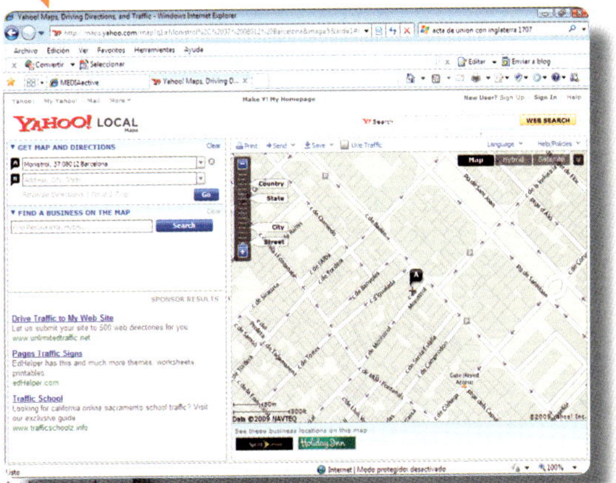

5

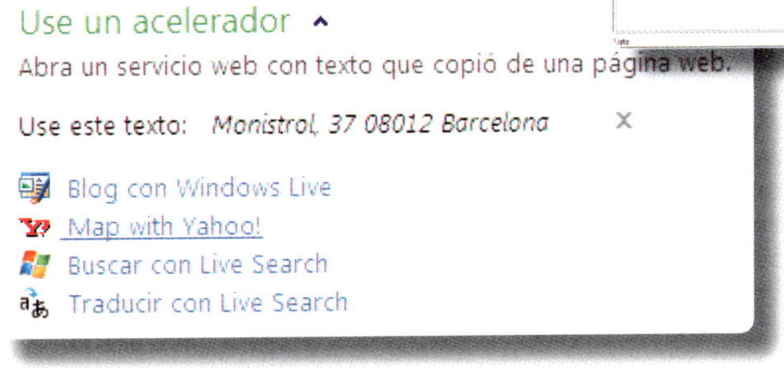

Pulse el botón de aspa rojo que aparece a la derecha del texto para dejar de usarlo con los aceleradores.

El cuadro de búsqueda

IMPORTANTE

Entre los motores de búsqueda más conocidos y utilizados se encuentran Google, Yahoo! Search, Live Search, AOL Search y Ask.com.

INTERNET CUENTA CON MILES DE millones de páginas Web, cantidad que actualiza día a día. Es por esta razón que encontrar una información determinada puede resultar imposible si no se acude a algún método de búsqueda. Lo más habitual es utilizar los denominados motores de búsqueda, que funcionan mediante palabras o frases clave relacionadas con la información buscada. Pero Internet Explorer pone a disposición del usuario una característica que permite realizar las búsquedas desde la misma página en que se encuentre, sin necesidad de recurrir a un motor de búsqueda: se trata del cuadro de búsqueda instantánea.

1. Empezaremos realizando una búsqueda utilizando para ello una palabra clave. Haga clic dentro del cuadro de búsqueda que muestra el texto **Live Search**, escriba, por ejemplo, la palabra **cruz** y pulse el botón **Buscar**, que muestra una lupa. 1
2. Por defecto, el cuadro de búsqueda instantánea utiliza como proveedor de búsqueda el motor Windows Live. Por esta razón, los resultados de la búsqueda que hemos realizado se muestran en dicha página. Compruebe el número de páginas encontradas con la palabra clave introducida. Vamos a ver si podemos afinar un poco más la búsqueda. En el cuadro de búsqueda instantánea, seleccione la palabra **cruz**, sustitúyala por el término **punto de cruz** y pulse la tecla **Retorno**. 2

1

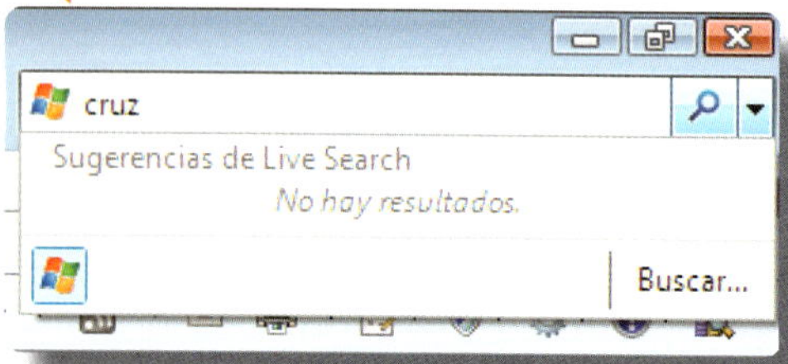

La función de búsqueda mejorada en Internet Explorer 8 ofrece **sugerencias** relevantes a medida que se van introduciendo los términos en el cuadro de búsqueda, lo que permite ahorrar tiempo y esfuerzo. Puede pulsar en cualquier momento sobre una de las sugerencias para ejecutar la búsqueda sin necesidad de tener que escribir toda la palabra o la frase.

2

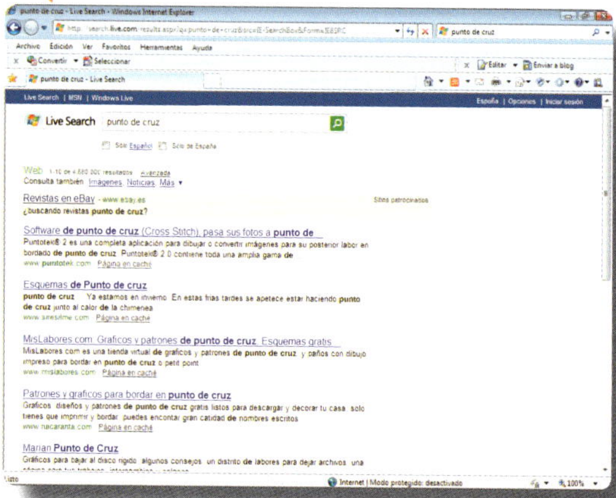

032

3. Ahora, el motor de búsqueda ha reducido considerablemente el número de resultados obtenidos. A continuación accederemos a uno de los sitios encontrados para realizar una búsqueda dentro de esa página. En la lista de resultados, pulse con el botón derecho del ratón sobre el título correspondiente a la dirección **www.nacaranta.com**, y, en el menú contextual, haga clic sobre la opción **Abrir en una nueva pestaña.** 3
4. Ya sabe que las pestañas abiertas desde un vínculo no se sitúan en primer plano, así que pulse sobre la nueva pestaña para mostrar su contenido.
5. La búsqueda concreta dentro de una página es una función realmente interesante en aquellas páginas que han sido diseñadas con mucho texto. Haga clic dentro del cuadro de búsqueda instantánea y escriba la palabra **blasones**.
6. A continuación, pulse sobre la punta de flecha que aparece a la derecha del cuadro de búsqueda instantánea y haga clic sobre la opción **Buscar en esta página.** 4
7. Aparece la barra de búsqueda en la parte superior de la página indicando si se han encontrado coincidencias. En esta barra podemos indicar si la búsqueda se llevará a cabo sobre la palabra completa, si se deberán respetar las mayúsculas y minúsculas y si se deben resaltar las coincidencias. Pulse el botón de aspa del extremo izquierdo de esta barra 5 y acabe el ejercicio cerrando esta pestaña y volviendo a su página principal.

3

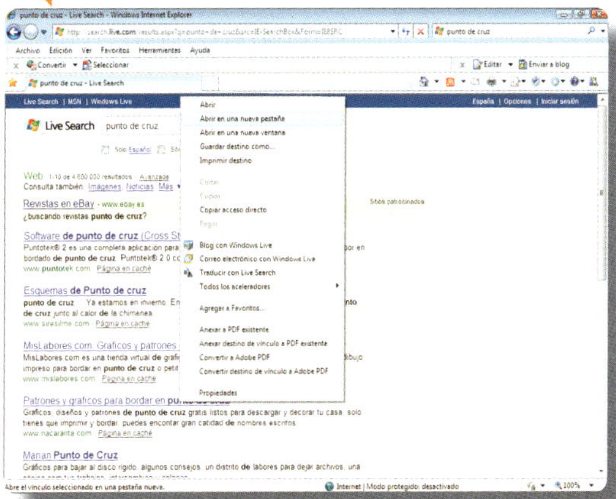

4

5

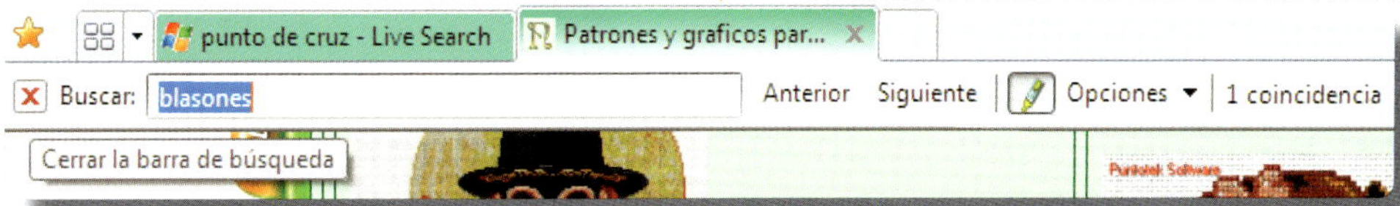

Buscar con Live Search

IMPORTANTE

Live Search es el único **proveedor de búsqueda** instalado por defecto como complemento en Internet Explorer 8; es, por tanto, el proveedor predeterminado.

INTERNET EXPLORER CUENTA CON UN BUSCADOR propio denominado Live Search. Al utilizar la búsqueda instantánea del navegador, éste se basa por defecto en dicho buscador, que permite encontrar tanto páginas y sitios Web como imágenes y noticias. Live Search permite al usuario personalizar la búsqueda especificando una serie de criterios en su cuadro de opciones, tal y como se verá en el ejercicio 33.

1. En este ejercicio veremos cómo realizar búsquedas de sitios y páginas Web, imágenes y noticias, con el buscador Live Search. Para empezar, escriba la dirección **www.live.com** en la **Barra de direcciones** y pulse **Retorno**. 1
2. Ésta es la sencilla página de inicio del buscador Live Search. En el cuadro de búsqueda escriba, por ejemplo, el nombre **Estocolmo** y pulse la tecla **Retorno**. 2
3. El buscador muestra los resultados de sitios y páginas Web relacionados con el término escrito. Pulse con el botón derecho del ratón sobre uno de los resultados, elija la opción **Abrir en una nueva pestaña** y pulse sobre la nueva pestaña para ver su contenido. 3

1

Como ya sabe, si su **proveedor de búsqueda predeterminado** es Live Search, también puede acceder a su página insertando una palabra clave en el cuadro de búsqueda de Internet Explorer y pulsando el botón Buscar o la tecla Retorno. En el caso de que Live Search no sea su proveedor de búsqueda predeterminado, lo encontrará en la lista que se despliega al pulsar el botón de punta de flecha del cuadro de búsqueda.

2

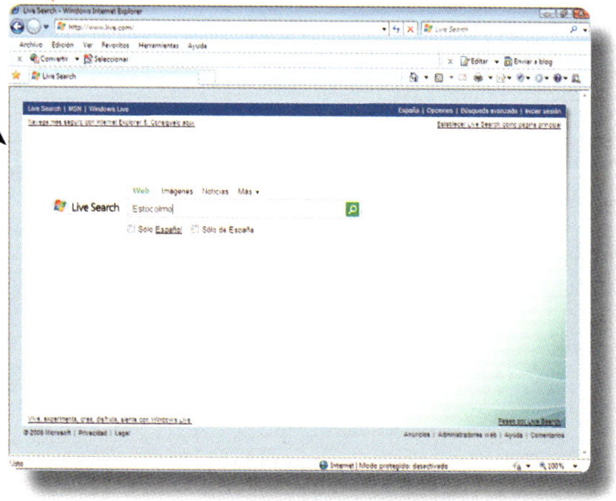

033

4. Seguidamente, le mostraremos cómo Live Search permite obtener, además de páginas y sitios Web, imágenes y noticias. Pulse sobre la pestaña **Estocolmo-Live Search**.
5. Observe que, debajo del cuadro de búsqueda, usted puede elegir que los resultados mostrados estén sólo en español o pertenezcan a un sitio Web de España. Debajo de estas opciones, puede ver los comandos que le permiten seleccionar el tipo de resultados que desea obtener. En este caso, haga clic sobre el vínculo **Imágenes**.
6. Ésta es la página de resultados de imágenes sobre la ciudad de Estocolmo. Esta página dispone de una serie de comandos que permiten aumentar o reducir el tamaño de las miniaturas mostradas, lo que supone contar con más o menos imágenes en el mismo espacio. Como ejemplo, pulse en el tercer icono de la parte superior de la ventana de imágenes, correspondiente a la opción **Zoom grande**.
7. Efectivamente, el tamaño de las miniaturas aumenta, lo que supone que se visualicen menos en el mismo espacio. A continuación, haga clic sobre una de las miniaturas.
8. Veamos ahora cómo el buscador puede encontrar noticias relacionada con el término especificado. Haga clic sobre el vínculo **Noticias**, situado debajo del cuadro de búsqueda.
9. Éstas son las noticias relacionadas con Estocolmo. Una vez visto el procedimiento para buscar en Live Search acabaremos el ejercicio cerrando la segunda pestaña abierta para continuar trabajando en el ejercicio siguiente con este buscador. Cierre la pestaña abierta en segundo plano para dar por acabado este ejercicio.

3

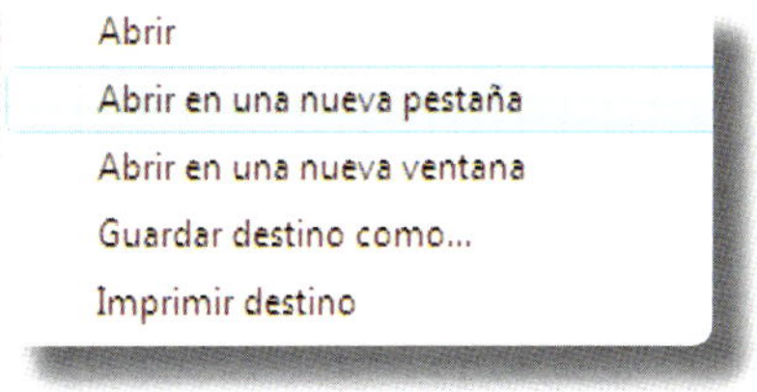

Ya sabe que también puede usar este menú contextual para abrir el vínculo en la misma pestaña o en una nueva ventana del navegador.

4

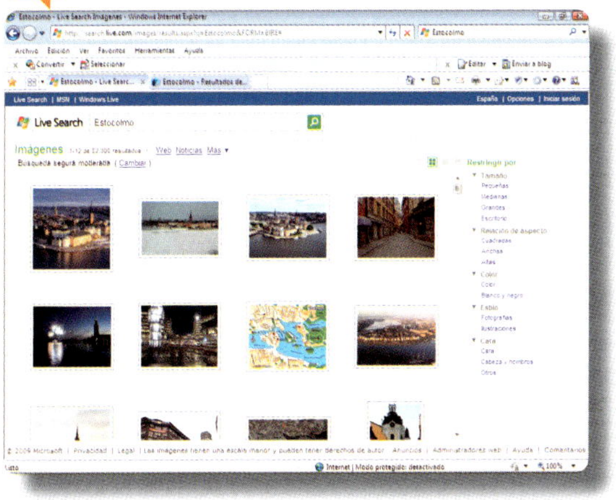

5

Opciones de Live Search

IMPORTANTE

La búsqueda avanzada de Live Search permite buscar términos que cumplan una serie de requisitos, buscar en un dominio o sitio concretos, buscar en un país o en un idioma determinados.

EL MOTOR DE BÚSQUEDA PREDETERMINADO para Internet Explorer 8, Live Search, puede ser personalizado por el usuario según sean sus preferencias habituales de búsqueda. Además, es posible utilizar la búsqueda avanzada para afinar la búsqueda y establecer la página de Live Search como página de inicio.

1. Una vez visto el procedimiento para buscar en Live Search, pasaremos a mostrarle el modo de configurar las opciones de búsqueda. Para ello, debemos volver a la página de inicio. En la **Barra de direcciones**, escriba la dirección **www.live.com** y pulse la tecla **Retorno**.
2. Nos encontramos de nuevo en la página de inicio de Live Search. Antes de acceder a las opciones de búsqueda, pulse sobre el vínculo **Establecer Live Search como página principal**. [1]
3. Se abre de este modo el cuadro de diálogo **Agregar o cambiar la página principal**, donde debemos indicar si queremos usar esta página como página principal única o bien agregarla a las pestañas de página principal. [2] Active la opción **Agregar esta página Web a las pestañas de página principal** y después pulse el botón **Sí**.

1

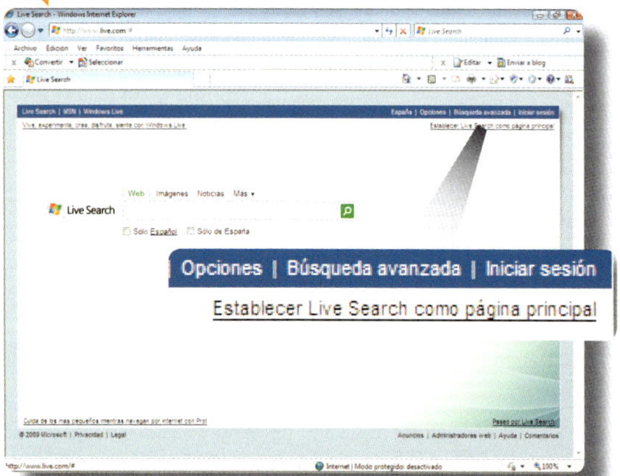

Si establece Live Search como **página principal**, deberá salir y volver a entrar en Internet Explorer para que esta configuración surta efecto.

2

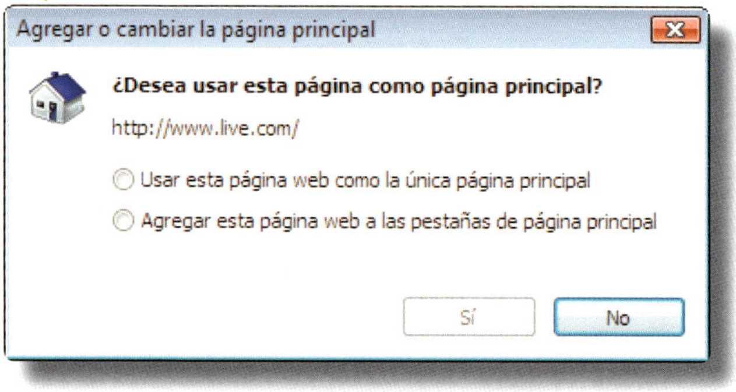

Puede establecer la página de Live Search como **única página principal** o bien añadirla a las pestañas de la página principal actualmente predeterminada.

034

4. Desde ahora, cuando acceda a Internet Explorer verá dos pestañas, una con la página que estableció en su momento como página principal y la correspondiente a este buscador, Live Search. Ahora pulse en el vínculo **Opciones**.

5. Se abre una nueva página que muestras las opciones de configuración de Live Search. En el apartado **Configuración general**, puede establecer un filtro de búsqueda segura para el contenido sexualmente explícito y establecer el idioma de la vista y el diseño de Live Search. Active la opción **Estricta** para filtrar todo tipo de contenido sexualmente explícito. 3

6. Mantendremos el español como idioma para Live Search. En el siguiente apartado, Configuración **de la Web**, puede elegir el modo en que se mostrarán los resultados de la búsqueda. Despliegue el campo **Mostrar** de este apartado y elija, por ejemplo, la opción **15**. 4

7. Desplácese hacia la parte inferior de la página para ver todos los idiomas de búsqueda disponibles.

8. Puede limitar la búsqueda en función del idioma: así, puede mostrar páginas escritas en cualquier idioma, opción seleccionada por defecto, o en los idiomas señalados en la lista. Si desea recuperar los valores predeterminados, pulse en el vínculo **Restablecer valores predeterminados**. Una vez definidas las opciones del buscador, pulse en **Guardar configuración**. 5

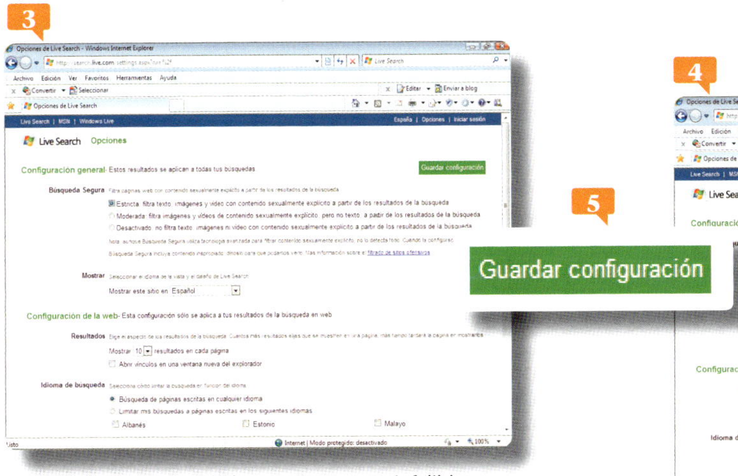

Tenga en cuenta que el filtro Estricto no es infalible. Puede ocurrir que no siga encontrando páginas con contenido inapropiado.

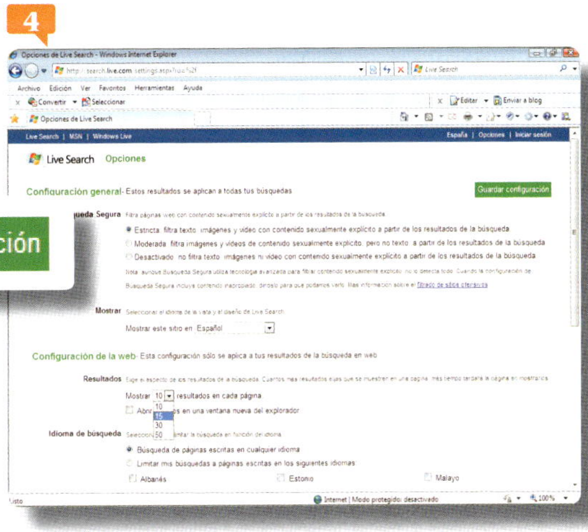

Cuantos más resultados de una búsqueda quiera que aparezcan en una página, más tardará ésta en cargarse.

Agregar proveedores de búsqueda

DEL MISMO MODO QUE ES POSIBLE AGREGAR aceleradores en Internet Explorer 8, también se pueden agregar proveedores de búsqueda para mejorar el sistema de búsqueda del navegador. Al instalarlo, el programa cuenta sólo con un proveedor de búsqueda, Live Search. Puede agregar nuevos proveedores de búsqueda y especificar cuál desea que sea el predeterminado.

1. En este ejercicio veremos cómo agregar y administrar proveedores de búsqueda. Haga clic en la punta de flecha situada a la derecha del cuadro de búsqueda y pulse en la opción **Buscar más proveedores**. [1]
2. Se abre la galería de complementos mostrando los buscadores más vistos. Como recordará, para agregar un complemento del tipo que sea sólo tiene que pulsar en su correspondiente botón. Pulse, por ejemplo, en el botón **Añadir a Internet Explorer** del buscador **Google**. [2]
3. En el cuadro **Agregar proveedor de búsquedas** debemos indicar si el nuevo proveedor será el predeterminado, sustituyendo así a Live Search, y si queremos usar las sugerencias de búsqueda de este proveedor. Pulse el botón **Agregar**. [3]

1

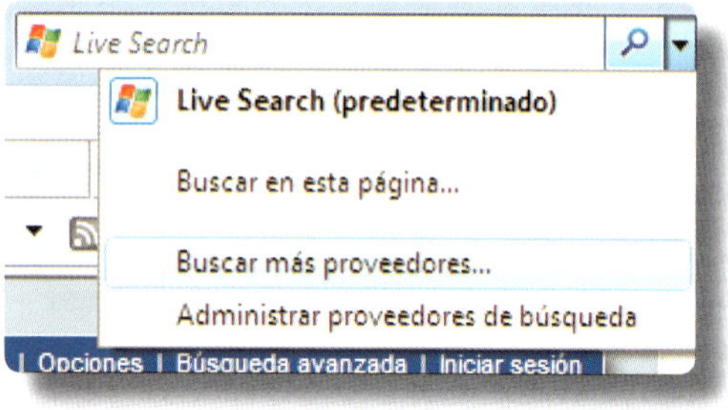

2

3

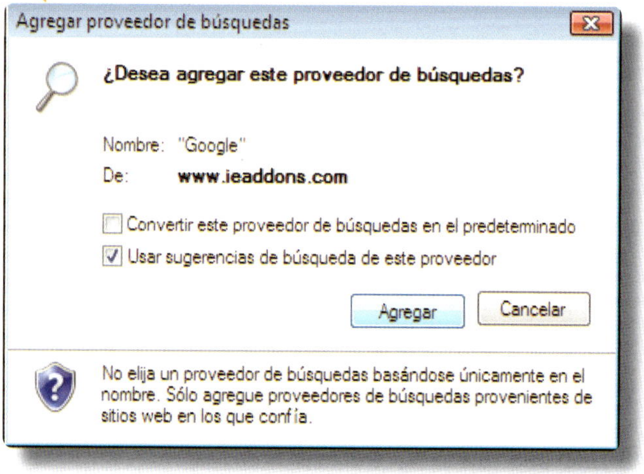

Procure que todos los proveedores de búsqueda que añada a Internet Explorer provengan de **sitios Web de confianza**.

4. Comprobaremos ahora que el nuevo proveedor de búsqueda se ha añadido correctamente. En el cuadro de búsqueda, escriba, por ejemplo, el término **Cervantes** y compruebe que aparecen bajo el cuadro los iconos de los dos proveedores de búsqueda añadidos a Internet Explorer.
5. Puede pulsar sobre el icono del buscador que desee utilizar o seleccionarlo en la lista. Pulse el botón de flecha del cuadro de búsqueda y haga clic en el proveedor de búsqueda **Google**.
6. Efectivamente, se abre el buscador Google mostrando la lista de resultados obtenidos. Veamos ahora cómo administrar los proveedores de búsqueda. Pulse nuevamente el botón de flecha del cuadro de búsqueda y haga clic en **Administrar proveedores de búsqueda**.
7. Se abre el cuadro **Administrar complementos** mostrando seleccionada la opción **Proveedores de búsqueda**. Para establecer como predeterminado el proveedor de búsqueda **Google**, selecciónelo y pulse el botón **Predeterminado**.
8. Como ve, desde este cuadro también puede quitar proveedores de búsqueda, buscar otros, cambiar el orden de la lista y deshabilitar las sugerencias de búsqueda. Pulse el botón **Cerrar** del cuadro **Administrar complementos**.
9. Por último, despliegue nuevamente la lista de proveedores de búsqueda pulsando el botón de flecha del cuadro de búsqueda y compruebe que **Google** es ahora el predeterminado pero seguimos disponiendo de **Live Search**.

4

5

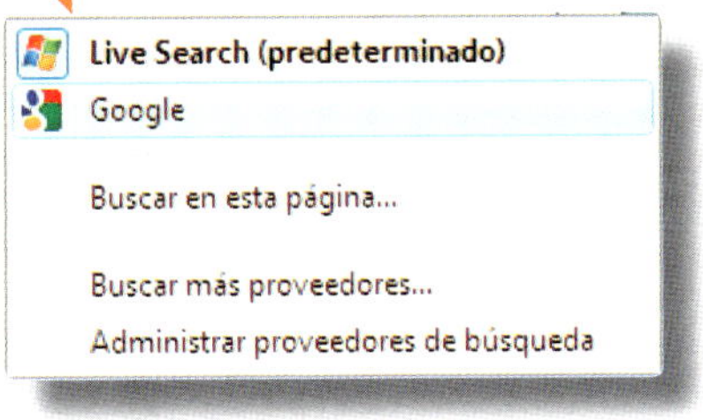

6

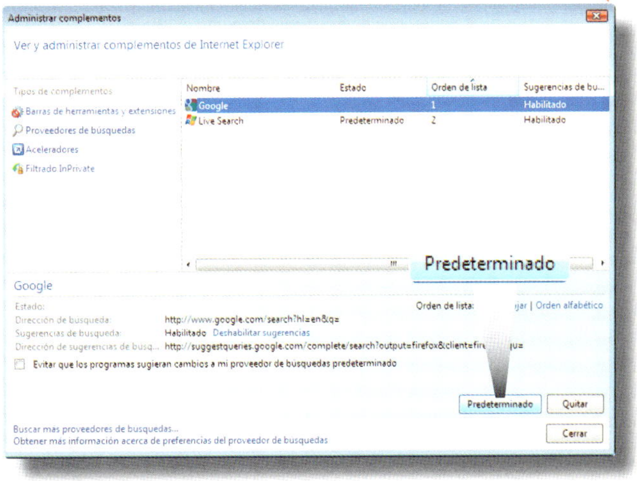

Pulse en el vínculo Obtener más información acerca de preferencias del proveedor de búsquedas para acceder a la ayuda sobre este tema.

7

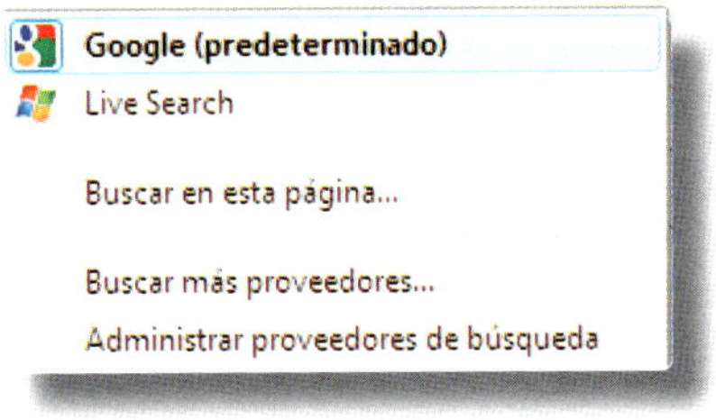

Usar la búsqueda visual

INTERNET EXPLORER 8 SE HA ASOCIADO con determinados proveedores de búsqueda (Live Search, Wikipedia, Yahoo, etc.) para que se muestren sugerencias de búsqueda e imágenes que funcionan como pistas y que proporcionan resultados inmediatos al realizar una búsqueda.

1. En este ejercicio comprobaremos la enorme utilidad que supone la búsqueda visual, una nueva característica de Internet Explorer 8 que facilita y agiliza los procesos de búsqueda. Antes de empezar, agregue al navegador los proveedores de búsqueda **Wikipedia** y **Yahoo!** siguiendo los pasos vistos en el ejercicio anterior.
2. Realizaremos una búsqueda seleccionando como proveedor de búsqueda Wikipedia. En el cuadro de búsqueda escriba, por ejemplo, el término **odisea**. 1
3. Nuestro proveedor de búsqueda predeterminado (en este ejemplo Google), muestra una lista con sugerencias de búsqueda. Si aparece un botón de punta de flecha al principio de la lista, púlselo para ver más resultados. Haga clic sobre una de las sugerencias para ejecutar la correspondiente búsqueda.
4. Seguidamente, realizaremos otra búsqueda utilizando el proveedor de búsqueda **Wikipedia**, que además de sugerencias

1

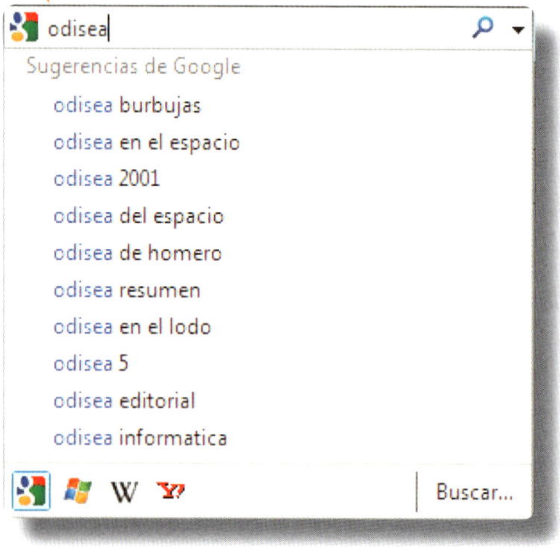

2

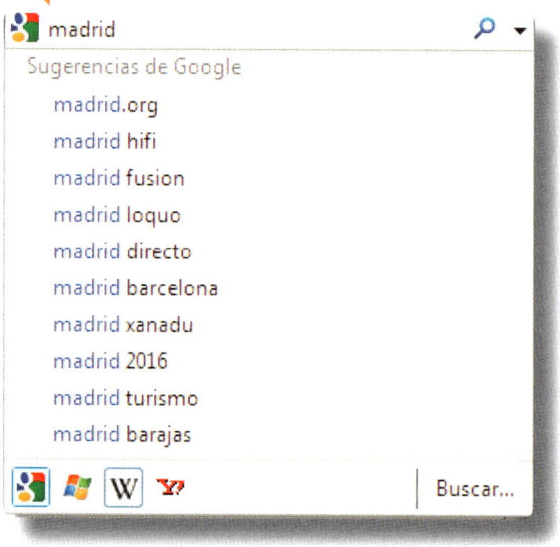

con texto, ofrece también sugerencias con imágenes para facilitarnos aún más la tarea. Escriba en el cuadro de búsqueda la palabra **Madrid**, por ejemplo, y pulse en el icono correspondiente al proveedor de búsqueda **Wikipedia**.

036

5. Vea cómo aparecen automáticamente una lista de sugerencias algunas de las cuales cuentan incluso con imágenes. Haga clic sobre una de las sugerencias con imagen para acceder directamente al correspondiente artículo de **Wikipedia**.
6. Para buscar el mismo término en el proveedor de búsqueda **Yahoo!**, pulse en el botón de flecha del cuadro de búsqueda y seleccione ese proveedor.
7. Se abre así la página de **Yahoo!** buscando la lista de coincidencias. Para deshabilitar las sugerencias de búsqueda, debemos acceder al Administrador de complementos. Haga clic en el comando **Herramientas** de la **Barra de comandos** y pulse sobre la opción **Administrar complementos**.
8. En ese cuadro, active la opción **Proveedores de búsqueda** y seleccione el proveedor **Yahoo!**
9. Pulse en el vínculo **Deshabilitar sugerencias** de este proveedor de búsqueda y pulse el botón **Cerrar**.

Si ahora ejecuta la búsqueda por palabra clave desde el cuadro de búsqueda usando el proveedor de búsquedas Yahoo!, podrá comprobar que no se muestran ya las sugerencias de búsqueda.

5

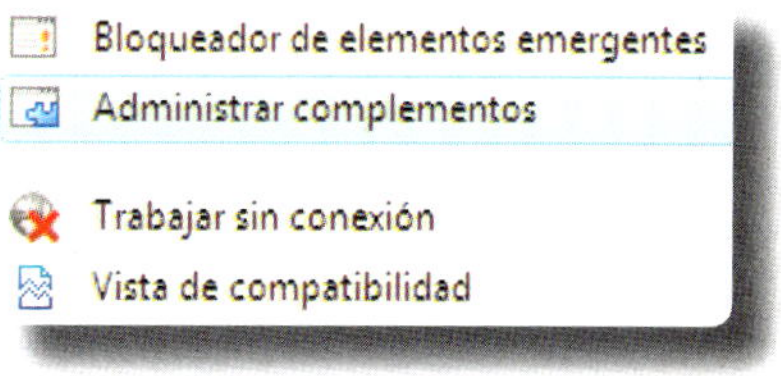

6

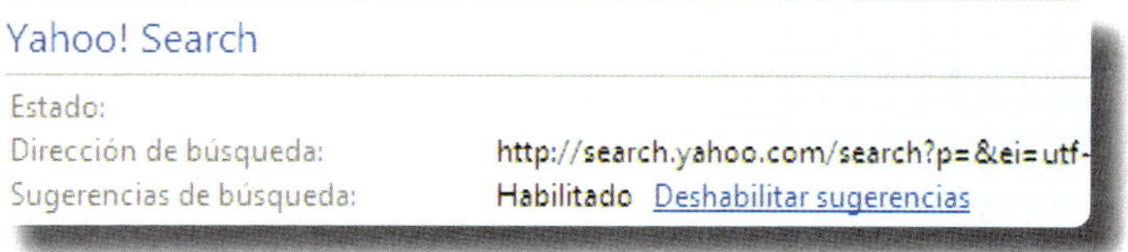

3

Al situar el puntero sobre las sugerencias puede ver la página en la que se encuentra el artículo y las primeras palabras del mismo.

4

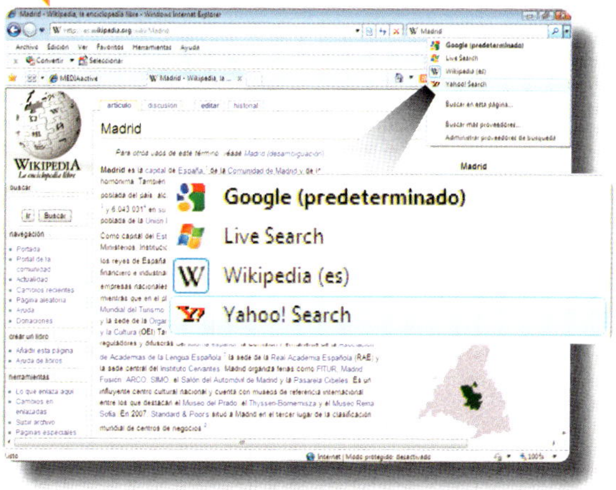

Suscribirse a Web Slices

IMPORTANTE

Para que Internet Explorer emita un sonido cuando una Web Slice se actualice o esté disponible acceda a la pestaña Contenido del cuadro de opciones de Internet, abra el cuadro de configuración de fuentes y Web Slices y active en él las opciones de reproducción de sonido correspondientes.

Las fuentes y las Web Slices proporcionan contenido actualizado de sitios web, el cual puede leerse en Internet Explorer y en otros programas.

LAS WEB SLICES SON OTRA DE LAS FANTÁSTICAS novedades que presenta Internet Explorer 8. Se trata de zonas concretas de una página Web a las que es posible suscribirse para acceder siempre a su contenido actualizado (noticias, meteorología, inversión en Bolsa, etc.) Cuando una página Web dispone de Web Slices, aparece un icono verde en la Barra de comandos que puede pulsar para ver las Web Slices disponibles y suscribirse a alguna de ellas.

1. En primer lugar, accederemos a una página Web que dispone de las nuevas Web Slices. Acceda a la dirección Web **www.softonic.com**.
2. Observe que en la **Barra de comandos** aparece un icono de color verde con una punta de flecha al lado. Esto indica que esta página cuenta con Web Slices a los que suscribirnos. Pulse en el botón de punta de flecha situado junto al botón Web Slices y, tras comprobar que Softonic tiene de momento tres páginas a las que nos podemos suscribir, pulse, por ejemplo, sobre la página **Softonic-Top Ventas**. 1
3. Se abre un cuadro de diálogo de Internet Explorer para que agreguemos la Web Slice seleccionada a nuestra Barra de favoritos. Pulse en el botón **Agregar a la Barra de favoritos**. 2
4. Automáticamente aparece en la **Barra de favoritos** el botón correspondiente a la Web Slice a la que nos acabamos de sus-

1

2

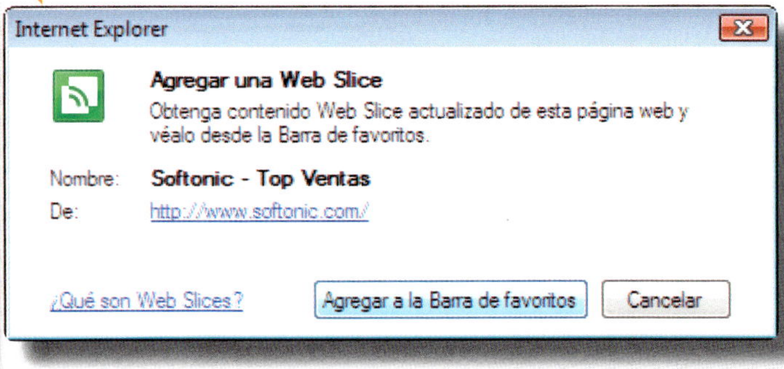

Desde el cuadro de Internet Explorer que aparece al agregar una **Web Slice** a la Barra de favoritos puede acceder a la página principal del sitio Web.

cribir. Cuando esta Web Slice se actualiza, su vínculo aparece en negrita. Para ver el contenido actualizado, sólo tiene que pulsar sobre él.

5. El botón de Web Slice que aparece en la Barra de comandos cuando una página dispone de este complemento también aparece junto a la sección de la página a la que hace referencia. En este caso, desplácese hacia la parte inferior de la página y sitúe el puntero sobre la sección **Top Descargas**.
6. Vea cómo efectivamente aparece el icono de Web Slice junto a esta sección. Pulse sobre él y haga clic en el botón **Agregar a la Barra de favoritos** para añadir también esta Web Slice.
7. Para eliminar una Web Slice de la Barra de favoritos sólo tiene que usar la opción adecuada de su menú contextual. Haga clic con el botón derecho del ratón sobre una de las Web Slices de la **Barra de favoritos** y haga clic en la opción **Eliminar**.
8. Para enviar a la papelera de reciclaje la Web Slice y dar por acabado este ejercicio pulse el botón **Sí** del cuadro **Eliminar archivo**.

Para evitar que aparezcan los iconos de Web Slice en las páginas Web acceda a la ficha **Contenido** del cuadro **Opciones de Internet**, pulse el botón **Configurar** del apartado **Fuentes y Web Slices** y desactive en el cuadro de configuración la opción **Activar en la página la detección de Web Slices**.

5

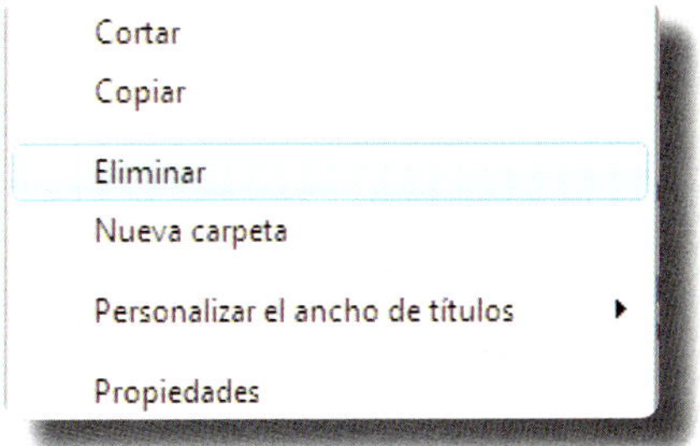

3

Los botones correspondientes a las Web Slices aparecen en la parte izquierda de la Barra de favoritos.

6

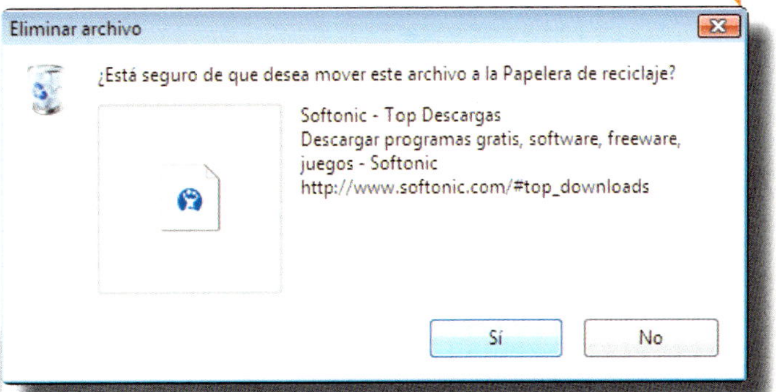

4

7

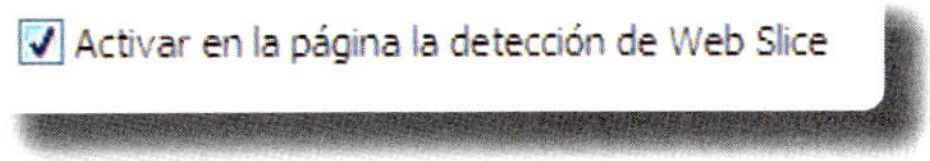

Al desactivar esta opción, los iconos de Web Slices no aparecerán en las secciones que disponen de ellas en las páginas Web.

Suscribirse a Fuentes RSS

IMPORTANTE

Puede agregar las fuentes a la **Barra de Favoritos** para tenerlas a la vista sin necesidad de acceder al Centro de favoritos. Para ello, active la opción correspondiente del cuadro Suscribirse a esta fuente, como se ha visto en esta lección, o use la opción Agregar a la Barra de favoritos de su menú contextual.

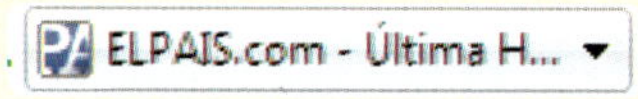

UNA FUENTE RSS ES CUALQUIER CONTENIDO publicado en un sitio Web que se actualiza con frecuencia. Las siglas RSS corresponden al término inglés *Really Simple Syndication*, término que describe la tecnología que se utiliza para crear fuentes. Las fuentes se utilizan en sitios Web de noticias y blogs, así como para distribuir contenido digital, como imágenes, audio y vídeo. Cuando un sitio Web contiene fuentes, el comando Fuentes de la Barra de comandos se activa, y el usuario sólo debe pulsar sobre él para obtener la lista de fuentes disponibles.

1. En este ejercicio le mostraremos qué es una fuente RSS, cómo podemos saber si un sitio Web cuenta con este tipo de información y cómo podemos suscribirnos y acceder posteriormente a ella. Abra por ejemplo la página **www.elpais.es.**
2. En Internet Explorer 8 el comando **Fuentes** se oculta bajo el nuevo comando **Agregar Slices**, con el que hemos practicado en el ejercicio anterior. Haga clic en la punta de flecha situada junto a ese comando de la **Barra de comandos** y pulse sobre la fuente **RSS ELPAIS.com.** 1
3. La página se actualiza para mostrar el tipo de información de esta fuente RSS. Como indica la información del cuadro ama-

1

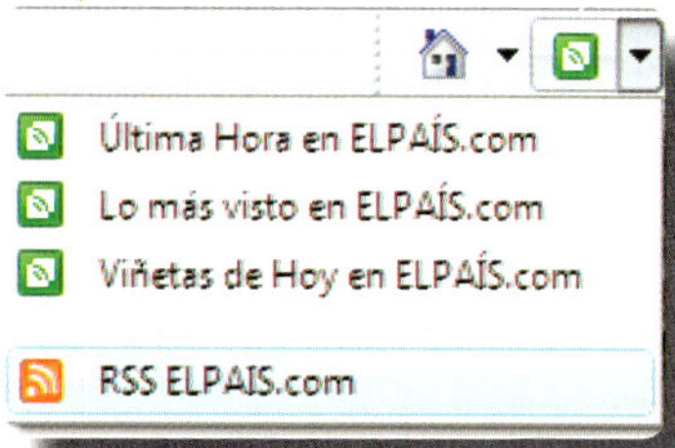

El comando **Fuentes RSS** comparte espacio en la Barra de comandos de Internet Explorer 8 con el de las nuevas Web Slices.

2

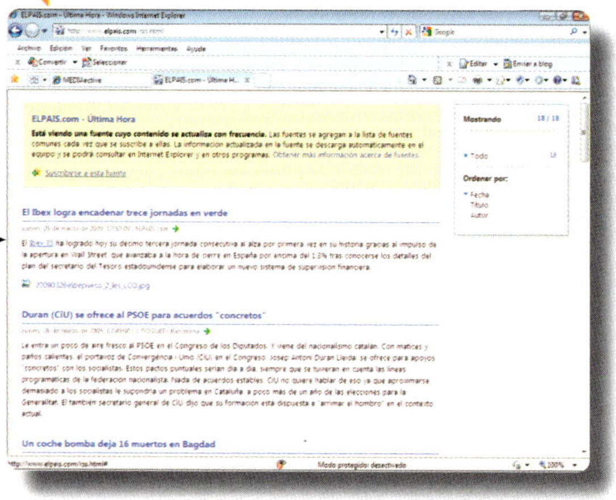

Si una página no dispone de fuentes RSS a las que suscribirse, el comando correspondiente a esa opción estará desactivado.

rillo de la parte superior de la página, esta información se actualiza periódicamente y podrá ser consultada si se suscribe a ella. Pulse en el vínculo **Suscribirse a esta fuente**.

4. Como ocurre con los favoritos, las fuentes pueden guardarse en una carpeta y con un nombre distintos a los sugeridos por el programa. Además, puede agregar la fuente a la **Barra de favoritos**. Haga clic sobre el botón **Suscribirse** del cuadro **Suscribirse a esta fuente**.
5. La suscripción se lleva a cabo al instante, como se nos indica en el cuadro amarillo de la página Web. Seguidamente, acceda a la página **www.lavanguardia.com**, haga clic sobre la punta de flecha del comando **Fuentes RSS** y pulse sobre la opción **La Vanguardia-Home**.
6. Veremos otra forma de suscribirnos a la fuente. Abra el menú **Herramientas** y elija la opción **Suscribirse a esta fuente**.
7. En el cuadro **Suscribirse a esta fuente**, active la opción **Agregar a la Barra de favoritos** y pulse sobre el botón **Suscribirse** para llevar a cabo la suscripción a esta nueva fuente.
8. Pulse ahora en el vínculo **Ver mis fuentes** del cuadro amarillo de la parte superior de la página.
9. Se abre automáticamente el **Centro de favoritos** mostrando la ficha **Fuentes** con las dos a las que nos hemos suscrito en este ejercicio. Haga clic en la correspondiente al periódico **El País** para acceder a ella.

Para actualizar una fuente, pulse en el icono de actualización que aparece a la derecha de su nombre en el centro de favoritos y para eliminarla, use la opción **Eliminar** de su menú contextual.

038

IMPORTANTE

La suscripción a una fuente supone su almacenamiento en el equipo, concretamente en la sección **Fuentes** del Centro de Favoritos, a la cual el usuario podrá acceder siempre que lo desee con la seguridad de que el contenido siempre estará actualizado.

4

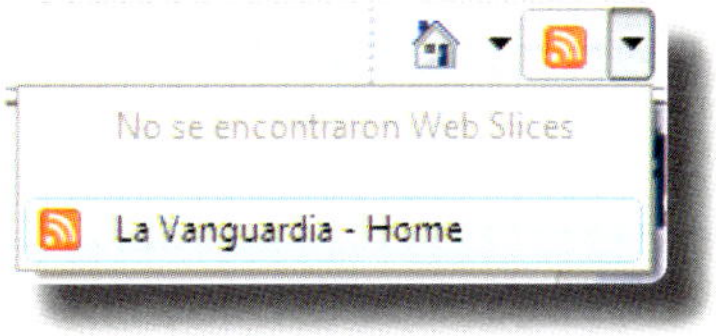

6

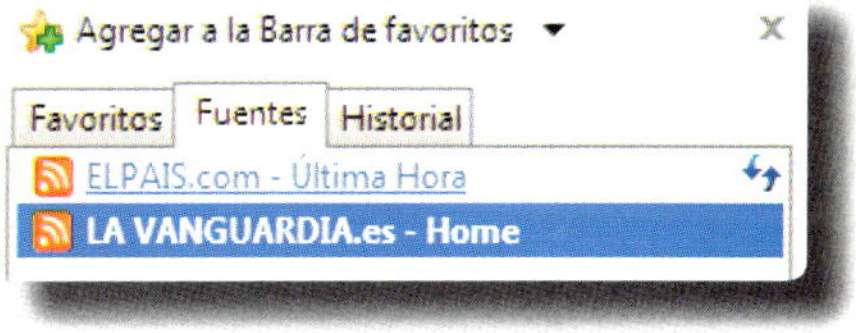

3

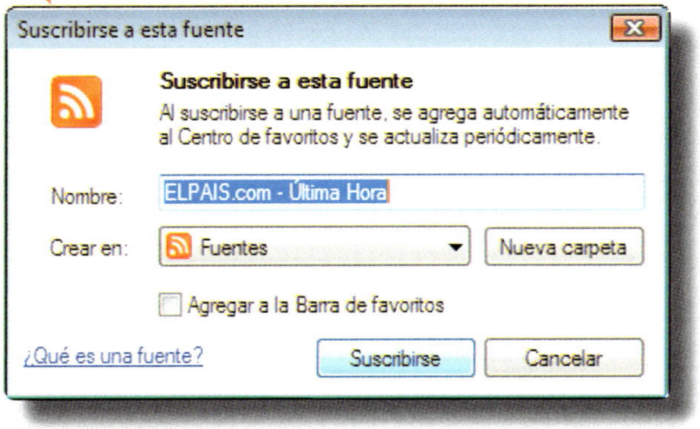

Desde el cuadro **Suscribirse a esta fuente** puede crear una nueva carpeta para almacenar este tipo de elementos.

5

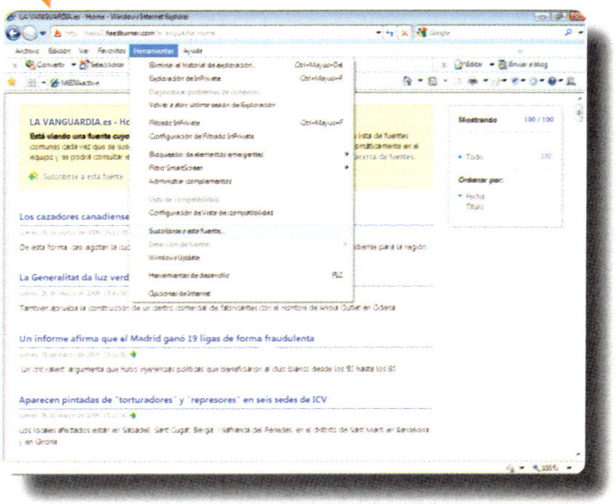

Enviar una página Web por correo electrónico

IMPORTANTE

Por defecto, y siempre que el navegador se encuentre instalado sobre Windows Vista, Internet Explorer utiliza Windows Mail, el programa de correo incluido en esta versión del sistema operativo. Sin embargo, es posible modificar las opciones del navegador para que se utilice un programa distinto al predeterminado.

INTERNET Y EL CORREO ELECTRÓNICO VAN indiscutiblemente unidos, hasta el punto que podría hablarse de integración entre los programas gestores de correo y los navegadores. Gracias a esta integración, es posible enviar páginas Web por correo electrónico e, incluso, sólo vínculos. Hay que tener en cuenta es que es preciso disponer de una cuenta de correo electrónico mediante la cual se puedan enviar mensajes.

1. En esta lección le mostraremos cómo puede enviar por correo electrónico una página Web desde Internet Explorer. En un caso real, será imprescindible que disponga de una cuenta de correo configurada en Windows Mail o el gestor de correo que usted utilice. Si no es así, al iniciar el proceso de envío, aparecerá un asistente que le guiará durante la configuración de la cuenta. Empezaremos dirigiéndonos a la página que queremos enviar. Acceda a la dirección **www.disney.es**.
2. Con la página que buscábamos en pantalla, haga clic sobre el comando **Página** de la **Barra de comandos** y elija la opción **Enviar la página por correo electrónico.** 1
3. De inmediato, se abre la página para un nuevo mensaje de su gestor de correo, en cuyo cuerpo, como puede ver, se refleja la página seleccionada. Como en cualquier mensaje de correo, lo más importante e imprescindible es introducir la dirección

1

2

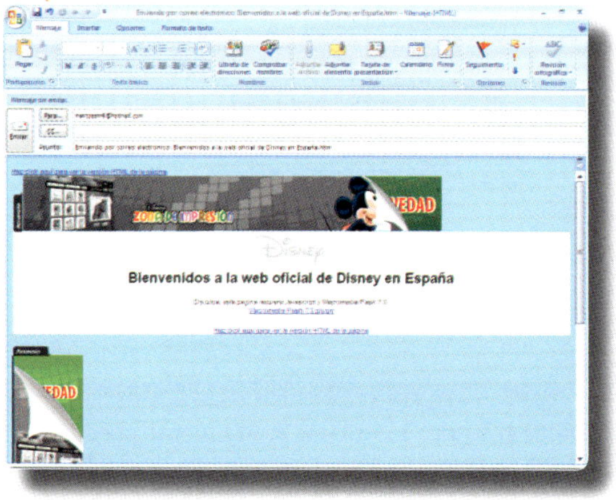

039

del destinatario. En el campo **Para** de la ventana del mensaje, escriba la dirección a la que desea enviar el mensaje.

4. En el campo **Asunto** el programa introduce el texto que aparece en la **Barra de título** del navegador. Cambie este texto por otro más corto.
5. Ya podemos enviar el mensaje. Hágalo pulsando el botón **Enviar**.
6. Si no hay ningún problema de conexión, el mensaje se envía a la dirección indicada. Internet Explorer 8 también permite enviar por correo electrónico vínculos de sitios Web. De esta forma, será el destinatario del mensaje quien lo abra, simplemente pulsando sobre él. Veamos cómo hacerlo. A modo de ejemplo, acceda a la página Web **www.diamantemandarin.org**.
7. La diferencia entre enviar una página y enviar un vínculo por correo electrónico reside en la forma en que se visualiza en el mensaje. Como hemos visto en los pasos anteriores, al enviar la página Web, ésta se inserta a modo de cuerpo del mensaje, mientras que si enviamos un vínculo, será la dirección Web la que se insertará en el cuerpo del mensaje. Haga clic sobre el comando **Página** de la **Barra de comandos** y elija la opción **Enviar vínculo por correo electrónico.**
8. Efectivamente, en el cuerpo del mensaje sólo se inserta la dirección Web del sitio en el que nos encontramos. Cuando el destinatario reciba el mensaje, simplemente deberá hacer clic sobre él para acceder al correspondiente sitio Web. Acabe el ejercicio cerrando la ventana de mensaje.

3

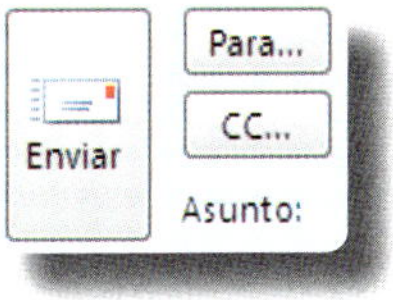

4

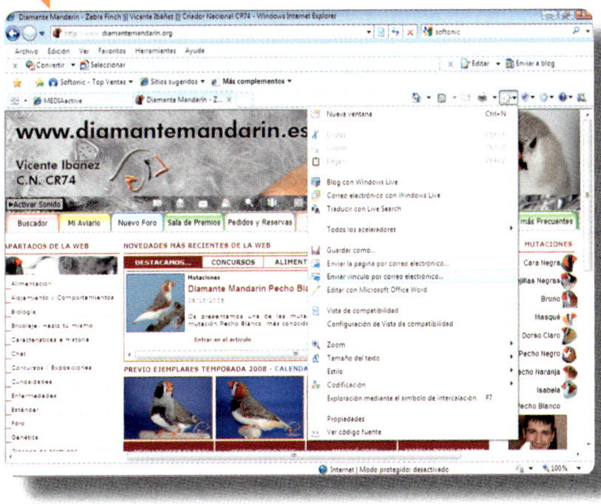

5

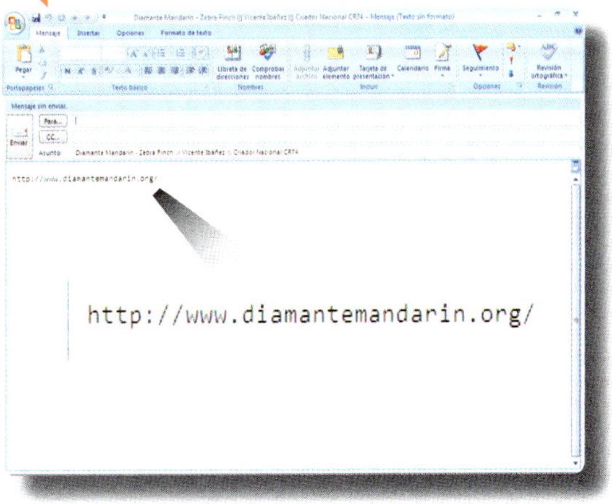

Acceder al correo electrónico

EN ESTE EJERCICIO SE TRABAJARÁ con la integración entre internet explorer y el programa de correo electrónico predeterminado en el equipo. Si Internet Explorer se encuentra instalado sobre Windows Vista, este programa es, por defecto, Windows Mail. El comando Leer correo permite acceder directamente al buzón de correo del programa predeterminado. Además de esta opción, el buscador Live Search tiene entre sus componentes un acceso al buzón de cualquier cuenta de Hotmail o de Windows Live Mail.

1. En esta sencilla lección le mostraremos cómo acceder al buzón de correo predeterminado en el equipo para comprobar si tenemos mensajes nuevos. Además, accederemos al buscador Live Search para leer los mensajes de nuestra cuenta de Microsoft. Para empezar, haga clic en el botón **Leer correo** de la **Barra de comandos**, representado por un sobre. 1
2. Aparece la **Bandeja de entrada** de su programa gestor de correo electrónico predeterminado (en este ejemplo, Microsoft Outlook). Todos los mensajes que muestran un sobre cerrado son los mensajes nuevos. Como el propósito de este curso no es enseñar el funcionamiento de este programa gestor de correo electrónico, lo cerraremos para continuar con el curso. Haga clic sobre el botón de aspa de la **Barra de título** de su gestor de correo electrónico. 2

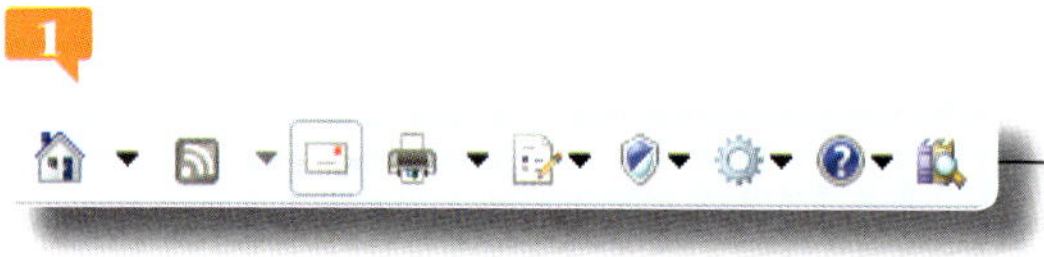

Si el botón Leer correo no aparece en su Barra de comandos deberá agregarlo desde el cuadro **Personalizar la Barra de herramientas**.

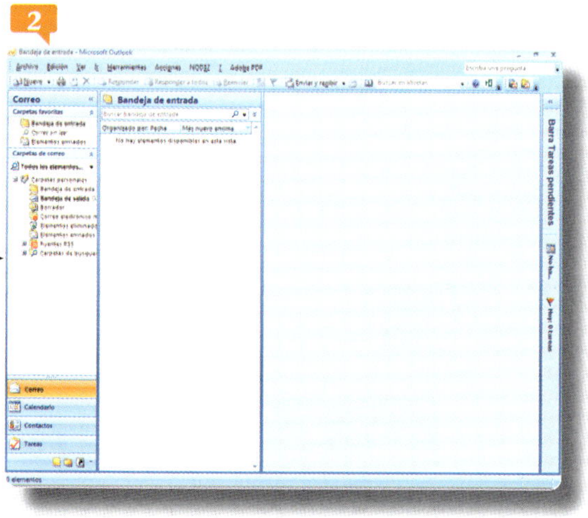

040

3. Otra forma de acceder al correo es desde Live Search, puesto que cuenta con un complemento en su página que da acceso al correo correspondiente a cuentas de Hotmail o de Windows Live Mail. ¿Quién no tiene hoy en día una cuenta de Hotmail? Veamos cómo acceder a nuestro buzón desde este completo buscador. Acceda a la dirección **www.live.com**.
4. Nos encontramos en la página principal del buscador. Haga clic sobre el vínculo **iniciar sesión**.
5. Ahora simplemente debe rellenar el campo de la dirección, con la dirección de su cuenta de correo, y la contraseña que utiliza normalmente para acceder a ella. Hágalo.
6. La opción **Recordar mi contraseña** permite que el equipo recuerde la contraseña utilizada para esta cuenta. Por cuestiones de seguridad, lo más indicado es mantener esta opción desactivada. Haga clic en el botón **Iniciar sesión**.
7. En la parte superior derecha de la página puede ver ahora como la sesión de usuario está en curso. Desde esta página podemos escribir nuevos mensajes, acceder a la Bandeja de entrada para ver los mensajes nuevos, consultar el Calendario para comprobar si tenemos acontecimientos pendientes y abrir la lista de contactos. Haga clic en el vínculo **Bandeja de entrada**.
8. Se abre ahora en la misma pestaña la **Bandeja de entrada**. Terminaremos esta lección cerrando la sesión de usuario y volviendo a la página de inicio del navegador. Pulse en el vínculo **Cerrar sesión** situado en la parte superior derecha de la página y vuelva a la página principal.

3

Para registrar una cuenta gratuita de Hotmail, acceda a la página **www.hotmail.es** y siga las sencillas instrucciones para darse de alta.

5

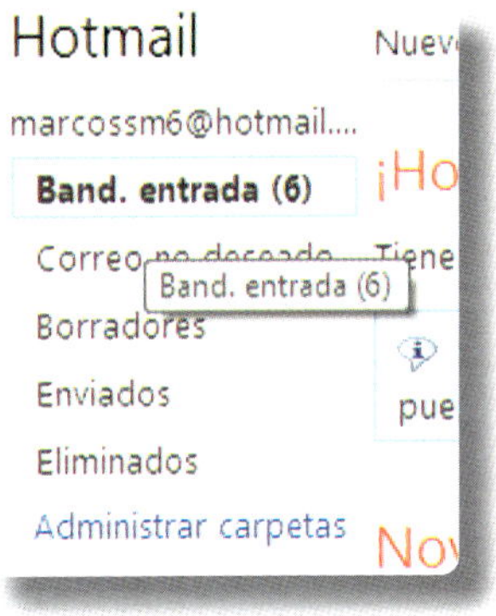

4

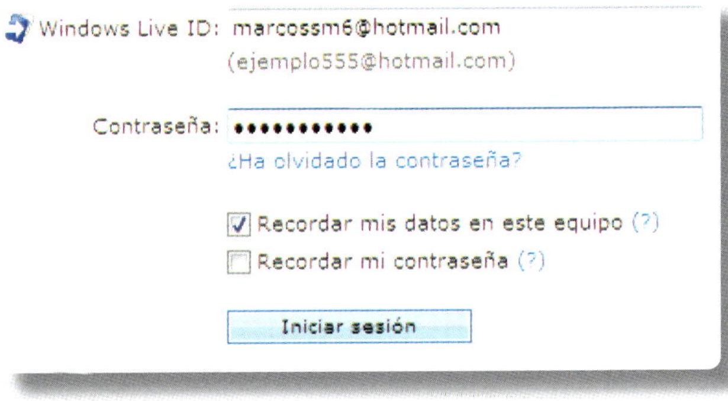

6

Navegar con seguridad

INTERNET EXPLORER 8 CUENTA CON MÚLTIPLES características que brindan más seguridad y privacidad al navegar. Entre estas características se encuentra el Modo protegido, una configuración que mantiene el equipo protegido ante los ataques basados en Web. La activación del modo protegido se refleja en la Barra de estado del navegador y dificulta la instalación de software malintencionado en el equipo.

1. En este ejercicio conocerá la **Barra de estado de seguridad** del navegador, que refleja el modo de seguridad activado. Para empezar, en la **Barra de comandos**, haga clic sobre el comando **Herramientas** y pulse sobre **Opciones de Internet**.
2. En el cuadro de opciones, pulse en la pestaña **Seguridad.** [1]
3. Debajo de los niveles se encuentra la opción mediante la cual es posible habilitar o deshabilitar el modo protegido del navegador. Veamos qué ocurre si lo desactivamos. Desactive la opción **Habilitar Modo protegido** [2] y pulse el botón **Aplicar**.
4. Cuando el navegador detecta que va a desactivar el modo protegido le advierte del peligro que corre su equipo en cuanto a

1

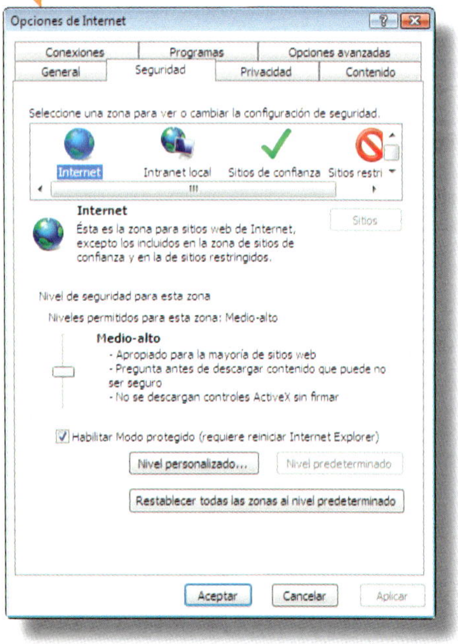

2

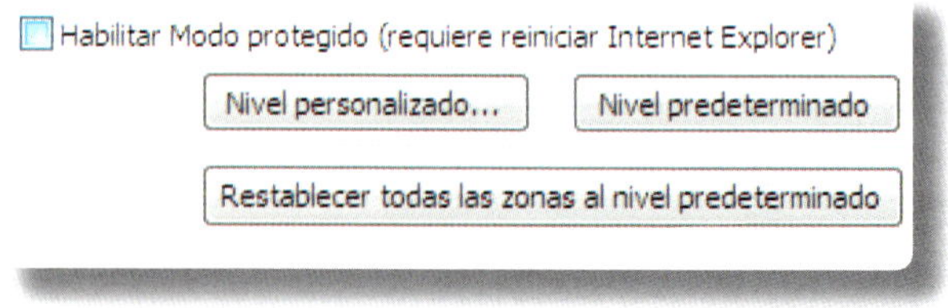

3

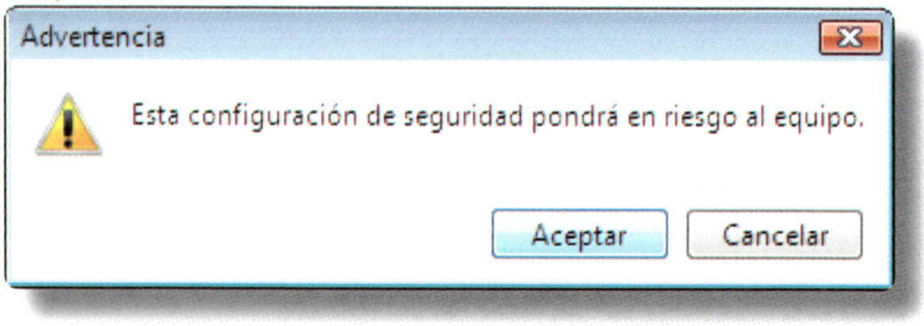

seguridad se refiere. En el cuadro de advertencia, haga clic en **Aceptar** para seguir adelante con la acción y después pulse el botón **Aceptar** del cuadro de opciones de Internet.

5. Compruebe ahora que en la **Barra de estado** se muestra el texto **Modo protegido: desactivado.** Haga doble clic sobre ese texto para acceder directamente al cuadro **Propiedades de Seguridad de Internet**.
6. De las zonas y niveles de seguridad hablaremos en el ejercicio siguiente. Puede volver a habilitar el **Modo protegido** pulsando en su casilla de verificación o bien en el botón **Nivel predeterminado**. Pulse el botón **Nivel personalizado**.
7. Se abre el cuadro **Configuración de seguridad: zona de Internet**, en el que puede cambiar multitud de opciones relacionadas con la seguridad en Internet. El botón **Restablecer** de este cuadro restaurará la configuración predeterminada que, como ve, es **Medio-alto.** Cierre este cuadro sin realizar cambios pulsando el botón **Cancelar**.
8. Pulse el botón **Nivel predeterminado** y compruebe cómo se activa de nuevo la opción **Habilitar Modo protegido**.
9. Pulse los botones **Aplicar** y **Aceptar** para salir del cuadro de propiedades de seguridad y, tal y como se requiere, reinicie el navegador y, tras activar el control de cuentas de usuario desde el Panel de control, compruebe que la **Barra de estado** vuelve a mostrar el **Modo protegido: activado**.

4

7

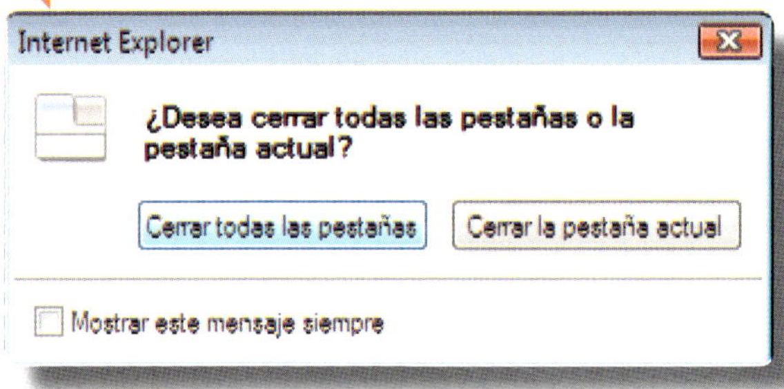

6

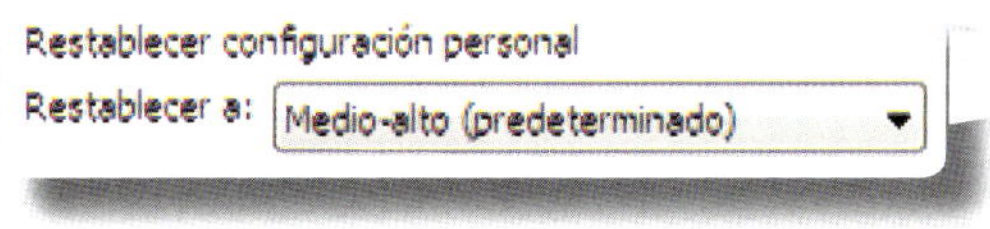

5

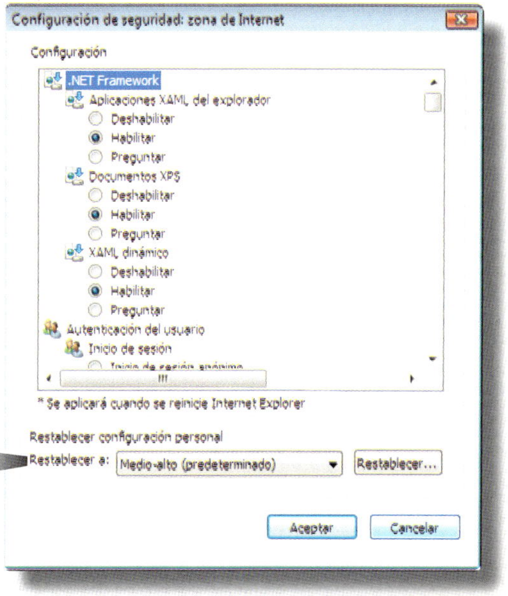

Zonas y niveles de seguridad en Internet

IMPORTANTE

El nivel de seguridad que establece el navegador para los sitios de confianza es Medio y puede ser cambiado por el usuario, mientras que el nivel establecido para los sitios restringidos es Alto y no se puede cambiar.

CUALQUIER SITIO WEB CORRESPONDE a una de las cuatro zonas de seguridad establecidas por Internet Explorer: Internet, Intranet local, Sitios de confianza y Sitios restringidos. A su vez, el navegador asigna por defecto a cada zona un nivel de seguridad, que puede ser Medio, Medio-Alto y Alto. Las zonas de sitios de confianza y restringidos permiten al usuario incluir aquellos sitios a los que se puede acceder con toda confianza o viceversa.

1. Acceda al cuadro **Opciones de Internet** desde el botón **Herramientas** de la **Barra de comandos** y active la ficha **Seguridad**.
2. En esta ficha puede ver las zonas de seguridad y los niveles de seguridad para cada una de ellas. En la parte inferior del cuadro de zonas puede consultar su descripción y en el apartado de niveles, su nivel establecido por defecto. Con la zona **Internet** seleccionada [1], haga clic en el punto inferior de la barra deslizante del apartado **Nivel de seguridad para esta zona**.
3. El nivel **Medio** [2] es el nivel más bajo de seguridad, por lo que no se recomienda aplicarlo, al menos para esta zona. Pulse ahora dos veces en la parte superior de la barra deslizante para ver la descripción del nivel **Alto**.
4. Éste es el máximo nivel de seguridad pero presenta el inconveniente de que, debido a la cantidad de sitios Web que existen, quizás habría muchos a los que el navegador no permitiría el

1

El nivel de seguridad **Medio-Alto** para la zona **Internet** es el apropiado para la mayoría de sitios Web y pregunta antes de descargar contenido que puede no ser seguro.

2

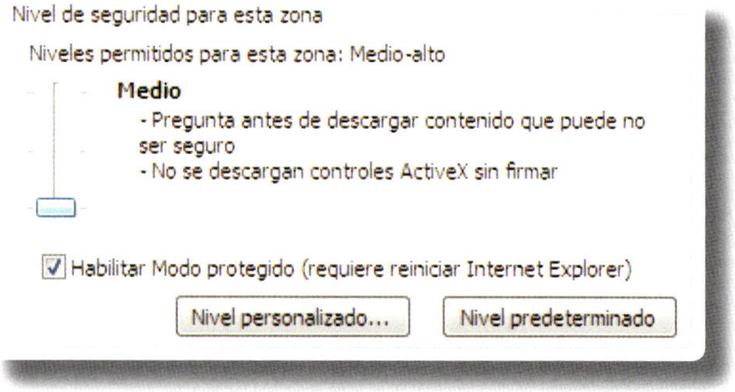

Pulsando el botón **Nivel personalizado** puede crear un nivel de seguridad con unas características personalizadas.

acceso, incluso no siendo perjudiciales. Pulse en el centro de la barra deslizante para asignar el nivel **Medio-Alto** a la zona de Internet.

5. Si no recordara cuál es el nivel inicial para esta zona, podría pulsar el botón **Nivel predeterminado**. La asignación de niveles para la Intranet funciona del mismo modo, por lo que pasaremos a los sitios de confianza y los sitios restringidos. Elija la zona **Sitios de confianza** y pulse el botón **Sitios**.
6. La dirección que aparece en el campo **Agregar este sitio Web a la zona de** corresponde al sitio que se encuentra cargado en el navegador. Desactive la opción **Requerir comprobación del servidor para todos los sitios de esta zona y** pulse el botón **Agregar** para incluir el sitio actual en la zona de sitios de confianza. Después pulse el botón **Cerrar**.
7. A continuación, agregaremos también un sitio Web en la zona de sitios restringidos Seleccione la zona **Sitios restringidos** y pulse el botón **Sitios**.
8. Escriba la dirección de la página que desea bloquear en el cuadro **Sitios restringidos**, pulse el botón **Agregar** y seguidamente, haga clic en **Cerrar**.
9. Pulse los botones **Aplicar** y **Aceptar** del cuadro de opciones.
10. Observe que en la **Barra de estado** se indica que este sitio es de confianza. Acceda a la página que ha establecido como sitio restringido y vea la información que aparece en la **Barra de estado** ahora.

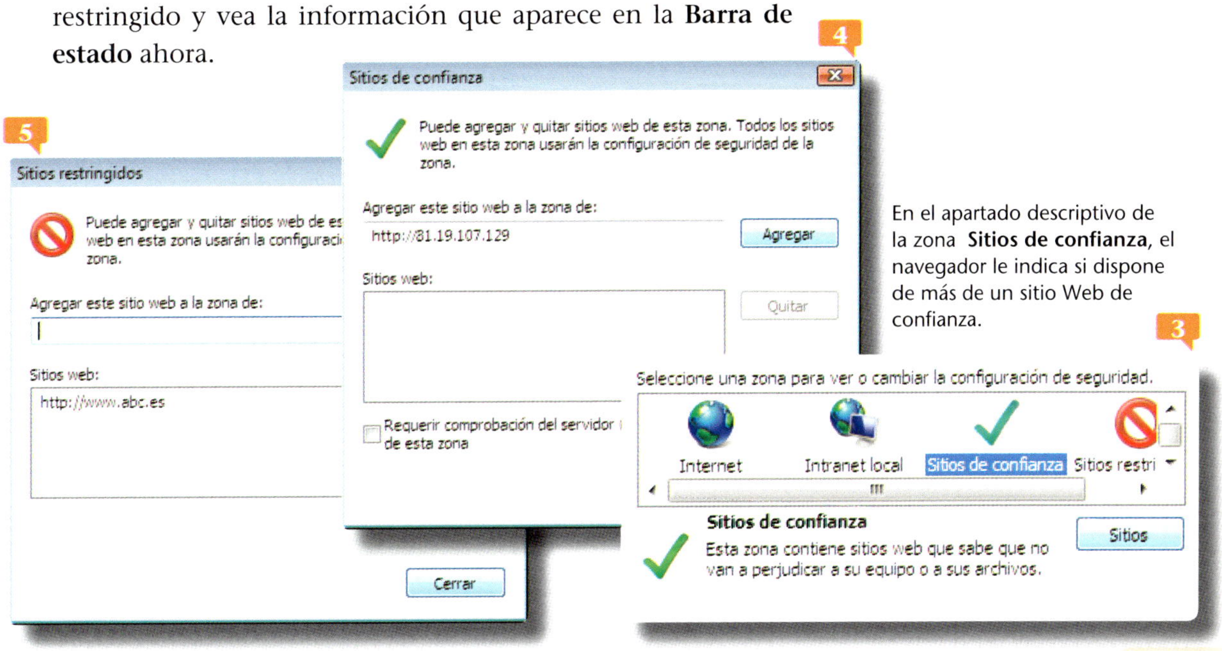

042

IMPORTANTE

Para eliminar sitios de confianza, simplemente es preciso seleccionarlos en la lista de sitios Web y pulsar el botón **Quitar** situado a la derecha de la lista.

En el apartado descriptivo de la zona **Sitios de confianza**, el navegador le indica si dispone de más de un sitio Web de confianza.

Controlar las cookies

LAS COOKIES SON MENSAJES ENVIADOS desde un servidor Web al navegador del usuario que, posteriormente, cuando éste accede a cualquier sitio o página Web, son devueltos a dicho servidor. El objetivo de estos elementos es identificar a los usuarios de la Red. Las cookies quedan almacenadas en una carpeta exclusiva dentro del sistema a la que el usuario puede acceder para controlar su contenido. La existencia de estos pequeños mensajes y sobre todo su finalidad ha provocado múltiples protestas por parte de los internautas debido al atentado a la libertad individual que supone el hecho de estar controlado en todo momento.

1. Para empezar, haga clic en el botón **Herramientas** de la **Barra de comandos** y haga clic sobre el comando **Opciones de Internet** para abrir el cuadro del mismo nombre.
2. En la parte central del cuadro de diálogo **Opciones de Internet** se encuentra el apartado que nos interesa y con el ya trabajamos en la lección dedicada al Historial. En el apartado **Historial de exploración**, haga clic sobre el botón **Eliminar.** [1]
3. Se abre el cuadro **Eliminar el historial de exploración,** [2] en el cual, como recordará, se muestran distintos contenidos que

IMPORTANTE

Existen también programas específicos que pueden descargarse desde la Red que permiten eliminar las cookies y decidir cuáles de ellas es interesante dejar almacenadas.

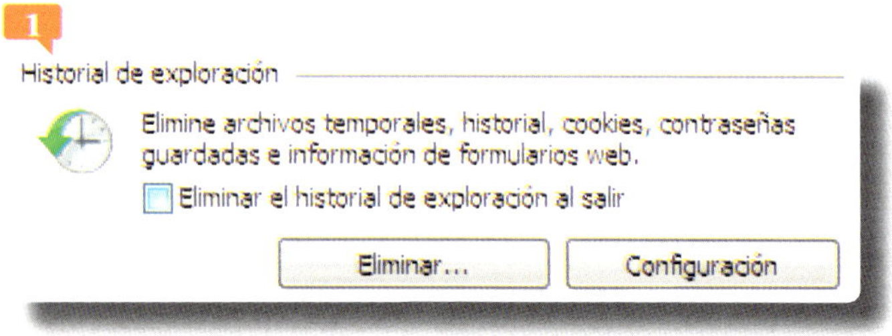

Puede activar la opción **Eliminar el historial de exploración al salir** del apartado Historial de exploración para que, al salir de Internet Explorer, no quede almacenado en su equipo el historial de exploración.

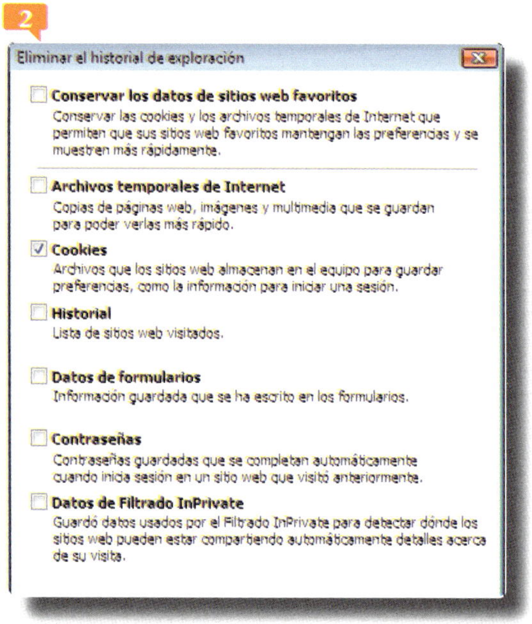

La primera opción del cuadro **Eliminar el historial de exploración** permite conservar los datos de sitios Web favoritos para que se recuerden sus preferencias y se muestren más rápidamente.

se pueden suprimir por separado. Deje activada únicamente la opción **Cookies** y, tras leer la información correspondiente a este elemento, pulse el botón **Eliminar**.

4. En función de la cantidad de cookies que tenga guardadas en su equipo el proceso de borrado será más o menos largo. Antes de terminar, vamos a mostrarle cómo puede configurar el navegador para que, cuando usted salga de él, éste borre todos los archivos temporales de Internet, incluidas las cookies, que haya almacenado durante la sesión. Para ello, pulse sobre la pestaña **Opciones avanzadas**.
5. Debemos situarnos en el apartado de seguridad, que se encuentra al final de la lista de configuración. Pulse en la parte inferior de la **Barra de desplazamiento vertical** de la lista de opciones hasta ver ese apartado.
6. Active la opción **Vaciar la carpeta Archivos temporales de Internet cuando se cierre el explorador.**
7. Active ahora la ficha **Privacidad**.
8. En esta ficha puede cambiar la configuración de las cookies para todos los sitios que visite o bien para los que especifique usando el botón **Sitios**. Tenga en cuenta que al cambiar el bloqueo **Medio** establecido por defecto para las cookies, puede suceder que algunos sitios Web no se visualicen correctamente. Establezca la configuración que considere adecuada en su caso y pulse los botones **Aplicar** y **Aceptar** para salir del cuadro **Opciones de Internet**.

043

IMPORTANTE

Existen **cookies temporales**, que se eliminan del equipo al salir de Internet Explorer, **cookies persistentes**, que permanecen en el equipo al cerrar el navegador, **cookies de origen**, que proceden del sitio Web que se está visitando y que pueden ser a su vez temporales o persistentes, y **cookies de terceros**, que proceden de anuncios de otros sitios Web situados en el que se está visitando.

3

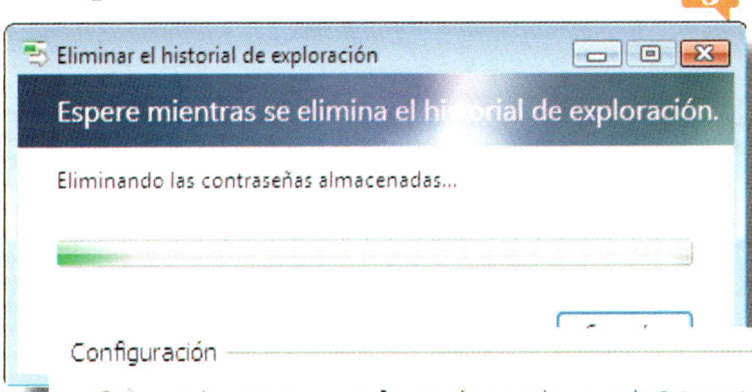

5

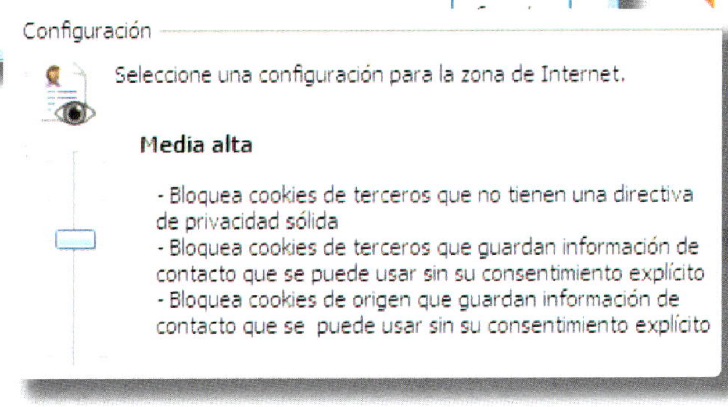

4

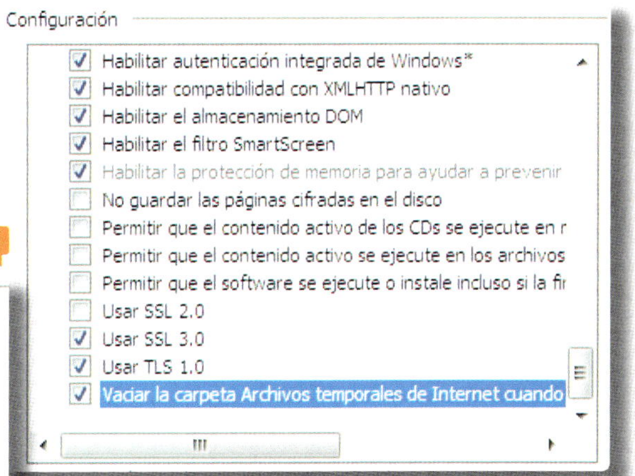

Tenga en cuenta que el **bloqueo de todas las cookies** no es del todo aconsejable, ya puede proteger su privacidad, pero puede también limitar su experiencia en determinadas páginas Web.

El Bloqueador de elementos emergentes

IMPORTANTE

Puede hacer que los elementos emergentes se muestren en una ficha en vez de en una ventana independiente. Para ello, debe acceder a la ficha General del cuadro de opciones de Internet, abrir desde ella el cuadro de configuración de la exploración por pestañas y activando en él la opción **Abrir siempre los elementos emergentes en una nueva pestaña**.

Configuración

AL ACCEDER A DETERMINADOS SITIOS WEB, el usuario puede encontrarse con unos elementos emergentes que pueden llegar a ser muy molestos: se trata de pequeñas ventanas creadas normalmente por anunciantes que se conocen con el nombre de Pop-ups. Internet Explorer cuenta con una característica, el Bloqueador de elementos emergentes, que permite olvidarse por completo de estos elementos limitando o bloqueando la mayoría de ellos.

1. El navegador tiene activado por defecto el **Bloqueador de elementos emergentes**, por lo que empezaremos este ejercicio accediendo a un sitio Web que disponga de estos elementos para comprobar cómo actúa esta característica. Para empezar, acceda al sitio Web **www.monografias.com** (o a cualquier otro que contenga elementos emergentes.) 1
2. Observe los nuevos elementos que han aparecido en pantalla: se muestra la **barra de información** indicando que, efectivamente, existe un elemento emergente bloqueado; además, en la **Barra de estado**, se muestra un pequeño icono que nos advierte de este mismo hecho. Vamos a suponer que deseamos pasar por alto el Pop-up que ha aparecido en esta página. En este caso, haga clic sobre el botón de aspa situado en el extremo derecho de la **barra de información** para cerrarla. 2

1

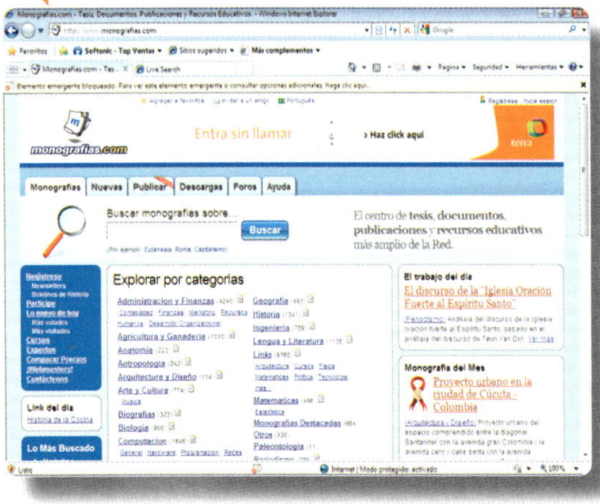

La Barra de información es de color amarillo y aparece en la parte superior de la página que cuenta con elementos emergentes.

2

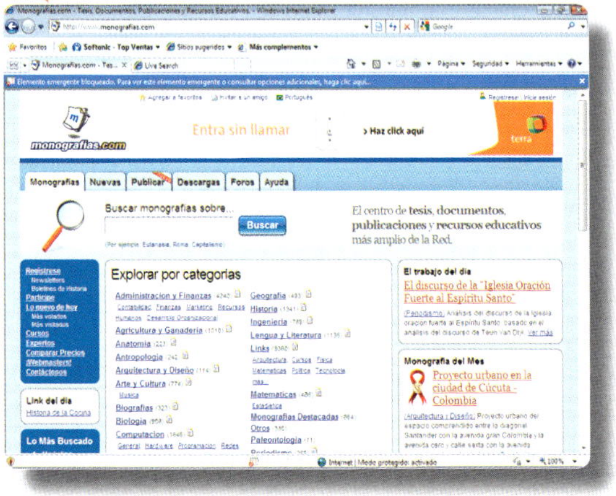

Si cierra la Barra de información, no se abrirán los elementos emergentes y podrá seguir viendo la página.

3. Seguidamente, pulse el botón **Actualizar** de la **Barra de direcciones** para volver a mostrar esta página con su elemento emergente bloqueado.
4. Haga clic sobre la **barra de información** para desplegar el menú de opciones que contiene.
5. El navegador permite desactivar temporalmente el Bloqueador de elementos emergentes, desactivarlo únicamente para el sitio Web actual o configurarlo, acción que veremos en la lección siguiente. En esta ocasión, haga clic sobre la opción **Permitir elementos emergente temporalmente.**
6. Éste es el pop-up incluido en este sitio Web. Compruebe que ahora la **Barra de información** nos permite desactivar para siempre el Bloqueador en este sitio Web. Cierre el elemento emergente pulsando el botón de aspa de su **Barra de título**.
7. Compruebe también el cambio en el icono que identifica, en la **Barra de estado**, al **Bloqueador de elementos emergentes**, icono que ahora muestra un signo de verificación verde. Para acabar, veremos cómo se desactiva el Bloqueador. En la **Barra de comandos**, haga clic sobre el comando **Herramientas** y pulse sobre la opción **Bloqueador de elementos emergentes** y, en el submenú que aparece, haga clic sobre la opción **Desactivar el bloqueador de elementos emergentes.**
8. Pulse el botón **Sí** del cuadro **Bloqueador de elementos emergentes** para deshabilitar este componente.

044

3

Al **actualizar** una página con elementos emergentes, éstos vuelven a aparecer.

4

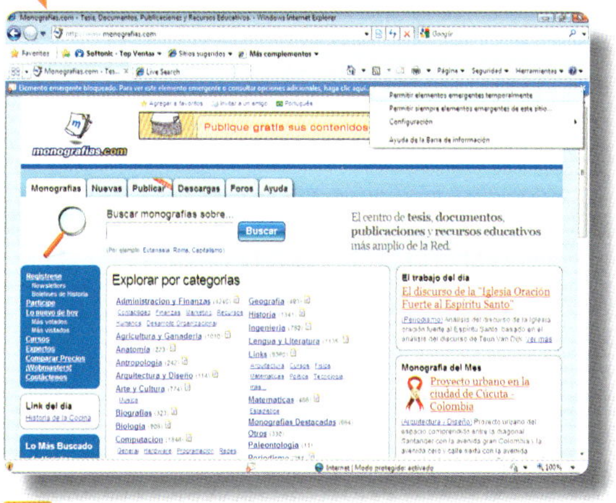

5

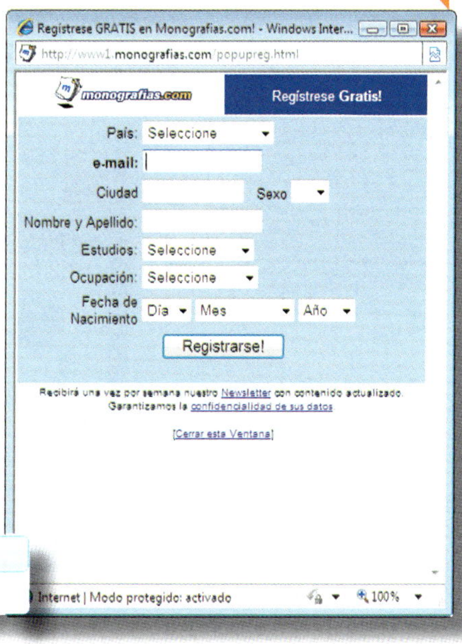

Normalmente, los elementos emergentes contienen **informaciones adicionales** acerca del contenido del sitio Web o **publicidad**.

6

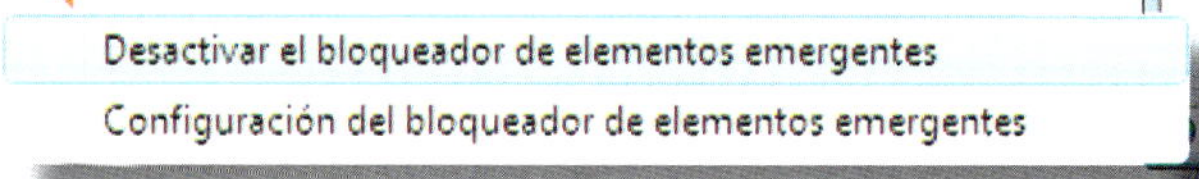

Configurar el Bloqueador de elementos emergentes

IMPORTANTE

Puede completar la lista de sitios Web cuyos elementos emergentes desea permitir con tantas direcciones como desee. Además, puede eliminarlos de la lista de uno en uno seleccionándolos y pulsando el botón **Quitar** o bien todos a la vez pulsando el botón **Quitar todos**.

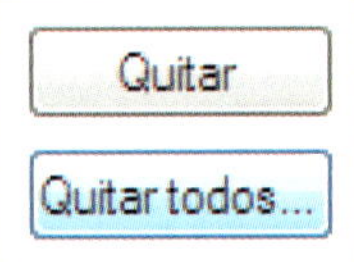

EL BLOQUEADOR DE ELEMENTOS EMERGENTES en Internet Explorer puede resultar muy útil puesto que permite navegar por la Red evitando los molestos pop-ups que suelen contener muchos sitios Web. Sin embargo, en ocasiones puede ser que ciertos elementos emergentes sean interesantes debido al tipo de contenido: ofertas, informaciones de última hora, etc. En estos casos, lo más recomendable es configurar el Bloqueador para que permita visualizar los elementos emergentes de determinados sitios o bien establecer niveles de bloqueo determinados.

1. Para empezar, haga clic sobre el comando **Herramientas** de la Barra de comandos, seleccione la opción **Bloqueador de elementos emergentes** y, del submenú que se despliega, elija **Activar el bloqueador de elementos emergentes.** 1
2. En el cuadro **Bloqueador de elementos emergentes**, pulse sobre el botón **Sí** para confirmar así la activación. 2
3. Una vez activado de nuevo el bloqueador, vamos a mostrarle cómo acceder al cuadro de configuración de este componente y qué opciones se pueden establecer en él. Pulse de nuevo sobre el comando **Herramientas**, haga clic en la opción **Bloqueador de elementos emergentes** y elija la opción **Configuración del bloqueador de elementos emergentes**.

1

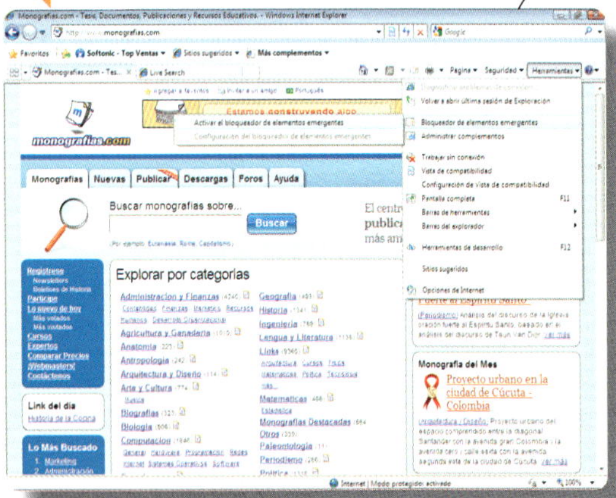

2

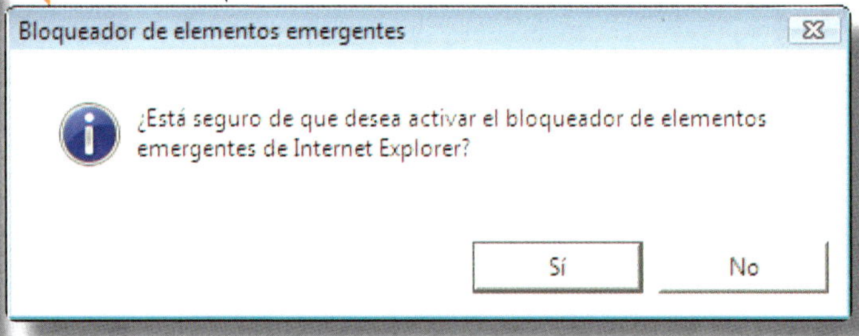

Las opciones de activación y de configuración del Bloqueador de elementos emergentes se encuentran también en el menú **Herramientas** de la Barra de menús.

045

4. Como ve, la configuración de este componente se puede llevar a cabo en varios aspectos. Uno de ellos, y quizás el más interesante, es la posibilidad de agregar aquellos sitios Web de los cuales queramos conservar los elementos emergentes. En el campo **Dirección del sitio Web que desea permitir** escriba, por ejemplo, la dirección **www.paradores.es** y pulse el botón **Agregar** que se ha activado a la derecha de este campo. 3
5. Por defecto, cuando se bloquea un elemento, el sistema reproduce un sonido a modo de notificación, al tiempo que muestra la Barra de información advirtiendo de este hecho. Desactive la opción **Mostrar la barra de información cuando se bloquee un elemento emergente**.
6. Los niveles de filtro permiten establecer un nivel de bloqueo en cuanto a los elementos emergentes. Existen tres niveles: **Bajo**, **Medio** y **Alto**, siendo el segundo el aplicado por defecto. 4 Haga clic en el botón **Cerrar** para salir de este cuadro.
7. Acceda a la página **www.monografias.com** y compruebe que la Barra de información ya no aparece. Después, acceda a la página cuyos pop-ups están permitidos, según lo establecido en el cuadro de configuración y vea cómo éstos se abren en ventanas independientes. En la **Barra de comandos**, pulse sobre el comando **Página principal**.
8. Para terminar esta lección, haga clic con el botón derecho del ratón sobre la pestaña del elemento emergente y, del menú contextual, elija la opción **Cerrar**.

3

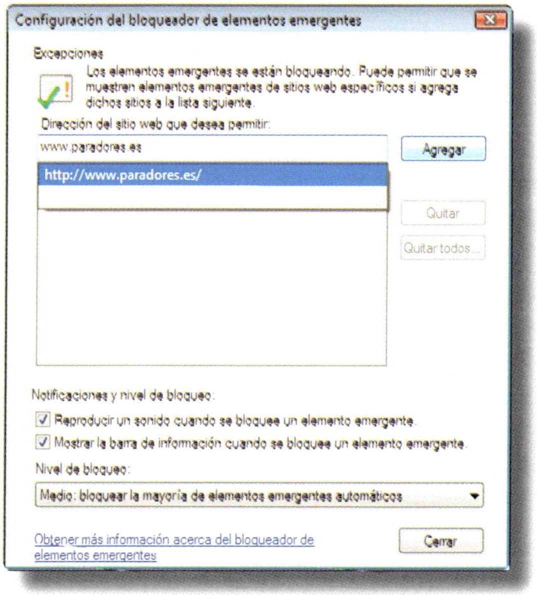

4

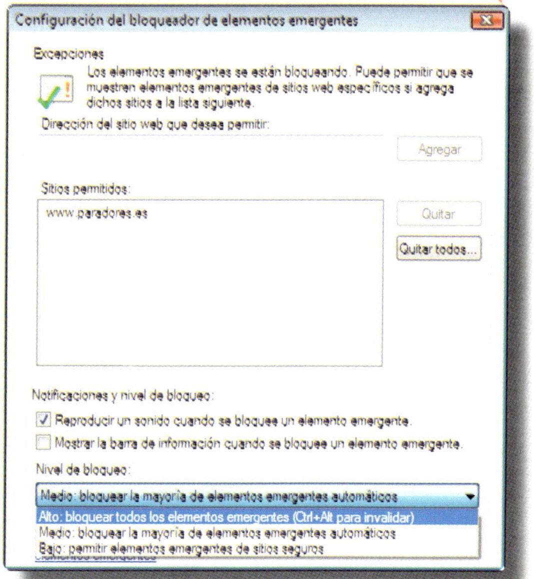

Protegerse con el filtro SmartScreen

IMPORTANTE

Si el sitio Web que está visitando le aconseja omitir la advertencia del filtro SmartScreen no se fíe: no lo haga nunca y jamás introduzca información personal o financiera en ese sitio.

LA SUPLANTACIÓN DE IDENTIDAD, o *phishing*, es un modo de engañar a los usuarios de Internet para que revelen información personal o financiera mediante e-mail o sitios Web. El Filtro SmartScreen, novedad en Internet Explorer 8, ayuda a detectar los sitios Web que intentan suplantar la identidad del usuario comparando las direcciones de cada sitio Web visitado con los que se incluyen en una lista de sitios legítimos proporcionada por Microsoft y almacenada en el equipo, efectuando un análisis de los sitios para encontrar características que coinciden con los sitios de suplantación de identidad más conocidos, y enviando a Microsoft algunas direcciones Web para que sean comparadas con las de los sitios de suplantación de identidad.

1. El filtro SmartScreen, novedad en Internet Explorer 8, permite detectar los sitios Web que intentan suplantar la identidad de otros y además ayuda a proteger el equipo contra la instalación de software y malware malintencionados. Aunque el filtro está activado por defecto y ejecuta la comprobación automáticamente al acceder a las páginas, empezaremos este ejercicio comprobando manualmente si la página que hemos establecido como página de inicio es fiable. Haga clic en el botón **Seguridad** de la **Barra de comandos**, (también novedad en Internet Explorer 8), pulse en la opción **Filtro SmartScreen** y haga clic en **Comprobar este sitio Web**. 1

1

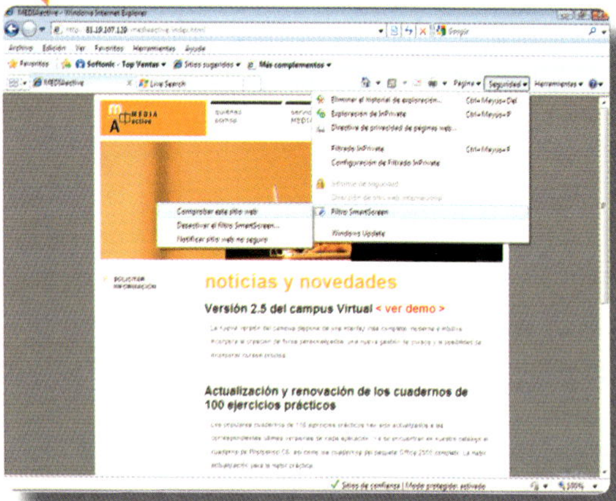

2

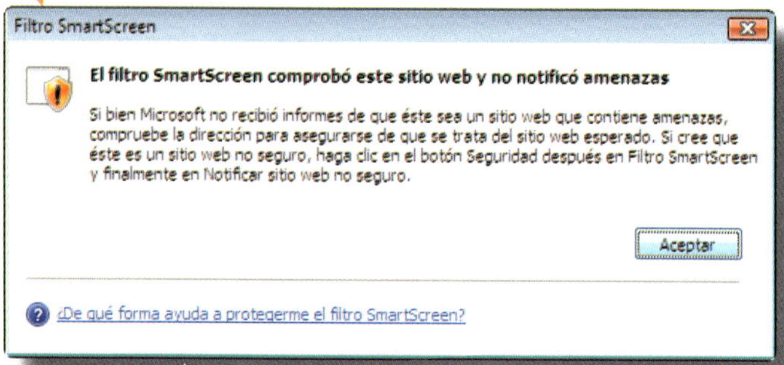

Tal y como se informa en el cuadro Filtro SmartScreen, aunque Microsoft no considere peligroso el sitio que ha comprobado, si usted cree que puede serlo, puede notificárselo a Microsoft.

046

2. Terminada la comprobación del sitio, si éste es seguro, se muestra un cuadro de diálogo en el cual se nos informa de que no está considerado un sitio de *phishing*. También nos explican cómo debemos actuar en aquellos casos en que tengamos sospechas de que un sitio Web sea de *phishing*. Pulse el botón **Aceptar**. [2]
3. Seguidamente le mostraremos cómo desactivar el Filtro SmartScreen, que en Internet Explorer 8 se encuentra activado por defecto. Pulse nuevamente en el botón **Seguridad** de la **Barra de comandos**, haga clic en la opción **Filtro SmartScreen** y pulse en **Desactivar el filtro SmartScreen**. [3]
4. Desde la ventana **Filtro SmartScreen de Microsoft** es posible activar o desactivar el filtro, según su estado actual. Como el filtro está activado por defecto, la opción que aparece seleccionada es **Desactivar el filtro SmartScreen**, según la cual las páginas que visite no se enviarán a Microsoft para su comprobación a no ser que usted las envíe manualmente. Manténgala y pulse el botón **Aceptar**. [4]
5. A partir de ahora, deberá llevar a cabo la comprobación de las páginas usted mismo usando la opción adecuada del filtro. Acceda, por ejemplo, a la página **www.lacaixa.es**.
6. Pulse el botón **Seguridad**, haga clic en la opción **Filtro SmartScreen** y elija **Comprobar este sitio web**. [5]
7. Aparece nuevamente el cuadro que informa de que el sitio es seguro. Ciérrelo pulsando el botón **Aceptar**.
8. Por último, active nuevamente el **Filtro SmartScreen** desde el botón **Seguridad** de la **Barra de comandos** para que su equipo siga protegido.

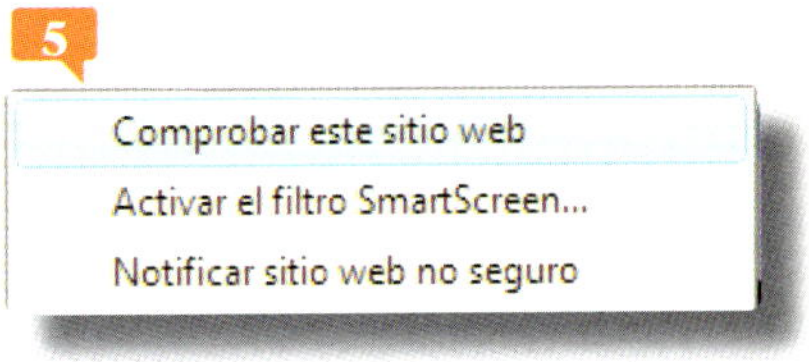

Si Microsoft encuentra un sitio Web **no seguro notificado**, es decir, fraudulento o con vínculos a software malintencionado, un cuadro de diálogo le recomendará que no introduzca ningún tipo de información en él.

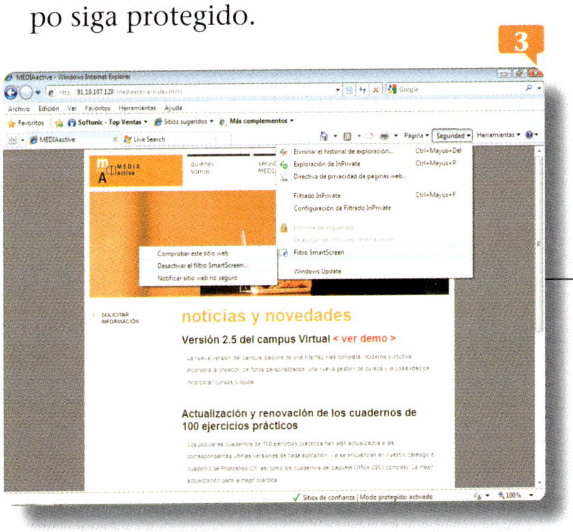

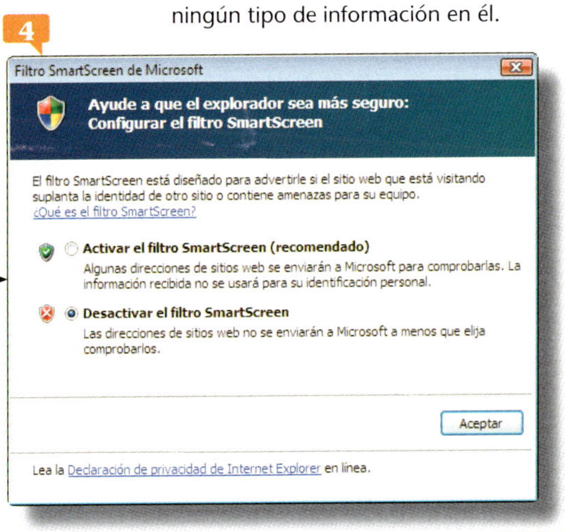

Comunicar un caso de phishing

EN LA LECCIÓN ANTERIOR SE HA DESCRITO el funcionamiento del nuevo Filtro SmartScreen de Microsoft, así como su aplicación para la comprobación de sitios Web, tanto manual como automática. En esta lección se irá un poco más lejos par mostrar qué hay que hacer si, aun cuando el filtro no lo detecta, uno sospecha que se encuentra ante un sitio de phishing. La colaboración del usuario es imprescindible en estos casos, pues quién mejor que el propio internauta para configurar la lista de sitios no legítimos.

1. Vamos a suponer que accedemos a un sitio Web y detectamos ciertas anomalías o funcionamientos inesperados. En los tiempos que corren, es normal que desconfiemos de aquellos sitios en los que es preciso revelar información personal, sitios de compras o reservas, por ejemplo. Para empezar, acceda a la página Web **www.globofiesta.com**.
2. Imagine que desea realizar una compra pero no acaba de ver clara la fiabilidad de este sitio. (Lógicamente se trata de un ejemplo). En tal caso, lo primero que haríamos sería comprobar manualmente el sitio (recuerde que si tiene activado el filtro, la comprobación se realiza automáticamente). Pulse el botón **Seguridad** de la Barra de comandos, haga clic sobre la opción **Filtro SmartScreen** y elija **Comprobar este sitio Web.** 1

1

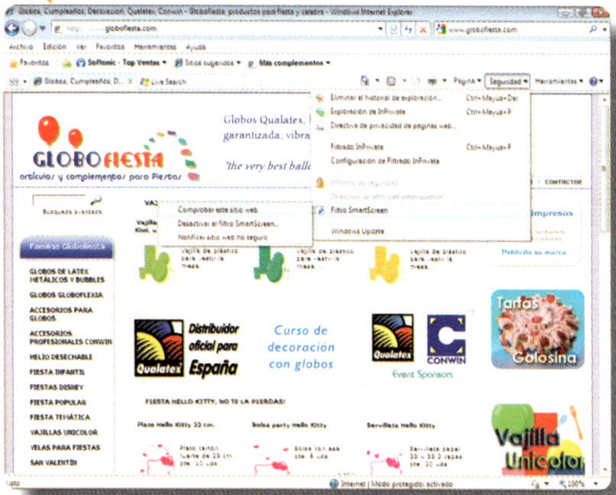

Sepa que, además de en el nuevo botón Seguridad, también encontrará todas las **opciones de seguridad** de Internet Explorer en el menú Herramientas.

2

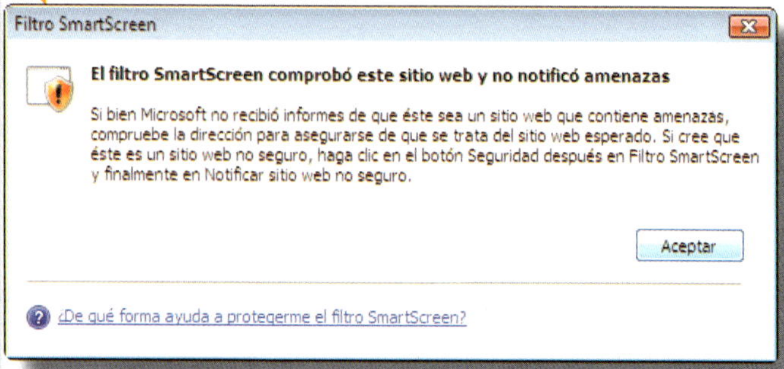

Si pulsa en el vínculo **¿De qué forma ayuda a protegerme el filtro SmartScreen?** del cuadro Filtro SmartScreen accederá a la sección de la ayuda de Internet Explorer dedicada a este tema de seguridad.

047

3. De inmediato el filtro efectúa la comprobación y nos informa de que dicho sitio no está considerado por Microsoft de phishing. Pulse el botón **Aceptar** del cuadro informativo.

4. Sin embargo, a pesar de la notificación por parte de Microsoft, imagine que usted continúa desconfiando de este sitio Web debido a malas referencias que han llegado a sus oídos, por ejemplo. Llegados a este punto, lo mejor que puede hacer es notificar a Microsoft esta situación. Veamos cómo hacerlo. Pulse de nuevo el botón **Seguridad**, haga clic sobre la opción **Filtro SmartScreen** y elija esta vez **Notificar sitio web no seguro**.

5. Se abre ahora una nueva ventana del navegador, denominada **Comentarios**, en la que empieza el proceso de notificación. En primer lugar debe indicar si considera que el sitio es de phishing, si contiene software malintencionado o ambas cosas. Active la opción **Creo que se trata de un sitio web de suplantación de identidad (phishing)**.

6. También hay que indicar el idioma que se utiliza en el sitio Web sobre el que se va a informar, en este caso el español.

7. Por último, debe escribir en el campo **Caracteres** los caracteres que se muestran en la imagen y pulsar el botón **Enviar** para dirigir la notificación a Microsoft. Sin embargo, para no perjudicar de ningún modo al sitio Web de ejemplo terminaremos aquí el proceso. Cierre la ventana **Comentarios** pulsando el botón de aspa de su **Barra de título**.

8. No dude en denunciar de esta forma aquellos sitios Web de los cuales sospeche. Para dar por terminada esta lección, haga clic sobre el comando **Página principal**.

5

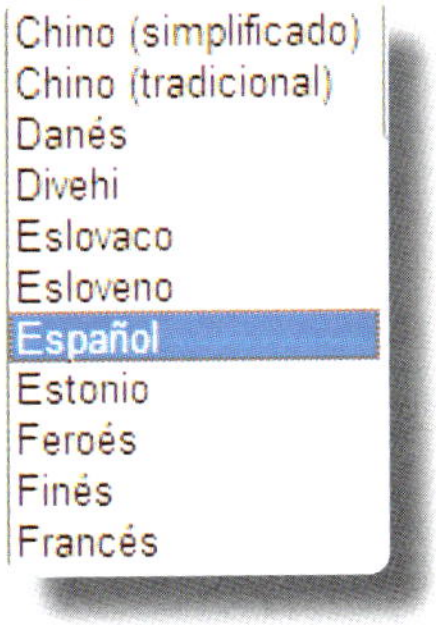

En el campo **Idioma utilizado en el sitio Web** se encontrará seleccionado por defecto el idioma de la página.

3

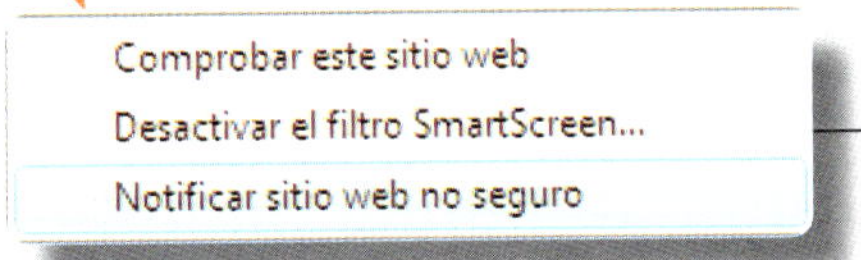

4

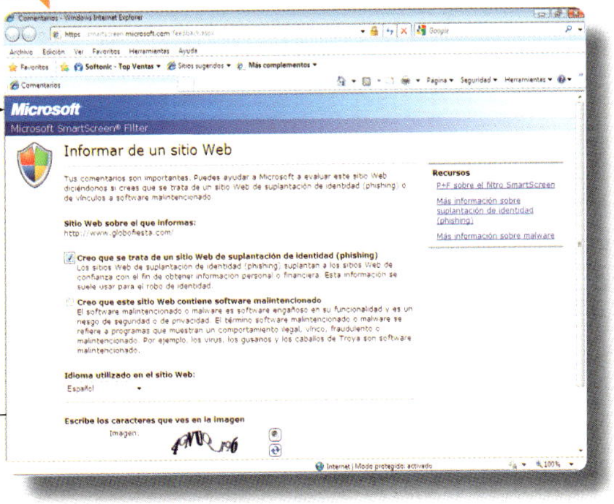

6

Pulse el icono de altavoz para validar los caracteres mediante audio y el de flechas para generar nuevos caracteres.

Desactivar el Filtro SmartScreen para un sitio

EN UN EJERCICIO ANTERIOR VIMOS CÓMO CREAR una lista de sitios de confianza desde la ficha Seguridad del cuadro de opciones de Internet. Desde esa misma ficha, puede hacer que el nuevo Filtro SmartScreen no compruebe esos sitios en los que confía, acción que, como sabe, Internet Explorer lleva a cabo automáticamente cuando el filtro está activado.

1. En este ejercicio aprenderemos a personalizar una lista de sitios Web de confianza para el filtro SmartScreen de Internet Explorer 8. Para empezar, pulse el botón **Herramientas** de la Barra de comandos y haga clic en **Opciones de Internet**.
2. Active la ficha **Seguridad** pulsando en su pestaña.
3. En la sección de zonas de seguridad, seleccione la zona **Sitios de confianza.**
4. Aunque ya vimos en otra lección cómo agregar sitios de confianza, refrescaremos nuestra memoria. Pulse en el botón **Sitios.**
5. Escriba la dirección de un sitio Web al que acceda frecuentemente y sea de su total confianza en el campo **Agregar este sitio Web a la zona de** y pulse el botón **Agregar.**

1

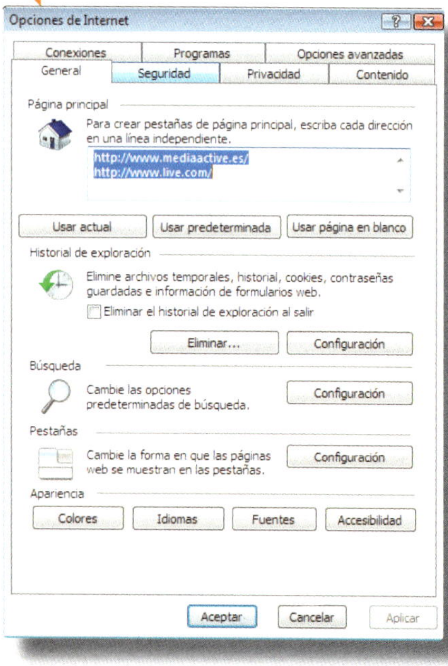

2

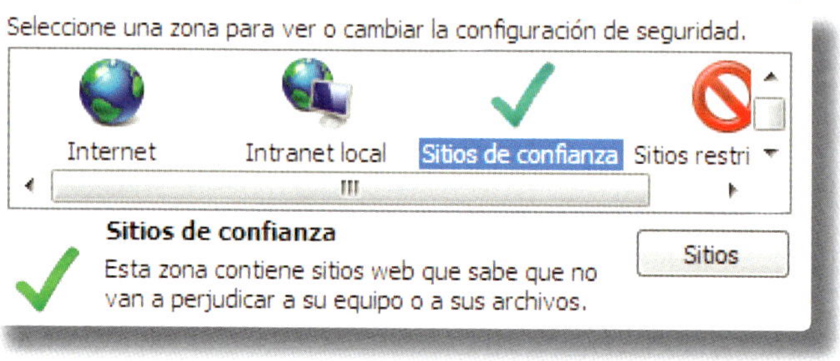

3

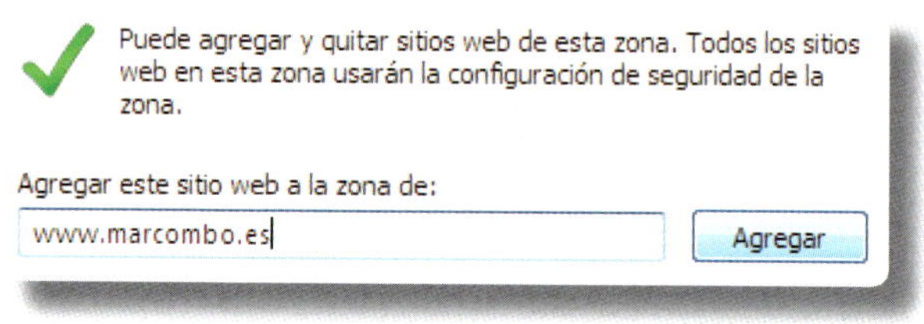

6. Una vez configurada su lista de sitios de confianza, salga del cuadro **Sitios de confianza** pulsando el botón **Cerrar**.
7. De nuevo en el cuadro de opciones de Internet, pulse en el botón **Nivel personalizado**.
8. Aparece ahora el cuadro **Configuración de seguridad: zona de sitios de confianza**, en el que puede personalizar según sean sus preferencias o necesidades el modo de seguridad para esos sitios. En este caso, como hemos dicho, vamos a cambiar el modo de actuación del filtro SmartScreen. Desplácese con ayuda de la **Barra de desplazamiento vertical** hasta el final de la lista de opciones de configuración.
9. La última opción es **Usar el filtro SmartScreen** y, como puede ver, se encuentra activada por defecto. Active la opción **Deshabilitar** en ese apartado y pulse el botón **Aceptar**.
10. En el cuadro de advertencia que aparece, pulse el botón **Sí** para confirmar que quiere cambiar la configuración de seguridad para la zona de sitios de confianza.
11. Observe que ahora, en la sección **Nivel de seguridad para esta zona**, aparece la opción **Personalizado**. Pulse los botones **Aplicar** y **Aceptar** para salir del cuadro **Opciones de Internet**.

A partir de ahora, cuando acceda a cualquiera de sus sitios de confianza, el filtro SmartScreen no los comprobará automáticamente. Pero recuerde que siempre puede ejecutar la comprobación de forma manual desde la opción Filtro SmartScreen del botón Seguridad.

4

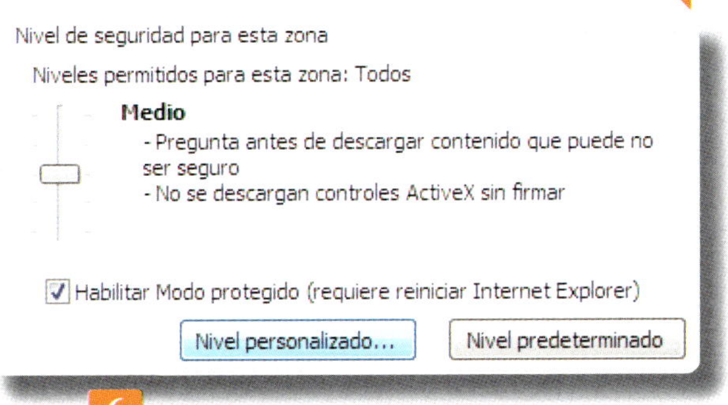

5

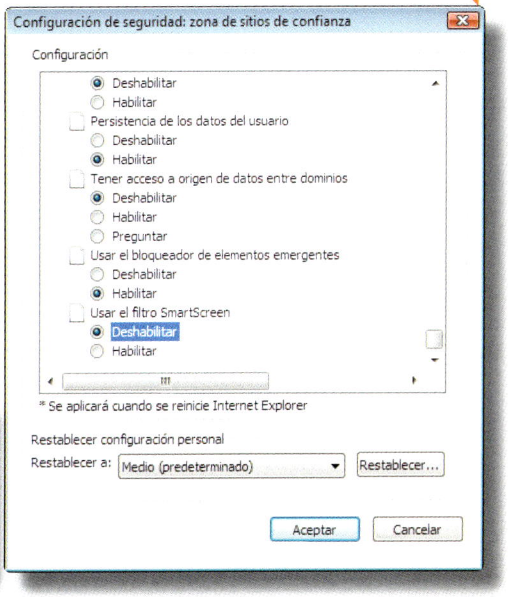

6

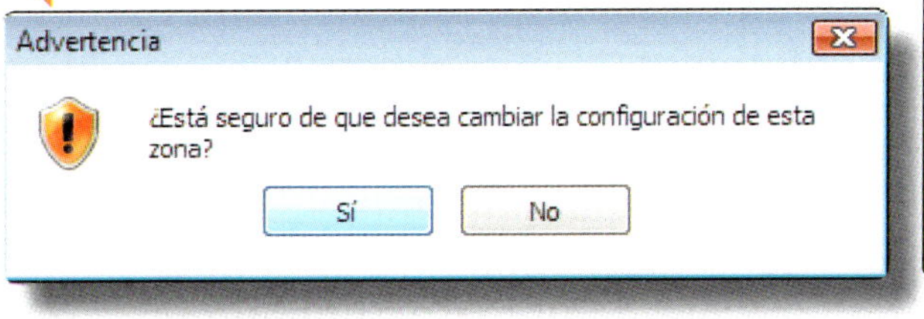

Eliminar sitios malintencionados

IMPORTANTE

Pulse en el vínculo **Ver una lista de software malintencionado que esta herramienta detecta y elimina** y, si desea obtener más información sobre software malintencionado específico, pulse sobre las entradas que se muestran en la lista.

Win32/Badtrans	No infectado
Win32/Bagle	No infectado
Win32/Baglezip	No infectado

SI A PESAR DE TENER ACTIVADO EL FILTRO SmartScreen para evitar el acceso a sitios Web peligrosos cree que se pueda haber instalado en su equipo software malintencionado, puede utilizar una práctica herramienta de eliminación de software malintencionado de Microsoft Windows. Debe instalar esta herramienta desde el sitio Web de Microsoft. Además, como veremos más adelante, también puede ejecutar un examen en línea de su equipo usando la utilidad Windows Live OneCare.

1. En este ejercicio veremos cómo instalar y utilizar la herramienta de eliminación de software malintencionado de Microsoft. Para empezar, acceda a la página **www.microsoft.com/spain**.
2. Visualice la sección de descargas y haga clic en el vínculo **Herramienta de eliminación de software malintencionado de Windows.** 1
3. Accedemos así a la página de descarga de este complemento. Lea la información acerca del programa y, tras comprobar que su sistema cumple con los requisitos para su instalación, pulse en el botón **Descargar**. 2
4. Espere unos segundos y si no se produce la descarga, pulse en el vínculo **Iniciar descarga**.

1

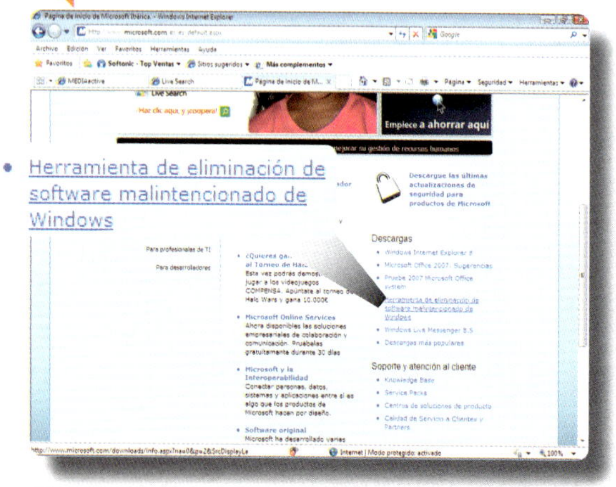

Si no encuentra este vínculo en la sección de descargas, acceda a la página principal de seguridad de Microsoft y localice la herramienta en el apartado **Software**.

2

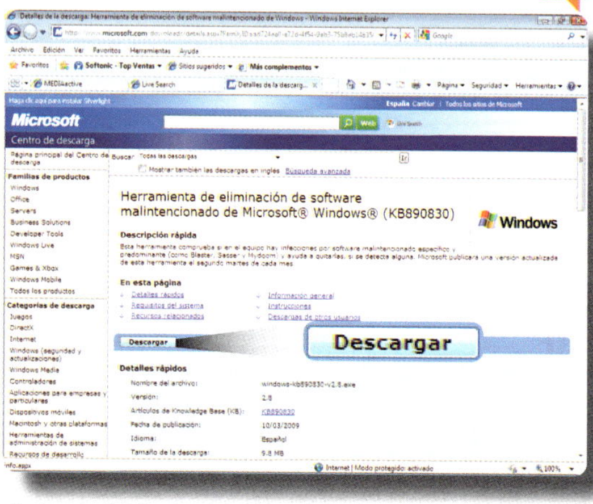

Antes de iniciar la descarga del programa, compruebe que su sistema cumple con los requisitos necesarios.

049

5. En el cuadro de advertencia de seguridad para la descarga de archivos, pulse en el botón **Ejecutar.** 3
6. Observe que, mientras se produce la descarga, en el cuadro de progreso se indica que el filtro SmartScreen ha comprobado la descarga y no ha notificado amenazas. 4 Cuando acabe el proceso de descarga, pulse de nuevo el botón **Ejecutar**.
7. Si tiene el control de cuentas de usuario activado, deberá dar permiso al sistema para continuar con la ejecución del software. Pulse el botón **Continuar**.
8. Active la opción **Acepto todos los términos de este contrato** y pulse el botón **Siguiente** del asistente que ha aparecido.
9. Ahora el asistente nos informa de que la herramienta que vamos a usar detectará y eliminará el software malintencionado del equipo, pero en ningún caso sustituye a un productos antivirus. Pulse el botón **Siguiente** para proceder a la búsqueda y eliminación de software malintencionado.
10. La herramienta permite realizar un análisis rápido de las áreas del sistema que más probablemente pueden contener software malintencionado, un análisis completo de todo el sistema o bien un análisis personalizado de las carpetas que se especifiquen. Mantenga activada la opción **Análisis rápido** y pulse el botón **Siguiente**.
11. Cuando acaba el proceso 5, el asistente muestra un informe con el resultado. Si en su examen se ha encontrado software malintencionado, pulse en el vínculo **Ver resultados detallados del análisis**. Si no, cierre la herramienta de eliminación de software malintencionado pulsando el botón **Finalizar**.

5

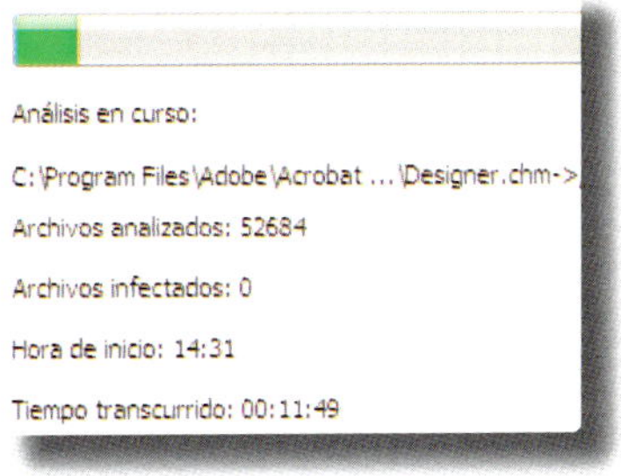

En función del tipo de análisis que realice, el proceso será más o menos largo. Lógicamente, si revisa todo el sistema, puede llegar a durar horas.

3

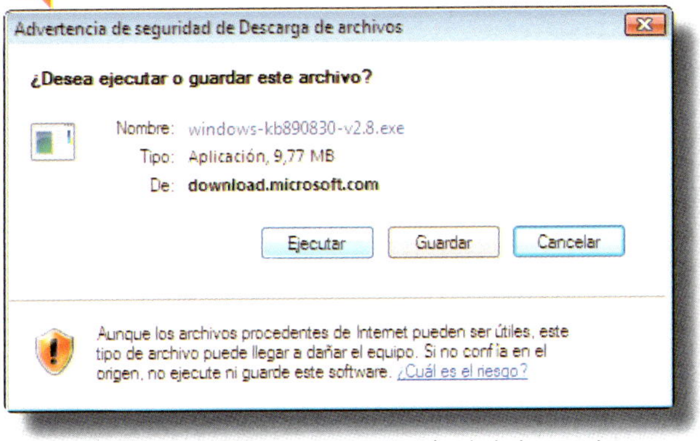

Puede ejecutar directamente la instalación de la herramienta o bien guardar el instalador en su equipo para proceder en otro momento.

4

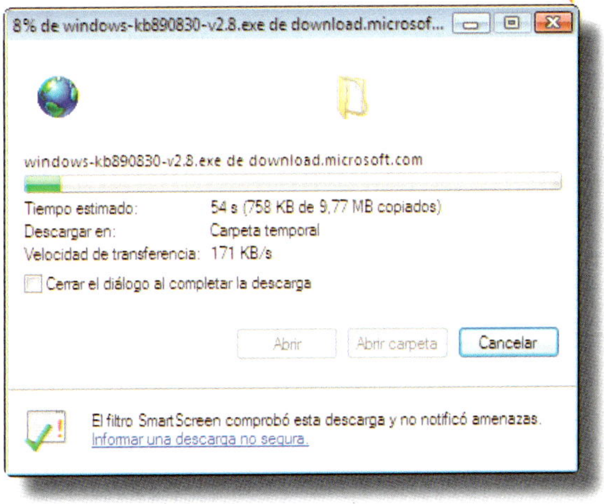

Usar la exploración InPrivate

> **IMPORTANTE**
>
> También puede comprobar que los sitios que ha visitado con la exploración InPrivate no aparecen en la lista **Autocompletar** de la Barra de direcciones.

PARA QUE NO QUEDE RASTRO ALGUNO de las actividades de exploración realizadas en el equipo, Internet Explorer 8 ofrece la nueva función de exploración InPrivate. Esta nueva utilidad impide que el historial, los archivos temporales de Internet, los datos de formularios, las cookies y los nombres y contraseñas de usuario permanezcan en el navegador.

1. En este ejercicio aprenderemos a explorar en la Web usando la nueva función InPrivate para evitar que los proveedores de contenido de sitios Web obtengan información acerca de los sitios visitados. Existen diferentes maneras de activar este tipo de exploración privada. Haga clic en la pestaña **Nueva pestaña.** 1
2. La nueva pestaña ofrece diferentes opciones para la navegación, la mayoría de las cuales son novedad en Internet Explorer 8. Pulse en el vínculo **Abrir una ventana de exploración de InPrivate.** 2
3. Se abre así una nueva ventana que indica que la exploración InPrivate está activada. El indicador se mostrará siempre en la Barra de direcciones. 3 Tenga en cuenta que la protección que proporciona este nuevo método de exploración tendrá efecto mientras siga trabajando en esta ventana, en todas sus pestañas. Para comprobarlo, abra una nueva pestaña pulsan-

1

2

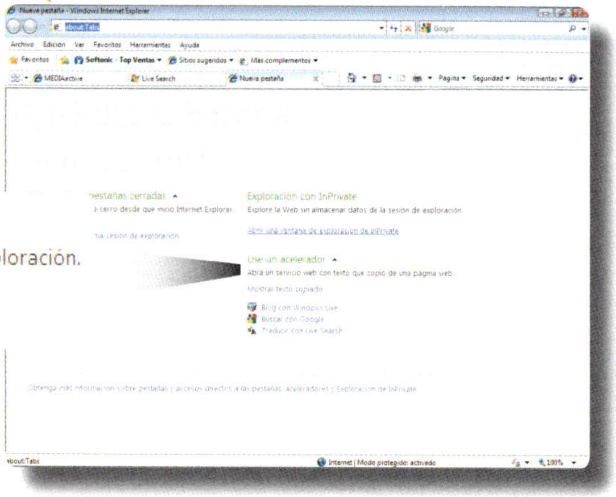

3

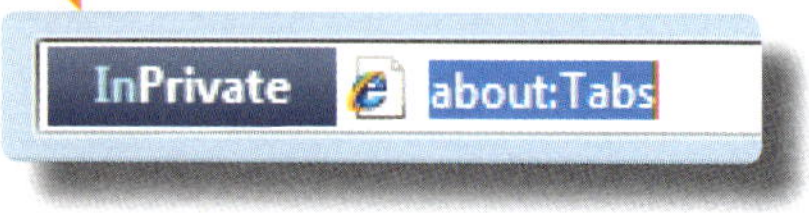

050

do la combinación de teclas **Ctrl.+T** y vea que la Barra de direcciones sigue indicando que nos encontramos en el modo InPrivate.

4. Si ahora abre otra ventana, ésta ya no estará protegida con InPrivate. Para abandonar una sesión InPrivate, sólo tiene que cerrar la ventana del navegador que la está aplicando. Pulse el botón de aspa de la **Barra de título** de esta ventana del navegador y haga clic en el botón **Cerrar todas las pestañas** del cuadro de diálogo que aparece. [4]
5. También es posible iniciar la exploración con el filtro InPrivate desde el nuevo comando **Seguridad** y desde el menú **Herramientas** o bien pulsando la combinación de teclas **Ctrl.+Mayúsculas+P**. Pulse en el botón **Seguridad** de la **Barra de comandos** y haga clic en la opción **Exploración de InPrivate**. [5]
6. Nuevamente accedemos a una ventana InPrivate. Evitará así que cualquier otra persona que utilice su equipo pueda ver los sitios que visitó. Pero la navegación con InPrivate se lleva a cabo como siempre. Acceda, por ejemplo, a la página **www.renfe.es**.
7. Ejecute una búsqueda de billetes cualquiera en esta página [6] y después cierre las ventanas InPrivate del navegador.
8. Si desea comprobar que la función de navegación InPrivate funciona correctamente, acceda al panel **Historial** y compruebe que en el elemento **Hoy** [7] no se ha almacenado la búsqueda que ha realizado en la página de Renfe.

6

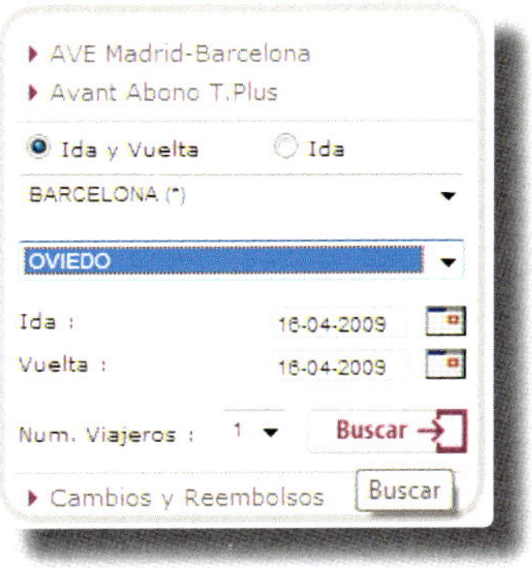

5

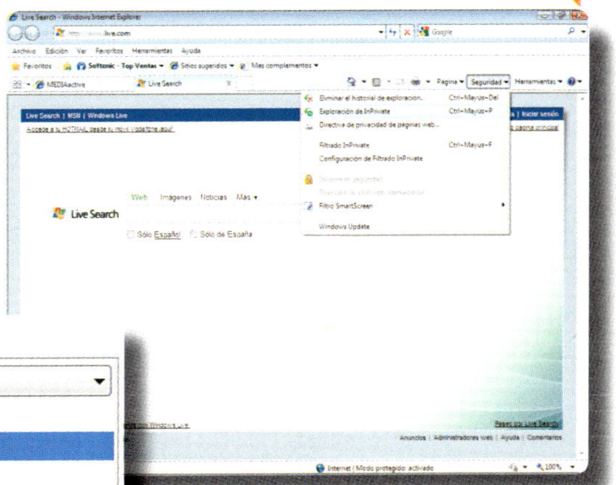

4

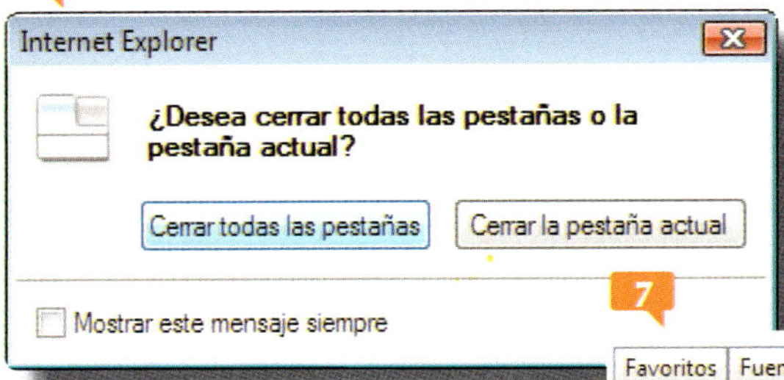

7

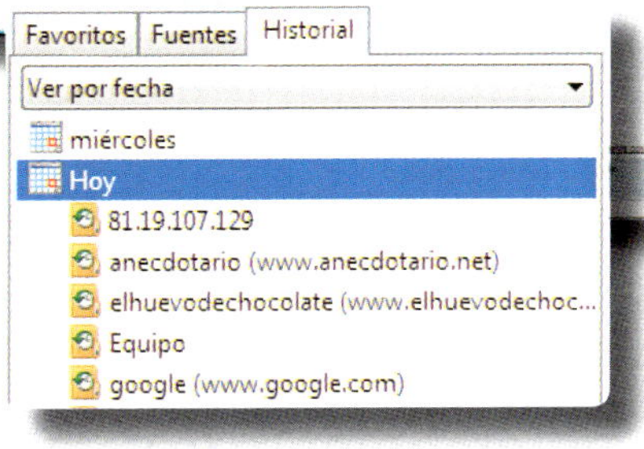

Configurar la exploración InPrivate

IMPORTANTE

Al explorar con InPrivate, tanto las **cookies** como los **archivos temporales de Internet** se almacenan temporalmente en la memoria a fin de que las páginas funcionen correctamente, pero se descartan al salir del navegador.

EN EL EJERCICIO ANTERIOR SE HA VISTO cómo iniciar el nuevo modo de exploración InPrivate de diferentes maneras. Por defecto, este filtrado analiza los sitios que visita y los proveedores de contenido que usan, pero no los bloquea automáticamente.

1. En este ejercicio veremos el modo de activar y desactivar el filtrado InPrivate y de configurar esta nueva herramienta. Para activar el filtro por primera vez, haga clic en el botón **Seguridad** y pulse en el comando **Filtrado InPrivate.** 1
2. En el cuadro **Filtrado InPrivate** puede elegir entre bloquear automáticamente sitios Web o bien elegir el contenido por bloquear o permitir. Haga clic en la opción **Me permite elegir qué proveedores reciben mi información.** 2
3. Al seleccionar esta opción, aparece el cuadro **Configuración de Filtrado InPrivate**, al que también podrá acceder, una vez activado al filtro, desde el comando del mismo nombre del botón **Seguridad**. En este cuadro se encuentra activa en este caso la opción **Elegir contenido para bloquear o permitir**, pero desde él también puede bloquear automáticamente sitios Web o desactivar el filtrado InPrivate. En la lista de proveedores de contenido, seleccione uno de ellos y bloquéelo pulsando el botón **Bloquear**. 3

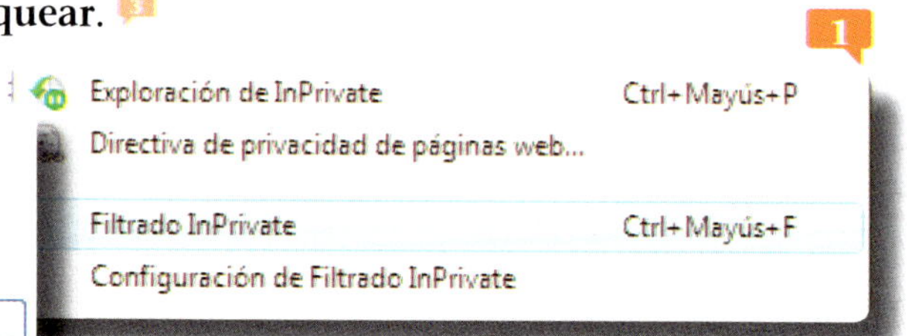

Como ve, también puede activar el Filtrado InPrivate pulsando la combinación de teclas **Ctrl.+Mayúsculas+F**.

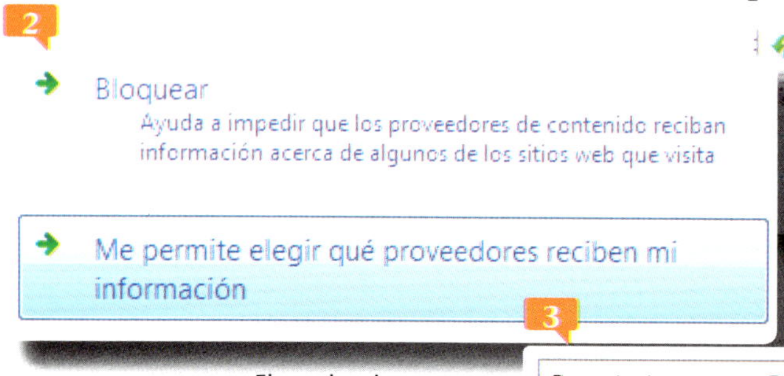

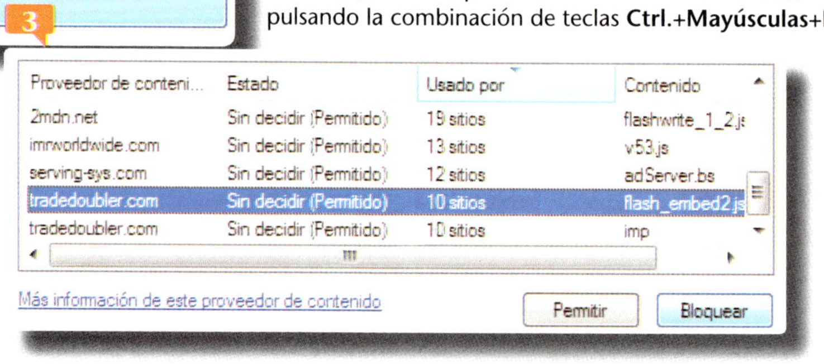

El cuadro de configuración del filtrado InPrivate muestra los proveedores de contenido, su estado el número de sitios por el que son usados y su contenido.

4. Observe que ahora la columna **Estado** de este proveedor muestra el término **Bloqueado**. El campo numérico situado debajo de la lista de proveedores le permite definir el número de sitios Web que deben compartir el mismo proveedor de contenido para que se muestre en la lista y usted puede bloquearlo o permitirlo. Vamos a modificar el valor 10 que aparece por defecto, teniendo en cuenta que el número debe estar entre 3 y 30. Haga doble clic en el campo **Mostrar el contenido de proveedores usado por el número de sitios web que ha visitado** y escriba el valor **20**.
5. Ahora estamos indicando que al menos 20 sitios Web diferentes deben compartir el mismo proveedor para poder bloquearlo o permitirlo. Pulse el botón **Actualizar** para que, si procede, se actualice la lista de proveedores.
6. Seleccione otro de los proveedores de contenido y pulse el botón **Permitir** para ver cómo cambia su estado en la lista.
7. Si pulsa en el vínculo **Configuración avanzada**, accederá a la sección **Filtrado InPrivate** del cuadro **Administrar complementos**, desde la que puede importar, exportar y eliminar archivos XML de filtrado InPrivate. Por su parte, el vínculo **Obtener más información acerca del Filtrado InPrivate** nos dirige al apartado de la ayuda dedicado a este interesantísimo complemento. Aplique la nueva configuración del filtrado pulsando el botón **Aceptar** para dar por acabado este ejercicio.

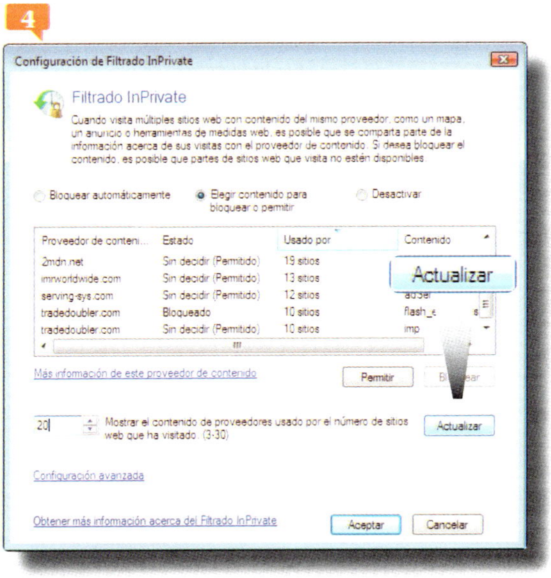

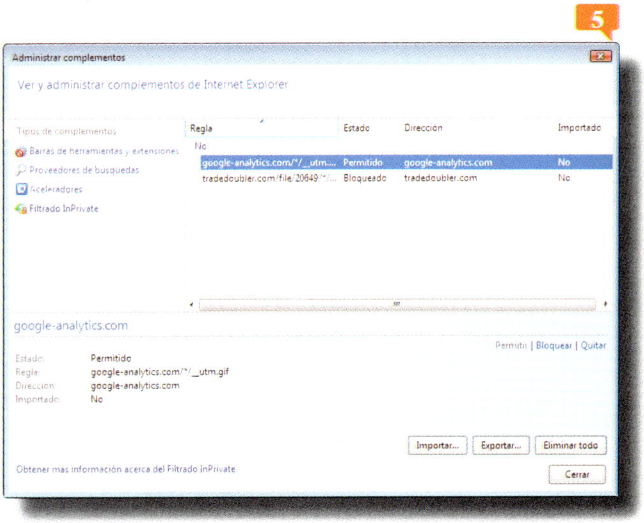

Cuando acabe de configurar el filtro InPrivate, acceda a este cuadro de **administración de complementos** para comprobar que los proveedores de contenido que ha permitido o bloqueado aparecen en él.

Recuperar y aislar pestañas

LA EXPLORACIÓN CON PESTAÑAS, mejorada en Internet Explorer 8, permite recuperar y abrir fácil y rápidamente las pestañas que ha cerrado durante una sesión de exploración o bien todas las que estaban abiertas la última vez que se cerró el navegador. Además, ahora, si un sitio Web o un complemento hacen que una pestaña se bloquee, el explorador permanece estable y sólo se ve afectada esa pestaña. Igualmente, si una o varias pestañas se cierran inesperadamente, se vuelven a cargar automáticamente mostrando la página en que se encontraba en el momento del cierre.

1. Antes de empezar este ejercicio, acceda desde nuevas pestañas a varias páginas Web y ciérrelas después dejando sólo abierta su página principal. Veremos en primer lugar cómo Internet Explorer permite recuperar rápidamente esas pestañas. Haga clic en la pestaña **Nueva pestaña**.
2. Para ver las pestañas que se han cerrado desde que se inició el navegador, pulse en el vínculo **Volver a abrir pestañas cerradas**. 1
3. Aparece así la lista de pestañas abiertas en esta sesión de exploración. Puede abrir nuevamente todas estas pestañas a la vez pulsando en el vínculo **Abrir todas**, o bien pulsar sobre el

1

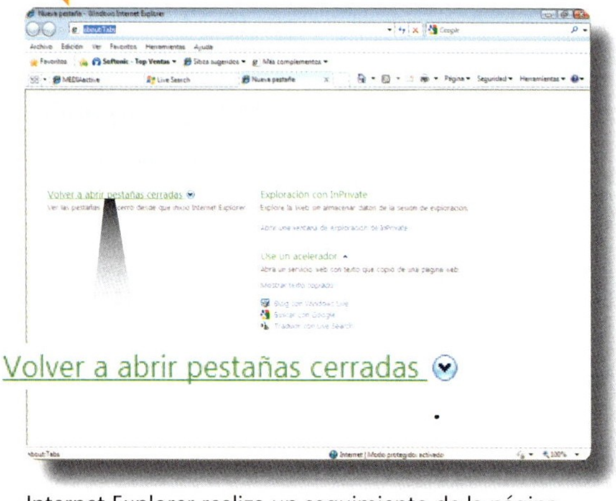

Internet Explorer realiza un seguimiento de la página Web asociada a cada pestaña abierta, incluyendo el texto que se inserta en los formularios y el historial de cómo se llegó a la página.

2

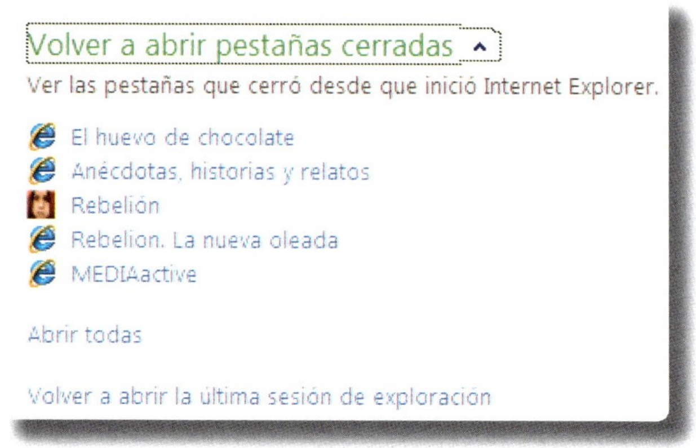

Si cierra una sesión de exploración por completo, accidental o voluntariamente, con Internet Explorer 8 puede recuperar las pestañas fácilmente.

052

vínculo de la página que desea volver a visitar. Haga clic sobre uno de esos vínculos. [2]

4. Efectivamente, se abre en una nueva pestaña la página indicada. Ciérrela pulsando en su botón de aspa.
5. Si pulsa en el vínculo **Volver a abrir última sesión de exploración** se volverán a abrir en nuevas pestañas de la ventana actual del navegador las páginas que estaba visitando en la sesión de exploración anterior. Compruébelo [3] y cierre las nuevas pestañas.
6. Otra de las novedades de Internet Explorer 8 consiste en el aislamiento de pestañas. Si un sitio Web o un complemento hacen bloquear una pestaña, el resto no se verán afectadas, por lo que podrá continuar con la exploración en ellas. [4] Además, la recuperación automática tras bloqueo permite recuperar las pestañas con las que se estaba trabajando en el momento del bloqueo o del cierre inesperado del navegador. Podrá comprobar esta última funcionalidad cuando se produzca un corte del suministro eléctrico mientas esté navegando por ejemplo.
7. Por último, recuerde que puede cambiar el modo en que las páginas web se muestran en las pestañas accediendo a la ficha **General** del cuadro **Opciones de Internet** y pulsando en el botón **Configurar** del apartado **Pestañas**. [5] De este modo accederá al cuadro **Configuración de exploración por pestañas** en el que podrá personalizar e incluso desactivar este tipo de navegación. [6]

4

3

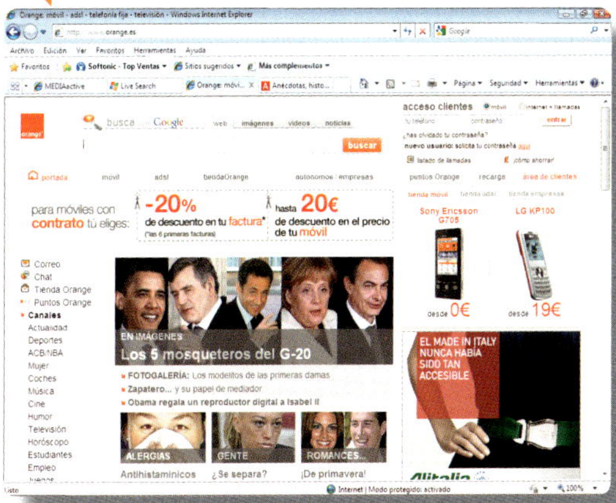

Al recuperar la última sesión de exploración, las fichas que estaban abiertas en ese momento se añaden a la ventana de la sesión actual del navegador.

5

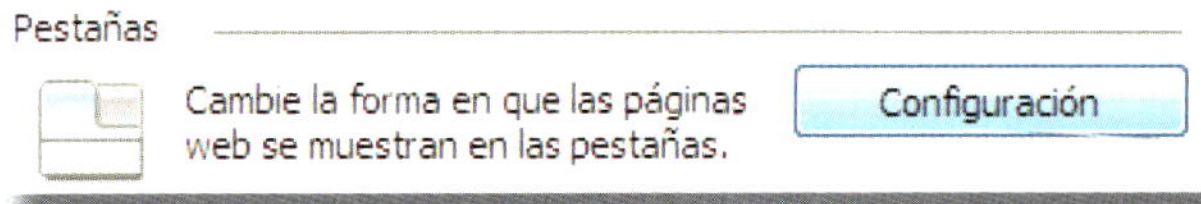

6

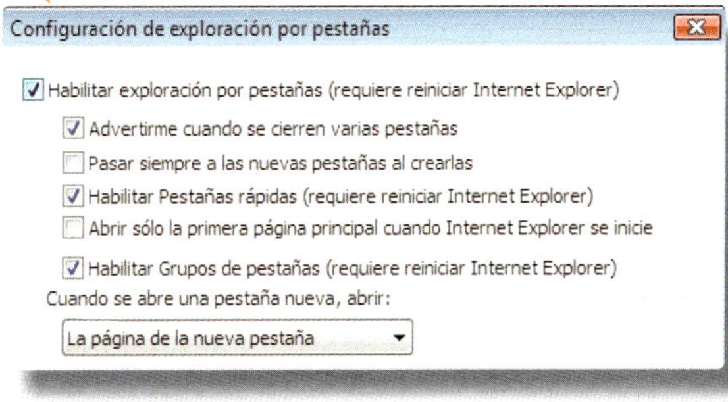

Activar el Control parental

HOY EN DÍA, EL FÁCIL ACCESO QUE LOS NIÑOS TIENEN a Internet para jugar, divertirse y encontrar información puede provocar que los más pequeños de la casa entren en sitios Web no recomendables. El Control parental es una característica de Windows Vista y de Internet Explorer que ayuda a administrar la forma en que los niños usan el ordenador.

1. En este ejercicio veremos cómo limitar el acceso a ciertos sitios de Internet a los más pequeños de la casa mediante el Control parental. Para ello es imprescindible que previamente cree una cuenta de usuario estándar para cada niño. Para empezar, pulse sobre el botón **Iniciar** de la **Barra de tareas** y, en el menú que se despliega, pulse sobre la opción **Panel de control.** [1]
2. Se abre el Panel de control, desde el cual puede controlar todo el contenido y el funcionamiento de Windows. Haga clic en la opción **Agregar o quitar cuentas de usuario**, incluida en la categoría **Cuentas de usuario y protección infantil.** [2]
3. Sepa que sólo puede existir una cuenta de administrador. En la ventana **Administrar cuentas**, haga clic sobre el vínculo **Crear una nueva cuenta.**
4. En esta ventana debemos indicar el nombre y el tipo de la cuenta (que será **Usuario estándar**). Hágalo y pulse el botón **Crear cuenta.** [3]

1

2

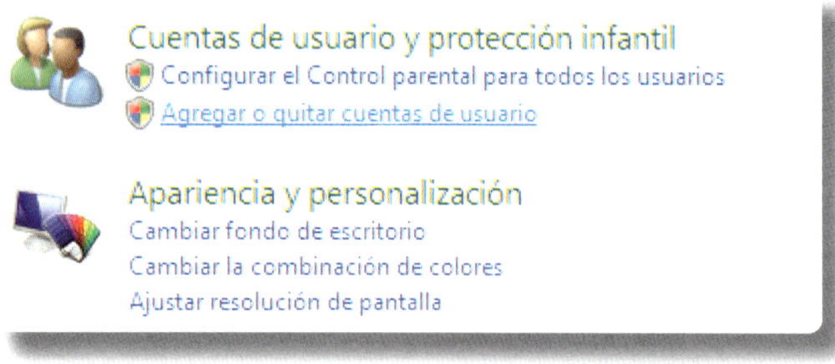

Si tiene activado el **control de cuentas de usuario** (UAC) para proteger el equipo tendrá que dar permiso a Windows para que continúe con el proceso de creación de una nueva cuenta de usuario y también para configurar el control parental de las cuentas.

3

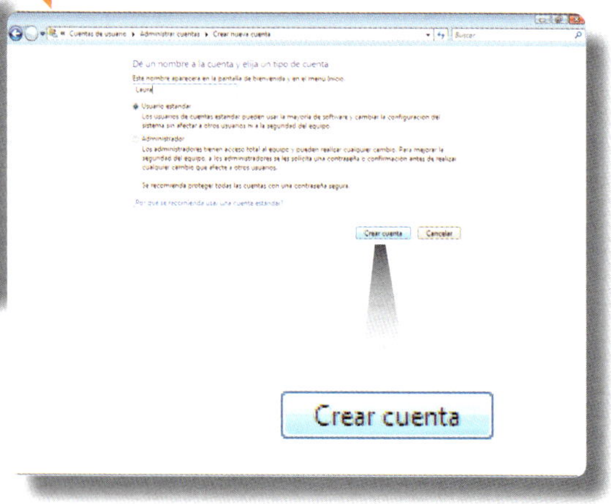

5. La nueva cuenta aparece ya en el cuadro de cuentas. Desde esta misma ventana podemos iniciar la configuración del Control parental; sin embargo, volveremos Internet explorer para hacerlo. Cierre la ventana **Administrar cuentas** pulsando sobre el botón de aspa de su **Barra de título**.
6. De nuevo en el navegador, acceda al cuadro **Opciones de Internet** desde el comando **Herramientas**, sitúese en la pestaña **Contenido** y pulse el botón **Control parental**.
7. En la ventana **Control parental** se muestran todas las cuentas configuradas en el equipo. Elija la que desea modificar.
8. En la ventana **Controles de usuario**, haga clic en el botón de opción **Activado, aplicar configuración actual**.
9. Compruebe que se activa el resto del contenido de la página. En el apartado **Configuración de Windows**, haga clic sobre el vínculo **Filtro web de Windows Vista**.
10. Este filtro muestra una serie de opciones predeterminadas, como el bloqueo de algunos sitios Web o algún contenido y el nivel de restricción, establecido en **Medio**. También permite bloquear las descargas, sean del tipo que sean. En la página **Restricciones de sitios web**, active la opción **Bloquear las descargas de archivos** y pulse el botón **Aceptar**.
11. En la columna de la derecha de esta página puede comprobar que el nivel de restricciones de sitios web es Medio. Adecue este control a la situación en la que usted se encuentre. Para dar por terminado este proceso, haga clic sobre el botón **Aceptar** de la ventana **Controles de usuario**.
12. Compruebe que en la ventana de cuentas de usuario se indica que el control parental para esta cuenta se encuentra activado. Cierre también la ventana **Control parental** y acepte el cuadro de opciones de Internet.

053

IMPORTANTE

En el apartado **Permitir o bloquear sitios web específicos** del cuadro Restricciones de sitios web se puede crear una lista de sitios Web a los que el usuario no tendrá acceso restringido nunca.

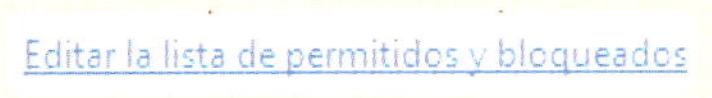

6

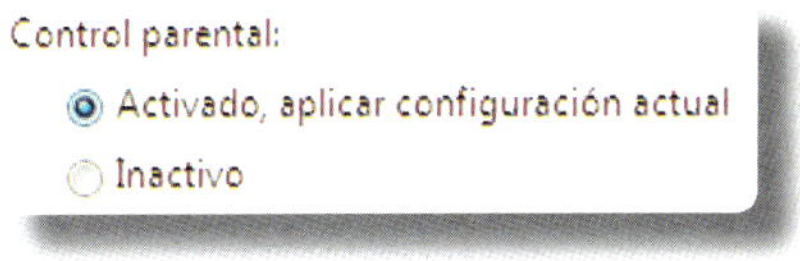

Al **activar el control parental**, se activan también todas sus opciones de configuración.

7

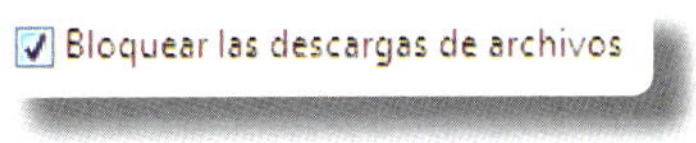

8

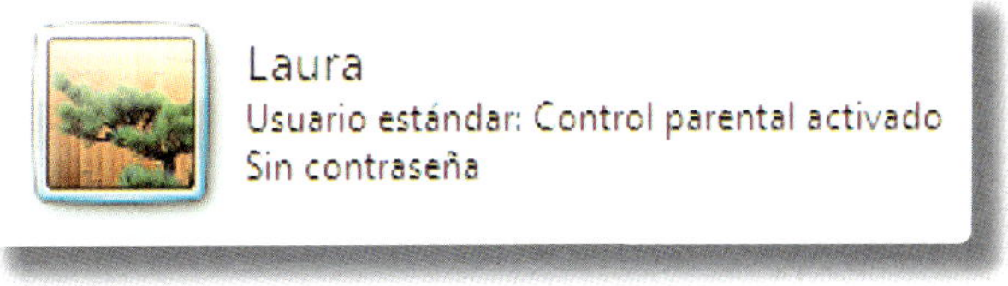

4

5

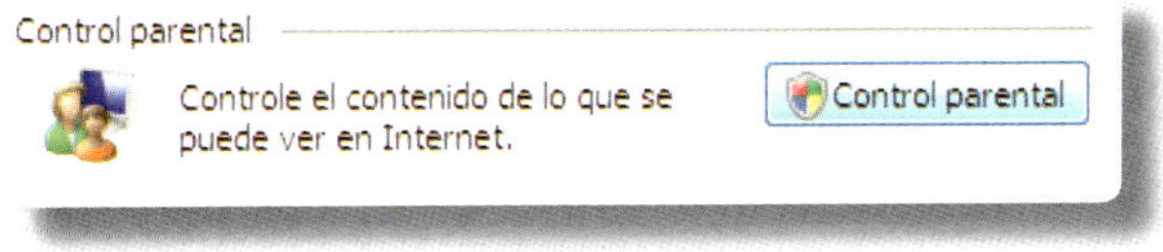

El Asesor de contenido

IMPORTANTE

ICRA3 es un sistema de clasificación en el que se basa el Asesor de contenido de Internet Explorer. Si le interesa conocer más cosas sobre este sistema, no dude en pulsar sobre el botón **Más información**, en la parte inferior derecha del cuadro.

EL ASESOR DE CONTENIDO es una característica de Internet Explorer que permite controlar los tipos de contenido a los que se puede acceder con el navegador. Por defecto, al instalar Internet Explorer, el Asesor de contenido se encuentra desactivado; será el usuario quien decida activarlo o no. Una vez habilitado, el Asesor de contenido está establecido con la configuración de restricción más conservadora, es decir, menos ofensiva; esto significa que, además de bloquear el contenido censurable, también bloquea el contenido considerado sin clasificación. El Asesor de contenido funciona mediante la aplicación de una contraseña por parte del supervisor (la persona que lo habilita).

1. Para empezar, acceda al cuadro **Opciones de Internet** desde el botón **Herramientas** y sitúese en la pestaña **Contenido**.
2. El Asesor de contenido está especialmente diseñado para evitar que los niños vean según qué contenidos en Internet. Pulse el botón **Habilitar** del apartado **Asesor de contenido**. [1]
3. En el cuadro de categorías de contenido, seleccione la segunda, referida al miedo y la intimidación. [2]
4. Si mantenemos el nivel predeterminado, el Asesor no permitirá el acceso a ninguna página que muestre contenido que pueda generar miedo o intimidación. Pulse en el centro de la

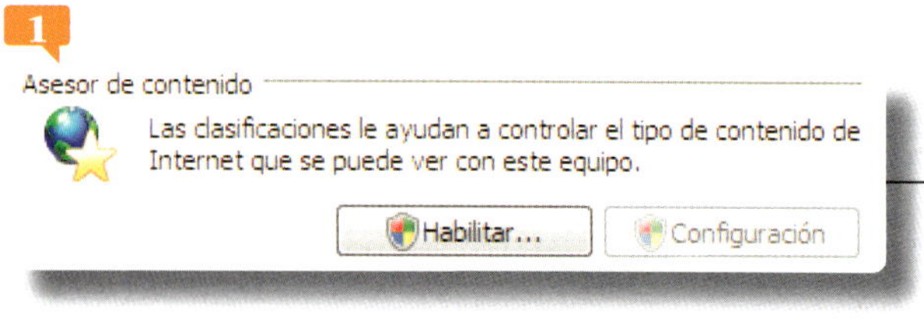

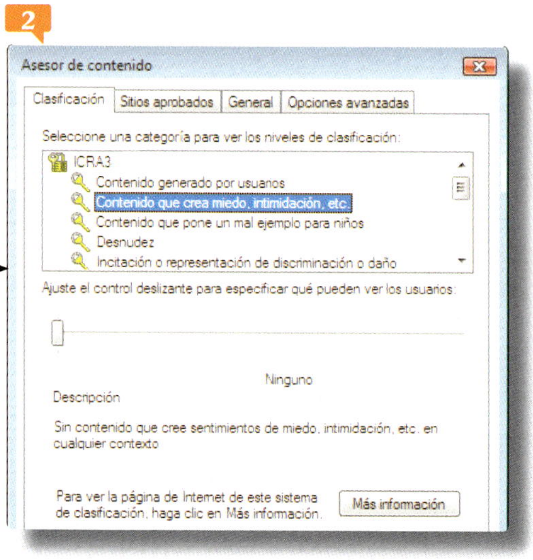

En la parte superior del Asesor de contenido puede ver las **categorías** en que se divide el contenido; para cada una de estas categorías es posible establecer un nivel de clasificación distinto, nivel que, por defecto, se fija en un estado muy conservador.

barra de control para fijar en **Limitado** el grado de restricción para este contenido.

5. Seleccione ahora la última categoría, que hace referencia a la incitación o representación de discriminación o daño y pulse esta vez en el extremo derecho de la barra para visualizar las características de este nivel de restricción.
6. Este nivel no aplica restricciones para el contenido seleccionado. Para volver a establecer el nivel más conservador para esta categoría pulse en el extremo izquierdo de la barra.
7. En la ficha **Sitios aprobados** puede incluir direcciones Web de sitios cuyo bloqueo desea pasar por alto. Acceda a la ficha **General** y compruebe que contiene distintas opciones configurables del Asesor de contenido. Según la configuración inicial, el Asesor establece una contraseña que permitirá el acceso a los sitios bloqueados sólo a quienes la conozcan. Pulse el botón **Crear contraseña**.
8. En el cuadro **Crear contraseña de supervisor**, escriba y confirme su contraseña y pulse el botón **Aceptar**.
9. Si no desea escribir ningún indicio, pulse el botón **No** para seguir adelante y en el cuadro que aparece, pulse en **Aceptar**.
10. De este modo, incluso al acceder al Asesor de contenido para cambiar la configuración, se deberá conocer la contraseña. Pulse los botones **Aplicar** y **Aceptar** y acepte también el cuadro informativo que aparece y el cuadro de opciones de Internet.

Si desea comprobar cómo actúa el Asesor de contenido, intente entrar en la página www.rebelion.org, por ejemplo.

3

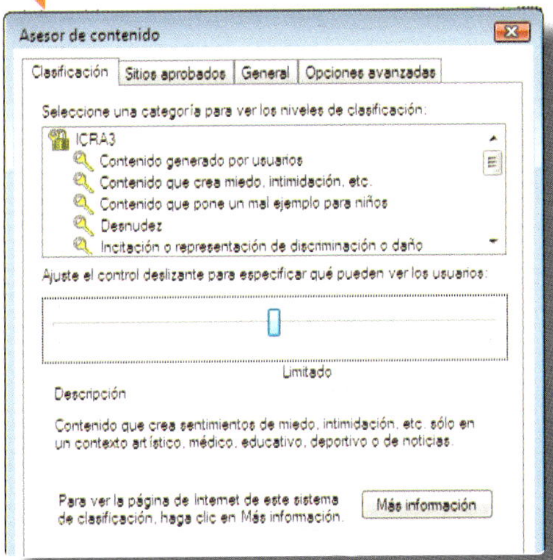

4

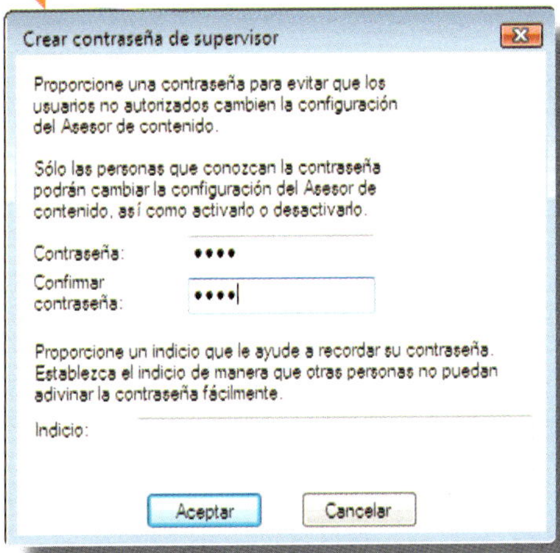

Cuando establezca una **contraseña** en el Asesor de contenido, al intentar acceder a su cuadro de configuración o al intentar entrar en algún sitio Web con contenido específico restringido, el navegador se la pedirá.

054

IMPORTANTE

La ficha **Opciones avanzadas** del cuadro Asesor de contenido contiene opciones relacionadas con la entidad de clasificación de contenido y las reglas de restricción de contenido.

5

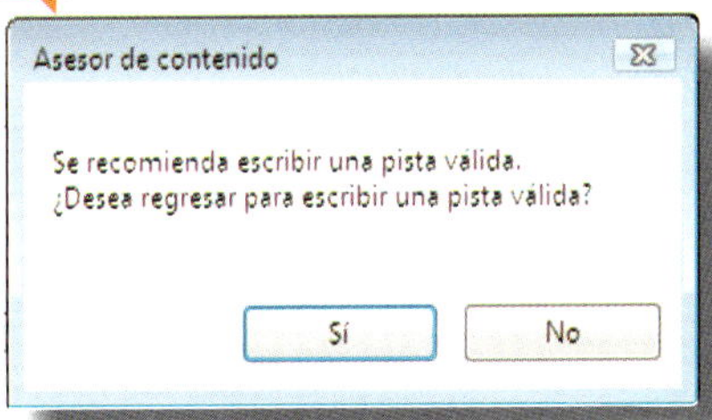

Si no ha escrito ninguna pista al crear una contraseña de supervisor, un cuadro de diálogo le permite volver al cuadro de contraseña para hacerlo.

Administrar complementos

IMPORTANTE

Al deshabilitar o habilitar un complemento desde el cuadro Administrar complementos, aparece un cuadro de diálogo mostrando, si procede, los complementos asociados al seleccionado que también se deshabilitarán o se habilitarán. Tras aceptar la acción, deberá reiniciar el explorador para que los cambios surtan efecto. También puede desinstalar complementos desde el Panel control.

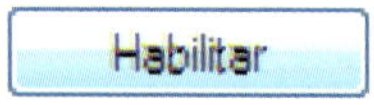

LOS COMPLEMENTOS SON características adicionales que se agregan al navegador relacionados con el funcionamiento de un sitio o una página Web concretos. Pueden ser barras de herramientas adicionales, punteros de ratón animados, tablas de cotizaciones, etc. Todos estos complementos proceden de la Red y la mayoría necesitan el permiso del usuario para instalarse en el equipo. Sin embargo, no siempre es así, como ocurre en el caso de complementos de programas que ya hayan sido descargados. Es posible consultar la lista completa de los complementos instalados en el equipo y de aquellos que se requieren para el correcto funcionamiento del sitio Web actual, o los que se han instalado sin necesidad de permiso por parte del usuario.

1. Para empezar, haga clic sobre el comando **Herramientas** de la Barra de comandos y pulse sobre la opción **Administrar complementos.** 1
2. El cuadro **Administrar complementos** muestra los complementos que han sido instalados en el navegador desde su instalación. Si es usted usuario habitual de Internet contará en su navegador con una lista de complementos muy amplia. Haga clic en el botón de punta de flecha del campo **Mostrar** y pulse en la opción **Todos los complementos.** 2

1

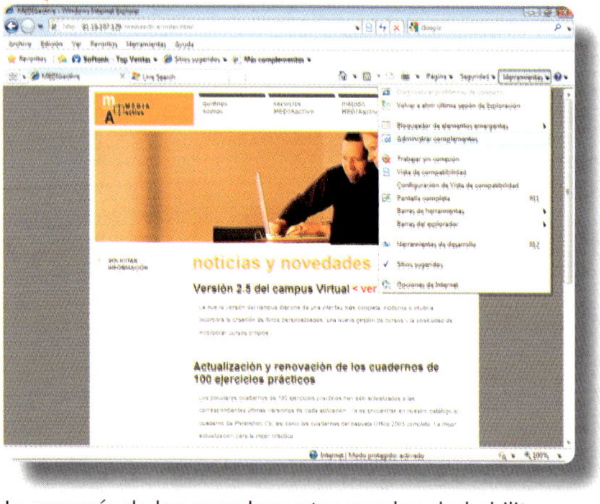

La mayoría de los complementos pueden deshabilitarse si el usuario percibe que provocan un mal funcionamiento del navegador.

2

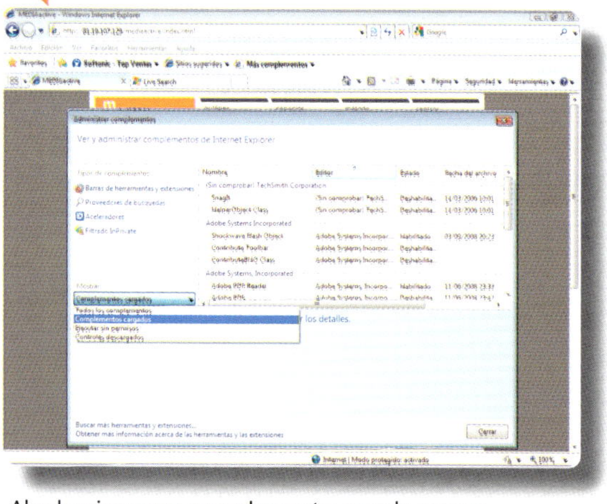

Al seleccionar un complemento, puede ver sus características si pulsa en el vínculo **Mas información.**

3. A continuación veremos cómo obtener otros complementos de todo tipo. Haga clic en el vínculo **Buscar más herramientas y extensiones**.
4. Este vínculo nos dirige a la galería de complementos para Internet Explorer 8. En el panel de opciones de la izquierda, pulse sobre el vínculo **Barras de herramientas**. 3
5. Vamos a descargar un reproductor de radio y MP3. Vaya a la página 2 pulsando en ese vínculo del apartado Página, desplácese por la páginas hasta ver el complemento **Radio & MP3 Player** y pulse en su botón **Añadir a Internet Explorer**. 4
6. Antes de iniciar la descarga del archivo, aparece el cuadro de diálogo **Advertencia de seguridad de descarga de archivos**, en el que puede elegir entre ejecutar el archivo o guardarlo en su equipo. En este caso, haga clic sobre el botón **Ejecutar**. 5
7. Al terminar la descarga, se muestra el cuadro **Descarga completa**, desde el que debemos iniciar la instalación del complemento. Pulse el botón **Ejecutar**.
8. Siga las instrucciones del asistente para instalar el nuevo complemento y cuando acabe, pulse el botón **Finish**.
9. Una vez instalado, salga y vuelva a entrar en Internet Explorer, compruebe que la nueva barra aparece en el navegador, 6 acceda al cuadro **Administrar complementos** y, tras comprobar que la nueva barra aparece en él, deshabilítela seleccionándola y pulsando el botón **Deshabilitar.**
10. Para que el cambio surta efecto, deberá reiniciar el navegador. Hágalo y compruebe que la nueva barra de herramientas ya no aparece.

055

3

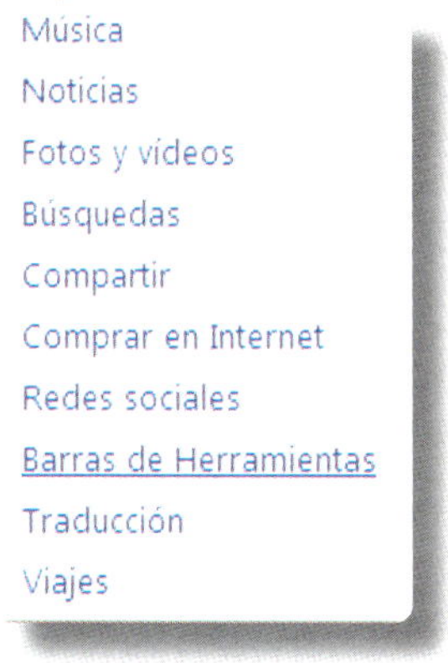

La galería de complementos para Internet Explorer 8 contiene un gran número de complementos para descargar, clasificados en diferentes categorías.

4

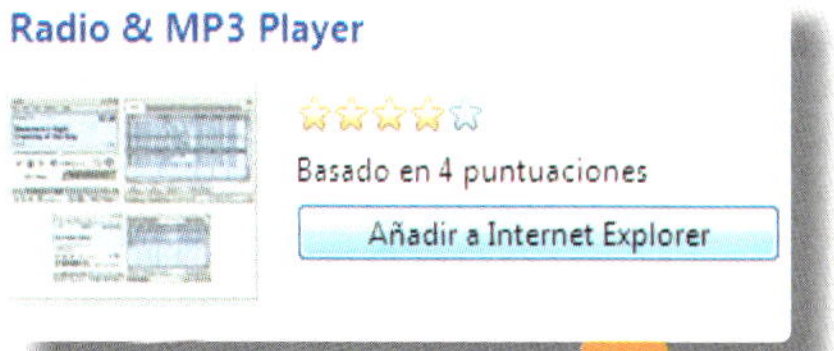

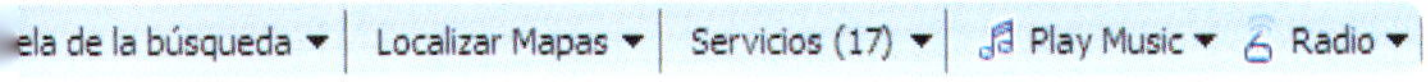

5

6

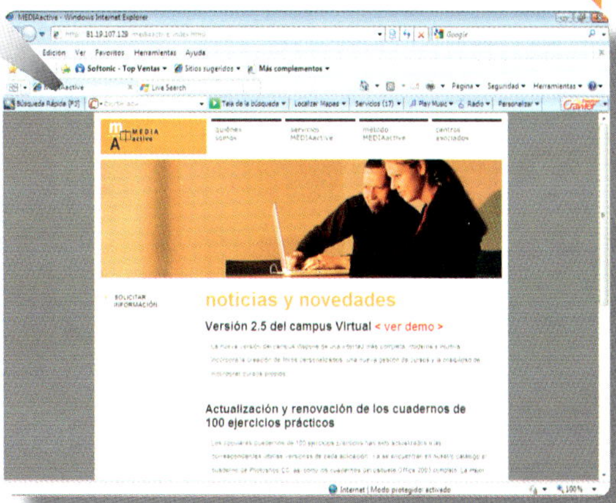

Trabajar sin conexión

IMPORTANTE

Tenga en cuenta que no todas las páginas Web pueden ser guardadas como archivos en el equipo.

NAVEGAR SIN CONEXIÓN PUEDE RESULTAR muy útil cuando se suelen visitar ciertas páginas con bastante frecuencia y, por tanto, puede que no estén disponibles en el momento en que las necesita. Existen navegadores que permiten navegar por sitios Web sin necesidad de estar conectado, descargando en el disco duro sitios completos indicados por el usuario. También es posible guardar sitios Web en el equipo para poder acceder a ellos cuando se necesite, como se vio en el ejercicio 18 de este libro. Por último, la opción Trabajar sin conexión del comando Herramientas desconecta al usuario temporalmente.

1. En este ejercicio veremos diversos métodos para navegar sin conexión. Empezaremos por una opción que interrumpe la conexión, muy recomendable en casos en que sencillamente queramos consultar el contenido de una página. Acceda a la página **www.elhuevodechocolate.com**.
2. Este sitio cuenta con un amplio contenido que puede consultarse en una misma página. En casos como éste puede resultar interesante configurar el navegador para que trabaje sin estar conectado. Pulse el comando **Herramientas** y haga clic en la opción **Trabajar sin conexión**. [1]
3. Observe que tanto la **Barra de título** [2] como la **Barra de estado** [3] le informan de que está trabajando sin estar conectado. Vea-

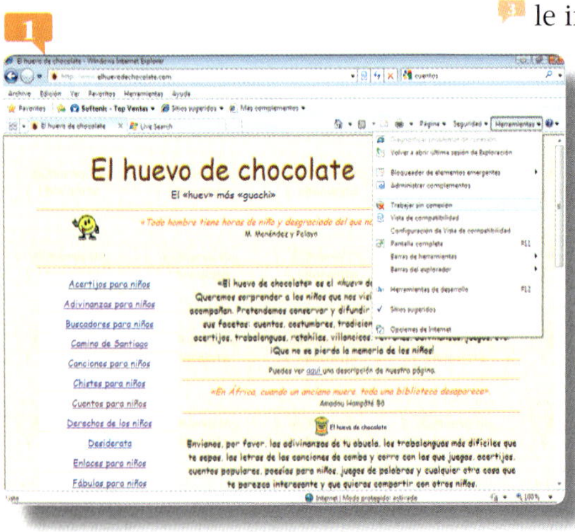

También puede encontrar la opción Trabajar sin conexión en el menú **Archivo** del navegador.

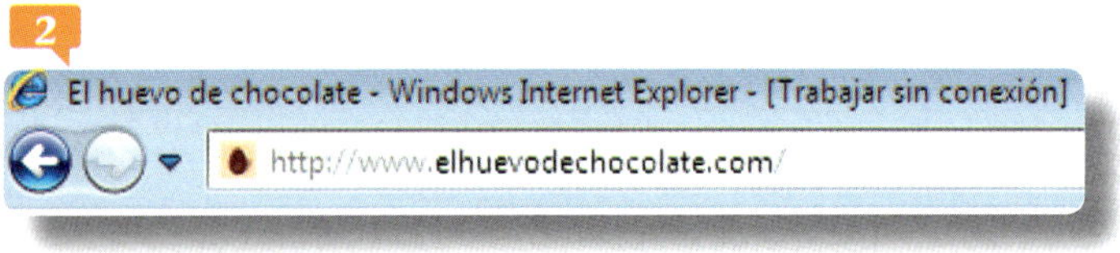

Al trabajar sin conexión, aparece el texto **Trabajar sin conexión** en la Barra de título del navegador y en la Barra de estado se muestra el icono de no conexión.

mos qué ocurre si queremos visualizar ahora otra página distinta. Pulse sobre uno de los vínculos de la página.

4. El cuadro **Página web no disponible sin conexión** nos advierte de que, para continuar navegando, es preciso estar conectado a Internet. Pulse el botón **Conectar**.
5. De esta forma podemos continuar navegando por este sitio. Compruébelo pulsando en otro vínculo.
6. Otra forma de navegar sin conexión por un sitio Web es guardándolo como Archivo Web o como Página Web completa. Vamos a recordar el proceso. Pulse el botón **Página** y haga clic sobre la opción **Guardar como**.
7. El formato de archivo seleccionado por defecto es **Archivo web, archivo único**, gracias al cual esta página Web estará disponible sin conexión. Debe saber que el formato **Página web, completa** también permite una navegación sin conexión. Pulse el botón **Guardar**.
8. Ahora este sitio se encuentra ubicado en nuestro equipo, por lo que su acceso es libre desde el mismo. Cierre el navegador pulsando el botón de aspa de su **Barra de título**.
9. Localice el sitio Web que ha guardado y compruebe que se abre sin problemas haciendo doble clic sobre él.
10. En la barra de direcciones puede comprobar la ubicación del archivo. Pulse sobre uno de los vínculos para comprobar que funcionan correctamente y acabe el ejercicio volviendo a su página principal.

7

8

6

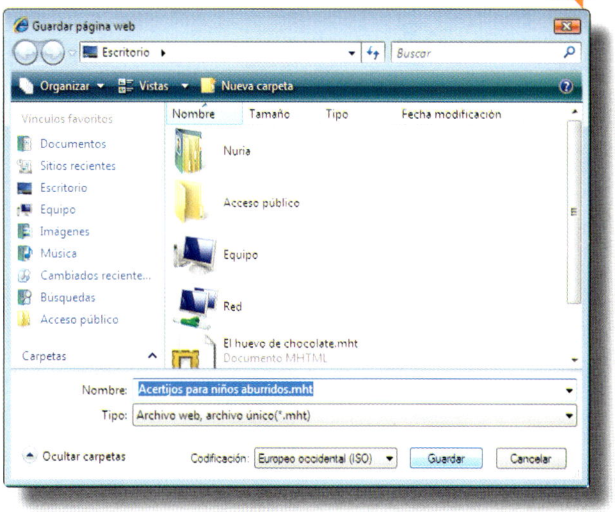

También puede guardar una página Web como **archivo de texto** o como **pagina web, sólo HTML**.

4

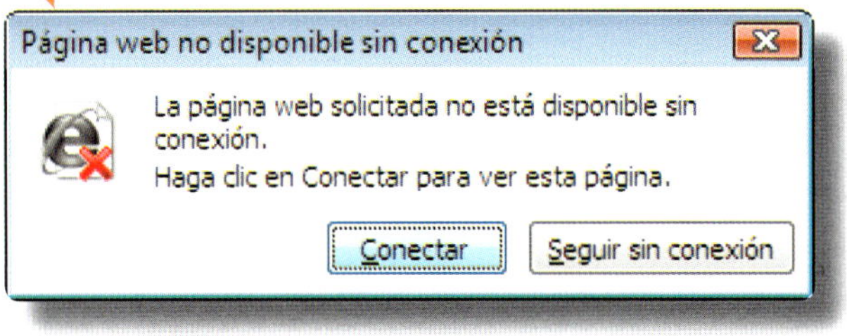

5

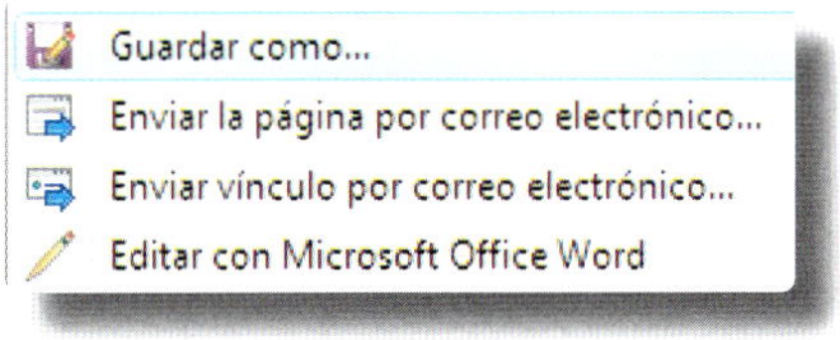

Configurar una página para su impresión

IMPORTANTE

Pulse el botón **Cambiar fuente** del cuadro Configurar página para acceder al cuadro Fuente y elegir la fuente y el estilo, el tamaño y el color de fuente con que se mostrarán el encabezado y el pie de página de una página Web al imprimirla.

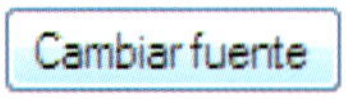

CUALQUIER PÁGINA WEB PUEDE SER IMPRESA usando el botón Imprimir de la Barra de comandos o bien la opción Imprimir que se encuentra tanto en el menú Archivo como en el menú contextual de la página. Pero antes de imprimir una página, resulta conveniente personalizar la apariencia que ésta tendrá al imprimirla.

1. Supongamos que queremos imprimir una página Web que muestra una receta de cocina. Empiece accediendo a la página Web **www.recetasdecocina.es** (o a cualquier otra página de recetas que conozca) y pulse en los vínculos adecuados para mostrar una receta hecha con **legumbres**, por ejemplo. 1
2. En esta página en concreto, disponemos de un vínculo que permite mostrar la página sin publicidad para imprimirla. Pulse en el vínculo **Imprimir** que aparece en la receta. 2
3. Seguidamente, pulse en el botón de flecha situado junto al icono **Imprimir** de la **Barra de comandos** y haga clic en la opción **Configurar página**. 3
4. Se abre de este modo el cuadro **Configurar página**, en el que podemos establecer las opciones de papel, los márgenes y el encabezado y pie de página para la página que vamos posteriormente a imprimir. Como ve, en el apartado **Tamaño de página** están seleccionados el tamaño **A4**, la orientación **Vertical** y la opción **Habilitar Reducir para ajustar**, configu-

1

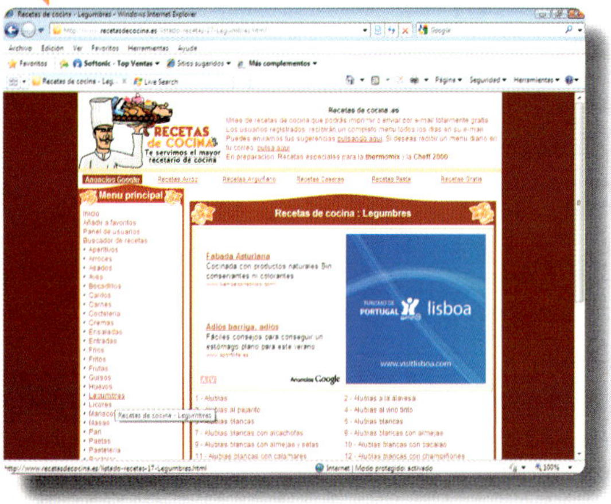

2

3

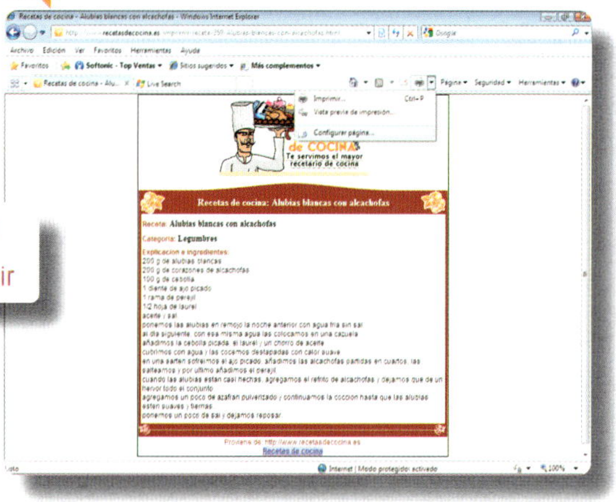

057

ración que mantendremos. Puede imprimir los colores y las imágenes de fondo si activa la otra opción disponible en este apartado.

5. En el apartado **Márgenes** podemos definir los márgenes izquierdo, derecho, superior e inferior de la página. Estos valores se establecen por defecto en milímetros, aunque puede cambiar esta medida por pulgadas si accede al **Panel de control** de Windows y aplica el **Sistema de medidas** de Estados Unidos en el cuadro de personalización de la configuración regional. Establezca **25 milímetros** para todos los márgenes.
6. Verá que, a medida que va cambiando los valores, se actualiza la vista previa de la página que aparece en el cuadro de configuración. Por último, indicaremos que como encabezado de la página debe aparecer su título, la URL de la página y el número de la página del total y como pie de página debe aparecer la hora en formato de 24 horas y la fecha en formato corto. Como el primer y en el tercer campo del apartado **Encabezado** ya muestran la información que nos interesa, sólo tenemos que modificar el segundo. Pulse en el botón de flecha que muestra el texto **Vacío** de ese apartado y elija la opción **URL.**
7. Ahora pulse en el botón que muestra el término **URL** en el apartado **Pie de página** y elija la opción **Hora en formato de 24 horas.**
8. Mantenga el resto de campos de pie de página tal y como se muestran por defecto y pulse el botón **Aceptar** para aplicar la nueva configuración de página y dar por acabado el ejercicio.

4

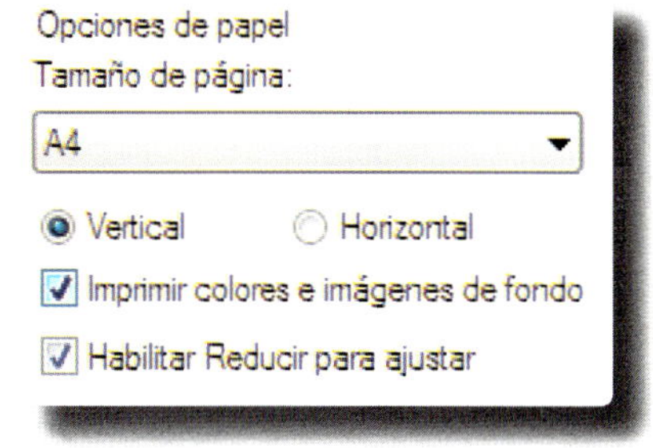

5

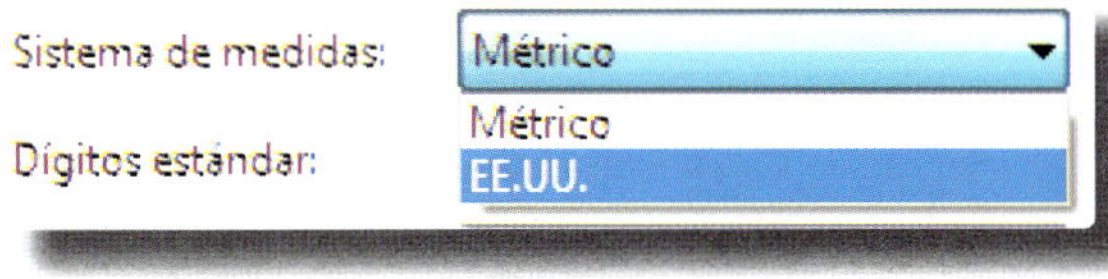

6

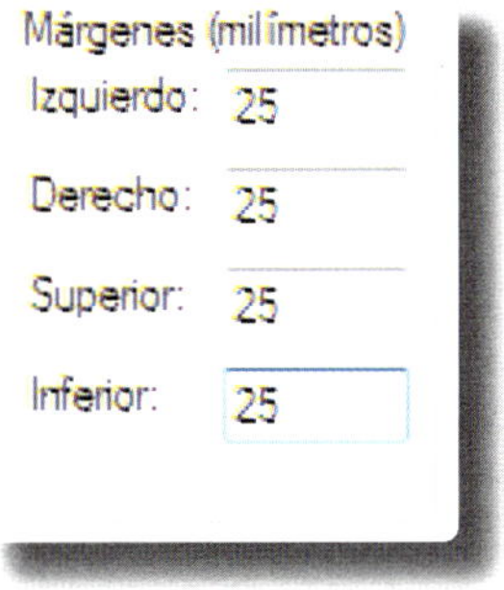

Para cambiar la unidad de medida para los márgenes debe acceder al cuadro **Configuración regional y de idioma** y pulsar en el botón Personalizar este formato.

7

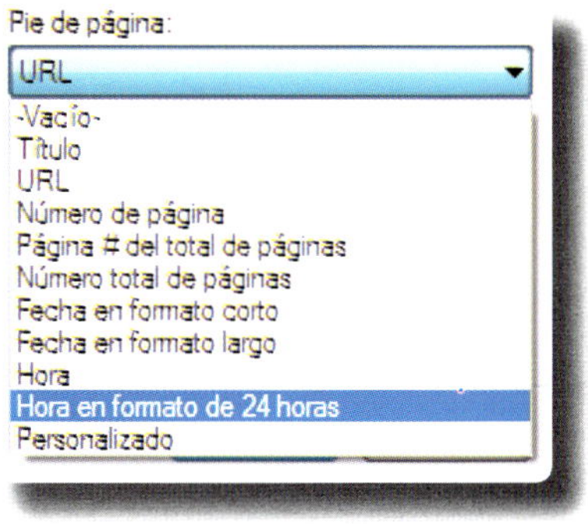

En el **encabezado** y en el **pie de la página** puede aparecer diferente tipo de información como el número de la página, la dirección URL, la fecha y la hora, etc.

Obtener una vista previa antes de imprimir

TRAS CONFIGURAR LA PÁGINA WEB que va a imprimir, puede obtener una vista preliminar que le mostrará el aspecto que tendrá en el papel y le permitirá realizar los últimos ajustes antes de proceder a la impresión. La opción Vista previa de impresión se encuentra tanto en el botón Imprimir de la Barra de comandos como en el menú Archivo o en el menú contextual de la página.

1. Con la página Web que desea imprimir abierta en el navegador (en nuestro caso seguimos trabajando con la página de la receta que configuramos en el ejercicio anterior), pulse el botón de flecha del icono **Imprimir** de la **Barra de comandos** y haga clic en la opción **Vista previa de impresión.** 1
2. Se abre así una ventana de previsualización que muestra el aspecto que tendrá la página al imprimirla. En primer lugar, compruebe que se aplica correctamente la configuración de la página establecida en el ejercicio anterior (los márgenes, la información que aparece en la cabecera y el pie de la página y los colores.) Desde esta vista puede acceder de nuevo al cuadro de configuración para modificarla. Pulse en el cuarto icono de la Barra de herramientas de la vista previa. 2
3. Veamos cómo se imprimirá la página sin colores ni imágenes de fondo. En el cuadro **Configurar página**, desactive la op-

IMPORTANTE

Tenga en cuenta que al cambiar el nivel de zoom en la vista previa para la impresión, puede ocurrir que el documento pase a tener **varias páginas**, particularidad que puede comprobar en la parte inferior de la ventana. Si esto ocurre, puede desplazarse por ellas usando los botones de flecha o bien insertando el número de página en el cuadro de texto.

1

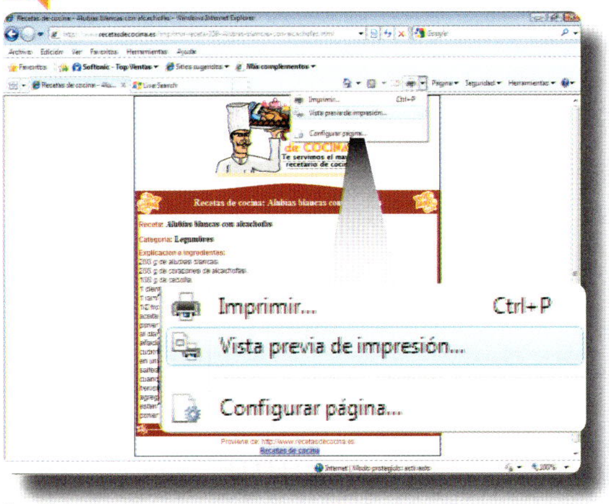

La vista previa de impresión le ayudará a hacerse una idea del aspecto que tendrá la página al imprimirla.

2

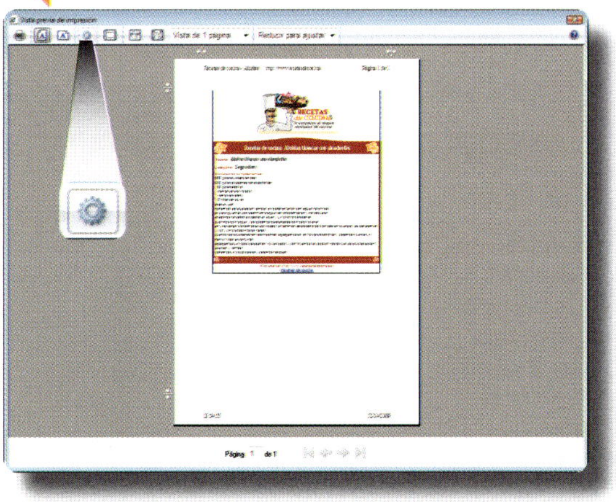

También puede acceder al cuadro de configuración de página desde la vista previa pulsando **Alt.+N**.

058

ción **Imprimir colores e imágenes de fondo** y pulse el botón **Aceptar**.

4. Ahora el fondo de la página no aparece en la vista previa y, por tanto, no se imprimirá. Para que no se impriman ni el encabezado ni el pie de página, pulse en el icono **Activar y desactivar encabezados y pies de página**, el quinto de la Barra de herramientas del cuadro de vista previa.
5. Con el primer icono de esa barra se accede al cuadro **Imprimir**, con el que practicaremos en el ejercicio siguiente, y con los dos siguientes podemos cambiar la orientación de la hoja, que por defecto es vertical. Para activar la orientación horizontal, pulse en el tercer icono de la barra.
6. Los dos últimos iconos de la barra permiten mostrar el ancho total de la página o ver la página completa, respectivamente. Además, en el caso de que el documento tenga más de una página, puede elegir ente diferentes vistas en el siguiente campo. Aunque nuestro ejemplo sólo tiene una página, pulse el botón de punta de flecha del campo que muestra el texto **Vista de 1 página** y elija la opción **Vista de 2 páginas**.
7. Lógicamente, las dimensiones de la página deben reducirse para poder mostrar dos en pantalla. El último comando de la barra le permite cambiar el tamaño de la impresión. Tras volver a la vista de 1 página, pulse en su botón de flecha y elija la opción **125%**.
8. Recupere el tamaño de impresión 100% y acabe el ejercicio cerrando la ventana de vista previa.

5

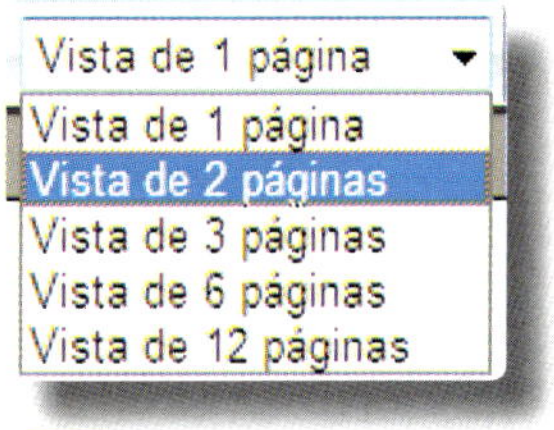

6

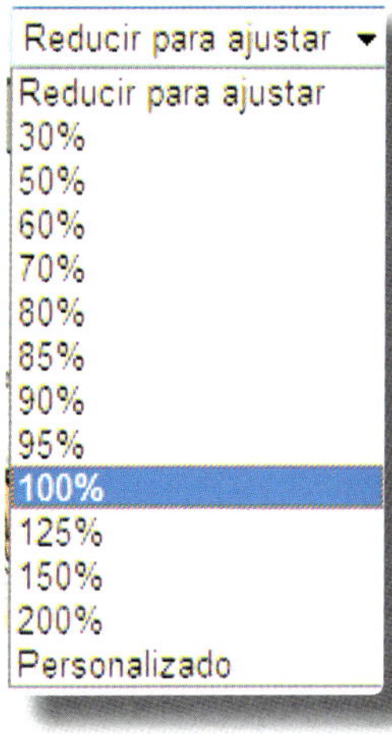

3

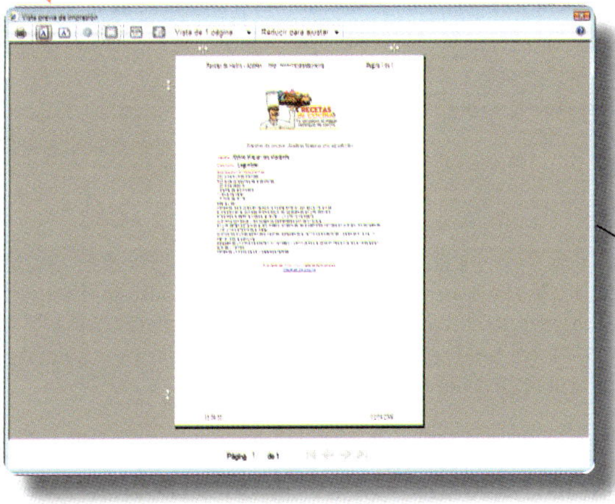

4

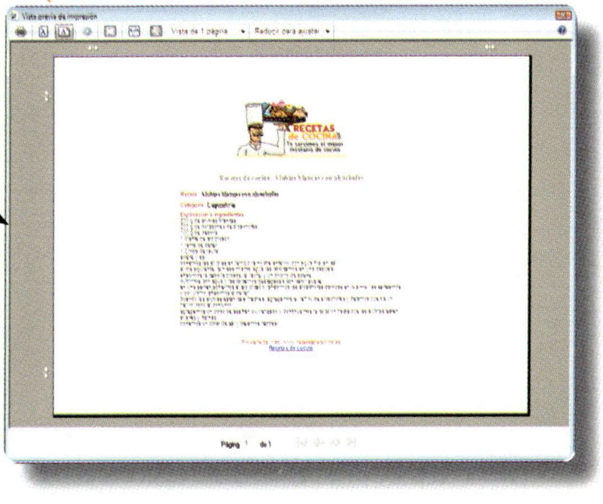

Observe la diferencia entre la **orientación** vertical, establecida por defecto, y la orientación horizontal.

Imprimir una página de Internet

IMPORTANTE

Pulse el botón **Opciones avanzadas** del cuadro Preferencias de impresión para acceder al cuadro de opciones avanzadas de su impresora y poder definir características más concretas de la impresión (que variarán en función de la impresora con la que esté trabajando.)

UNA VEZ CONFIGURADA LA PÁGINA y tras obtener una vista preliminar del aspecto que tendrá en la hoja, sólo falta proceder con la impresión. Al activar la función Imprimir, que encontrará tanto en el menú Archivo como en el menú contextual de la página y en la Barra de comandos, se accede al cuadro Imprimir, donde se deben configurar las opciones de la impresión.

1. Haga clic en el botón de punta de flecha del icono **Imprimir** de la **Barra de comandos** y pulse en la opción **Imprimir.** [1]
2. Debe saber que si pulsa directamente en el icono **Imprimir** la impresión se llevará a cabo directamente, sin pasar por el cuadro **Imprimir** y con la configuración que tenga establecida por defecto. En el cuadro **Imprimir**, al que también se accede pulsando la combinación de teclas **Ctrl.+P**, debemos seleccionar nuestra impresora. Hágalo en el apartado **Seleccionar impresora.** [2]
3. Si la impresora no se encuentra en ese apartado, pulse el botón **Buscar impresora** para localizar la impresora de red que desea usar y después haga clic para conectarla. Si la impresora está preparada para imprimir, se mostrará el término **Listo** en el campo **Estado.** [3] El siguiente paso consiste en definir las preferencias de la impresión. Pulse el botón **Preferencias.**

1

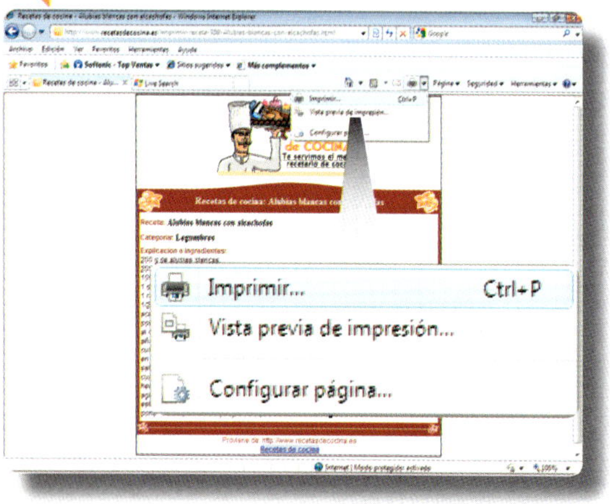

2

Si hace doble clic sobre la opción **Agregar impresora** del apartado Seleccionar impresora accederá al asistente para agregar una impresora local o de red, cuyas instrucciones deberá seguir para instalar una impresora en su equipo.

3

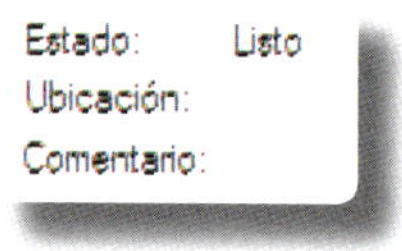

4. En el cuadro **Preferencias de impresión** puede definir la presentación del documento y el tipo de papel y su calidad. Si su impresora tiene la capacidad de imprimir por ambas caras de la hoja y sabe que el documento Web que va a imprimir ocupa varias páginas, seleccione la opción **Orientación horizontal** o la opción **Orientación vertical** en el campo **Imprimir en ambas caras**. En nuestro ejemplo mantendremos la configuración por defecto. Pulse el botón **Aceptar** de este cuadro.
5. En el apartado **Intervalo de páginas** debemos indicar si queremos imprimir todo el documento, una selección (en caso de que la haya realizado previamente) o un número de páginas concreto (en caso de que el documento tenga más de una). Como ve, al no haber seleccionado nada en la página, la opción **Selección** se encuentra desactivada. Mantenga activada la opción **Todo**.
6. Para indicar que quiere obtener 2 copias, haga doble clic en el campo **Número de copias** y escriba el valor **2**.
7. Al aumentar el número de copias, se activa la opción **Intercalar**, que sólo es útil si el documento consta de más de una página, ya que permite imprimir primero las primeras páginas, después las segundas, etc., o bien intercalarlas. Active esa opción para comprobar el cambio que se produce en el esquema y desactívela antes de pasar a la ficha **Opciones**.
8. Si la página tiene marcos, puede definir cómo imprimirlos desde este apartado; además, puede imprimir también los documentos vinculados y las tablas de vínculos en caso de que existan. Pulse para acabar los botones **Aplicar** e **Imprimir** para obtener las copias.

4

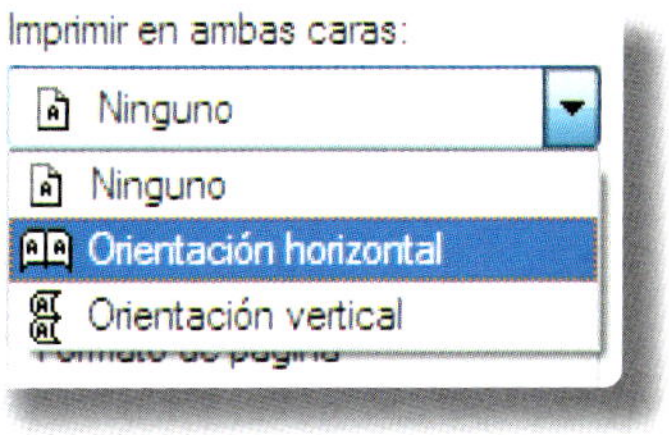

6

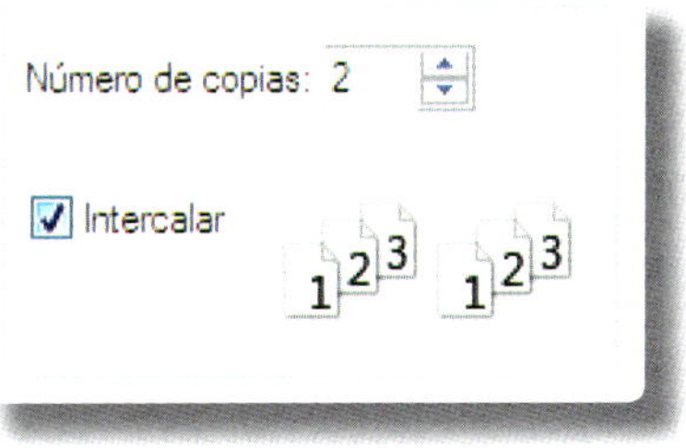

La opción **Intercalar** sólo se activa si se imprime más de una copia.

5

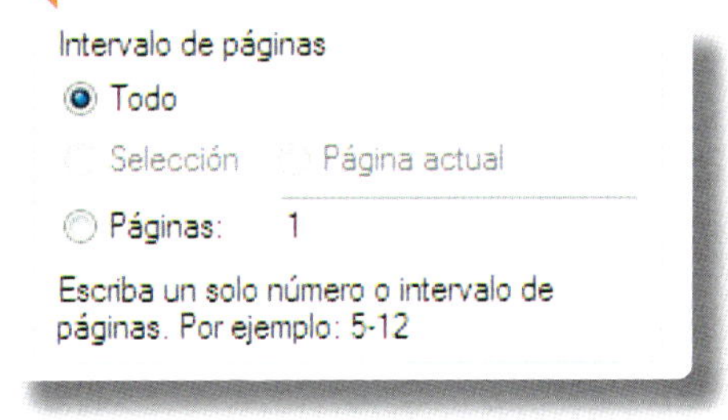

Si desea imprimir un **intervalo de páginas**, escriba la primera y la última de ese intervalo separadas por un guión, tal y como se muestra en el ejemplo.

7

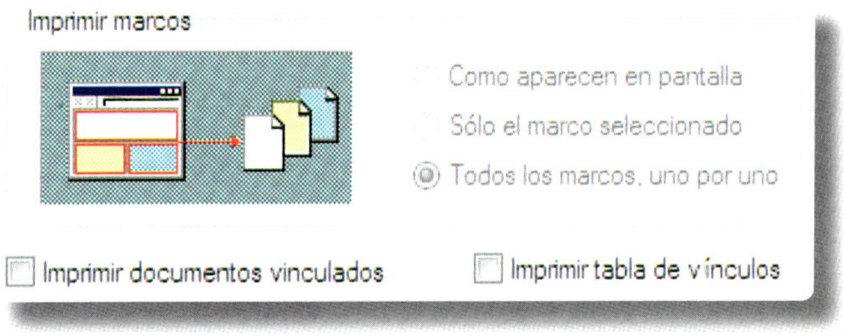

Imprimir una página Web a PDF

SI TIENE INSTALADO EN SU EQUIPO el programa Adobe Acrobat o el programa Adobe Reader, que permiten abrir y crear documentos en formato PDF (formato de documento portátil) podrá convertir fácil y rápidamente una página Web en un documento de este tipo, que quedará almacenado en su equipo como cualquier otro archivo.

1. En este ejercicio veremos cómo puede utilizar el cuadro Imprimir para guardar una página Web con formato PDF, el formato de documento portátil diseñado por la compañía Adobe. Como hemos dicho, para poder realizar esta acción, deberá disponer de Adobe Acrobat o Adobe Reader instalados en su equipo. (Puede descargar gratuitamente la segunda aplicación desde la página **www.adobe.com/es/products/reader/**). [1] Para empezar, acceda al cuadro **Imprimir** pulsando la combinación de teclas **Ctrl.+P**.
2. En la sección **Seleccionar impresora** del cuadro Imprimir seleccione la impresora **Adobe PDF**. [2]
3. Al elegir esta impresora, no obtendrá una copia impresa de la página Web, sino que se creará un archivo con la extensión PDF que quedará almacenado en la ubicación que elija de su equipo y que posteriormente podrá abrir e imprimir normalmente. Pulse en el botón **Preferencias**.

1

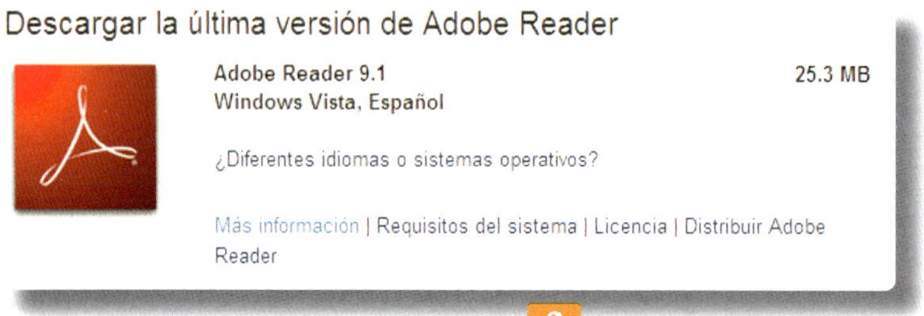

2

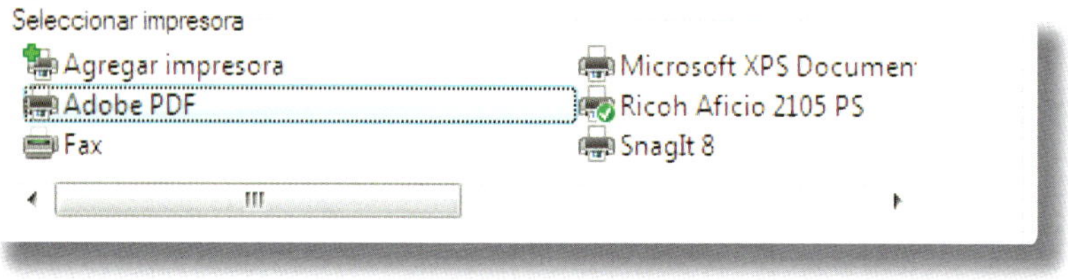

060

4. Se abre de este modo el cuadro **Preferencias de impresión** mostrando activa la ficha **Configuración de Adobe PDF**. Mantendremos la configuración predeterminada, ya que dedicaremos otro ejercicio entero a esta acción, notando que la opción **Ver el resultado de Adobe PDF** se encuentra activada. Salga de este cuadro pulsando el botón **Aceptar** y pulse el botón **Imprimir**.
5. Se abre el cuadro **Guardar archivo PDF como**, en el que debemos establecer un nombre para el archivo que se va a crear e indicar en qué ubicación del equipo queremos guardarlo. Escriba un nombre para la página en el campo **Nombre**, seleccione su carpeta **Documentos** y pulse el botón **Guardar**.
6. Tras la conversión a PDF, se abre el nuevo documento PDF en Reader o en Acrobat. Ahora puede trabajar con este nuevo documento como lo haría con cualquier otro (puede guardarlo con otro nombre, imprimirlo, enviarlo por correo electrónico, etc.). Observe que la página se ha guardado con las características de configuración que establecimos en un ejercicio anterior. Cierre el documento PDF pulsando el botón de aspa de su **Barra de título**.
7. Para acabar, comprobaremos que el documento PDF creado a partir de la página Web ha quedado correctamente guardado en la carpeta **Documentos**. Pulse en el botón **Iniciar** y haga clic en ese elemento.
8. Localice el archivo PDF y acabe el ejercicio cerrando la ventana **Documentos**.

3

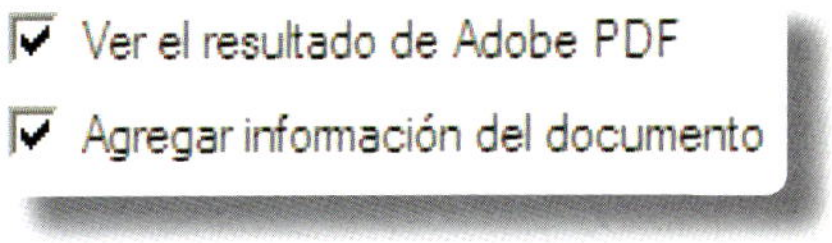

4

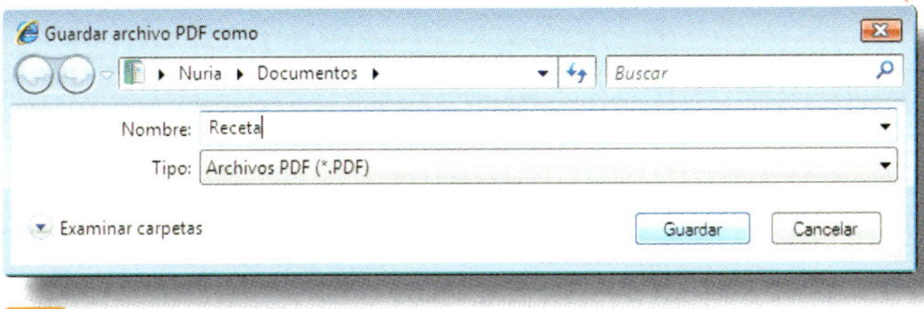

5

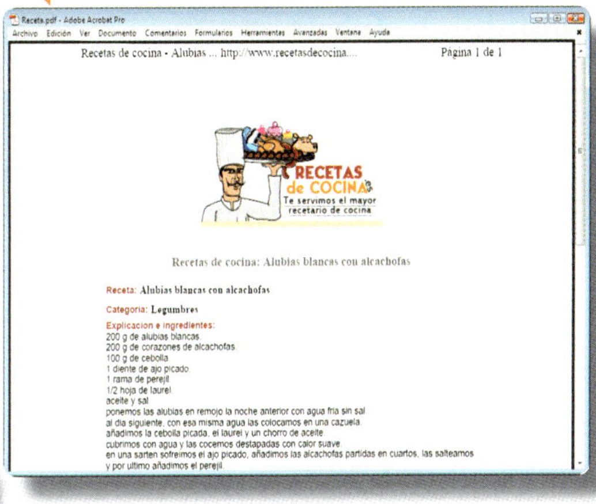

La duración del proceso de conversión en PDF dependerá de la cantidad de páginas que se tengan que guardar.

6

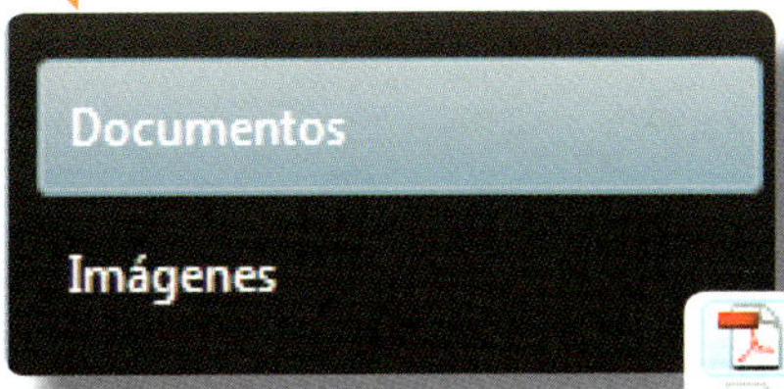

7

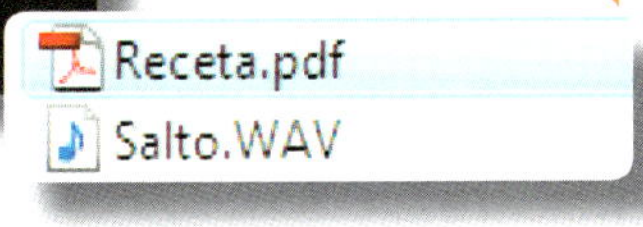

Convertir una página Web a PDF

IMPORTANTE

Si pulsa el botón Avanzadas del cuadro de diálogo Imprimir al imprimir desde el comando Convertir del complemento Adobe PDF, accederá al cuadro de **configuración avanzada de su impresora**, desde el que puede modificar los ajustes de salida.

SI TIENE INSTALADO EN SU EQUIPO ADOBE ACROBAT podrá activar en Internet Explorer la barra Adobe PDF, con cuyo icono de conversión podrá convertir rápidamente una página Web en un documento PDF sin necesidad de pasar por el cuadro Imprimir.

1. Para empezar este ejercicio, activaremos en Internet Explorer la barra Adobe PDF. Haga clic con el botón derecho del ratón en la **Barra de menús** y, en el menú contextual que aparece, pulse en la opción **Adobe PDF**. 1
2. Aparece el cuadro **Habilitar complemento** que nos permite seleccionar los complementos asociados de Adobe PDF que queremos habilitar. Manténgalos todos seleccionados y pulse el botón **Habilitar**. 2
3. La barra **Adobe PDF** se añade a la interfaz de Internet Explorer. En este ejemplo seguimos trabajando con la página de la receta, pero puede acceder a cualquier otra si lo desea. Haga clic en el botón de punta de flecha de la herramienta **Convertir**.
4. Mantenga seleccionada la opción **Ver el resultado de Adobe PDF** y haga clic en **Convertir página Web a PDF**. 3

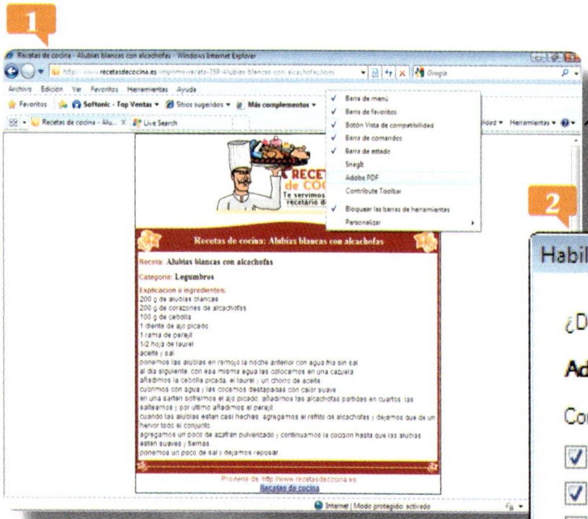

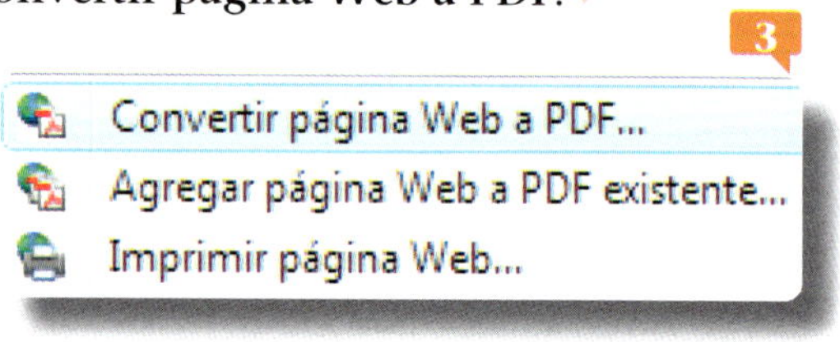

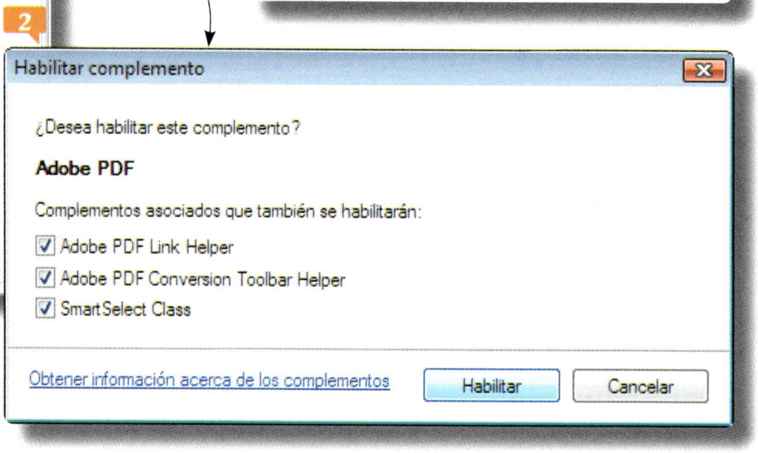

061

5. Se abre el cuadro de diálogo **Guardar como** en el que, como ya sabe, debemos asignar un nombre para el nuevo documento que se va a crear y establecer la ubicación del equipo donde queremos guardarlo. Escriba un nombre en el campo **Nombre** y, manteniendo seleccionada la carpeta **Documentos**, pulse el botón **Guardar**.
6. Un cuadro de diálogo nos indica el estado del proceso de conversión y, al acabar, puesto que teníamos activada la opción **Ver el resultado**, se abre en Acrobat (o en Reader) la página Web debidamente convertida. Como ve, el resultado es idéntico al que se ha obtenido al crear el documento desde el cuadro Imprimir, pero quizás el proceso es más rápido y sencillo. Cierre el documento PDF pulsando el botón de aspa de su **Barra de título**.
7. Para acabar, veremos cómo imprimir directamente la página Web tras su conversión. Pulse de nuevo en el botón de punta de flecha de la herramienta **Convertir** y haga clic en la opción **Imprimir página Web**.
8. Como ve, se crea un archivo PDF temporal que se muestra en un segundo plano, detrás del cuadro **Imprimir**, en el que debemos establecer las condiciones de la impresión. La vista previa en este cuadro le muestra el aspecto que tendrá la página al imprimirla. Mantenga la configuración de impresión predeterminada y pulse el botón **Aceptar**.
9. Cuando finalice la impresión, cierre el documento de Acrobat pulsando el botón de aspa de su **Barra de título** para dar por acabado este ejercicio.

7

4

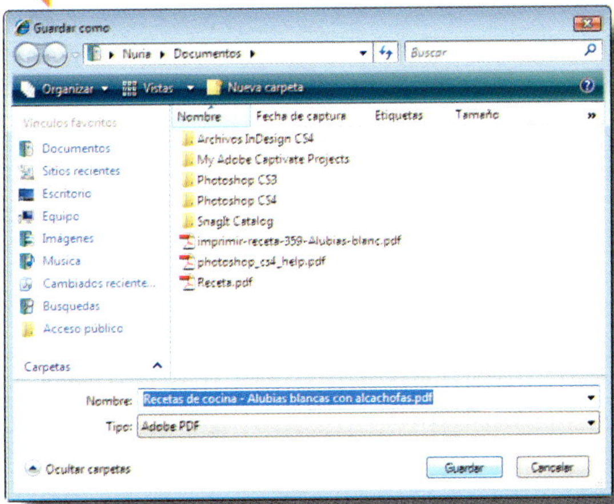

5

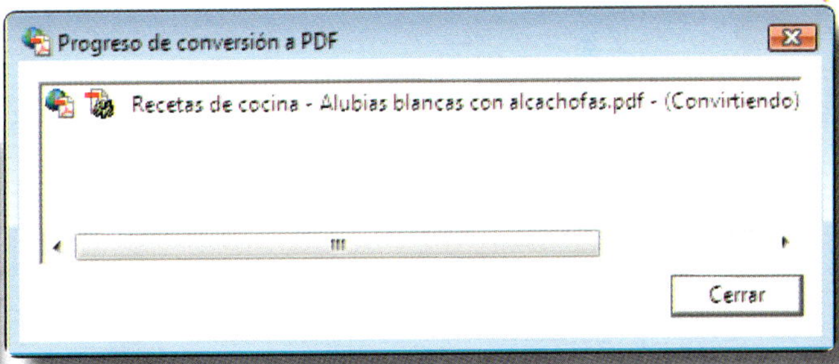

6

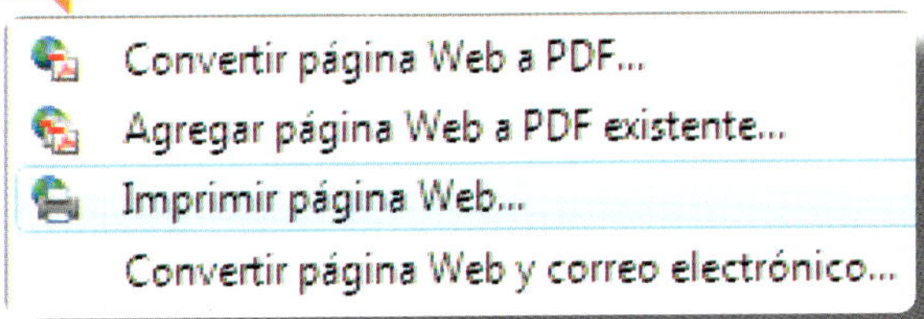

Configurar la conversión a PDF

IMPORTANTE

En la ficha Configuración de Adobe PDF puede elegir entre que el sistema **solicite el nombre del archivo PDF** que se va a crear y permita seleccionar la carpeta en la que quedará almacenado o bien que lo guarde directamente en la carpeta Documentos del equipo.

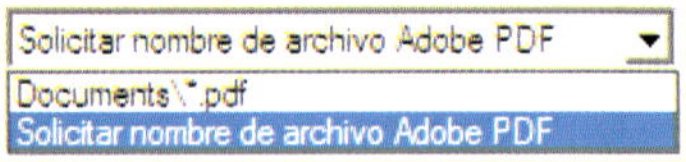

EXISTEN DOS MANERAS DE CONFIGURAR la conversión de una página Web a PDF, en función de si se utiliza la herramienta imprimir de internet explorer o la herramienta convertir de la barra Adobe PDF.

1. En este ejercicio vamos a mostrarle las dos maneras de configurar la exportación de una página Web a PDF. En primer lugar, veremos la configuración que se puede llevar a cabo desde el cuadro **Imprimir**. Abra el menú **Archivo** y pulse en la opción **Imprimir**. 1
2. Con la impresora **Adobe PDF** seleccionada, pulse en el botón **Preferencias**. 2
3. Se abre el cuadro **Preferencias de impresión** mostrando la ficha **Configuración de Adobe PDF** activada. Disponemos de diferentes configuraciones predeterminadas. Pulse el botón de punta de flecha del campo **Configuración predeterminada** y elija, por ejemplo, **Tamaño de archivo más pequeño**. 3
4. En la parte superior del cuadro puede ver una breve descripción de la configuración elegida. Para modificar sus propiedades, pulse el botón **Editar**.
5. Desde este cuadro es posible personalizar todas las opciones de esta configuración. Supongamos, por ejemplo, que queremos

1

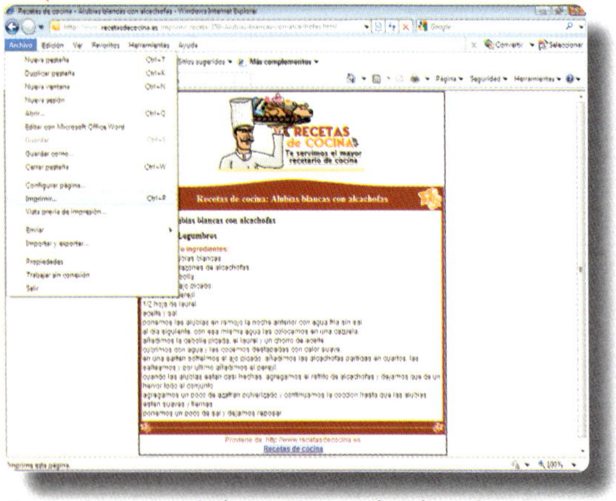

Recuerde que también puede acceder al cuadro Imprimir pulsando la combinación de teclas **Ctrl.+P**.

2

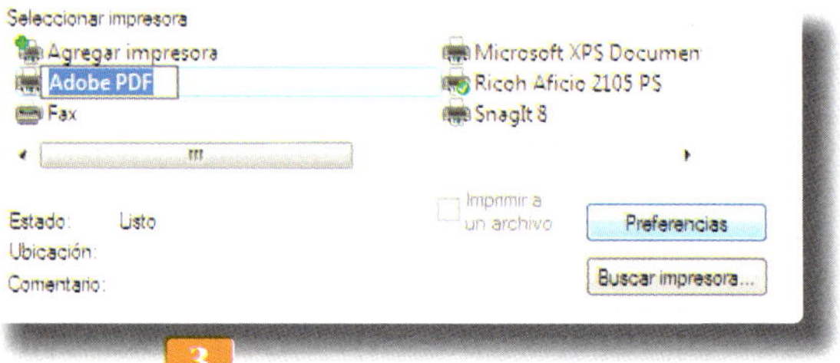

3

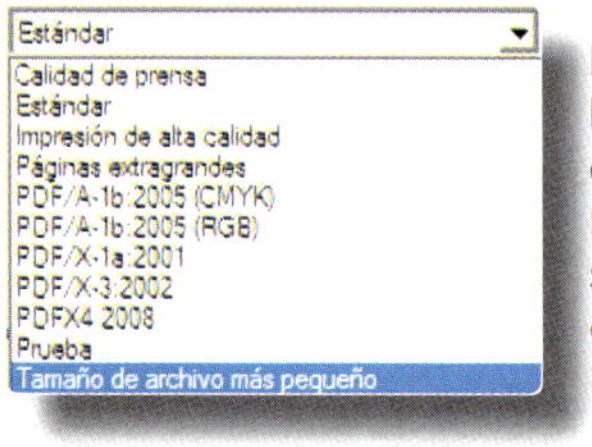

Por defecto, en la configuración de impresión a PDF se encuentra seleccionada la configuración **Estándar**.

062

cambiar la calidad de las imágenes en color. Seleccione en el panel de la izquierda la categoría **Imágenes,** pulse el botón de flecha del campo **Calidad de imagen** y elija la opción **Media**.

6. De este modo puede ir eligiendo los valores que se ajusten a sus necesidades. Pulse el botón **Aceptar**.
7. Al haber realizado cambios en una configuración predeterminada, el sistema nos pide que la guardemos con un nuevo nombre. Escríbalo en el campo **Nombre** y pulse **Guardar**.
8. A partir de ahora, podrá seleccionar esta nueva configuración siempre que quiera. Salga del cuadro **Preferencias de impresión** pulsando el botón **Cancelar** y haga lo mismo con el cuadro **Imprimir**.
9. Ahora veremos otra manera de configurar la exportación de una página Web a PDF. Pulse el botón de flecha de la herramienta **Convertir**, en la barra **Adobe PDF**, y elija la opción **Preferencias**.
10. Desde el cuadro **Configuración de conversión de página Web** puede personalizar la configuración general y la presentación de la página. Imagine que quiere convertir la página en un documento PDF de sólo texto. Haga clic en el botón de punta de flecha del campo **Tipo de archivo** y elija la opción **Texto**.
11. Pulse en la ficha **Presentación de página** y vea que desde aquí puede cambiar el tamaño de la página, los márgenes, la orientación y la escala. Como ve, puede modificar un gran número de características de la conversión a PDF. Salga de este cuadro pulsando el botón **Cancelar** para dar por acabado el ejercicio.

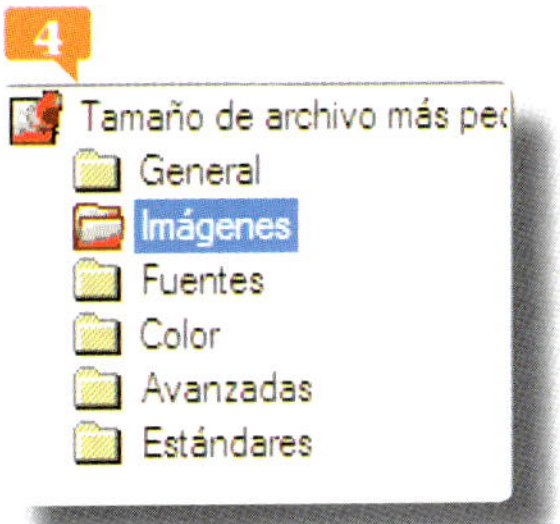

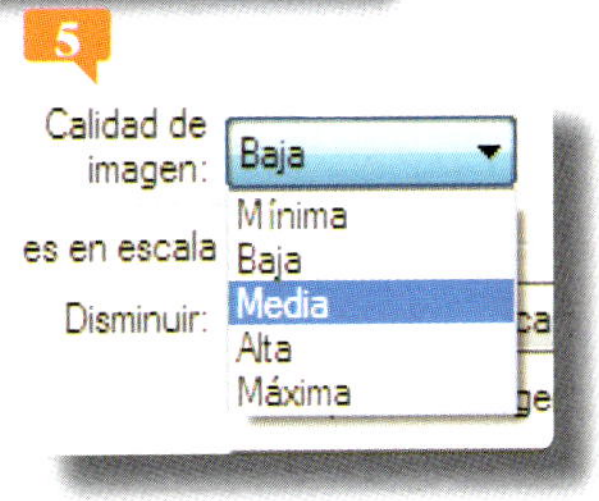

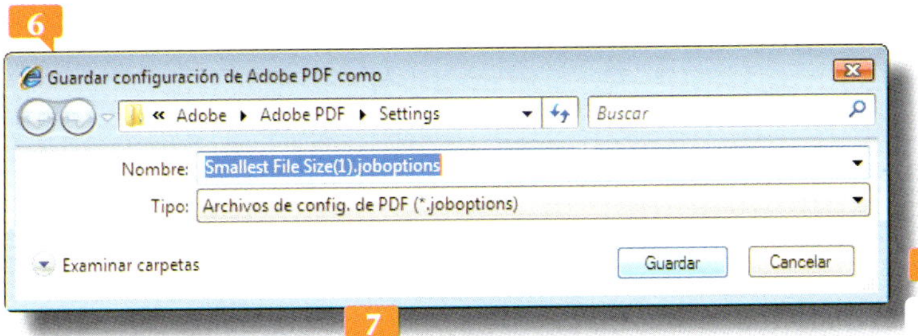

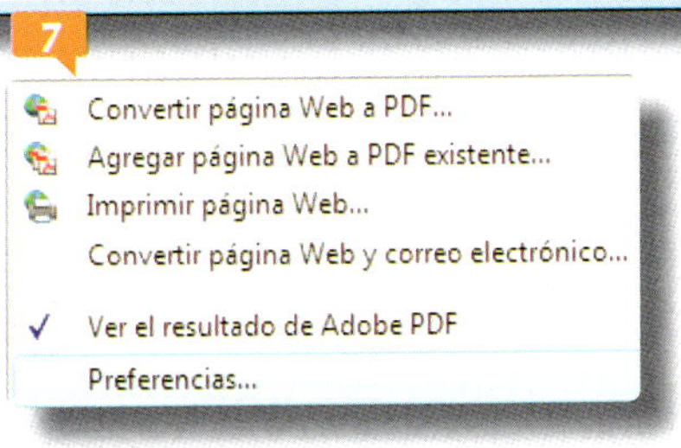

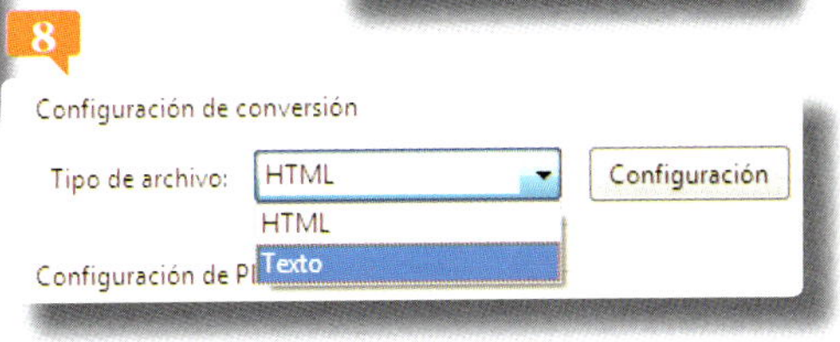

Puede recuperar las preferencias predeterminadas pulsando el botón **Predeterminado** del cuadro Configuración de conversión de página Web.

Si pulsa el botón **Configuración** situado junto al campo Tipo de archivo accederá al cuadro de configuración de la conversión de texto.

Agregar página Web a PDF ya existente

IMAGINE QUE HA CONVERTIDO UNA PÁGINA WEB cualquiera en un documento PDF y que, posteriormente, desea añadir a ese documento otra página. Gracias a la función Agregar página Web a PDF existente, ubicada en el comando Convertir de la barra Adobe PDF, el proceso le resultará rápido y sencillo.

1. En este ejemplo, seguimos trabajando con la página Web **www.recetasdecocina.com**. Tras haber convertido una de las recetas de esta página en un documento PDF que hemos guardado en la carpeta **Documentos**, vamos a añadirle a ese documento otra receta. Elija una de la categoría **Ensaladas**, por ejemplo, pulsando en los vínculos adecuados.
2. Pulse en el botón de flecha del comando **Convertir** de la barra **Adobe PDF** y elija la opción **Agregar página Web a PDF existente**. (Recuerde que puede mostrar la barra Adobe PDF seleccionándola en el menú contextual de la Barra de herramientas del navegador.)
3. Se abre así el cuadro **Agregar página Web a un archivo Adobe PDF ya existente**, en el que debemos localizar y seleccionar el archivo al que vamos a agregar esta página. Pulse en el botón **Examinar carpetas**.
4. Ahora puede ver sus carpetas en el cuadro de diálogo. Localice y seleccione el documento PDF que generó en un ejercicio

1

2

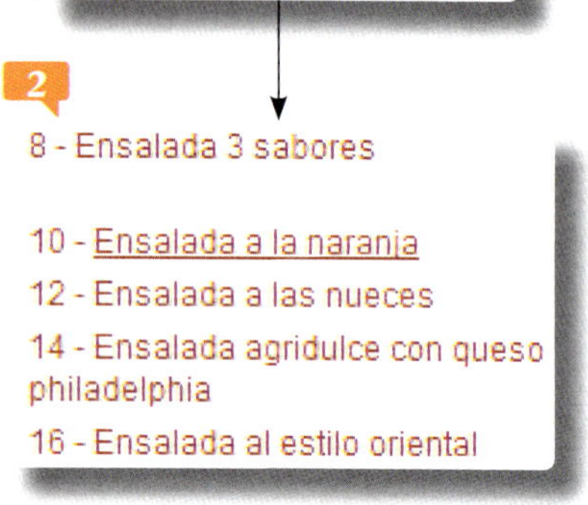

3

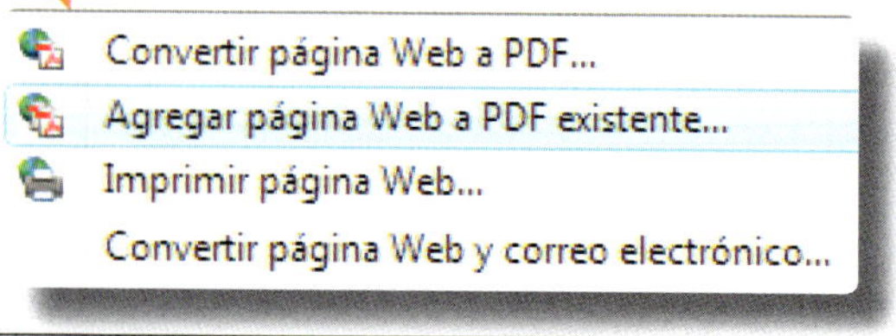

4

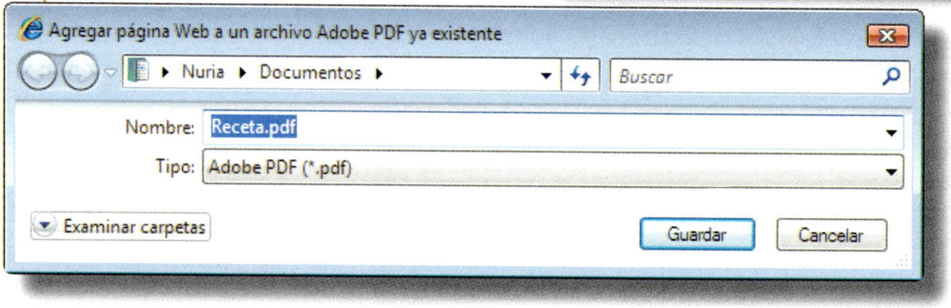

Al pulsar en el botón Examinar carpetas, se mostrará el esquema de carpetas de su sistema y su nombre cambiará a **Ocultar carpetas**.

anterior a partir de la página Web con la receta y pulse en el botón **Guardar**.

5. En el cuadro que aparece durante el proceso de adición de la página actual al documento PDF elegido puede ver que se muestra el nombre de las dos páginas separado por un signo +. Una vez finalizado el proceso, sólo falta que abra el documento PDF para comprobar que se encuentran en él las dos páginas Web. Abra el menú **Inicio** y haga clic en **Documentos**.
6. En la ventana **Documentos**, localice el documento PDF con las recetas y ábralo con un doble clic.
7. Observe el panel **Marcadores** del documento PDF: efectivamente, la página con la receta de ensalada se ha añadido a la página con la receta anteriormente convertida a PDF. Pulse sobre el marcador de la receta de ensalada.
8. En este ejemplo, como la página que hemos convertido tenía un anuncio creado con Flash, aparece un cuadro de advertencia que nos permite reproducir este elemento multimedia sólo una vez o bien reproducirlo y agregar el documento a la lista de documentos de confianza. Mantenga la primera opción seleccionada y pulse el botón **Reproducir**.
9. Tras comprobar que la nueva página se ha convertido en PDF correctamente añadiéndose al documento ya existente, cierre ese documento pulsando el botón de aspa de su **Barra de título** y repita la operación con la ventana **Documentos**.

7

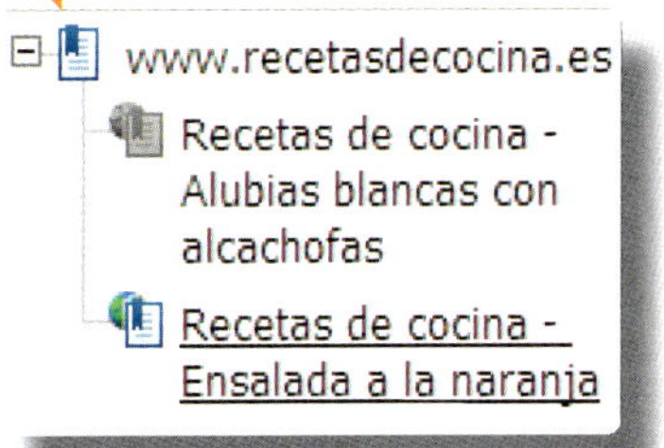

6

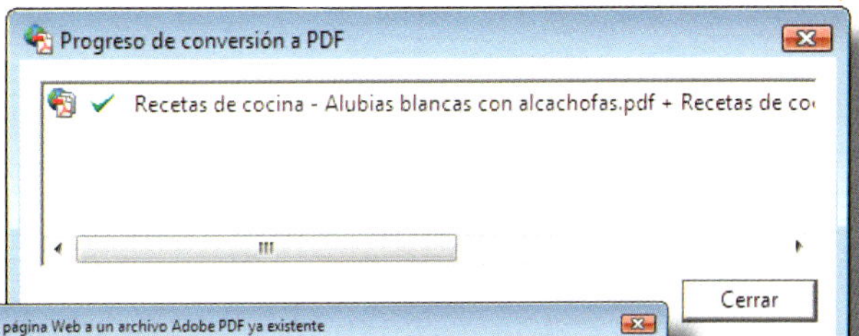

5

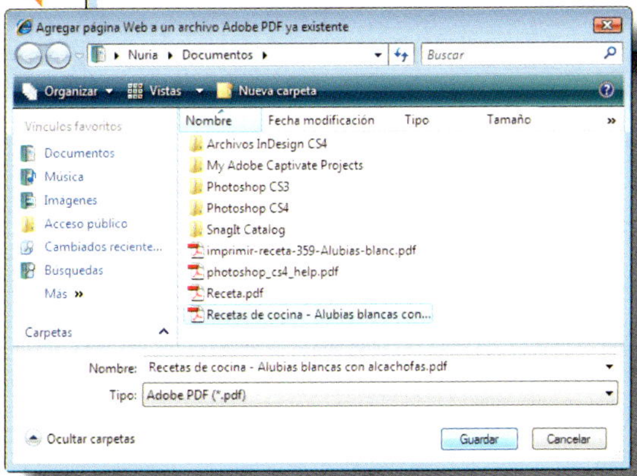

8

Tras seleccionar el documento PDF al que desea **agregarse la nueva página Web**, el proceso se lleva a cabo directa y rápidamente, sin pasar por ningún cuadro de diálogo de configuración.

Convertir a PDF y enviar por correo electrónico

AL CONVERTIR UNA PÁGINA WEB al formato de documento portátil PDF, cualquier persona que cuente con Adobe Reader podrá leer el contenido del documento, aunque no tenga instalado Internet Explorer. Ya hemos visto en ejercicios anteriores cómo convertir una pagina Web en un documento PDF; en éste, le mostraremos cómo realizar el mismo proceso pero añadiéndole la función de envío por correo electrónico.

1. Como se ha visto en ejercicios anteriores, el comando **Convertir** de la barra de herramientas **Adobe PDF** permite convertir rápidamente una página Web en un documento con ese formato portátil y añadir otras páginas a documentos ya creados. Si además pretende enviar el documento resultante de la conversión por correo electrónico, puede conseguirlo con un sólo paso. Veamos cómo. Con la página que desea enviar por correo y en formato PDF abierta en Internet Explorer, pulse en el botón de flecha del comando **Convertir** y haga clic en la opción **Convertir página Web y correo electrónico.** 1
2. En primer lugar, debemos dar un nombre al documento PDF que se va a crear y establecer en qué carpeta se va a guardar. Hágalo en el cuadro **Guardar como** y pulse el botón **Guardar.** 2

1

2

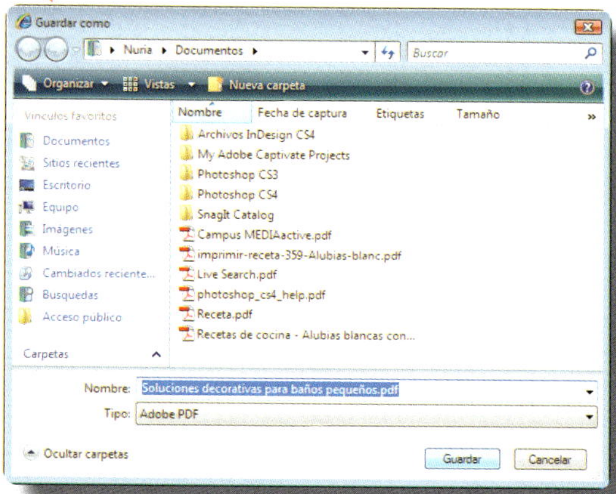

064

3. Tras la conversión en PDF [3], se abre automáticamente el programa gestor de correo electrónico que tenga predeterminado mostrando en el campo **Adjunto** el nombre de su documento. Ahora sólo tiene que rellenar el resto de campos necesarios y proceder con el envío. En el campo **Para** introduzca la dirección de correo electrónico a la que va a enviar el mensaje.
4. Si lo desea, escriba un término que describa el contenido del mensaje en el campo **Asunto**, complete el mensaje escribiendo un texto en el cuerpo y pulse el botón **Enviar**. [4]
5. Una vez enviado el mensaje, volvemos al documento PDF. Sepa que también podría adjuntar este documento a un mensaje de correo electrónico manualmente, usando la opción **Adjuntar a correo electrónico** del menú **Archivo**. [5] Cierre el documento PDF pulsando el botón de aspa de su **Barra de título**.
6. Antes de acabar, asegúrese de que el mensaje se envía accediendo a su gestor de correo, comprobando que se encuentra en su **Bandeja de salida** y enviándolo manualmente [6] en caso de que su configuración así lo exija.

Si ahora accediéramos a la dirección de correo electrónico a la que se ha enviado el mensaje, podríamos comprobar que el destinatario lo ha recibido correctamente: un mensaje con un archivo adjunto en formato PDF. [7]

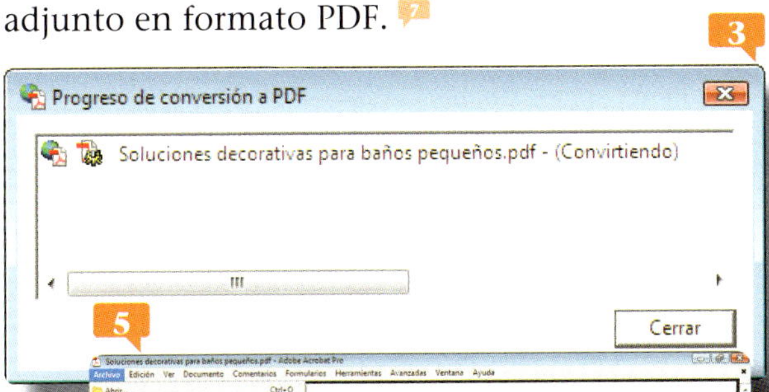

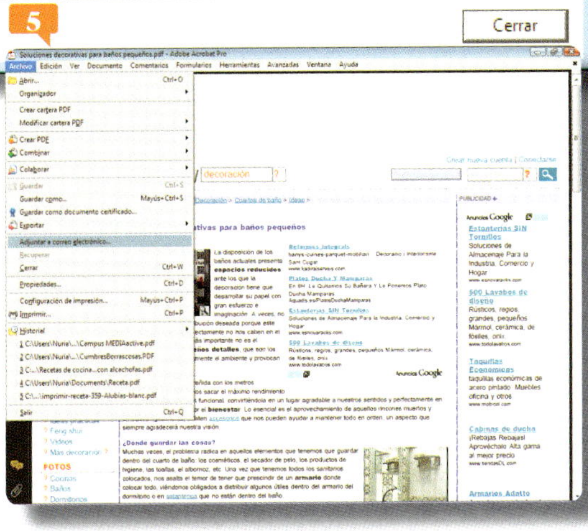

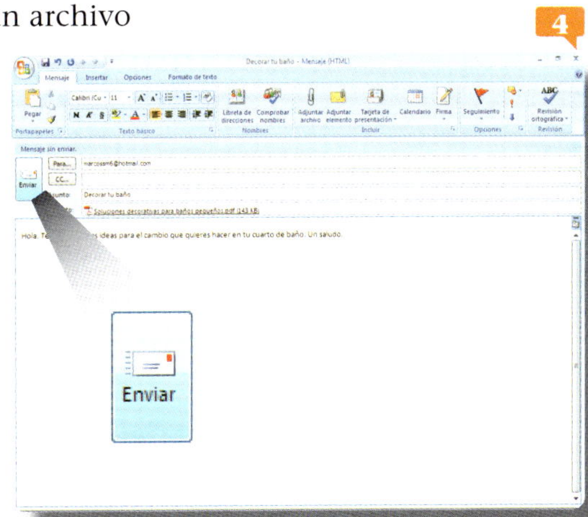

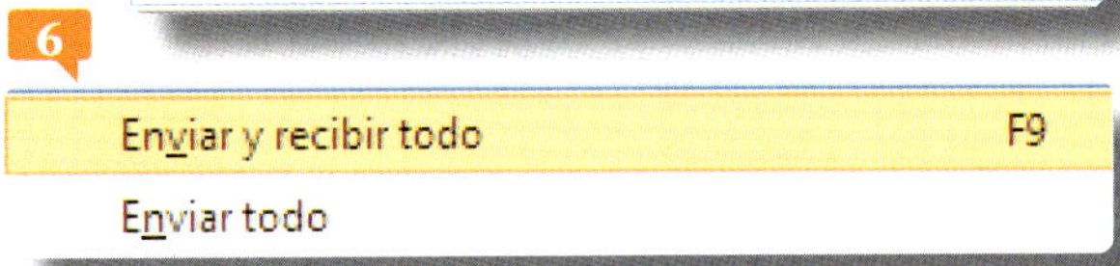

Convertir una página Web al formato XPS

IMPORTANTE

Para saber si dispone de **.NET Framework 3.0**, complemento necesario para poder usar el visor XPS con Internet Explorer, acceda al cuadro Características de Windows desde la función Programas y características del Panel de control. En ese cuadro, compruebe que dispone del complemento y asegúrese que tiene activada la opción **XPS Viewer**.

EL FORMATO DE DOCUMENTO PORTÁTIL XPS (siglas del término inglés *XML Paper Specification*) fue ideado por Microsoft para poder ver documentos en cualquier equipo que disponga de un visor XPS, incluso si no cuenta con los programas utilizados para crear los documentos originales. Normalmente, los documentos guardados con formato XPS pueden visualizarse sin problemas en Internet Explorer.

1. En este ejercicio veremos como convertir una página Web al formato de documento portátil de Microsoft, XPS. Como verá, el procedimiento es muy similar al que se siguió en su momento para convertir una página al formato PDF de Adobe. En este ejemplo hemos entrado en esta página Web infantil: **http://pequelandia.org/cuentos/desiempre/mago**, aunque como sabe, puede usar cualquier otra página. Pulse en el botón de flecha del icono **Imprimir** de la Barra de comandos y elija la opción **Imprimir**. 1
2. En el cuadro **Imprimir**, que ya empieza a conocer bien, elija la impresora **Microsoft XPS Document Writer** 2 y pulse en el botón **Preferencias**.
3. En el cuadro **Preferencias de impresión**, pulse en la pestaña **Documentos XPS**.

1

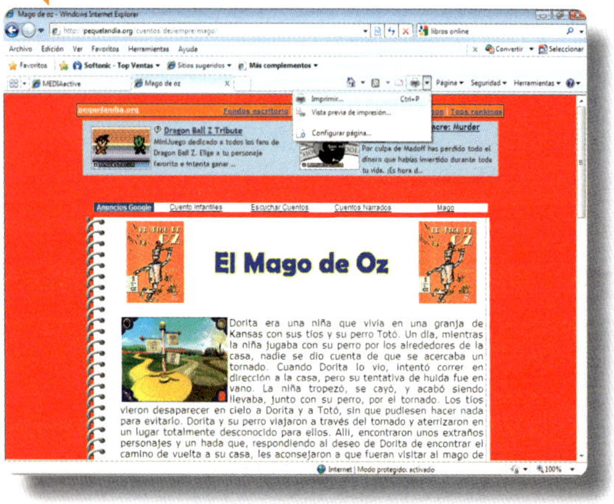

2

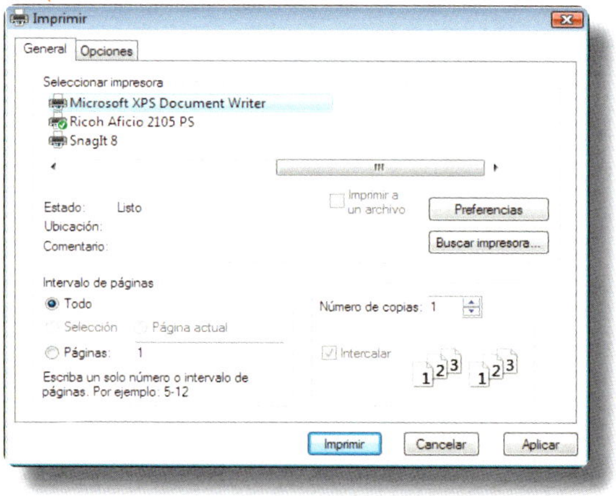

4. Los dos vínculos que aparecen en esta ficha le permiten acceder a la ayuda de Windows para obtener más información acerca del formato XPS. Active la opción **Abrir los documentos XPS automáticamente con el visor de XPS** 3 y pulse el botón **Aceptar**.
5. Una vez establecidas las preferencias de la impresión, pulse el botón **Imprimir**.
6. Se abre de este modo el cuadro **Guardar como** en el que debemos establecer un nombre para el documento con extensión .xps que se va a crear e indicar la ubicación del equipo en que se guardará. Escriba un nombre para el documento en el campo **Nombre**, localice y seleccione la carpeta **Documentos** y pulse el botón **Guardar**. 4
7. Tal y como hemos establecidos en las preferencias de la conversión, se abre el documento XPS en el navegador, en un nueva pestaña. Sepa que el visor de XPS sólo funciona con Internet Explorer si dispone de la aplicación **Microsoft .NET Framework 3.0**, que viene instalada por defecto con Windows Vista. Puede realizar búsquedas en el documento, guardar una copia, imprimirlo, en definitiva, puede realizar las acciones habituales. Cierre la pestaña del documento XPS pulsando en su botón de aspa. 5
8. Y para dar por acabado este sencillo ejercicio, vuelva a su página de inicio pulsando en el icono **Página principal** de la Barra de comandos. 6

3

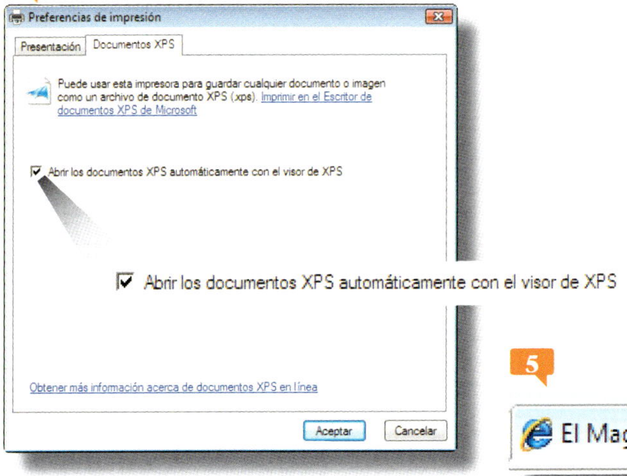

4

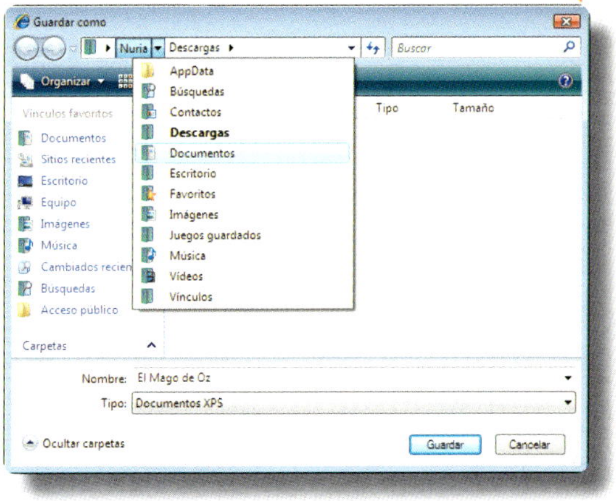

5

6

Establecer programas de Internet

DESDE LA FICHA PROGRAMAS del cuadro Opciones de Internet es posible elegir el programa que se desea utilizar como editor de archivos HTML en Internet Explorer así como establecer los programas que se van a usar para otros servicios del navegador, como el correo electrónico.

1. En este ejercicio veremos qué programas se pueden utilizar en Internet Explorer para editar contenido HTML y estableceremos los programas que usará el navegador para ejecutar diferentes acciones. En primer lugar, pulse en el botón **Herramientas** de la **Barra de comandos** y haga clic en **Opciones de Internet**.
2. Pulse en la ficha **Programas** del cuadro **Opciones de Internet**.
3. En el caso de que tuviera más de un navegador instalado en el equipo, podría indicar en el apartado **Explorador Web predeterminado** cuál es el que se utilizará siempre por defecto para navegar por el Web. El siguiente apartado, **Administrar complementos**, permite, como ya sabe, habilitar o deshabilitar los complementos del explorador instalados en el sistema. Y en el apartado **Edición de HTML** es donde elegiremos el programa que usaremos para editar archivos HTML en Internet Explorer. Como ve, ese programa es, por defecto, **Microsoft Office Word**. Pulse en el botón **Editor HTML.**

1

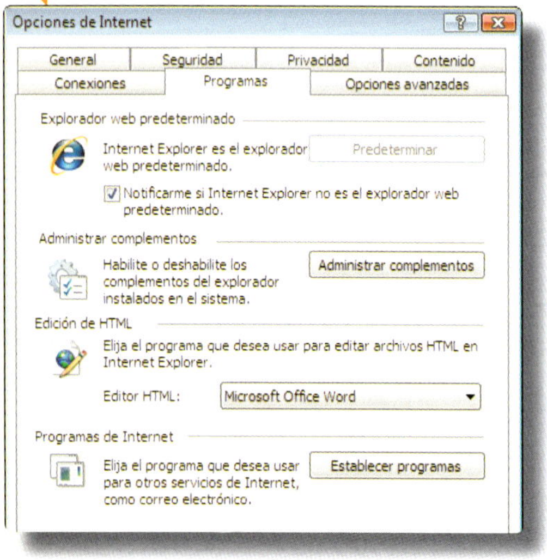

2

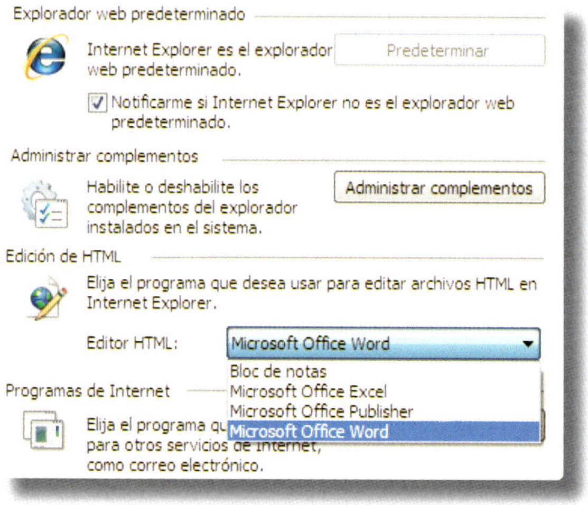

066

4. Podemos usar como editor de HTML el **Bloc de notas**, **Microsoft Office Excel**, **Microsoft Office Publisher** o **Microsoft Office Word** (lógicamente, para poder trabajar con estos últimos deberá disponer de la suite Office instalada en su equipo.) Mantenga seleccionado el programa **Microsoft Office Word** pulsando sobre él.
5. Seguidamente, pulse el botón **Establecer programas** del apartado **Programas de Internet**.
6. Se accede de este modo al apartado del **Panel de control** de Windows dedicado a la elección de los programas que el sistema usa para ejecutar determinadas acciones. Pulse en el vínculo **Establecer programas predeterminados**. 3
7. Aparece la lista de programas instalados en el equipo que puede seleccionar y establecer como predeterminados. Vamos a elegir Windows Mail, el gestor de correo electrónico de Windows Vista, como programa predeterminado para gestionar nuestro correo. Haga clic en el programa **Windows Mail**.
8. Ahora puede establecer este programa como predeterminado y elegir los tipos de archivos que se abrirán por defecto con esta aplicación. Pulse en la opción **Establecer este programa como predeterminado**. 4
9. Seleccione ahora el programa **Reproductor de Windows Media** y establézcalo también como programa predeterminado para reproducir contenido multimedia.
10. Una vez haya acabado de establecer los programas predeterminados, pulse el botón **Aceptar**, cierre la ventana **Programas predeterminados** pulsando el botón de aspa de su **Barra de título** y acepte también el cuadro **Opciones de Internet**.

3

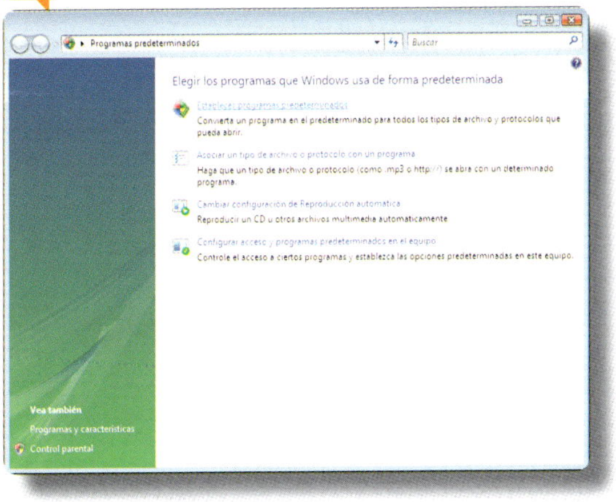

4

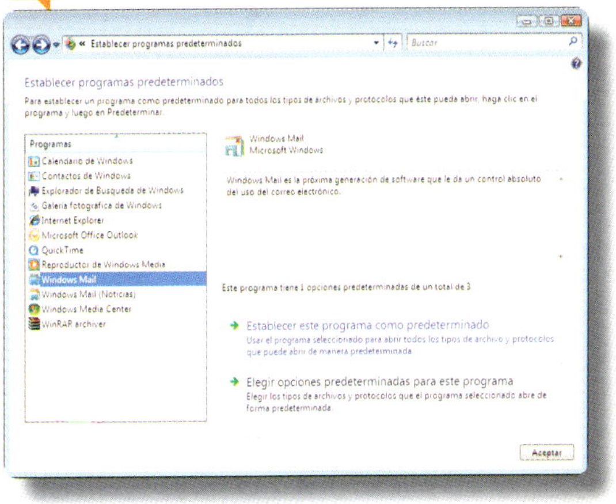

Asociar un tipo de archivo con un programa

IMPORTANTE

En la ventana Programas predeterminados, pulse en el vínculo **Configurar acceso y programas predeterminados en el equipo** para establecer los programas predeterminados que Windows utilizará para determinadas acciones para todos los usuarios del equipo.

DESDE LA VENTANA DE PROGRAMAS PREDETERMINADOS del Panel de control, es posible asociar un determinado protocolo o tipo de archivo con un programa para que siempre se abra con dicho programa.

1. Para empezar, acceda al cuadro **Opciones de Internet** desde el comando **Herramientas** y sitúese en la ficha **Programas**.
2. Pulse en el botón **Establecer programas** [1] para acceder a la ventana de programas predeterminados de Windows y haga clic en el vínculo **Asociar un tipo de archivo o protocolo con un programa**. [2]
3. Aparece así una larga lista de extensiones y protocolos con sus correspondientes programas asociados. En primer lugar, desplácese por la lista usando la **Barra de desplazamiento vertical** para comprobar que los archivos con extensión **.htm** y **.html** se abrirán con **Internet Explorer**. [3]
4. Desplácese ahora hasta la parte final de la lista, donde se muestran los protocolos, y compruebe que Internet Explorer también es el programa predeterminado para los protocolos **FTP**, **HTTP** y **HTTPS**. [4]

1

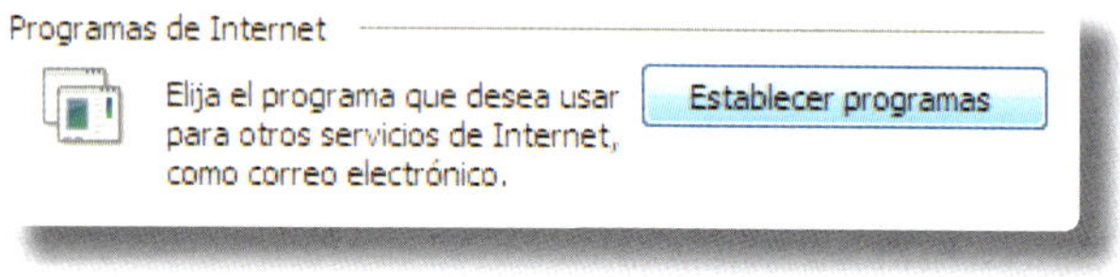

También es posible acceder a la ventana de programas predeterminados desde el Panel de control, siguiendo los vínculos **Programas** y **Establecer programas predeterminados**.

3

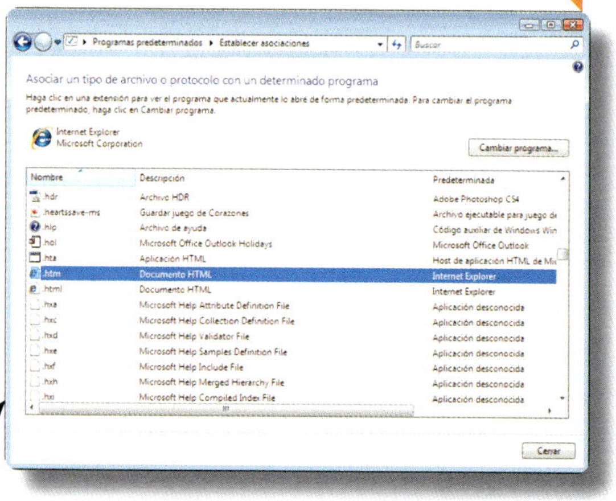

2

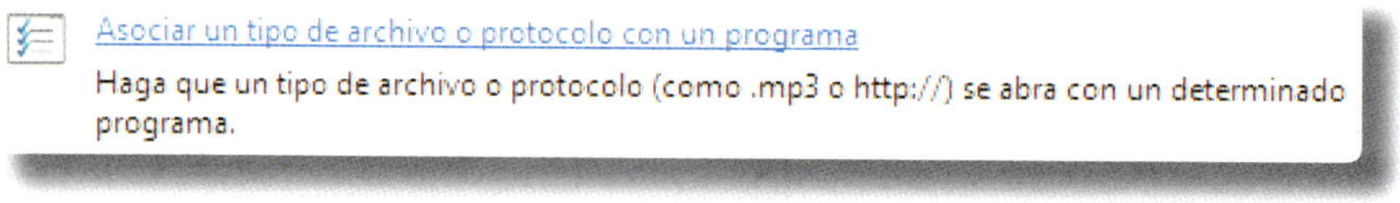

067

5. Seguidamente, veremos cómo cambiar uno de los programas predeterminados. Localice en la lista la extensión **.docmhtml** y selecciónela.
6. En nuestro ejemplo, esta extensión está asociada a una aplicación desconocida. Para que este tipo de archivo se abra con el navegador Internet Explorer, debemos asociarlo a este programa. Pulse el botón **Cambiar programa**.
7. Se abre de este modo el cuadro **Abrir con**, mostrando una lista de los programas instalados en su equipo a los que puede asociarse el archivo seleccionado. Si el programa que le interesa no aparece en esta lista, puede usar el botón **Examinar** para localizarlo. Seleccione el programa **Internet Explorer** y pulse el botón **Aceptar**. 5
8. Vea cómo se actualiza la lista de extensiones y la que hemos seleccionado está ya asociada a Internet Explorer. 6 Debe saber que también puede llevar a cabo la asociación de archivos con un programa usando la opción **Abrir con** de su menú contextual. Esta opción le dirigirá al cuadro con el que acabamos de trabajar y le permitirá elegir entre abrir siempre el archivo con esa extensión con el programa que se indique o bien abrirlo sólo una vez. Salga del cuadro **Establecer asociaciones** pulsando el botón **Cerrar**.
9. Pulse el botón de aspa de la ventana **Programas predeterminados** y acabe este sencillo ejercicio aceptando los cambios en el cuadro **Opciones de Internet**.

4

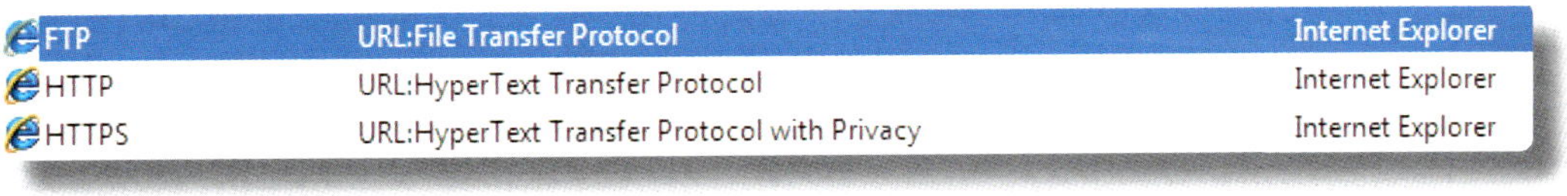

5

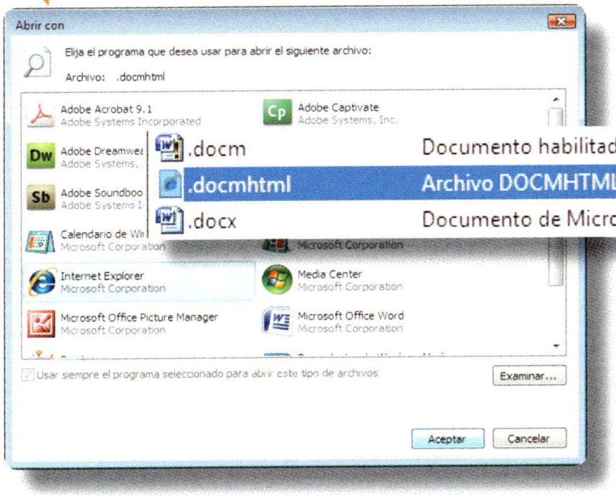

6

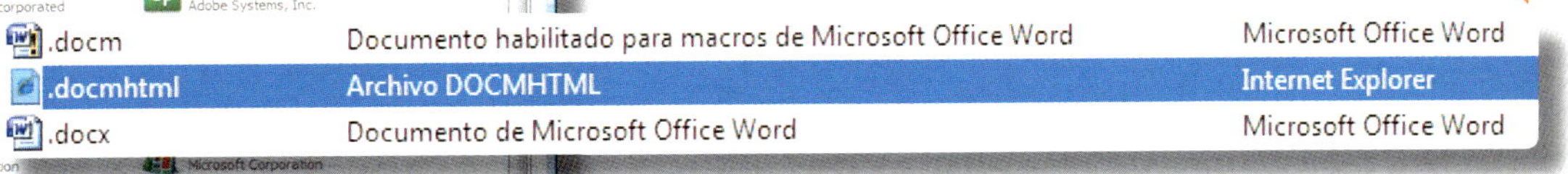

La mayoría de programas que Windows establece como predeterminados para las diferentes extensiones son los adecuados para abrir esos tipos de archivos; sin embargo, si usted prefiere verlos con otras aplicaciones, puede establecerlo desde la ventana Programas predeterminados.

Buscar imágenes en la Red

IMPORTANTE

Existen múltiples sitios que contienen imágenes organizadas por temas desde los que es posible descargarlas y guardarlas siempre y cuando sean para uso personal o publicitario, puesto que todas ellas están registradas. Uno de esos sitios es **www.bancoimagenes.com** y en él puede realizar búsquedas por palabra clave, por frases e, incluso, por autor de las fotografías. Además, puede elegir una categoría de la amplia lista en la que se organizan las imágenes.

cd364f16

LA RED SE PRESENTA COMO un inmenso escaparate por el que circula todo tipo de material (textos, imágenes, sonido y vídeo). Muchos buscadores incluyen vínculos que permiten la búsqueda concreta de imágenes mediante la introducción de palabras clave. Hay que tener en cuenta que no todo el material es de dominio público, sino que puede ser privado, en cuyo caso es indispensable respetar las normas legales y no utilizarlo para fines públicos.

1. La búsqueda de imágenes se realiza por palabra clave, igual que la de texto. Acceda a la página **www.google.es** y haga clic sobre el vínculo **Imágenes**. 1
2. En este ejemplo, escriba el término **puesta de sol** en el campo de palabra clave.
3. Observe que al introducir el término, aparece una lista de opciones de búsqueda que muestra diferentes opciones de búsqueda con el número de resultados de cada una. Seleccione una de esas opciones para iniciar el rastreo. 2
4. Los resultados aparecen casi de inmediato en el navegador. En la línea de color azul situada sobre los resultados puede ver el número aproximado de resultados. Si ahora pulsamos sobre alguno de ellos, se abrirá una nueva ventana dividida en dos partes: en la parte superior se muestra la imagen y, en

1

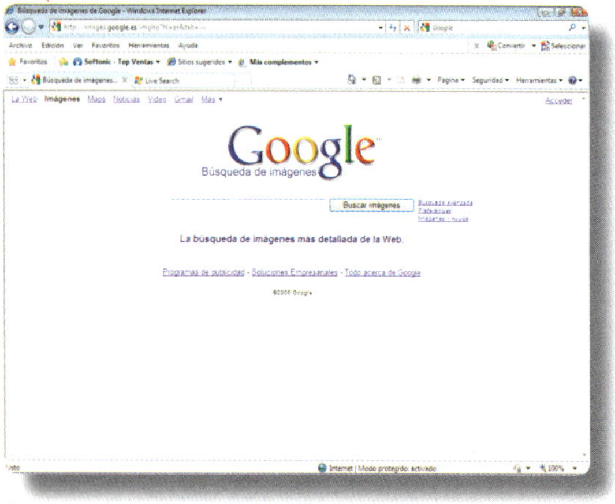

La mayoría de **buscadores** disponen de un vínculo específico para buscar imágenes en la Red.

2

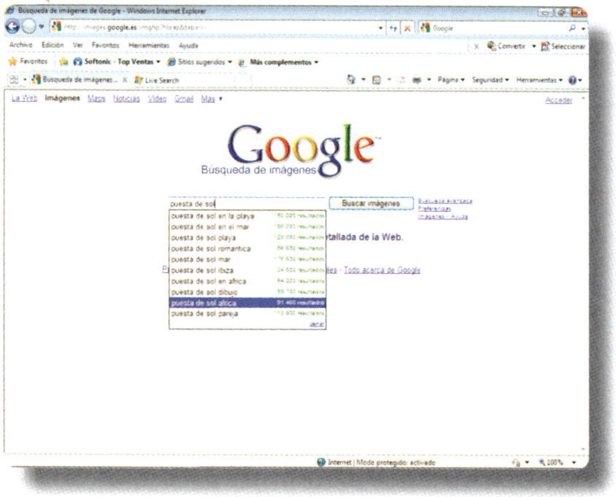

Puede cerrar la lista de sugerencias para la búsqueda de imágenes en Google pulsando el vínculo **Cerrar**.

068

la inferior, la página Web en que se encuentra. Veamos un ejemplo. En la página de resultados, haga clic sobre una de las imágenes. 3

5. Si desde aquí desea visualizar la imagen en un tamaño mayor, debe pulsar de nuevo sobre ella o pulsar el vínculo **Ver imagen en tamaño completo**. Debajo de este vínculo puede leer un texto que le advierte de que la imagen puede estar registrada, lo que significa que no puede ser utilizada con fines profesionales o públicos. Pulse sobre la imagen para aumentar su tamaño. 4

6. En el siguiente ejercicio le mostraremos cómo guardar una imagen desde Internet. Ahora seguiremos con esta práctica buscando sólo las imágenes con unas determinadas características. Pulse dos veces el botón **Atrás** del navegador para volver a la página de resultados.

7. Haga clic en el botón de punta de flecha del campo **Mostrando**, donde se muestra la opción Todos los tamaños de imagen y elija la opción **Imágenes grandes**. 5

8. El buscador nos informa ahora de que sólo se están mostrando las imágenes grandes. Haga clic en el botón de flecha del campo que muestra la opción **Cualquier contenido** y elija la opción **Contenido fotográfico**. 6

9. Como ve, existen diversas opciones que nos permiten ejecutar una búsqueda de imágenes muy concisa. Para acabar este ejercicio, vuelva a mostrar todas las imágenes pulsando en el vínculo **Mostrar todas las imágenes**. 7

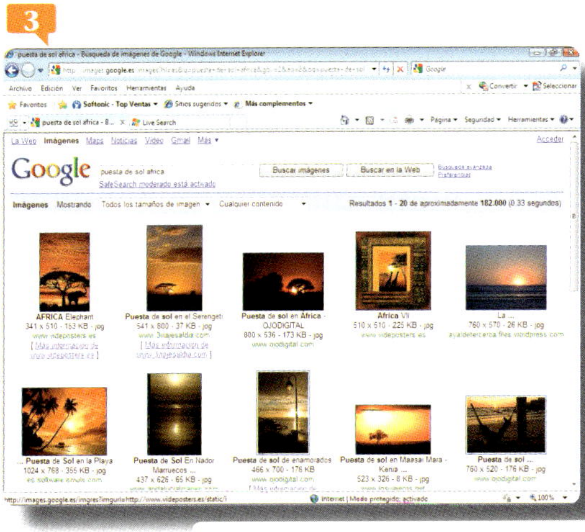

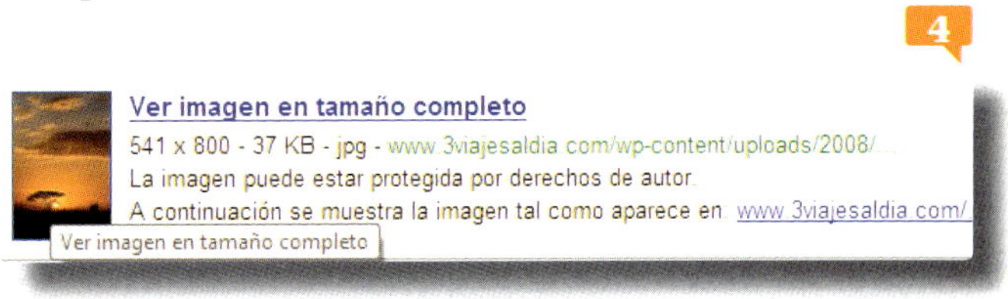

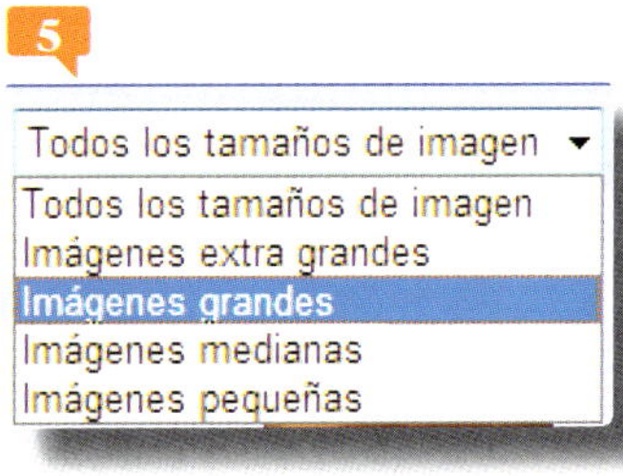

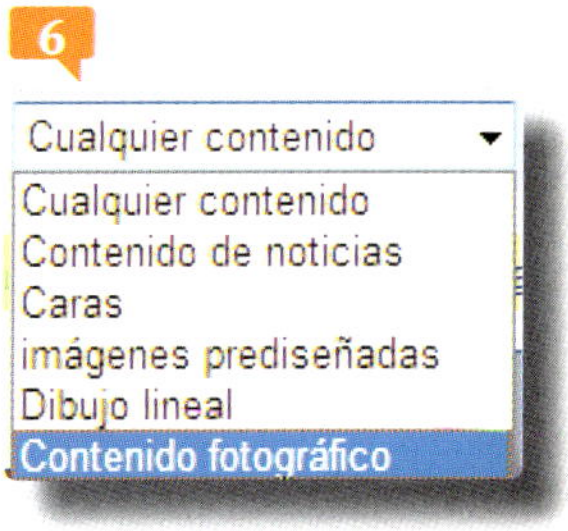

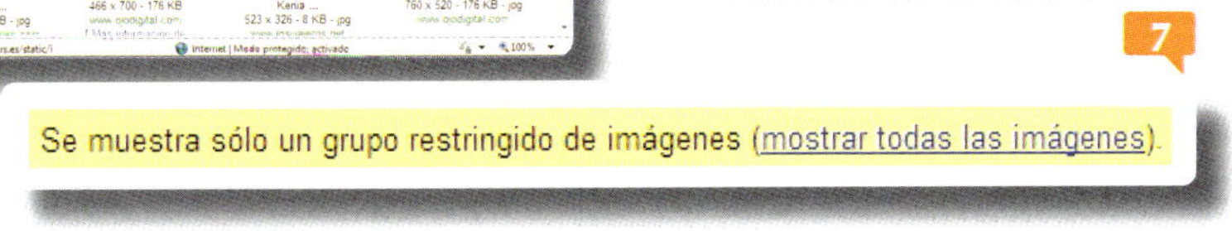

Guardar una imagen desde Internet

PUEDE ALMACENAR EN SU EQUIPO cualquier imagen que encuentre usando un buscador. El proceso es muy sencillo y puede llevarse a cabo de diferentes maneras: usando el menú contextual de la imagen en cuestión o bien la opción Guardar como que encontrará en el menú Archivo o en el botón Página.

1. En esta ocasión realizaremos una búsqueda de imágenes en el buscador Altavista. Acceda a la página **www.altavista.es** y sitúese en el apartado **Imágenes**.
2. En el cuadro de texto para la búsqueda, escriba, por ejemplo, **Estocolmo**.
3. Vamos a buscar en este ejemplo fotografías de tamaño mediando. Desactive la opción **Gráficos** y después abra el menú del campo **Tallas** y elija la opción **Mediano**. 1
4. Una vez establecidas las opciones de búsqueda, pulse el botón **Encontrar**.
5. Vamos a guardar en el equipo un par de las imágenes encontradas siguiendo dos procedimientos distintos. Pulse sobre una de las imágenes para acceder a la página Web que la contiene y, seguidamente, haga clic sobre la imagen en su página para mostrarla en tamaño real. 2

1

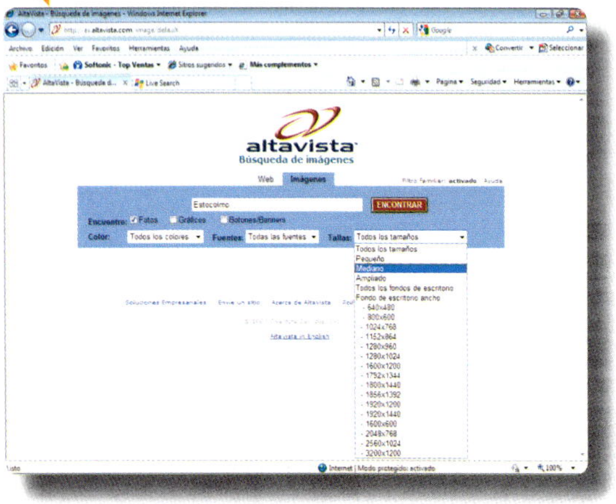

Altavista es otro de los buscadores que permiten buscar imágenes filtrándolas por tamaño, por color y por tipo.

2

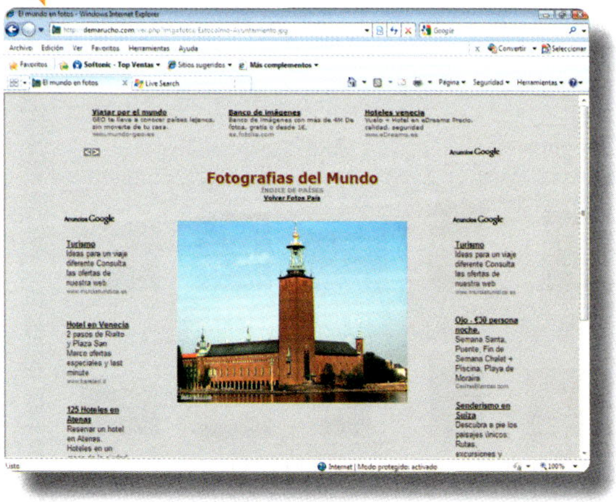

Tenga en cuenta que no siempre es posible pulsar sobre una fotografía para verla en tamaño completo.

6. Para guardar esta foto en el equipo, usaremos su menú contextual. Haga clic con el botón derecho del ratón sobre la imagen y, de su menú contextual, elija la opción **Guardar imagen como**. 3

7. Se abre el cuadro **Guardar imagen** mostrando abierta por defecto la carpeta **Imágenes**. Como ve, por defecto las imágenes de Internet se guardan con formato JPEG, pero también puede almacenarlas como mapas de bits. Escriba un nombre para su imagen en el campo **Nombre** y pulse el botón **Guardar**. 4

8. La primera imagen ya está guardada. Pulse dos veces en el botón **Atrás** del navegador para regresar a la página de resultados de Altavista y haga clic en otra de las imágenes para acceder a su página.

9. Para ver la imagen en su tamaño real, pulse sobre ella.

10. Como hemos dicho en la introducción, también es posible guardar una imagen desde Internet usando la opción **Guardar como** del menú **Archivo** o del comando **Página**. Pulse en el comando **Página** y haga clic en la opción **Guardar como**. 5

11. Debe tener en cuenta que si lo que está mostrando es una página Web, y no sólo una imagen, lo que se guardará será toda la página y no la imagen. En el caso de que esté guardando una imagen, se abrirá nuevamente el cuadro **Guardar imagen** mostrando otra vez la carpeta Imágenes y el tipo de archivo JPEG. Puede comprobar en este punto que la imagen anterior se ha guardado correctamente. Establezca un nombre para la segunda imagen y guárdela esta vez con formato de **mapa de bits**. 6

5

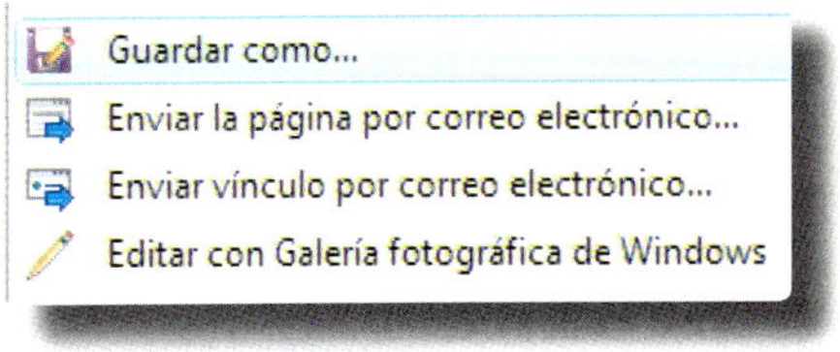

6

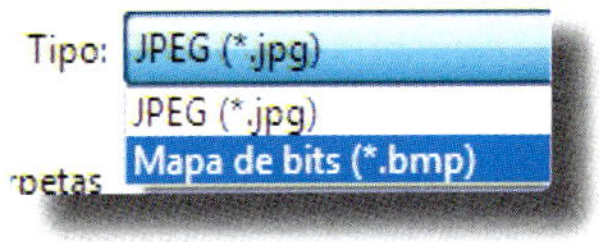

3

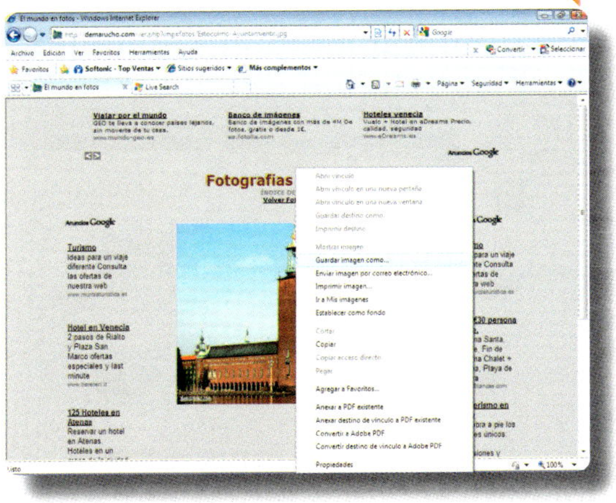

4

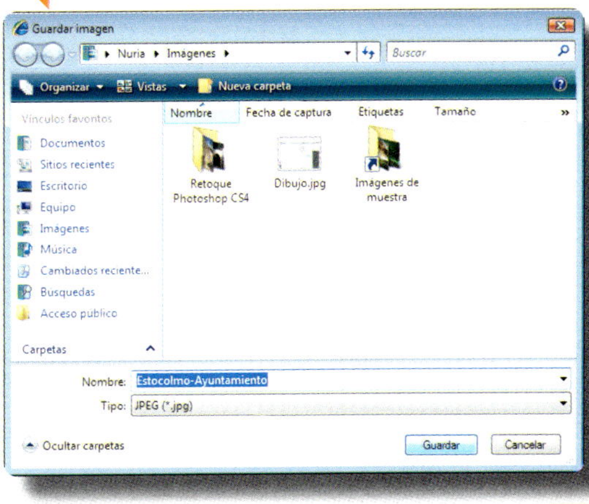

Editar una imagen desde Internet

IMPORTANTE

Tenga en cuenta que si la imagen que va a editar tiene el formato **.gif** y usted tiene instalada en su equipo la suite de Office completa, el programa predeterminado para su edición será probablemente **Microsoft Office Picture Manager**.

EL BOTÓN PÁGINA DE LA BARRA DE COMANDOS y también el menú Archivo ofrecen una opción que permite editar el contenido de una página Web con el programa apropiado en cada caso, en función del tipo de contenido que se está mostrando. En el caso de las imágenes, el programa predeterminado para su edición es la Galería fotográfica de Windows, aunque ya vimos en un ejercicio anterior cómo puede elegir otro programa predeterminado para esta tarea.

1. En este ejercicio veremos cómo editar una imagen encontrada en Internet mediante un buscador. Usaremos en esta ocasión el buscador de imágenes de Live Search. Acceda a la página **www.live.com** y sitúese en el apartado **Imágenes**.
2. Inserte en el campo de búsqueda la palabra **Barcelona**, por ejemplo, y pulse el botón **Buscar**, representado por una lupa. 1
3. Como puede ver, este buscador de imágenes es muy completo, ya que permite restringir los resultados por tamaño, por relación de aspecto, por color o por estilo. Pulse, por ejemplo, sobre el vínculo **Anchas** para ver sólo las imágenes con esa relación de aspecto. 2
4. En este buscador, al situar el puntero del ratón sobre una imagen puede ver su tamaño, la dirección de la página en que se

1

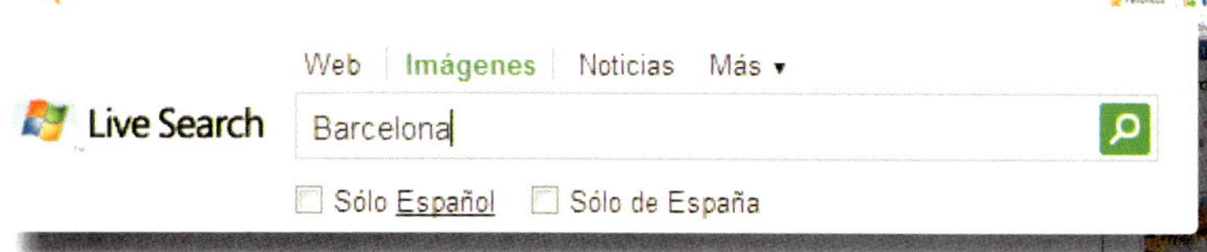

2

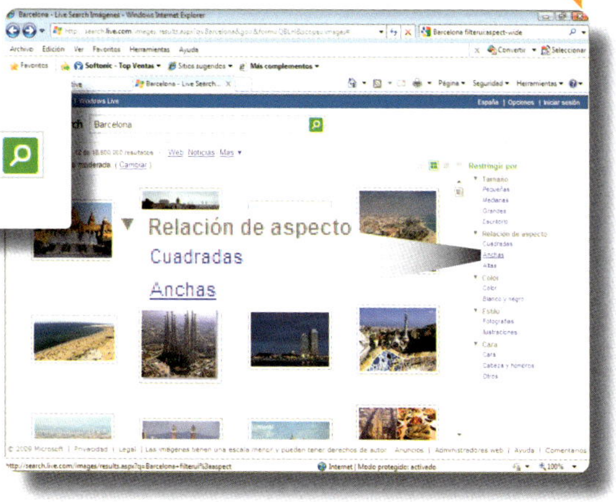

El **buscador de imágenes de Live Search** ofrece diferentes modos de visualización de los resultados que se pueden cambiar usando los iconos que aparecen en la esquina superior derecha de las lista de resultados; además, permite cambiar directamente desde la página de resultados la forma en que éstos se filtran (filtro estricto, filtro moderado y filtro desactivado).

encuentra y dos vínculos que le permiten ver otras imágenes similares y ver comentarios sobre la imagen. Sitúe el puntero del ratón sobre una de las imágenes para comprobarlo 3 y pulse sobre ella para acceder a su página.

070

5. Pulse ahora en el vínculo **Mostrar imagen a tamaño completo**.
6. En este caso, la imagen a tamaño completo se abre en una nueva ventana del navegador. Pulse en el botón **Página** de la Barra de comandos y haga clic en la opción **Editar con Galería fotográfica de Windows**. 4
7. Se abre de este modo la **Galería fotográfica de Windows** mostrando la imagen seleccionada. Como ve, desde este completo programa es posible ajustar la exposición y el color de una imagen, recortarla o corregir el efecto de ojos rojos. Pero antes de proceder tiene que cerrar la ventana del navegador que muestra la imagen para poder guardarla. Hágalo y después, de nuevo en la galería, pulse en la opción **Ajustar exposición**.
8. Use los reguladores **Brillo** y **Contraste** hasta conseguir un resultado que sea de su agrado. 5
9. Pulse en la opción **Ajustar color** y haga lo mismo con los reguladores **Temperatura de color**, **Tinte** y **Saturación**. 6
10. Para guardar esta imagen desde la galería, pulse en la opción **Archivo** y haga clic en el comando **Hacer una copia**.
11. En el cuadro **Hacer una copia**, escriba un nombre para la imagen y guárdela en su carpeta **Imágenes**. 7
12. Para acabar, cierre la Galería fotográfica de Windows pulsando el botón de aspa de su **Barra de título**.

3

5
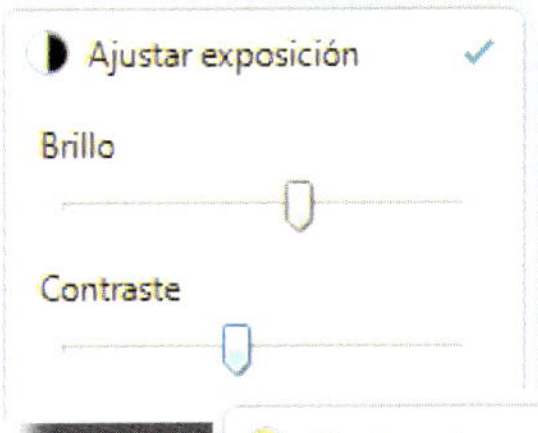

6
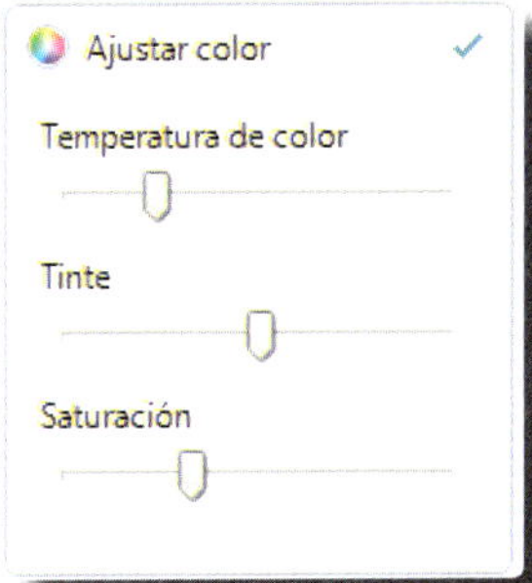

4
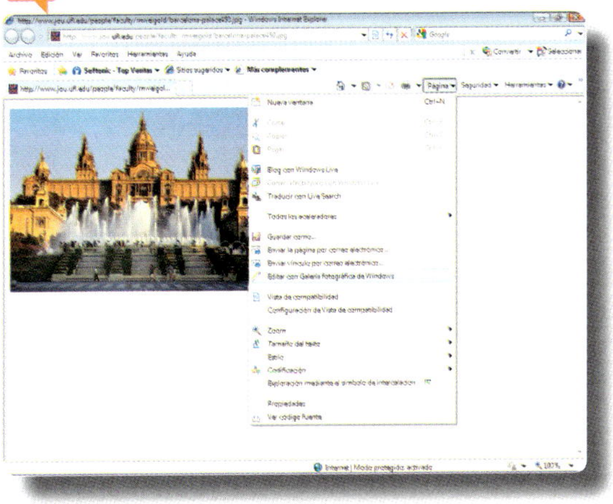

7
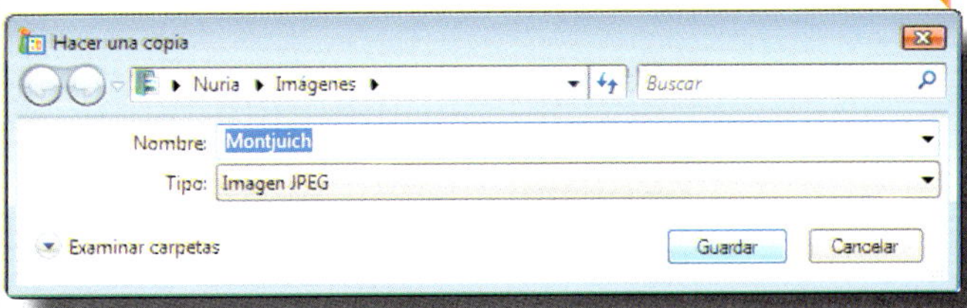

Tenga en cuenta que si no cierra antes la página del navegador que muestra la imagen en tamaño completo, no podrá ni guardarla en el equipo ni almacenar las modificaciones desde la galería fotográfica.

Enviar una imagen desde Internet

IMPORTANTE

Puede enviar la imagen con su **tamaño original** si seleccione esa opción en el campo Tamaño de la imagen del cuadro de diálogo Adjuntar archivos.

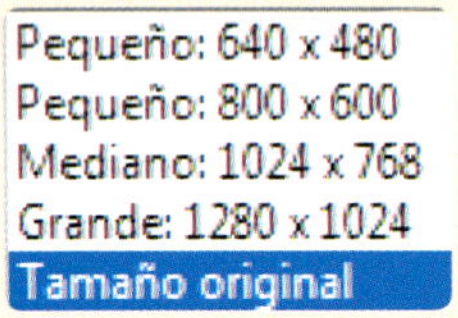

EL MENÚ CONTEXTUAL DE LAS IMÁGENES encontradas con un buscador de imágenes permite enviarlas directamente a una dirección de correo electrónico. Antes de proceder con el envío, el sistema permite ajustar el tamaño de la imagen para que el mensaje no sea demasiado pesado y, por tanto, su envío y su posterior recepción y descarga resulten demasiado lentos.

1. Seguimos practicando con el buscador de imágenes de Live Search. Empezaremos ejecutando una nueva búsqueda por palabra clave para después mostrarle cómo enviar una de las imágenes de la lista de resultados por correo electrónico. Si el cuadro de búsqueda muestra contenido, selecciónelo con un doble clic y sustitúyalo por la palabra **Picasso**, por ejemplo.
2. Pulse el icono **Buscar** para iniciar el rastreo. [1]
3. Antes de proceder con el envío de una de las imágenes, veamos cómo funciona una de las opciones que nos ofrece este buscador. Sitúe el puntero del ratón sobre una de las imágenes y haga clic en el vínculo **Mostrar imágenes similares**. [2]
4. Como ve, el buscador ejecuta un rastreo y muestra ahora una galería de imágenes similares a la que hemos escogido como muestra. Sepa que puede enviar la imagen por correo electrónico desde su vista actual o bien desde su vista en tamaño com-

2

1

3

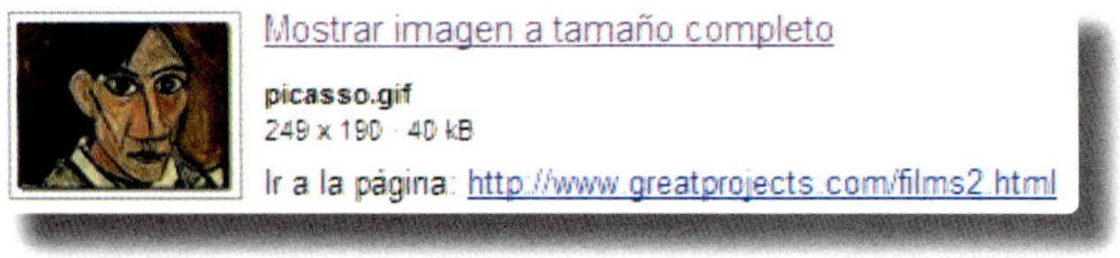

Recuerde que también puede **mostrar una imagen en tamaño completo** pulsando directamente sobre su miniatura.

pleto. Pulse sobre una de las imágenes para acceder a la página que la contiene y después muéstrela en tamaño completo pulsando en el vínculo Mostrar imagen a tamaño completo.

5. Se abre una nueva ventana del navegador mostrando la imagen seleccionada con su tamaño real. Pulse sobre ella con el botón derecho del ratón y haga clic en la opción **Enviar imagen por correo electrónico.**
6. Si tiene activado el control de cuentas de usuario deberá dar permiso al sistema para que continúe con el proceso. Hágalo pulsando el botón **Permitir.**
7. Aparece el cuadro **Adjuntar archivos**, en el que podemos establecer el tamaño de la imagen que vamos a adjuntar al mensaje. Conviene que ésta no sea demasiado grande para evitar problemas en el envío y en la recepción del mensaje. Haga clic en el botón del campo **Tamaño de imagen**, elija la opción **Pequeño 640x480** y pulse el botón **Adjuntar**.
8. Se abrirá su programa gestor de correo electrónico (seguramente Outlook o Windows Mail) mostrando como archivo adjunto la imagen en cuestión. Complete el campo **Para** con la dirección a la que va a enviar la imagen y pulse el botón **Enviar**.
9. Según tenga configurada su cuenta de correo electrónico, deberá ejecutar la orden de enviar el mensaje. Una vez lo haya enviado, salga del gestor pulsando el botón de aspa de su **Barra de título** y repita la operación con la ventana del navegador que muestra la imagen en tamaño completo.

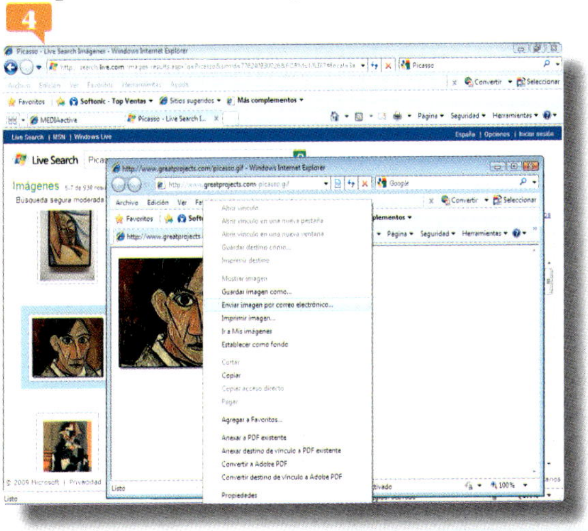

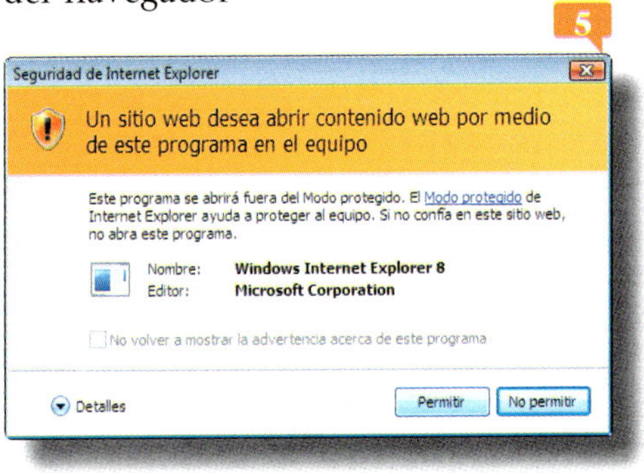

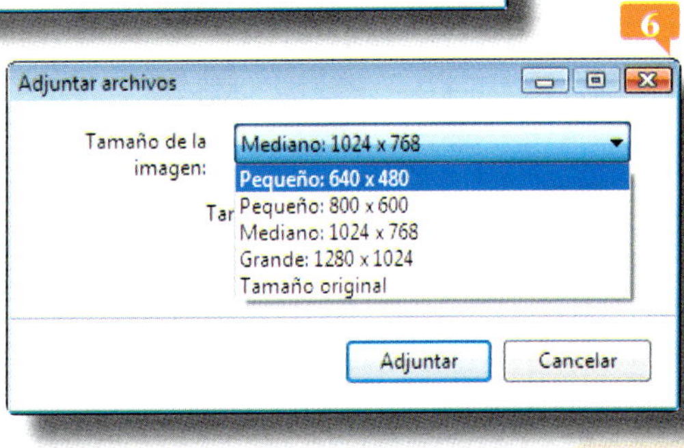

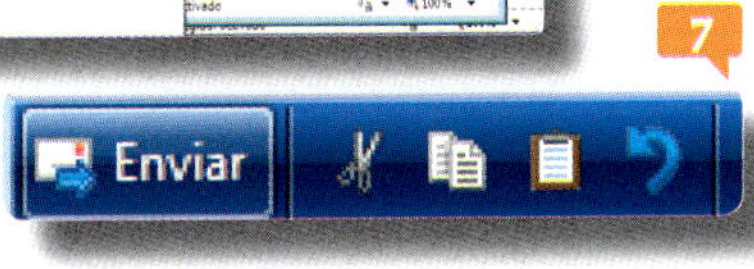

Establecer imagen de Internet como fondo

IMPORTANTE

Si la imagen que desea establecer como fondo de escritorio no se muestra en la galería del cuadro Fondo de escritorio, pulse el botón **Examinar** y localícela en el explorador.

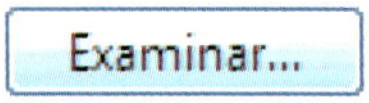

OTRA DE LAS OPCIONES QUE NOS OFRECE el menú contextual de las imágenes buscadas en Internet es establecerlas como fondo de escritorio, sustituyendo así al fondo actual. Esta operación también puede llevarse a cabo con cualquier fotografía que tenga almacenada en su equipo.

1. Vamos a utilizar ahora el buscador de imágenes Live Search para buscar imágenes de Londres, por ejemplo, que puedan aplicarse como fondo de escritorio. Seleccione con un doble clic en el contenido actual del cuadro de búsqueda de Live Search, escriba la palabra **Londres** y pulse el botón **Buscar**.
2. En el apartado **Restringir por** de la galería de resultados pulse sobre el vínculo **Escritorio**. 1
3. Como ocurre con el envío de imágenes desde Internet, puede establecer una de ellas como fondo de escritorio desde su vista previa o desde su vista a tamaño completo. En esta ocasión, haga clic sobre una de las imágenes y pulse en el vínculo **Mostrar imagen a tamaño completo**. 2
4. En la ventana de la imagen a tamaño completo, pulse sobre ella con el botón derecho del ratón y elija la opción **Establecer como fondo** de su menú contextual. 3

1

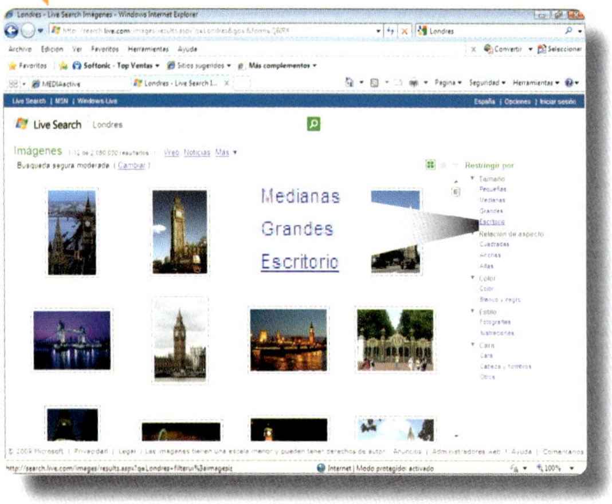

La mayoría de buscadores de imágenes ofrecen una categoría que incluye imágenes con diferentes resoluciones de pantalla.

2

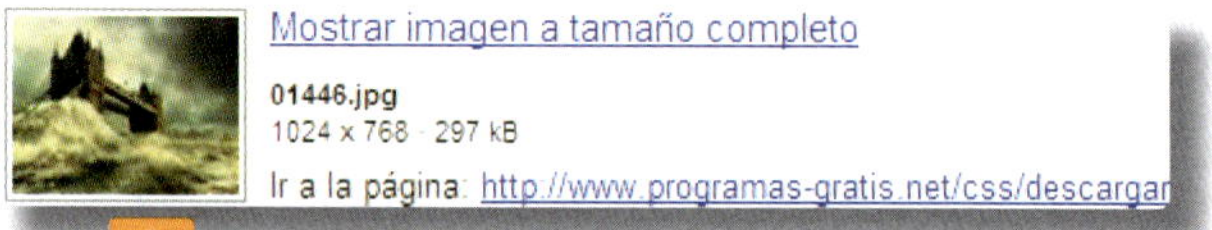

3

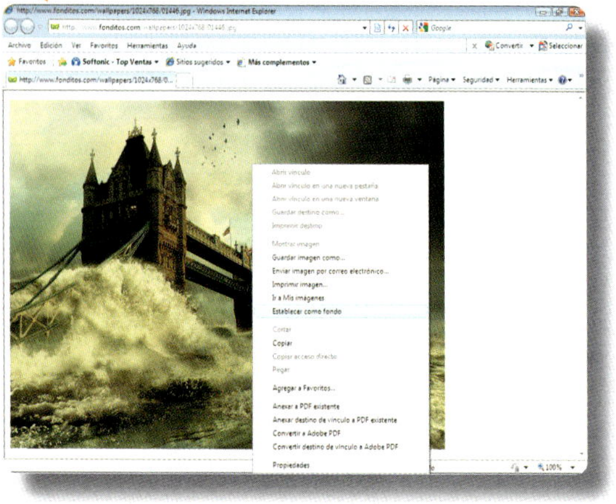

5. Un cuadro de diálogo nos solicita confirmación para sustituir el actual papel tapiz por esta imagen. Pulse el botón **Sí**.
6. Como ve, el proceso no puede ser más sencillo. Ahora sólo nos queda comprobar que la imagen se ha aplicado correctamente como fondo de escritorio. Cierre la ventana del navegador que muestra la imagen a tamaño completo pulsando en su botón de aspa y pulse el botón **Minimizar** de la Barra de título de la otra ventana del navegador.
7. Puede ver que, efectivamente, el papel tapiz es la imagen escogida. Seguidamente, y aunque ésta no es una acción propia de Internet, le mostraremos cómo cambiar este papel tapiz por uno de los que ofrece Windows Vista. Haga clic en él con el botón derecho del ratón y pulse en la opción **Personalizar**.
8. En la ventana de personalización, pulse sobre el vínculo **Fondo de escritorio**.
9. En la ventana **Elegir un fondo de escritorio** aparece seleccionada la imagen de Internet que ha escogido, que se ha guardado en una de las carpetas de usuario. Pulse el botón del campo **Ubicación** y elija la opción **Papeles tapiz de Windows**.
10. Desplácese hasta el apartado **Vistas**, elija una de las disponibles y verá que automáticamente se aplica como fondo de escritorio, incluso antes de aceptar la operación.
11. En la parte inferior de esta ventana puede elegir el modo en que la imagen se mostrará como fondo: ajustada a la pantalla, en mosaico o centrada. Mantenga la primera opción seleccionada y pulse **Aceptar**.
12. Cierre la ventana **Personalización** y regrese a Internet Explorer pulsando en su botón expandido de la **Barra de tareas**.

5

7

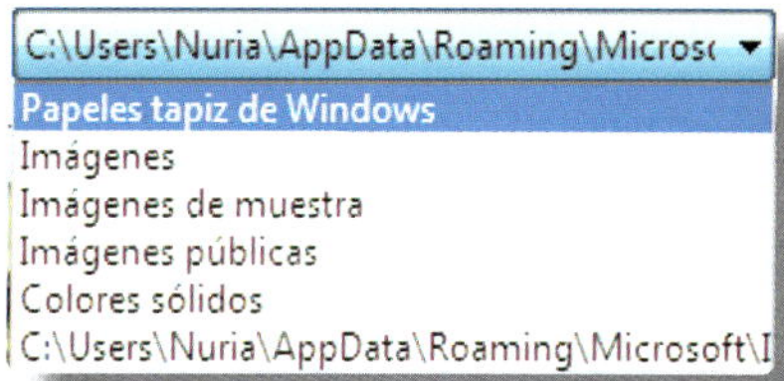

4

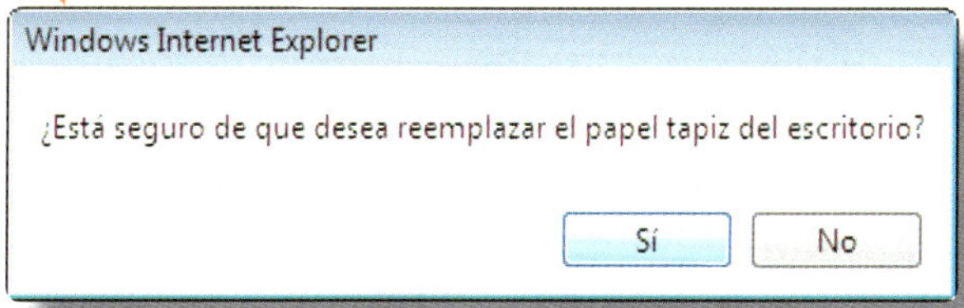

6

8

Buscar en Google

IMPORTANTE

Existen distintos buscadores, de entre los cuales los más conocidos y utilizados son **Live Search**, **Google**, **Yahoo**, **Hispavista** o **Copernic**.

COMO ESTAMOS COMPROBANDO, los buscadores son sitios en los que la interactividad entre el usuario y el ordenador es evidente: el usuario facilita una o varias palabras clave y el buscador le proporciona una lista con todos los sitios y páginas Web que coinciden con los criterios expuestos. El usuario sólo deberá seguir los vínculos proporcionados.

1. Tras mostrar la utilidad de los buscadores para localizar imágenes, en este ejercicio veremos cómo utilizar uno de ellos, Google, para efectuar búsquedas en la Web. Para empezar, acceda al buscador introduciendo la dirección **www.google.es** en la **Barra de direcciones**.
2. La primera búsqueda que efectuaremos se basará en un término exacto. En el cuadro de búsqueda escriba el término **monasterio de piedra** y pulse el botón **Buscar con Google**. [1]
3. Casi de inmediato, el buscador lanza el resultado de su rastreo. En la lista de resultados, haga clic sobre el vínculo con el título **Monasterio de Piedra**. [2]
4. Éste es el sitio oficial del conjunto turístico Monasterio de Piedra. [3] Si ahora lo deseara, podría, por ejemplo, guardarlo en sus favoritos. Pulse el botón **Atrás**.

1

Para realizar **búsquedas más eficaces**, use palabras específicas en vez de términos genéricos, elimine artículos, preposiciones y otras palabras comunes a menos que esté buscando un título concreto, utilice sinónimos, etc.

2

3

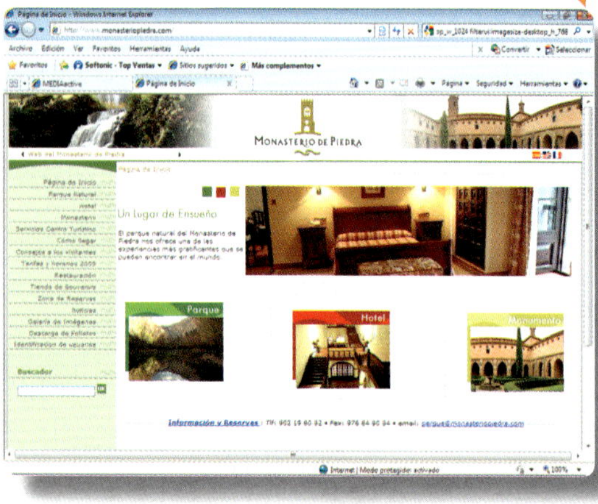

Para buscar frases exactas, introdúzcalas **entre comillas** en el cuadro de búsqueda y para excluir de la búsqueda palabras concretas, escriba un signo - delante de ellas.

5. Debajo del cuadro de búsqueda puede ver tres opciones: en el Web, mediante la cual el rastreo se produce sobre todo el contenido en Internet, sea el idioma que sea, páginas en español y páginas de España. Escriba en el campo de búsqueda la palabra **Portugal**, active la opción **páginas de España** y pulse el botón **Buscar**.

6. De este modo, el buscador sólo muestra en su lista de resultados los que pertenecen a páginas de España. Active ahora la opción **páginas en español**, vuelva a pulsar el botón **Buscar** y vea cómo aumenta el número de resultados obtenidos.

7. Otra forma de acotar una búsqueda consiste en introducir varios términos relacionados en el campo de búsqueda. Así, para encontrar información acerca de la ciudad de Porto, escriba los términos **Portugal Porto** y, tras activar la opción **la Web**, pulse el botón **Buscar**.

8. Ahora Google nos muestra hasta un mapa con la situación geográfica de la ciudad, además de un gran número de resultados. El funcionamiento de la mayoría de buscadores es muy parecido al que acabamos de ver. Como comprobaremos en el ejercicio siguiente, casi todos ellos disponen de una opción de búsqueda avanzada que permite acotar las búsquedas de información según las necesidades del usuario. Daremos por acabado el ejercicio volviendo a la página principal del buscador. Pulse en el logo de **Google** situado a la izquierda de su cuadro de búsqueda.

4

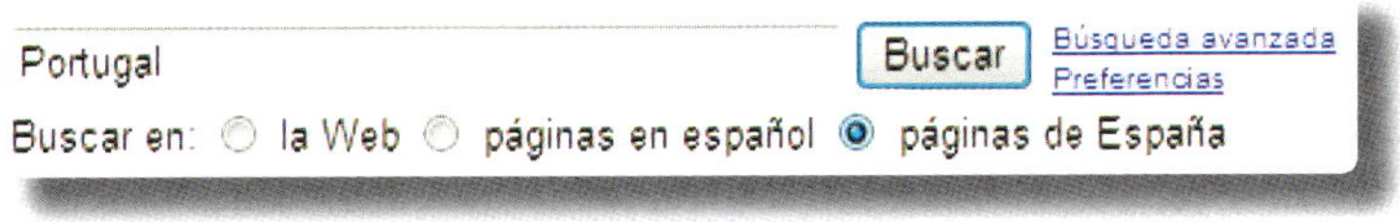

5

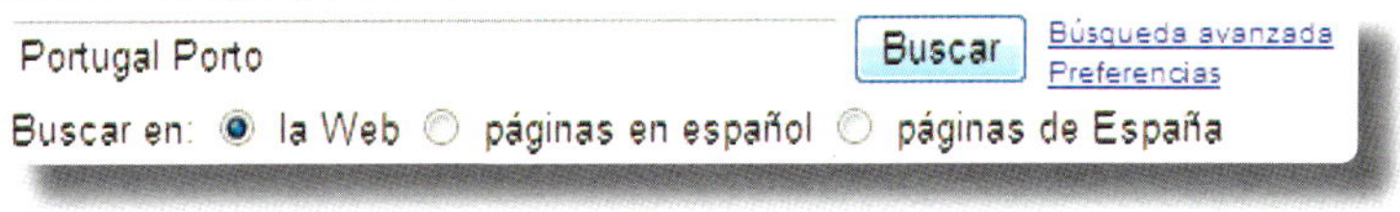

6

7

Utilizar la búsqueda avanzada

AUNQUE EN ESTE EJERCICIO NOS BASAREMOS en un buscador concreto, Yahoo!, la mayoría de ellos disponen de una función de búsqueda avanzada que permite al usuario configurar una búsqueda estableciendo una serie de criterios que deben cumplirse.

1. Usar la búsqueda avanzada de los buscadores es otra opción para refinar las solicitudes de información. En la **Barra de direcciones**, escriba la dirección **www.yahoo.es** y pulse **Retorno**.
2. Ésta es la página principal de Yahoo! Como puede apreciar, además de ser un completo buscador, ofrece una amplia variedad de servicios al usuario. Haga clic sobre el vínculo **más** y pulse en la opción **búsqueda avanzada**. 1
3. La búsqueda avanzada permite efectuar búsquedas de términos exactamente como han sido escritos por el usuario. En los cuatro primeros campos que aparecen en la página de la búsqueda avanzada deberá introducir el término sobre el cual se realizará la búsqueda. En este caso, y a diferencia de la búsqueda normal, si usted escribe una preposición o un artículo, por ejemplo, el buscador también los tendrá en cuenta a la hora del rastreo. En esta ocasión, haga clic dentro del campo **la frase exacta** y escriba el término **ciudad de Porto**. 2

1

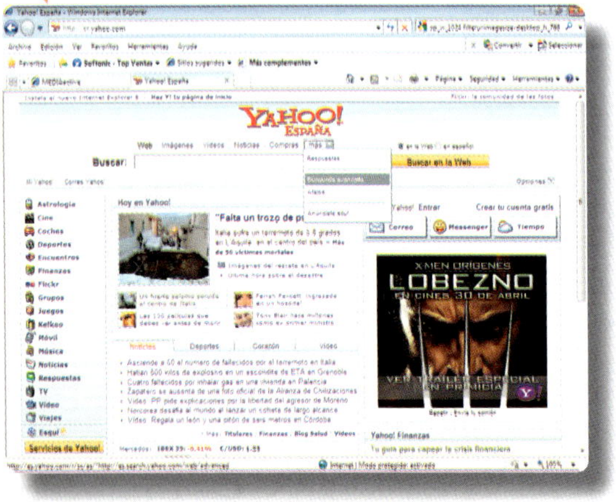

Algunos buscadores cuentan con una búsqueda avanzada que permite incluso mostrar resultados que estén **filtrados por licencia** o se puedan usar o compartir libremente.

2

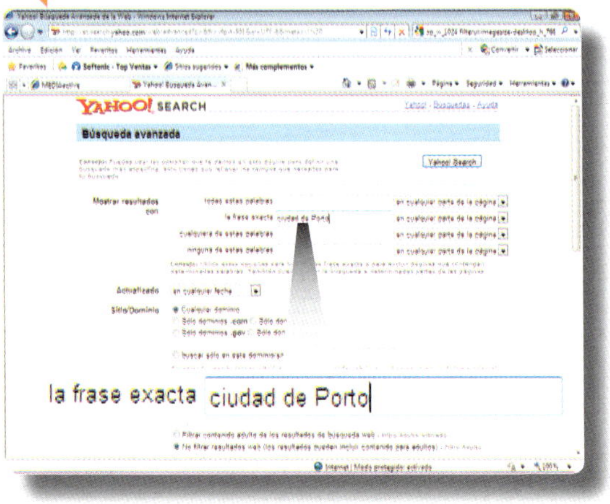

En las búsquedas avanzadas, los artículos, las preposiciones y otras palabras comunes sí son importantes.

4. Indicaremos también que deseamos sólo páginas en español. Desplácese hacia la parte inferior de la página y, en el apartado **Idiomas**, active la opción **Español**.

5. Seguidamente, estableceremos que los resultados hayan sido actualizados en los últimos 6 meses. Vuelva al principio de la página, pulse en el botón de flecha del campo **Actualizado** y elija la opción **en los últimos 6 meses**.

6. También podemos indicar si el sistema buscará en cualquier dominio o en dominios concretos, si se deben buscar formatos de archivo específicos, y el tipo de filtro que se debe aplicar. Haga clic en el botón de flecha del campo **Formato de archivo** y elija la opción **HTML**.

7. Por último, indicaremos el número de resultados que el buscador mostrará por página. Desplácese hacia la parte inferior de la página, haga clic en el botón de punta de flecha del campo **Número de resultados** y elija la opción **15 resultados**.

8. Una vez establecidas las condiciones de la búsqueda, pulse el botón **Yahoo!Search**.

9. Éstos son los resultados de su búsqueda. Haga clic con el botón derecho del ratón sobre uno de los resultados y haga clic en la opción **Abrir en una nueva pestaña**.

10. Recuerde que gracias la nueva función de agrupación de pestañas, puede saber en todo momento las pestañas que están relacionadas, ya que son del mismo color. Tras ver el contenido de la nueva pestaña, ciérrela y vuelva al buscador Google pulsando las veces necesarias el botón **Atrás** del navegador.

7

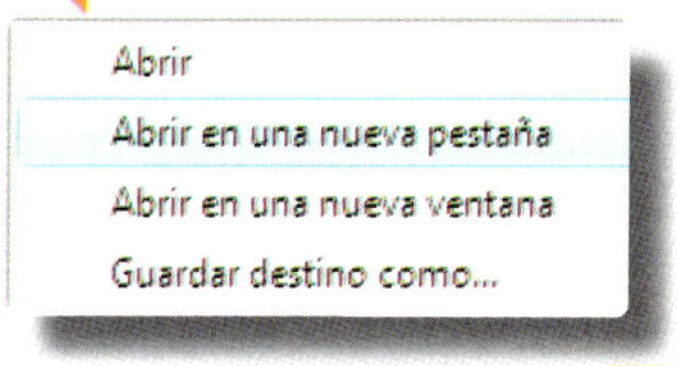

4

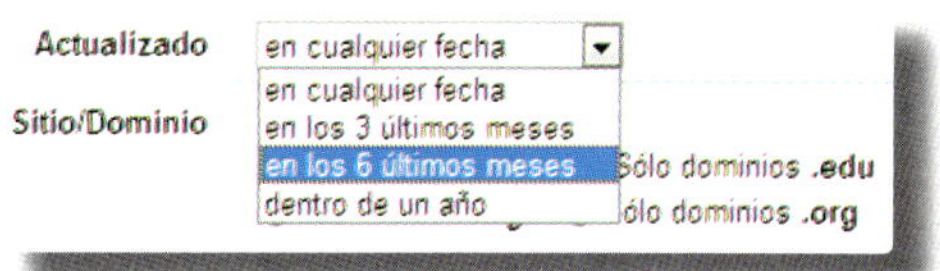

3

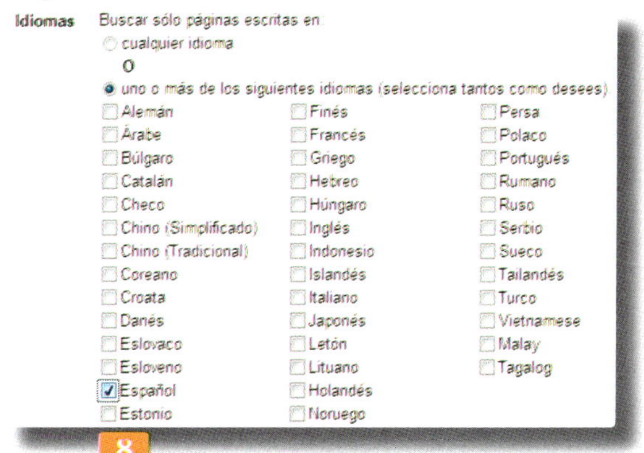

5

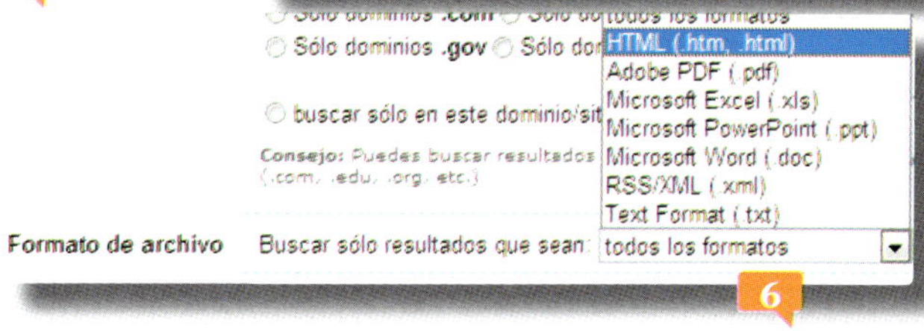

6

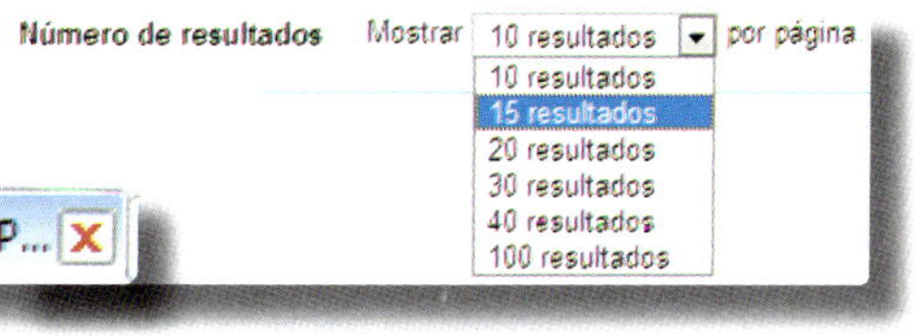

8

Establecer las preferencias de búsqueda

IMPORTANTE

Debe tener en cuenta que para poder modificar las preferencias de búsqueda de un buscador es necesario que estén activadas las **cookies** en las opciones del navegador.

COMO YA HEMOS DICHO, LA MAYORÍA de buscadores cuentan con una función de búsqueda avanzada que permite personalizar las búsquedas. Además, todas las búsquedas (avanzadas o sencillas) cuentan con unas preferencias que puede establecer el usuario en función de sus necesidades.

1. En el ejercicio anterior vimos cómo utilizar la búsqueda avanzada del buscador Yahoo! y en éste veremos cómo establecer las preferencias de búsqueda de Google, para que al realizar búsquedas siempre se cumplan una serie de condiciones. En la página principal de Google, pulse en el vínculo **Preferencias.** 1
2. Como ve, las preferencias globales se aplicarán a todos los servicios de Google. Haga clic en el botón de punta de flecha del campo **Idioma de la interfaz** y elija el idioma **español.** 2
3. En el apartado **Idioma de búsqueda** debemos indicar si Google realizará las búsquedas entre páginas escritas en cualquier idioma, opción recomendada, 3 o bien dará preferencia a las páginas escritas en los idiomas de la lista que se marquen.
4. Haga clic en la parte inferior de la **Barra de desplazamiento vertical** para ver las opciones del apartado **Filtro SafeSearch.**
5. El filtro SafeSearch de Google se utiliza para filtrar el contenido de carácter sexual explícito que puede aparecer entre los

1

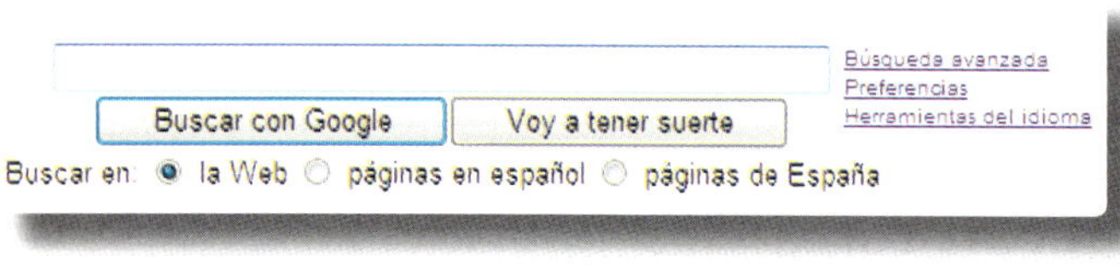

2

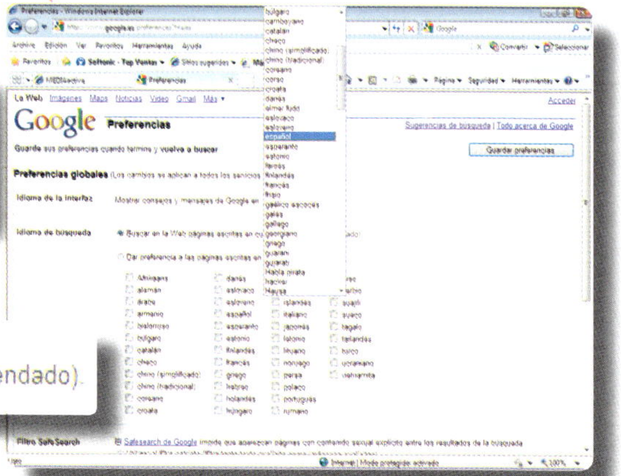

3

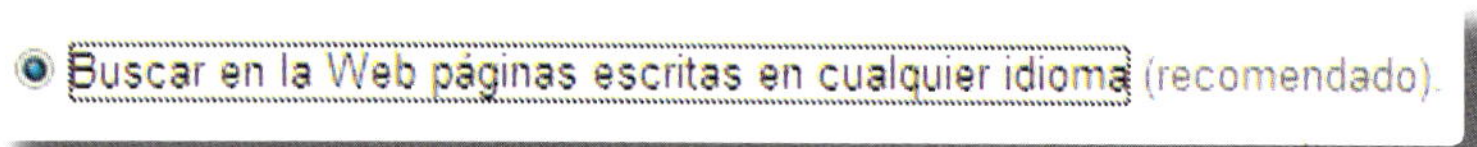

Las opciones de **configuración de idioma**, **presentación y diseño**, **filtro de seguridad** y **asistente para la búsqueda** suelen ser comunes en las preferencias de todos los buscadores.

resultados de una búsqueda. Si lo cree conveniente, active la opción **Utilizar el filtro estricto (filtra tanto texto explícito como imágenes explícitas.)**

6. En el apartado **Número de resultados** permite establecer el número de resultados que se mostrarán por página. Como ve, la opción predeterminada, 10 resultados, es la que ofrece los resultados más rápidamente. Haga clic en el botón de punta de flecha del campo **Número de resultados** y seleccione la opción **20.**
7. Para que los resultados de la búsqueda se muestren en una nueva ventana, active la única opción del apartado **Ventana de resultados**.
8. Por último, el apartado **Sugerencias de consulta** permite elegir entre que el buscador muestre sugerencias de consulta en el cuadro de búsqueda (ayuda que hemos visto en un ejercicio anterior) o no. Mantenga seleccionada la opción **Ofrecer sugerencias de consulta en el cuadro de búsqueda** y pulse el botón **Guardar preferencias.**
9. Un cuadro de advertencia nos informa de que los cambios en las preferencias se han guardado. Pulse el botón **Aceptar.**
10. Para comprobar que las nuevas preferencias se aplican correctamente, escriba el término las meninas en el cuadro de búsqueda, compruebe que aparece la lista de sugerencias y elija la opción **las meninas de velázquez.**
11. Compruebe que se muestran 20 resultados por página y haga clic sobre uno de ellos para ver que se abre en una nueva ventana.
12. Para acabar, cierre la nueva ventana del navegador pulsando el botón de aspa de su **Barra de título.**

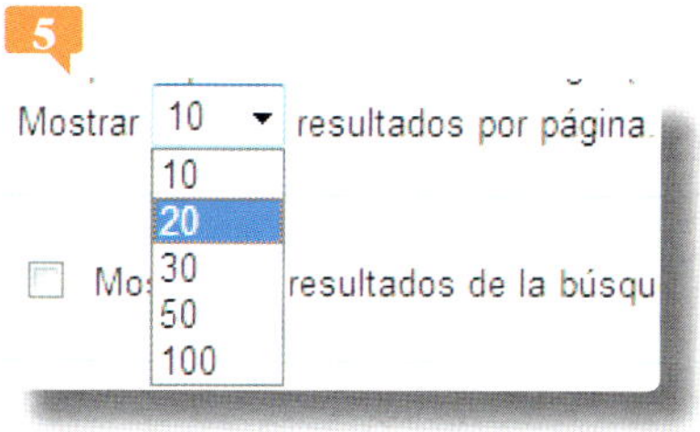

Tenga en cuenta que cuantos más **resultados** se muestren **por página**, más lento puede resultar el proceso de búsqueda.

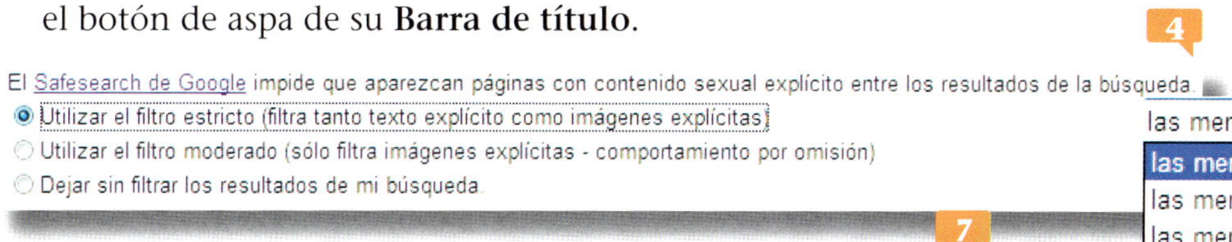

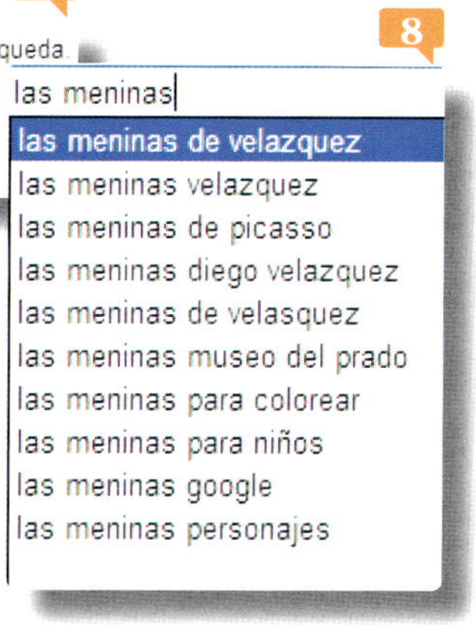

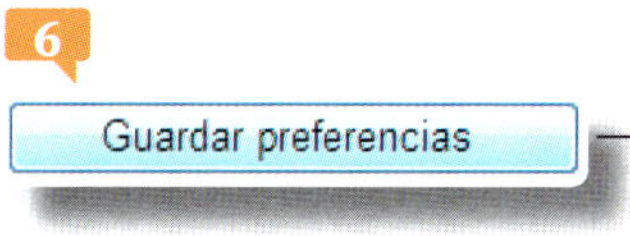

Algunos buscadores, no todos, cuentan con una opción que permite **recuperar** las preferencias predeterminadas.

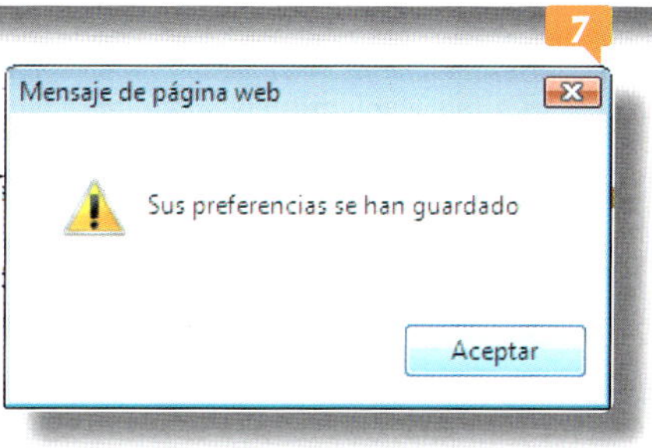

Los controles ActiveX

IMPORTANTE

Al instalar **Controles ActiveX** hay que tener en cuenta que algunos de estos programas pueden utilizarse fraudulentamente para recopilar información del equipo, instalar software sin consentimiento o permitir que otras personas controlen el equipo de forma remota.

LOS CONTROLES ACTIVEX SON PEQUEÑOS programas que pueden hacer más divertida la exploración proporcionando barras de herramientas, contenido animado, vídeos, etc., pero que también pueden poner en riesgo el equipo y dañar la información que contiene. Es muy importante, pues, que no instale controles ActiveX si no confía al 100% en el editor y en el sitio Web que los ofrece.

1. En muchas ocasiones, al acceder a determinadas páginas Web, una barra de información advierte de que el editor de ese sitio ofrece un complemento, denominado ActiveX, que puede ser instalado en el equipo para mejorar la experiencia de navegación. Para empezar, acceda a la siguiente dirección Web: **www.apple.com/es/itunes/download**.
2. Observe la **barra de información** que aparece en la cabecera de la página. Como ve, nos informa de que este sitio Web desea ejecutar el complemento **QuickTime**. Como se trata de un producto de Apple, y confiamos en esta compañía, procederemos a la descarga del control ActiveX. Cuando trabaje por su cuenta, si no confía en el sitio Web que ofrece el complemento, puede continuar con la navegación cerrando esta barra. Pulse en la **Barra de información.** 1
3. Como ve, podemos ejecutar el complemento, ejecutar el complemento en todos los sitios Web, ver el riesgo que supone la

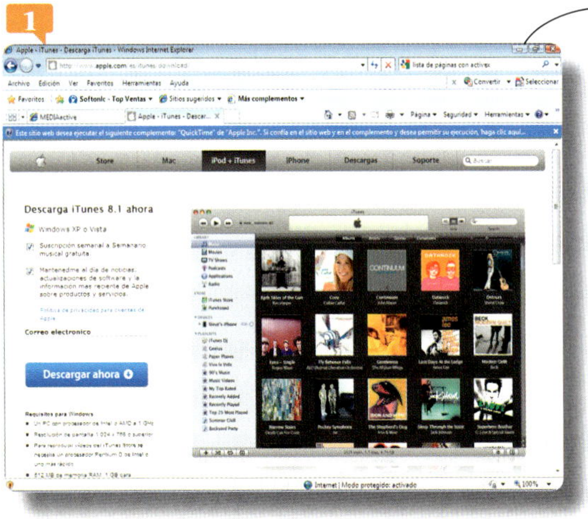

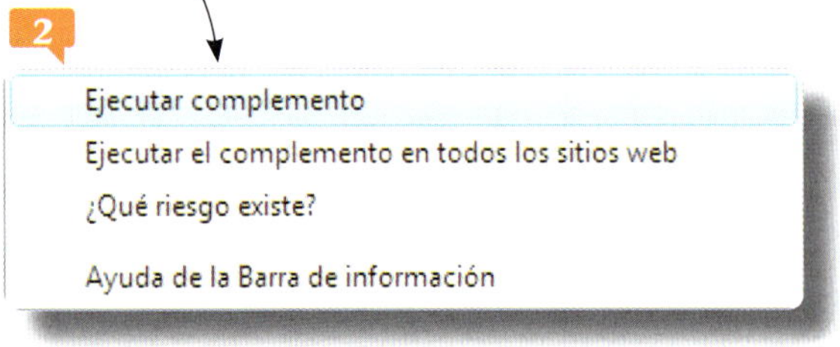

No instale un control o complemento **ActiveX** si el sitio Web no le informa de cuál es su utilidad o si no confía completamente en el editor de ese sitio.

instalación del complemento u obtener ayuda acerca de la Barra de información. En este caso, pulse en la opción **Ejecutar complemento**. [2]

4. Desde el cuadro **Advertencia de seguridad** también puede ver los riesgos que existen si se instala este complemento. Pulse en el botón **Ejecutar.** [3]
5. Automáticamente accedemos a la página de Apple desde la que podemos proceder a la descarga. Haga clic en el vínculo **Descargar ahora**. [4]
6. Pulse el botón **Ejecutar** del cuadro **Advertencia de seguridad de Descarga de archivos** para iniciar la descarga del complemento. [5]
7. Y en el siguiente cuadro de advertencia de seguridad, pulse en el botón **Ejecutar**.
8. Ahora debemos seguir los pasos del asistente para proceder a la instalación del complemento descargado. Pulse en el botón **Siguiente** de la primera ventana del asistente.
9. Tras leer los términos del contrato de licencia, acéptelos y pulse el botón **Siguiente**. [6]
10. Desactive las dos opciones que aparecen marcadas en el siguiente paso del asistente y, manteniendo el idioma y la carpeta de destino predeterminados, pulse el botón **Instalar**. [7]
11. Cuando acabe el proceso de instalación de iTunes+QuickTime, desactive la opción **Abrir iTunes después de salir del instalador** [8] y pulse el botón **Finalizar**.

076

4

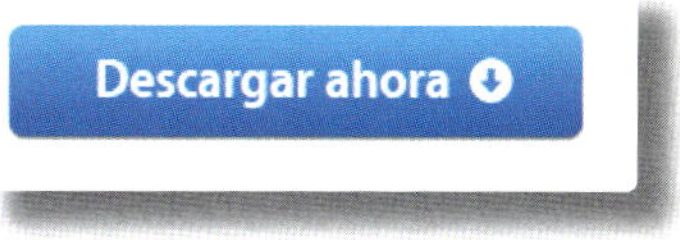

6

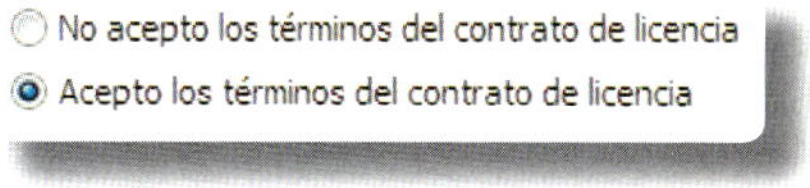

3

5

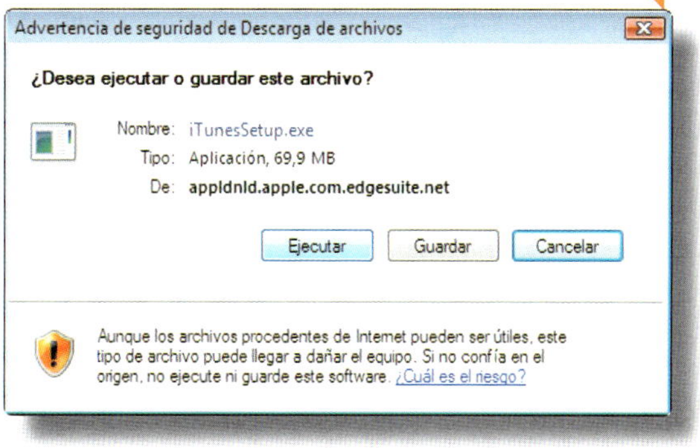

7

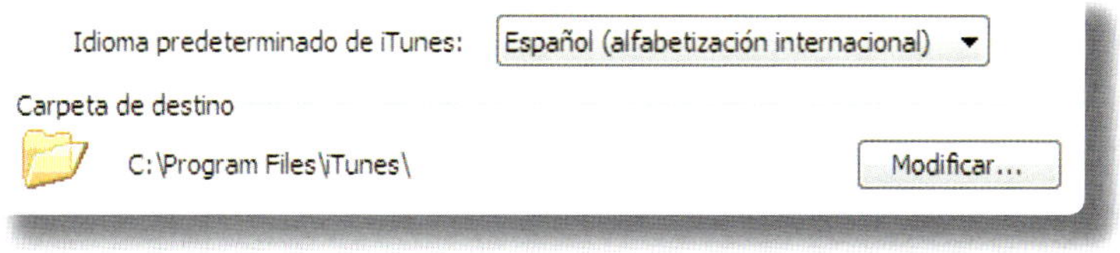

8

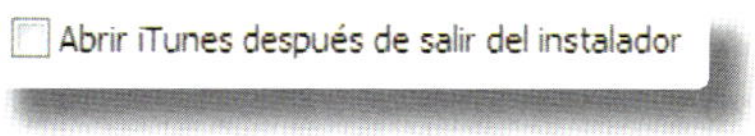

Quitar controles ActiveX

IMPORTANTE

Para deshabilitar todos los complementos de Internet Explorer temporalmente siga la siguiente ruta: **Inicio/ Todos los programas/ Accesorios/Herramientas del sistema/Intern Explorer (sin complementos)**. Tenga en cuenta que al deshabilitar complementos, puede ocurrir que el navegador no muestre correctamente algunas páginas.

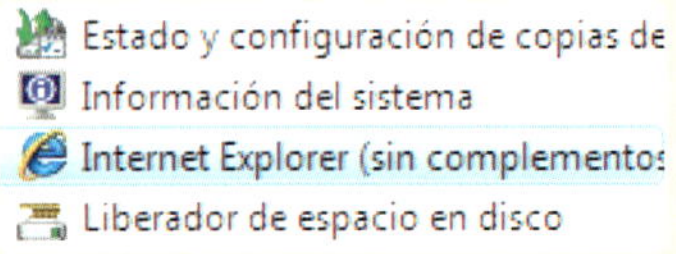

SI CUANDO INTENTA INSTALAR UN CONTROL ActiveX el navegador no logra comprobar su fabricante, aparecerá un cuadro informativo y no le permitirá instalarlo. En caso de que haya instalado un control ActiveX y cree que puede ser el causante de un mal funcionamiento de Internet Explorer, puede deshabilitarlo o quitarlo desde el cuadro Administrar complementos.

1. Antes de empezar este ejercicio, hemos accedido a la zona de descargas de la página **www.java.com** y hemos descargado el software de Java, un complemento ActiveX. Veremos cómo localizar estos tipos de controles y complementos y cómo deshabilitarlos o quitarlos del equipo. Pulse el botón **Herramientas** de la **Barra de comandos** y haga clic en la opción **Administrar complementos**. 1
2. En primer lugar, vamos a comprobar que existen controles y complementos ActiveX instalados por defecto en el equipo que pueden proceder de Microsoft, del fabricante del equipo, del proveedor de servicios de Internet o del administrador de red. Para ver esos complementos haga clic en el campo Mostrar del cuadro **Administrar complementos** y pulse en la opción **Ejecutar sin permisos**. 2
3. Se muestra así la lista de complementos previamente aprobados. Desplácese por ella hasta ver los de Microsoft, seleccione uno de ellos y pulse en el vínculo **Más información**. 3

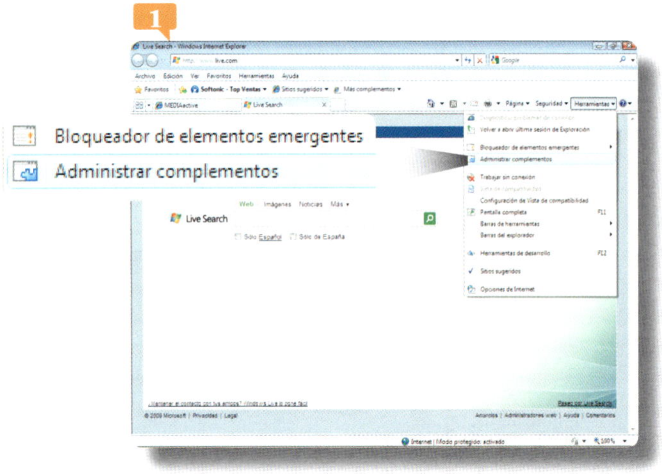

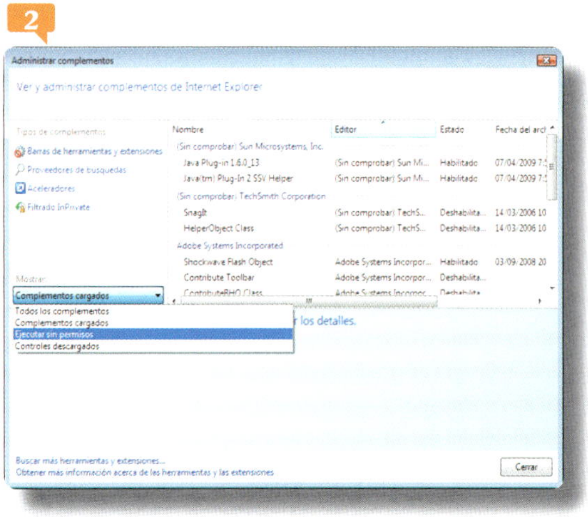

077

4. Como puede ve en el cuadro **Más información**, este tipo de complementos no puede quitarse del equipo, al menos desde este cuadro (es posible que puede hacerlo desde el Panel de control, como desinstalaría cualquier otro programa). Pulse el botón **Cerrar** de este cuadro.
5. Pero sí pueden deshabilitarse si considera que pueden ser la causa de un mal funcionamiento de Internet Explorer. Para ello, sólo tiene que pulsar el botón **Deshabilitar.** Los complementos ActiveX descargados por el usuario, sin embargo, sí que pueden ser quitados, como veremos a continuación. Haga clic en el botón **Mostrar** y pulse en la opción **Controles descargados**.
6. Aparece así la lista de controles instalados por el usuario, en nuestro caso, los correspondientes al software de Java. Seleccione uno de estos controles.
7. En el campo **Tipo** puede ver que se trata de un control ActiveX. Igual que ocurre con el resto de complementos, puede deshabilitarlo desde este cuadro. Pulse en el vínculo **Más información.**
8. Observe que, en esta ocasión, el botón **Quitar** sí que se encuentra activo. Púlselo para eliminar el control seleccionado.

Si tiene activado el control de cuentas de usuario, deberá dar permiso al sistema para continuar con la eliminación del control. Una vez quitado, deberá cerrar el cuadro **Administrar complementos** y volver a abrirlo para comprobar que el proceso se ha llevado a cabo correctamente.

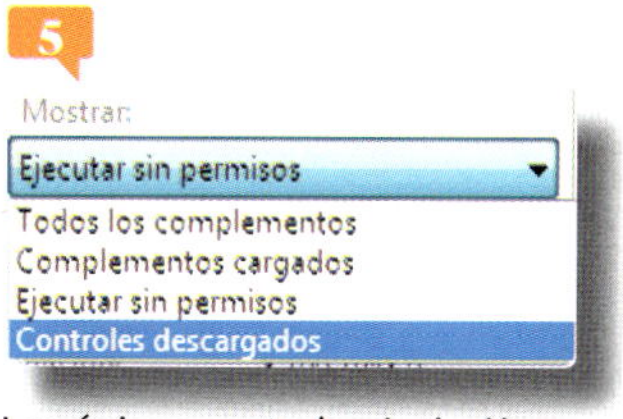

Los únicos controles ActiveX que se pueden quitar desde el cuadro Administrar complementos son los descargados por el usuario.

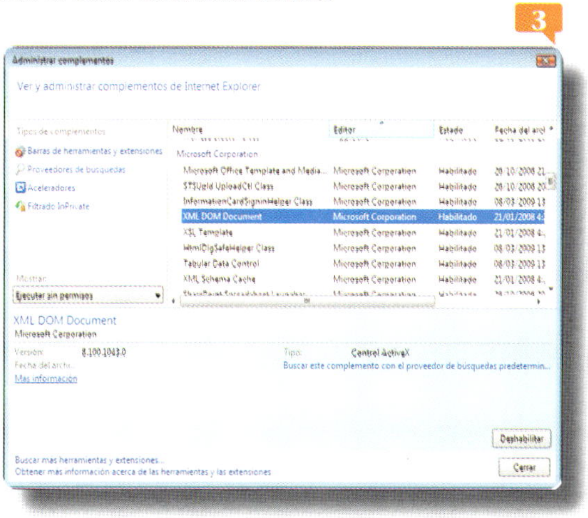

Sólo es aconsejable **deshabilitar** un complemento de Internet Explorer si éste hace que se cierre sin motivo.

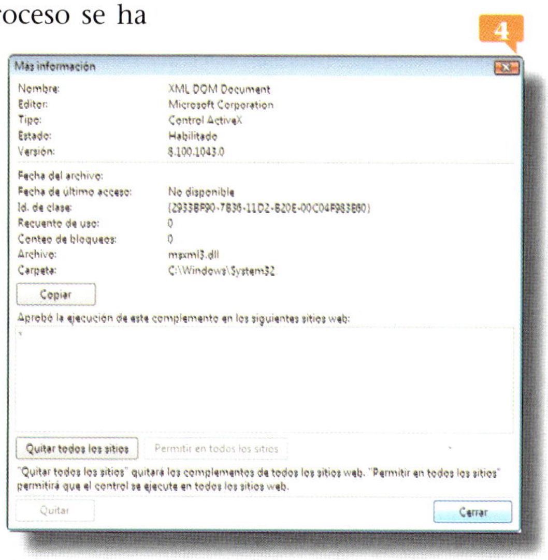

Cuando un complemento ActiveX no se puede quitar, el botón **Quitar** se muestra inactivo.

El Reproductor de Windows Media

EL REPRODUCTOR DE WINDOWS MEDIA se ha ido actualizando y mejorando en cada versión de Windows, hasta llegar a la que se incluye en Windows Vista. En dicha versión, el Reproductor permite reproducir archivos multimedia digitales, organizar las colecciones multimedia del usuario, grabar CD y copiar música desde CD, sincronizar archivos multimedia digitales con un reproductor portátil y comprar productos multimedia en tiendas en línea.

1. En este ejercicio tendremos un primer contacto con el Reproductor de Windows Media para, en ejercicios posteriores, ver algunas funciones del programa que se deben llevar a cabo desde Internet. Para empezar, pulse sobre el botón **Inicio**, haga clic en la opción **Todos los programas** y elija **Reproductor de Windows Media**. 1
2. El reproductor se abre mostrando el contenido de la **Biblioteca**, un espacio en el que la aplicación guarda y administra todos los archivos de audio. Pulse sobre la punta del flecha que aparece bajo el texto del comando **Biblioteca**.
3. Desde este menú puede gestionar, administrar y actualizar todo el contenido de la Biblioteca. Compruebe que puede visualizar imágenes, vídeos e, incluso archivo procedentes de grabaciones de TV. Haga clic sobre la opción **Imágenes**. 2

IMPORTANTE

Existen cuatro formas de presentación de la ventana del reproductor: modo completo, modo compacto, Minireproductor y modo de máscara. El **modo compacto** permite ver sólo los controles del reproductor; el **modo de máscara** permite aplicar al Reproductor una vista personalizada usando una interfaz distinta a la predeterminada; el **Minireproductor** minimiza la aplicación en la Barra de tareas y permite el acceso a los controles de reproducción, así como a visualizaciones e informaciones relacionadas con el elemento que se está reproduciendo.

1

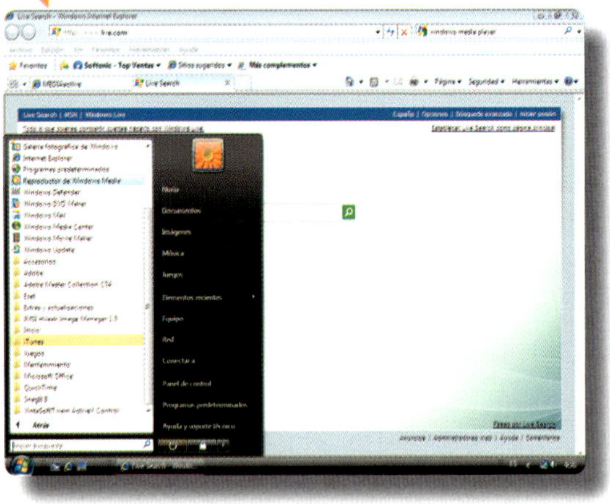

En Windows Vista se incluye por defecto el nuevo **Reproductor de Windows Media 11**.

2

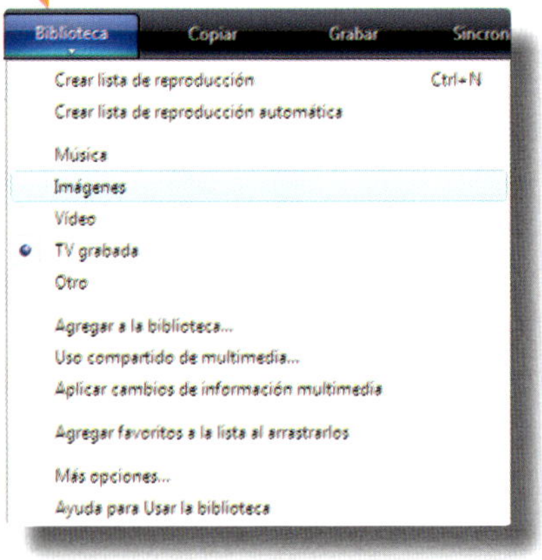

La posibilidad de ver **televisión grabada** desde el Reproductor de Windows Media es una novedad de la versión del programa incluida en Windows Vista.

078

4. La biblioteca se actualiza mostrando los archivos de imagen y el panel de la izquierda se adapta al nuevo contenido. Pulse el botón **Atrás** para volver a la biblioteca de música.

5. Por defecto, el contenido de la Biblioteca de música se visualiza en forma de mosaico expandido, lo que incluye la carátula del álbum, el nombre de las canciones, el artista y otros datos. Pulse en la punta de flecha del icono **Opciones de vista**, situado a la izquierda del campo **Buscar** y elija la opción **Detalles**.

6. Esta organización permite un mayor número de elementos en pantalla, debido a la supresión de la imagen de la carátula del álbum. Para volver a la vista original de la Biblioteca, pulse sobre el icono **Opciones de vista**.

7. El Reproductor de Windows Media se puede personalizar en cuanto al diseño de su interfaz. Así, podemos ocultar y mostrar el panel de exploración, situado a la izquierda de la ventana, el panel **Lista**, relacionado con las listas de reproducción, e incluso mostrar los menús clásicos de Windows. Pulse sobre el icono **Opciones de diseño**, situado a la izquierda del icono Opciones de vista, y elija la opción **Ocultar panel de exploración**.

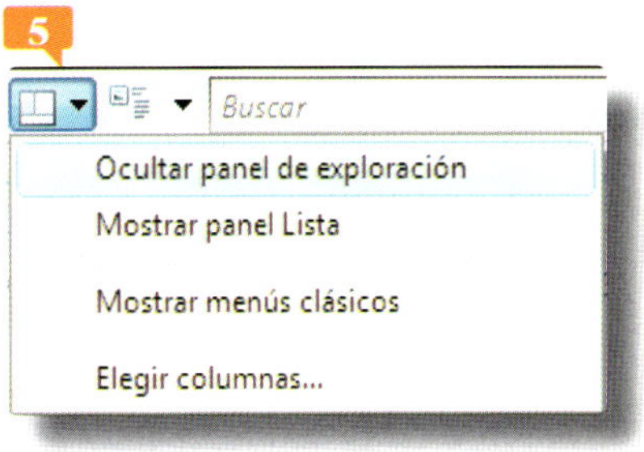

8. Para encontrar rápidamente un elemento de la Biblioteca, lo más recomendable es utilizar la búsqueda. Haga clic en el campo **Buscar** y escriba, por ejemplo, la palabra **Amanda**.

9. Para mostrar de nuevo todo el contenido de la Biblioteca y dar por acabado este ejercicio introductorio, haga clic en el botón **Canciones**, situado bajo el comando Reproducción en curso.

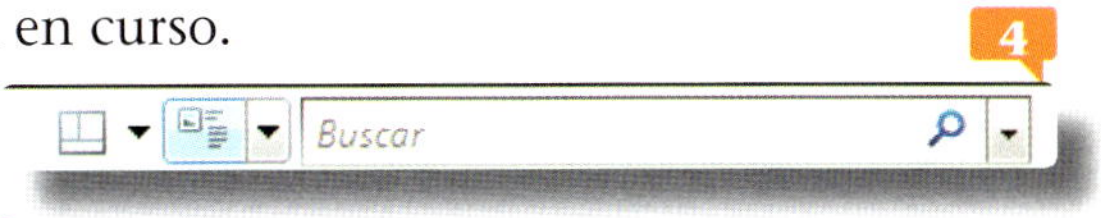

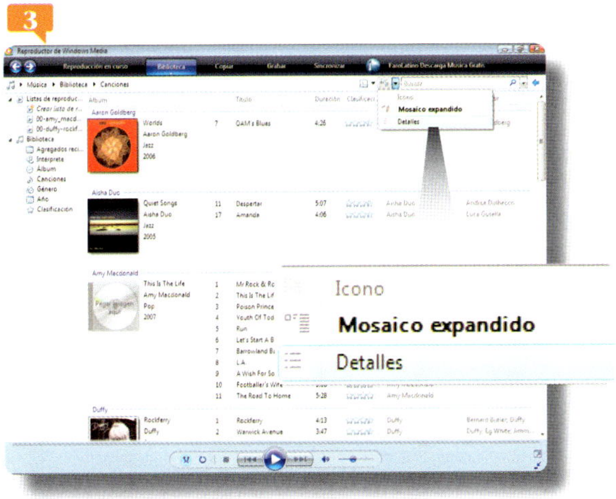

Utilice el **modo de visualización** de la Biblioteca que mejor se ajuste a sus necesidades.

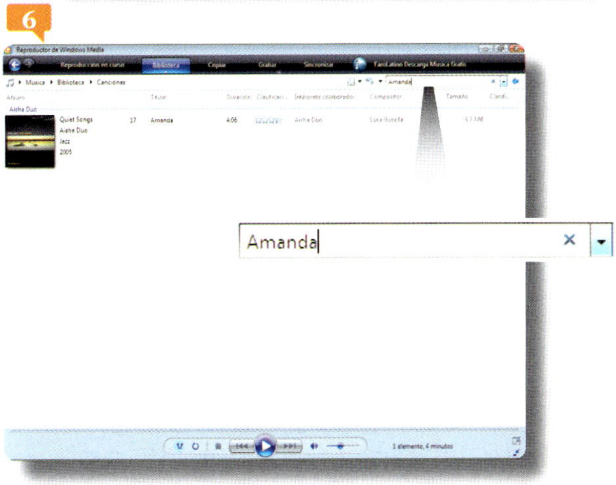

Descargar máscaras para el Reproductor

IMPORTANTE

En la página de máscaras, éstas están ordenadas alfabéticamente. Para **eliminar** una máscara de la lista del selector sólo tiene que seleccionarla y pulsar el icono que muestra un aspa roja.

WINDOWS VISTA PROPORCIONA sólo dos máscaras aplicables al Reproductor de Windows Media. Sin embargo, el usuario tiene la posibilidad de obtener otras máscaras, mucho más originales y personales, desde un sitio Web específico de Internet. Para descargar máscaras desde la Red, una vez situados en el modo de máscara, es preciso pulsar el botón Más máscaras, acción que conlleva la apertura del navegador predeterminado de Internet en el sitio Web específico.

1. Para empezar, debemos situarnos en el Selector de máscara del Reproductor. Haga clic con el botón derecho del ratón en una zona libre de la Barra de comandos, pulse sobre el comando **Ver** y elija la opción **Selector de máscara.** 1
2. Desde aquí, iniciaremos el proceso de obtención de otras máscaras. En el Selector de máscara, haga clic en la opción **Más máscaras.**
3. En la ventana de Internet Explorer, pulse varias veces en la parte inferior de la **Barra de desplazamiento vertical** para visualizar algunas de las máscaras disponibles en esta página.
4. Como puede comprobar son muchos los diseños de máscaras disponibles en la Red. En la lista de máscaras disponibles, haga

1

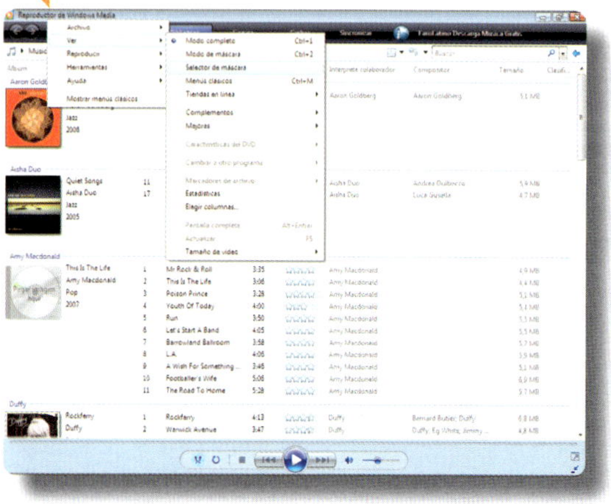

Para ver los menús de la forma habitual en el Reproductor, pulse en la opción **Mostrar menús clásicos** del menú contextual de la Barra de comandos.

2

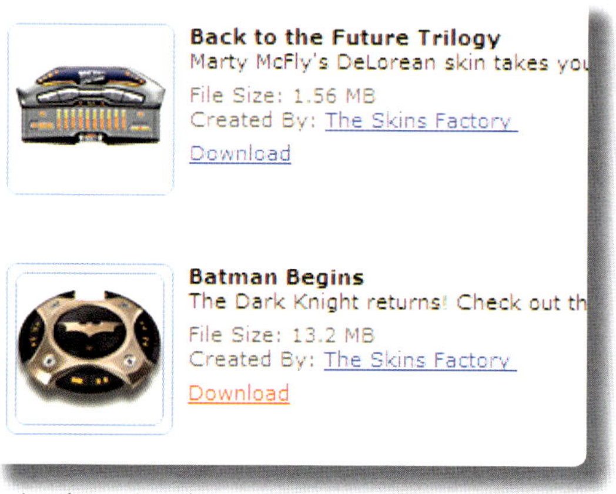

En la página de máscaras puede ver el tamaño de las mismas y el nombre de la compañía creadora.

clic sobre el vínculo **Download**, correspondiente a la máscara que más le guste.

5. En el cuadro **Descarga de archivos**, pulse sobre el botón **Abrir.**
6. Un cuadro del reproductor nos advierte de que el archivo que vamos a descargar puede contener scripts o intentar acceder a la información de la Biblioteca. Pulse el botón **Sí** del cuadro de advertencia para continuar con la descarga.
7. La descarga se lleva a cabo en cuestión de pocos segundos. Cuando finalice el proceso, haga clic sobre el botón **Cerrar** en el cuadro de diálogo informativo.
8. En la ventana del Reproductor, la máscara descargada se muestra en primer lugar en la lista de máscaras. Haga clic sobre ella.
9. A continuación, pulse el botón **Aplicar máscara** y compruebe el resultado.
10. Como puede ver, la nueva máscara cuenta con las principales funciones de cualquier reproductor. Antes de terminar esta lección, volveremos al modo completo del reproductor y también a la Biblioteca de la aplicación. Para ello, pulse sobre el comando **Cambiar a modo completo**.
11. Seguidamente, haga clic sobre el botón **Atrás** en la barra de comandos, el que muestra una flecha que señala hacia la izquierda sobre un fondo azul, para volver a la Biblioteca y dar por terminado este ejercicio.

7

3

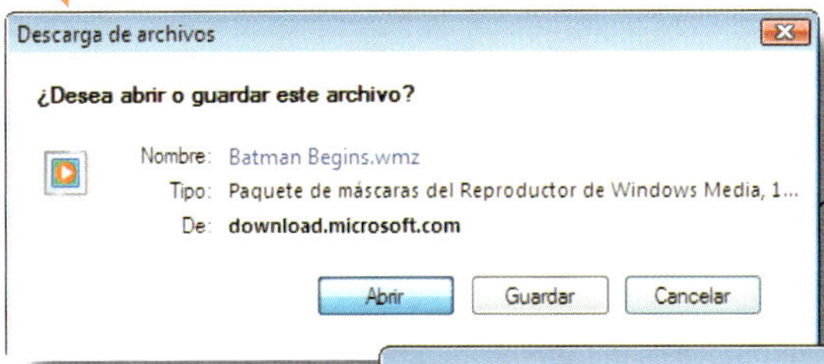

Puede abrir directamente la máscara elegida o bien guardarla en la ubicación de su equipo que escoja.

4

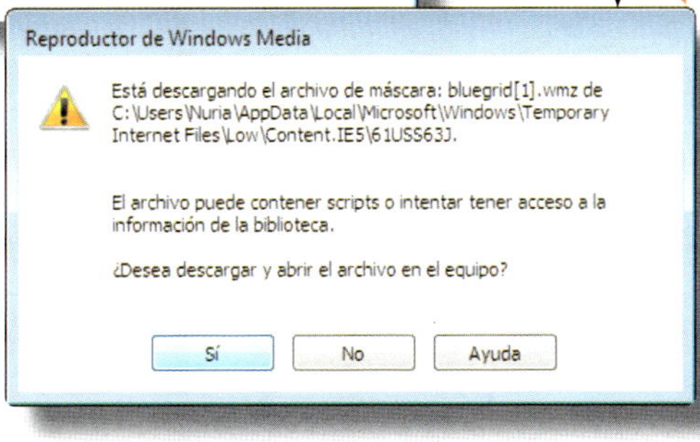

5

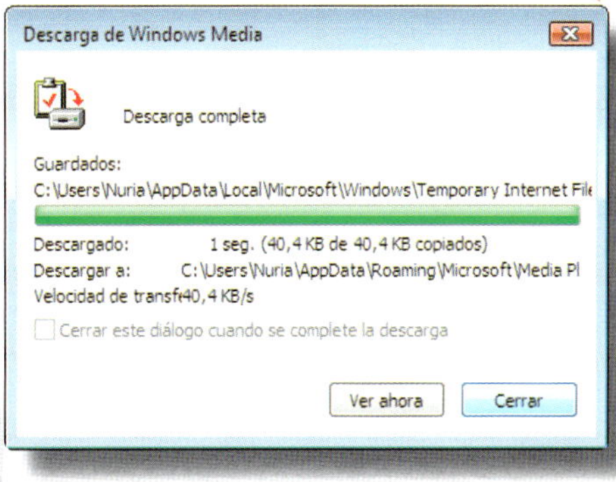

6

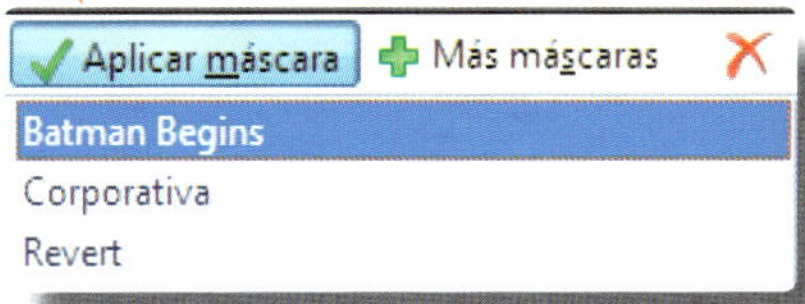

Sintonizar emisoras de radio

MUCHAS EMISORAS DE RADIO OFRECEN SU SEÑAL a través de Internet mediante un proceso llamado transmisión. Gracias al Reproductor de Windows Media, el usuario puede escuchar sus emisoras favoritas y guardar vínculos a dichas emisoras para poder tener acceso a ellas rápidamente cuando lo desee. El Sintonizador de radio contiene una página Web dinámica que está alojada en WindowsMedia.com. El usuario puede buscar en la Red desde el Sintonizador de radio las emisoras que desea escuchar gracias al buscador de este elemento y puede agregarlas a la Biblioteca multimedia para que estén disponibles cada vez que lo necesite.

1. Para empezar, pulse sobre el icono situado a la derecha del botón **Sincronizar** y haga clic en la opción **Media Guide**. 1
2. De esta forma, nos situamos en la página de inicio de la Guía multimedia del Reproductor. En la parte derecha del contenido de esta página aparecen una serie de vínculos, la mayoría de ellos relacionados con la radio. Haga clic sobre el vínculo **Sintonizador de radio**. 2
3. Se abre una página Web de WindowsMedia.com que muestra una lista de emisoras predeterminadas. Si la que usted está buscando no aparece en esta lista, puede realizar una búsqueda por palabra clave o bien avanzada. Haga clic sobre el vínculo **Buscar más emisoras**.

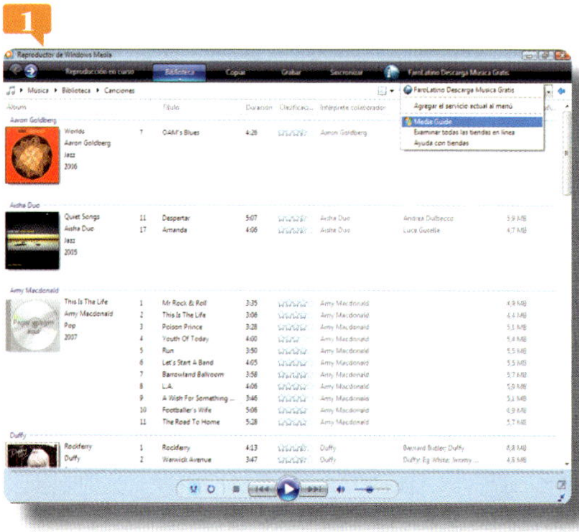

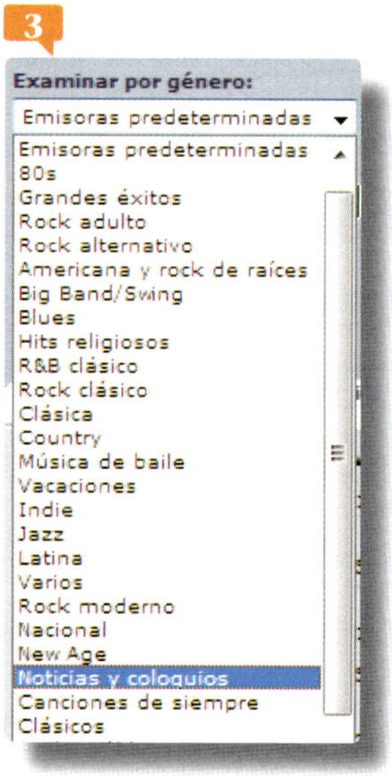

080

4. En esta página de búsqueda avanzada podemos seleccionar el género de la emisora que buscamos, así como una palabra clave que ayudará a afinar más la búsqueda. Pulse sobre la punta de flecha del campo **Examinar por género** y seleccione, por ejemplo, la opción **Noticias y coloquio**.
5. La página se actualiza para mostrar las emisoras que coinciden con el criterio especificado. Los resultados incluyen emisoras de cualquier parte del mundo. Además, en este cuadro, se muestra también la velocidad de conexión y la ubicación, es decir, si se escucha sólo por Internet o bien también desde el estudio. Haga clic sobre el vínculo **Usar Búsqueda avanzada**.
6. La página se actualiza mostrando una serie de criterios para afinar la búsqueda. Haga clic sobre el campo **Cualquier idioma** y elija **Español**.
7. A continuación, despliegue el campo **Cualquier país (región)** y elija la opción **España**.
8. Vamos a comprobar los resultados de la acotación de la búsqueda. Haga clic sobre el botón **Buscar**.
9. Pulse sobre el nombre de la emisora **BBC Español** para desplegar las informaciones y los comandos disponibles.
10. La aplicación le da la posibilidad de agregar esta emisora al grupo Mis emisoras, visitar su sitio Web y escucharla. Haga clic en el vínculo **Reproducir** y después pulse en el botón **Detener** del grupo de controles del Reproductor para dar por acabado este ejercicio.

4

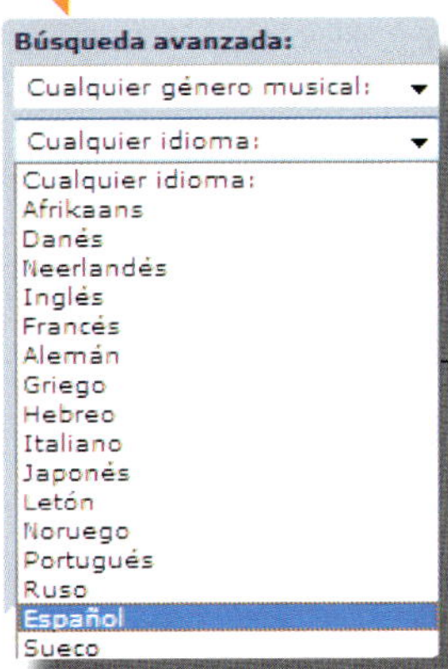

La búsqueda avanzada le permite elegir el idioma, el país, el género, la velocidad y la banda de las emisoras.

5

6

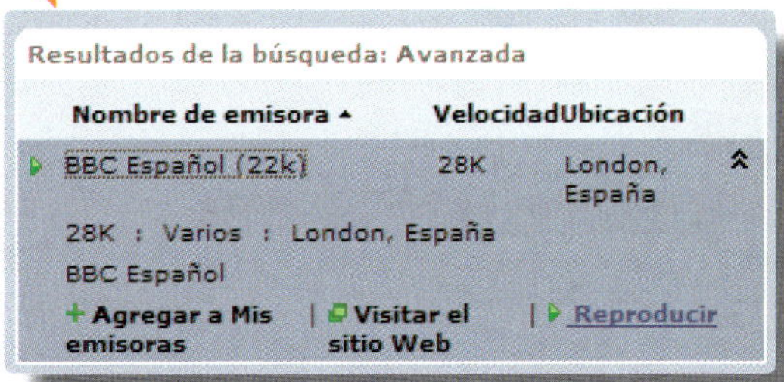

Si pulsa en el vínculo **Agregar a Mis emisoras**, la emisora se guardará automáticamente para poder acceder a ella sin necesidad de utilizar la búsqueda.

7

Descargar complementos para el Reproductor

IMPORTANTE

Para **deshabilitar un complemento** del Reproductor, desactive su correspondiente casilla de verificación en la ficha Complementos de su cuadro de opciones. Si un complemento no tiene esa casilla, no podrá deshabilitarse.

PUEDE MEJORAR SU EXPERIENCIA con el Reproductor de Windows Media añadiéndole complementos de diferentes tipos (efectos de audio, efectos de vídeo, visualizaciones, etc.). Para ello, puede usar las opciones Descargar o Complementos de su menú Herramientas, que le conducirán a la página del Reproductor en la que se incluyen esos elementos adicionales.

1. En este ejercicio veremos cómo añadir al Reproductor de Windows Media un complemento de visualización y otro de efectos de sonido. Para empezar, haga clic con el botón derecho del ratón en un punto libre de la **Barra de comandos** y haga clic en la opción **Herramientas**.
2. El comando **Descargar** de este menú incluye las opciones necesarias para descargar visualizaciones, complementos y máscaras y el comando **Complementos**, las adecuadas para descargar complementos y para acceder a esa ficha del cuadro de opciones de la aplicación. Haga clic en el comando **Descargar** y pulse en la opción **Visualizaciones**. [1]
3. Se abre de este modo el navegador Internet Explorer mostrando la página de Windows Media Player que incluye las visualizaciones adicionales para el programa. Desplácese por la página hasta que vea una que le guste y pulse en su vínculo **Download**. [2]

1

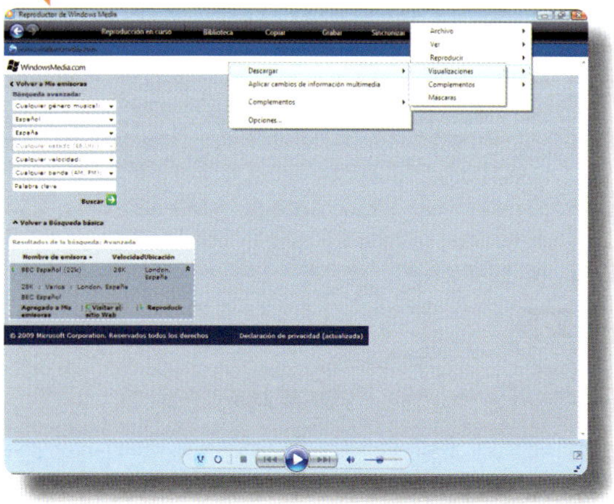

2

En unos casos, el vínculo **Download** iniciará directamente la descarga, en otros, dará paso a la página del creador del complemento.

4. En el cuadro de advertencia de seguridad para la descarga de archivos, pulse el botón **Ejecutar**. [3]
5. Después veremos cuál es el aspecto de la visualización descargada. Ahora añadiremos al Reproductor un plug-in de efectos de sonido. Vuelva al reproductor pulsando en su botón expandido de la **Barra de tareas**.
6. Haga clic con el botón derecho del ratón en una zona libre de la Barra de comandos, pulse en la opción **Herramientas**, haga clic en el comando **Complementos** y elija **Descargar complementos**. [4]
7. Se abre en una nueva pestaña del navegador la página de plug-ins para el reproductor. Haga clic en el vínculo **Audio Effects**.
8. Haga clic sobre uno de los plug-ins de efectos de audio disponibles, por ejemplo **DFX**, para acceder a su página. [5]
9. Pulse en el vínculo de descarga del complemento y siga las instrucciones para proceder con su instalación.
10. Una vez acabado el proceso, accederemos al cuadro de opciones del reproductor para comprobar que los complementos se han agregado correctamente y con esto daremos por acabado el ejercicio. Vuelva al reproductor, pulse con el botón derecho en un punto libre de su Barra de comandos, haga clic en **Herramientas** y pulse en el comando **Opciones**.
11. Sitúese en la ficha **Complementos** del cuadro **Opciones** y compruebe que en las categorías **Visualización** y **DSP de audio** [6] se muestran ya los complementos descargados. Después, cierre el cuadro de opciones y salga del reproductor.

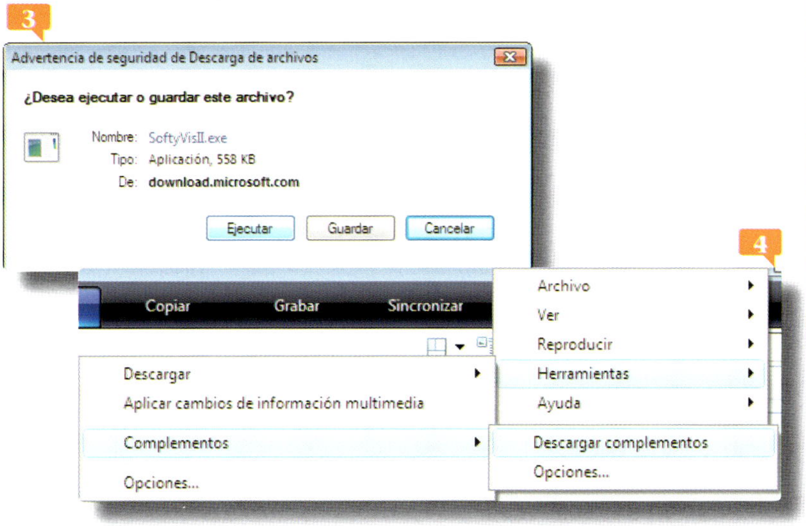

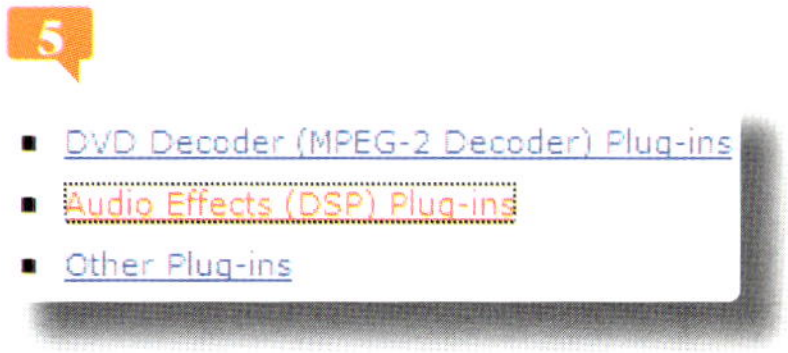

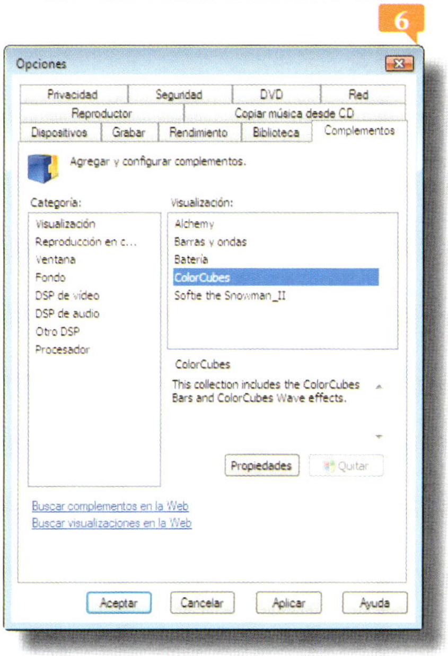

También puede acceder directamente a la ficha Complementos del cuadro de opciones del reproductor siguiendo la ruta **Ver/Complementos/Opciones**.

Descargar gadgets para la Sidebar de Windows

IMPORTANTE

La página de gadgets se va actualizando constantemente con nuevos gadgets creados por los mismos usuarios por lo que le recomendamos que investigue por su cuenta para conocer las miles de posibilidades que Microsoft pone a su disposición para **personalizar la barra lateral**.

WINDOWS VISTA INCORPORA un nuevo elemento, denominado Barra lateral o Windows Sidebar, cuyo objetivo es aumentar la productividad personal del usuario. La barra lateral de Windows Vista proporciona el acceso inmediato a una serie de miniaplicaciones interesantes, denominadas Gadgets. Desde Internet es posible descargar nuevos Gadgets para esa barra.

1. En primer lugar, para mostrar la Sidebar de Windows Vista, abra el menú **Inicio**, pulse en la opción **Todos los programas**, haga clic en **Accesorios** y elija **Windows Sidebar**. 1
2. En la parte derecha del Escritorio se sitúa la barra lateral de Windows, con tres gadgets predeterminados: un reloj analógico, una presentación de imágenes, con las imágenes de muestra del sistema, y un cuadro en el que se podrán mostrar titulares de noticias a las fuentes a las que se haya suscrito. Haga clic sobre el botón **Gadgets**, representado por un signo + en la parte superior de la barra lateral. 2
3. Se abre el cuadro de gadgets, desde el cual puede insertar nuevos elementos en la barra lateral. Haga clic sobre el vínculo **Descargar más gadgets en línea**. 3
4. Se abre Internet Explorer mostrando la página de personalización de la Barra lateral de Windows Vista. Desplácese por la

1

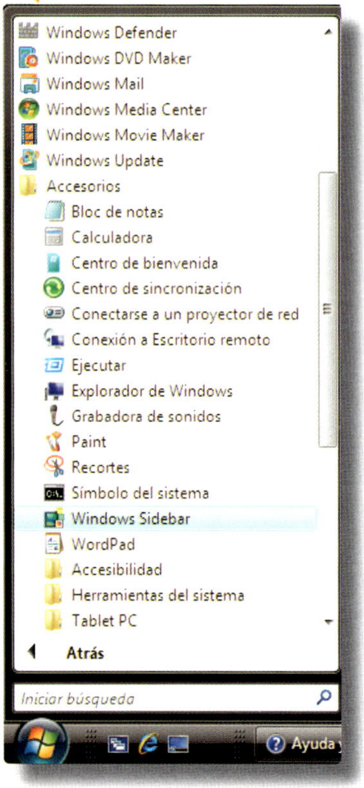

2

3

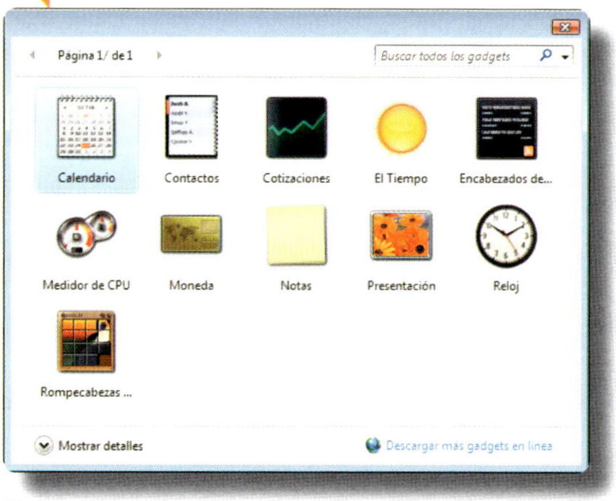

Para insertar uno de los gadgets que se muestran en este cuadro, sólo tiene que hacer doble clic sobre él.

082

página hasta ver el gadget **Diccionario de la Real Academia Española** y pulse en su vínculo **Descargar**. 4

5. El navegador lanza un cuadro de diálogo que nos advierte que este gadget no es de Microsoft y nos informa de los posibles peligros que ello conlleva. Sin embargo, se trata únicamente de una advertencia, puesto que el número de descargas realizadas demuestran que están en uso. Pulse el botón **Aceptar**. 5
6. En el cuadro **Advertencia de seguridad de Descarga de archivos**, haga clic sobre el botón **Abrir** para iniciar la descarga. 6
7. Las nuevas funciones de seguridad de Internet Explorer conllevan la apertura de distintos cuadros de diálogo en los cuales se solicita confirmación por parte del usuario para seguir adelante con el proceso. En el cuadro **Seguridad de Internet Explorer**, haga clic sobre el botón **Permitir** para continuar.
8. Windows Sidebar no reconoce el editor de la aplicación y así nos lo indica en un cuadro de diálogo. Haga clic sobre el botón **Instalar** de este nuevo cuadro de diálogo.
9. La instalación y la inserción del gadget en la parte superior de la barra lateral se lleva a cabo de inmediato. Para comprobar que funciona correctamente, introduzca un término cualquiera en el campo **Buscar** y pulse el icono situado a su derecha. 7
10. En una nueva ventana del navegador, se abre la página correspondiente a la definición en la Real Academia Española de la palabra insertada. Ciérrela pulsando en su botón de aspa.
11. Para acabar este ejercicio, haga clic con el botón derecho del ratón sobre el icono de Sidebar del área de notificación y, en el menú contextual, elija la opción **Salir** para cerrarla. 8

4

La mayoría de gadgets para la Sidebar de Windows Vista son **gratuitos**.

8

El menú del icono de Sidebar del área de notificación permite agregar gadgets, ver las propiedades de la barra, traer los gadgets al frente, etc.

5

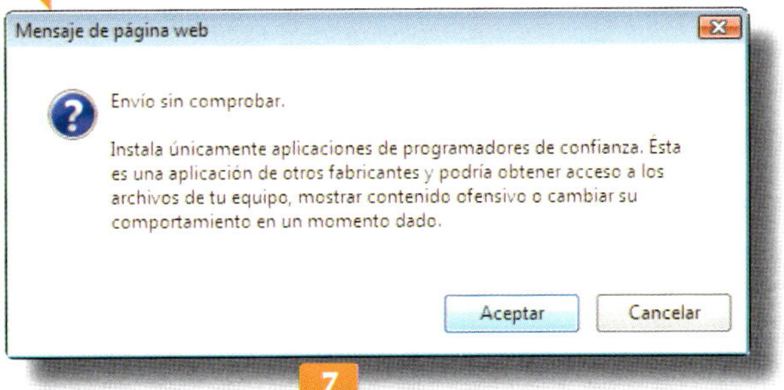

7

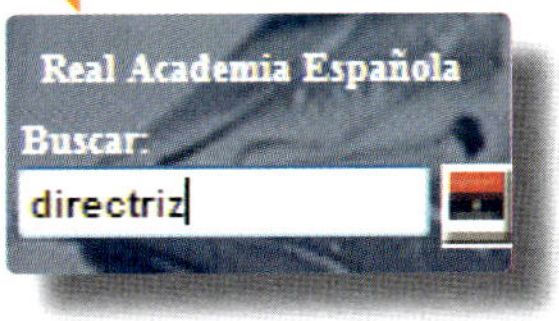

Muchos de los gadgets para Sidebar cuentan con su propio botón de **configuración**.

6

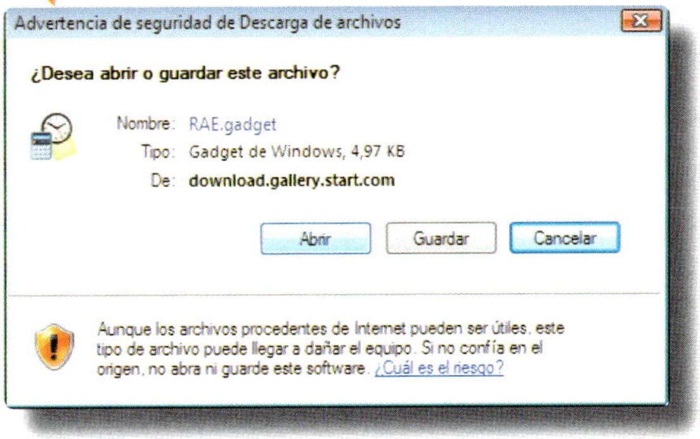

Crear un Blog con Windows Live

IMPORTANTE

El botón **Personalizar** de la ventana de blog incluye varias opciones que le permiten modificar el aspecto de su espacio de Windows Live. Úselo para cambiar, por ejemplo, el modo en que se muestran los diferentes módulos del espacio.

WINDOWS LIVE SPACES ES UN SERVICIO DE SOFTWARE gratuito en línea que le permite escribir su propio blog. Con Windows Live Spaces resulta fácil, rápido y divertido crear un blog y mantenerlo actualizado para compartir así con amigos, conocidos y familiares todo tipo de historias, fotos, música, etc. ¡Aproveche el espacio que le brinda Windows Live Spaces para expresar sus sentimientos, relatar sus viajes o, simplemente, exponer su opinión sobre temas de actualidad y crear grupos de debate en la Red!

1. En este ejercicio veremos cómo usar la función de creación de blogs del servicio Windows Live Spaces. Tenga en cuenta que, para poder llevar a cabo el ejercicio, deberá disponer de una cuenta debidamente configurada en Windows Live (verá que el proceso de registro es muy rápido y sencillo). Para empezar, haga clic con el botón derecho del ratón en una zona libre de la página y pulse en la opción **Blog con Windows Live.** 1
2. Accedemos de este modo a la página de inicio de sesión de Windows Live. Introduzca su nombre de usuario y su contraseña en los campos adecuados y marque las casillas **Recordar mis datos en este equipo** y **Recordar mi contraseña** si desea que el sistema recuerde esos datos. Si no, déjelas desactivadas y pulse el botón **Iniciar sesión.** 2

1

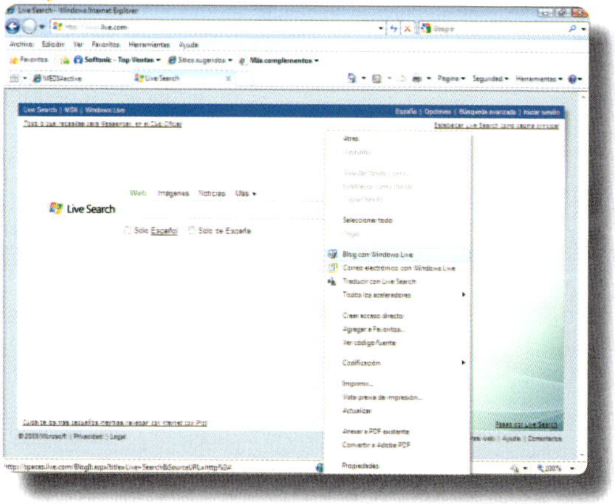

Windows Live Spaces le permite incluso escribir un blog desde su teléfono móvil y obtener una dirección especial para la creación y publicación de blogs.

2

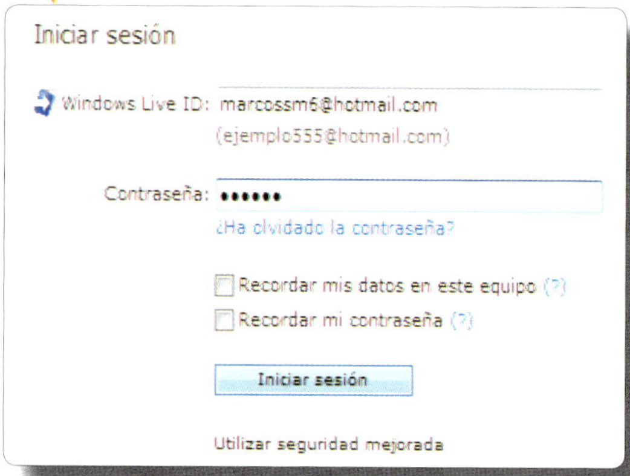

Si no dispone de una cuenta con Windows Live, créela pulsando en el botón **Registrarse** y siguiendo las indicaciones.

083

3. Los blogs pueden incluir fotos y vídeos y pueden escribirse con diferentes tipos y colores de letras. Al publicar un blog, aparecerá por defecto la fecha y la hora actuales y se podrán especificar datos como su título o la categoría a la que pertenece. Antes de proceder con la creación del blog, pulse el botón **Configuración** y haga clic en la opción **Blog**.
4. Desde esta página puede cambiar el aspecto de su blog, modificando el número de entradas que se mostrarán en la página principal del espacio, mostrando la fecha en el pie de página en vez de en el encabezado, eliminando categorías para que los visitantes no pueden incluirlas al ordenar las entradas, etc. Pulse el botón **Atrás** para volver a la página de creación del blog.
5. Escriba un título para su entrada de blog en el campo **Título**, haga clic en la punta de flecha del campo **Categoría** y elija la categoría relacionada con lo que va a escribir en el blog.
6. Seguidamente, escriba la entrada en el espacio reservado para ello, teniendo en cuenta que puede editar el texto usando los botones de la **Barra de herramientas**.
7. Para obtener una vista previa de la entrada antes de publicarla definitivamente, pulse en el enlace **Vista previa de la entrada**.
8. Si el resultado le convence, puede pulsar en el enlace **Publicar entrada**. Si no, puede seguir modificando el texto si pulsa en la opción **Modificar entrada de blog**. Además, usando la opción **Guardar como borrador**, puede almacenar la entrada para publicarla más tarde. Pulse en el vínculo **Publicar entrada** y vea cómo ésta aparece en la sección **Blog** de su espacio.

3

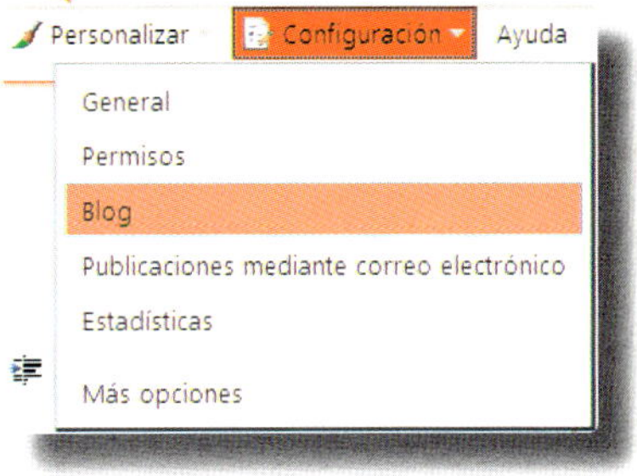

Desde el comando **Configuración** puede cambiar las principales opciones de su espacio de Windows Spaces.

5

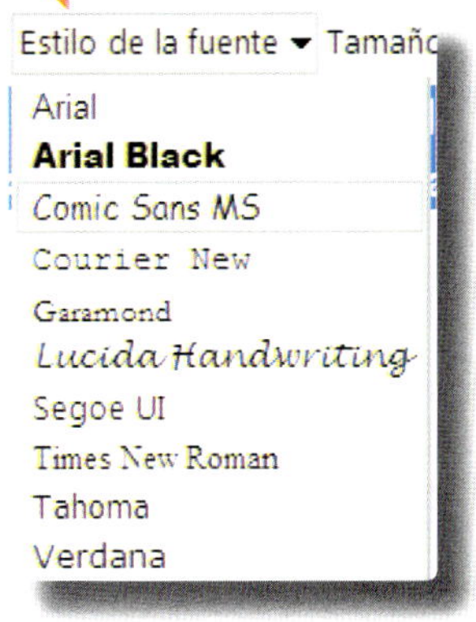

La lista de **fuentes** para escribir un blog es limitada.

4

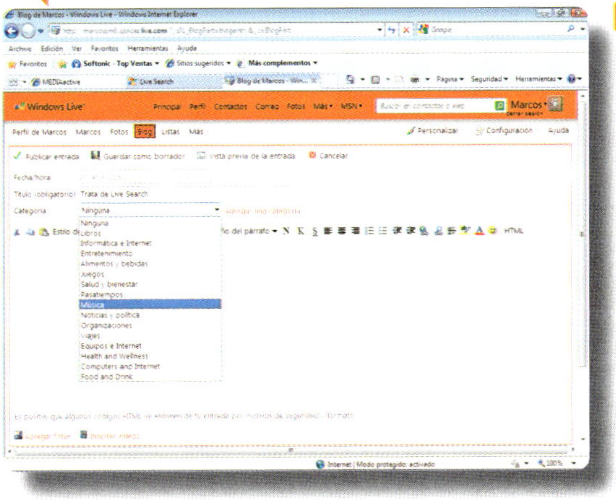

Puede añadir nuevas categorías a la lista pulsando en el vínculo **Agregar categorías**, que abre un cuadro en el que deberá escribir el nombre de la categoría.

6

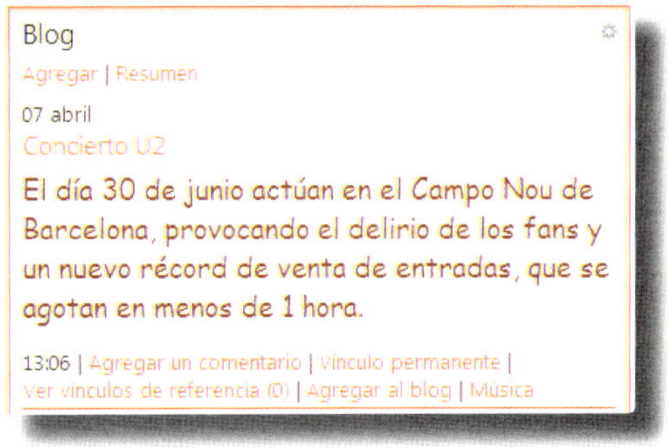

Una vez publicado el blog, podrá comentarlo, agregar nuevos blogs, añadirle música, etc.

Correo electrónico con Windows Live

IMPORTANTE

El vínculo **Administrar carpetas** muestra una lista de todas sus carpetas y de los mensajes contenidos en ellas y le permite crear nuevas carpetas, vaciarlas, cambiar sus nombres y eliminarlas.

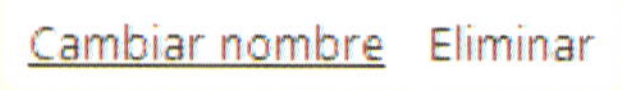

SI DISPONE DE UNA CUENTA EN WINDOWS LIVE, puede acceder a su correo electrónico de manera rápida y sencilla desde cualquier página de Internet usando el acceso directo disponible en el menú contextual de la página o en el comando Página.

1. Damos por supuesto que ya se ha registrado en Windows Live y que, por tanto, dispone de una cuenta de correo electrónico de este proveedor. Para acceder a esa cuenta, haga clic en el comando **Página** y pulse en la opción **Correo electrónico con Windows Live**. 1
2. En una nueva pestaña del navegador, se abre la página de inicio de sesión. Introduzca sus datos en los campos adecuados y pulse el botón **Iniciar sesión**.
3. Si antes de acceder a su página de correo aparece una página con información acerca de las mejoras de Windows Live, pulse el botón **Continuar**. 2
4. Aparece de este modo la ventana de mensaje de correo electrónico de su cuenta. Observe que en desde el panel de la izquierda puede acceder a su Bandeja de entrada, a la carpeta de correo no deseado, a la de elementos enviados y eliminados,

1

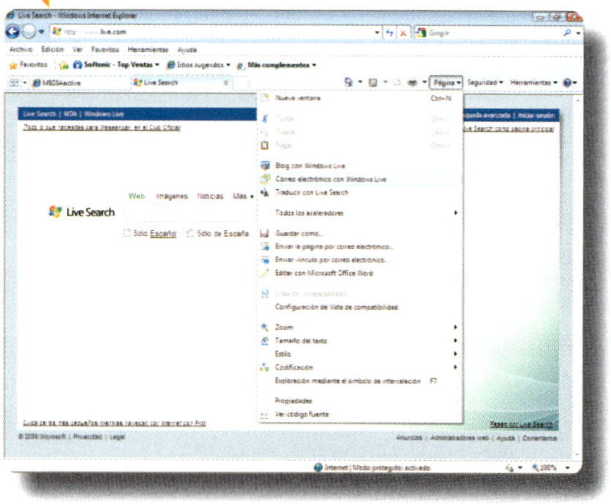

La opción Correo electrónico con Windows Live da paso a una página de **Windows Hotmail** para la creación del mensaje de correo electrónico, siempre y cuando se disponga de una cuenta.

2

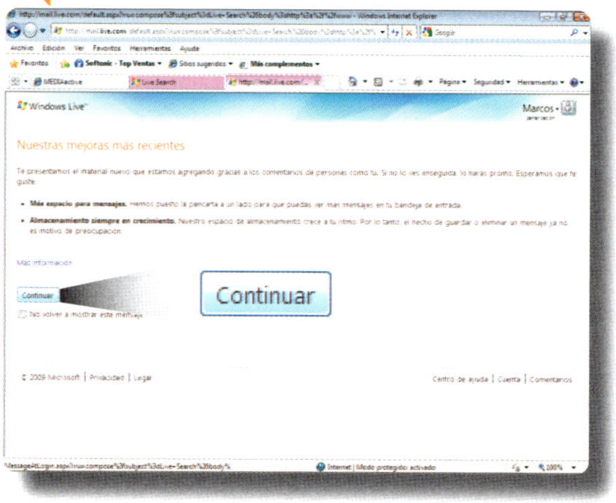

Si no quiere que aparezca esta página de novedades cuando acceda al servicio de correo electrónico de Windows Live, active la opción **No volver a mostrar**.

084

etc. Introduzca la dirección de correo electrónico a la que va a enviar el mensaje en el campo **Para** o use ese botón para acceder a su lista de contactos y poder seleccionar en ella dicha dirección. 3

5. Escriba una breve descripción del mensaje en el campo **Asunto** y después escriba el texto en el espacio destinado al cuerpo del mensaje.
6. Usando la **Barra de herramientas** del cuerpo del mensaje puede editar el texto; además, puede revisarlo para que no tenga faltas de ortografía pulsando en el vínculo **Revisión ortográfica.** Para marcar el mensaje como **Importante**, pulse en el icono que muestra un signo de admiración rojo. 4
7. Antes de enviar definitivamente el mensaje, veremos cómo adjuntarle una fotografía. Pulse en el botón **Adjuntar** y haga clic en la opción **Foto**. 5
8. Tras instalar el software adecuado, se muestran en la misma ventana las fotos guardadas en el equipo. Seleccione una de ellas y pulse en el botón **Cargar ahora**. 6
9. Tras cargarse la foto 7, observe que debajo del campo **Asunto** aparece su nombre y su tamaño. Puede guardarlo en su carpeta de **Borradores** para enviarlo más tarde o bien enviarlo directamente pulsando el botón **Enviar**. Cuando lo envíe, la ventana de Windows Live Hotmail le informará de que el mensaje se ha enviado correctamente a la dirección indicada y podrá volver a su **Bandeja de entrada**.

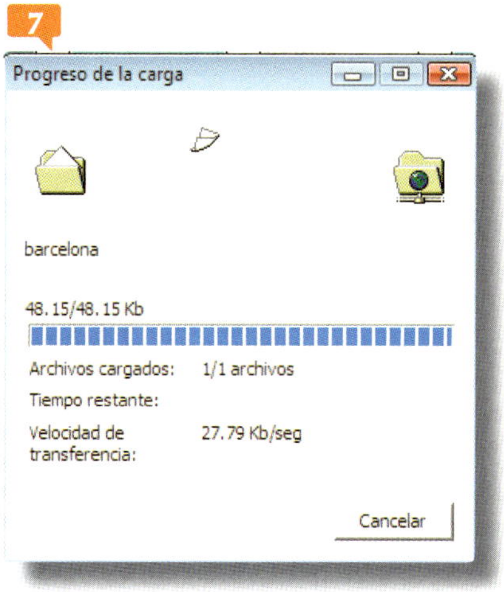

La duración del proceso de carga de una fotografía depende de su tamaño y de la capacidad del equipo.

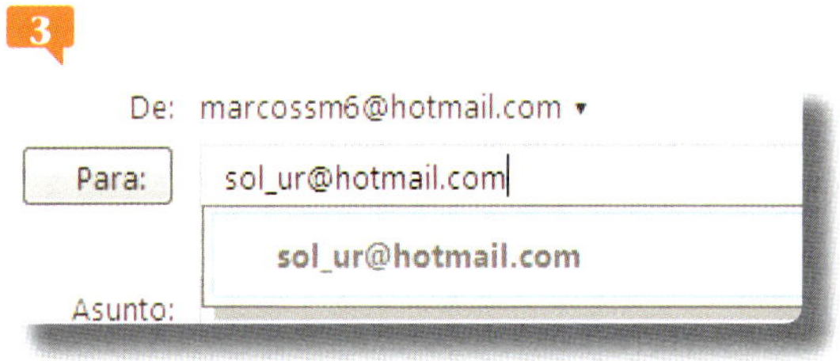

Si la dirección a la que va a enviar el mensaje está en su libreta de contactos, al empezar a escribirla aparecerá completa y podrá seleccionarla.

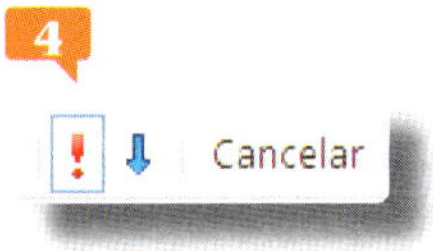

Puede adjuntar **archivos** y **fotos** a sus mensajes.

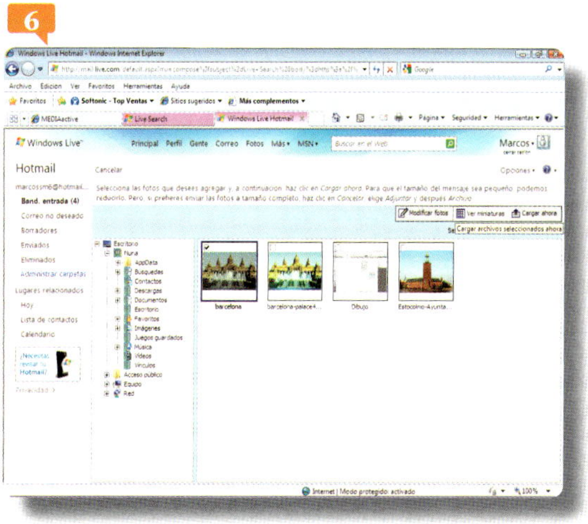

La aplicación necesaria para adjuntar fotos a un mensaje permite también modificarlas en algunos aspectos.

Traducir páginas con Live Search

OTRA DE LAS OPCIONES DE WINDOWS LIVE disponibles tanto en el menú contextual de una página como en el comando Página es Traducir con Live Search. Esta opción permite traducir automáticamente páginas enteras y ofrece diferentes combinaciones para la traducción.

1. Para realizar este ejercicio, puede acceder por ejemplo a la página Web **http://amis95.blogspot.com**. Vamos a traducir esta página, escrita en español, al inglés. Haga clic en el comando **Página** y pulse en la opción **Traducir con Live Search.** [1]
2. Automáticamente se abre en una nueva pestaña del navegador la página del traductor de Live Search mostrando el resultado de la traducción. En la parte superior de la página puede ver el porcentaje de traducción. [2] Lógicamente, en función de la longitud del texto que se deba traducir, el proceso será más o menos largo. Use las **Barras de desplazamiento** de las dos ventanas para comprobar que se ha traducido todo el documento.
3. Vamos a cambiar ahora el modo en que se muestran las ventanas del documento original y del de la traducción. Pulse en el segundo icono del apartado **Vistas**, correspondiente a la opción **Arriba/Abajo**.
4. De este modo las ventanas se colocan una encima de la otra. También puede mostrar la ventana del original con la traduc-

1

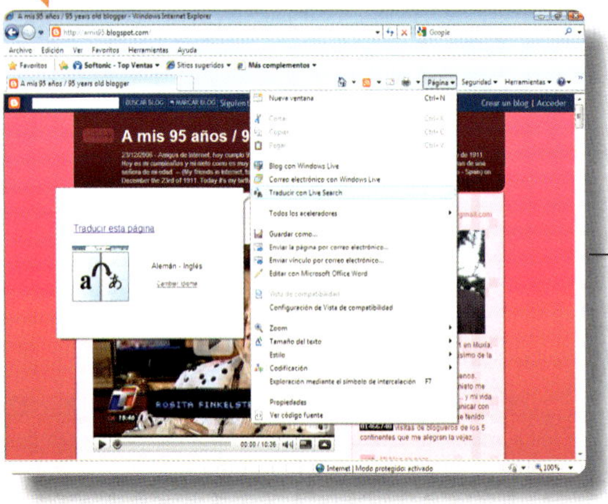

2

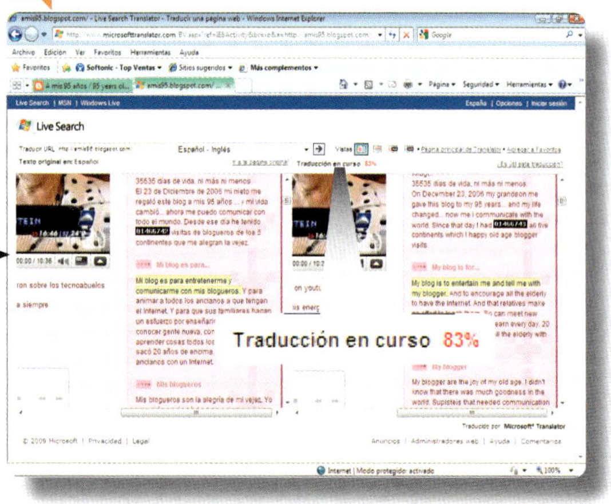

ción flotante o bien la ventana de la traducción con el original flotante. Compruébelo pulsando en los dos iconos restantes del apartado **Vistas**.

5. Con una de estas dos últimas vistas activada, sitúe el puntero del ratón sobre un fragmento de texto y vea cómo aparece en una ventana flotante el fragmento traducido.
6. Debe tener en cuenta que las traducciones automáticas pueden ser en ocasiones muy inexactas, por lo que le recomendamos que siempre eche un vistazo al texto original y a la traducción para comprobar que ésta es correcta. Para volver a la página original, en español, pulse en el vínculo **Ir a la página original**.
7. Vamos a acceder ahora la página principal del traductor de Live Search para indicarle que traduzca una página Web cuya dirección escribiremos. Acceda a la página Web **www.microsofttranslator.com**.
8. Como ve, este servicio gratuito de traducción en línea le permite escribir un texto de hasta 500 palabras para traducirlo o bien indicar una página Web para su traducción. En el campo **O bien, traduce una página Web**, tras el protocolo **http://** escriba la dirección **www.visitlondon.com.**
9. Ahora indicaremos que esta página debe ser traducida al español. Pulse el botón de punta de flecha del campo **Idiomas**, elija la opción **Inglés-Español** y pulse el botón **Traducir URL**.
10. Cuando la traducción acabe, muestre las ventanas en paralelo pulsando en el primer icono de **Vistas**.
11. Compruebe que la página se ha traducido completamente y acaba el ejercicio volviendo a la página principal.

5

7

3

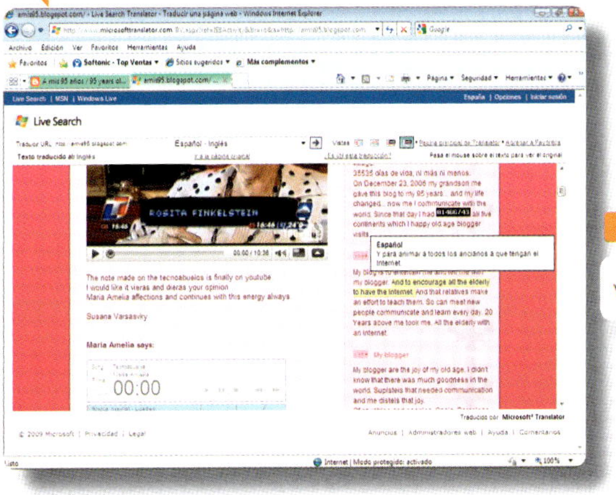

6

4

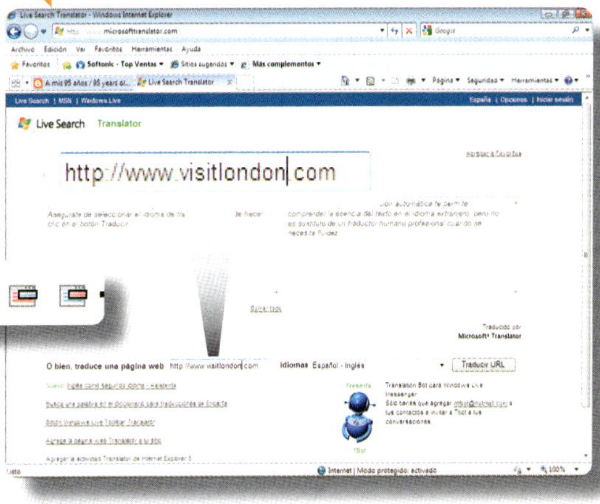

Usar Windows Live Alert

WINDOWS LIVE ALERTS ES UNA APLICACIÓN gratuita de Windows Live que le permite mantenerse puntualmente informado de los acontecimientos más relevantes de su mundo. En su página de avisos de Windows Live Alerts recibirá avisos directamente mientras dedica su tiempo a otras cosas más importantes; también podrá mantenerse informado de las últimas noticias que han ocurrido en su ciudad, del estado del tráfico, del resultado del partido que ha jugado su equipo este fin de semana, etc.

1. Para probar los útiles servicios que le ofrece Windows Live Alerts debe disponer de una cuenta de Windows Live. Recuerde que el registro es gratuito y muy sencillo. Suponemos que ya dispone de la cuenta, por lo que empezamos accediendo a la página principal de la aplicación, **http://alerts.live.com**.
2. Para poder configurar esta fantástica herramienta, pulse en el vínculo **Iniciar sesión**, rellene los campos adecuados con su nombre de usuario y contraseña y pulse el botón **Iniciar sesión**. 1
3. Aunque, como hemos dicho, Windows Live Alerts es un servicio gratuito, puede ocurrir que determinados proveedores de contenido cobren por mostrar su contenido en esta aplicación. Actualmente, en España existen todavía pocos proveedores de avisos, pero puede ver y utilizar los de otros países seleccionán-

IMPORTANTE

Vea los proveedores de contenido de Estados Unidos y, siguiendo las indicaciones de este ejercicio, active los avisos de noticias de actualidad de la agencia **Reuters**, por ejemplo. Después, vuelva a la página principal de Live Alerts y compruebe que puede darse de baja del servicio y editar el envío de los mensajes de este proveedor.

1

2

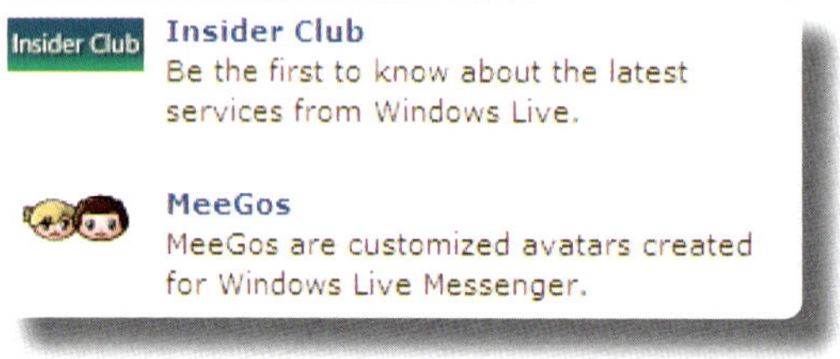

3

El proveedor de avisos **MSN Calendar** le permitirá agregar avisos al calendario de su cuenta de Hotmail.

dolos en el campo **Cambiar región.** Pulse en el vínculo del proveedor de avisos **MSN Calendar**.

4. Se abre así el calendario de MSN desde el que se crean los avisos. Imagine que quiere recordar el cumpleaños de un amigo. En el campo **Asunto** escriba el término **Cumpleaños de (nombre de su amigo)**.
5. Seleccione la fecha del cumpleaños en el campo **Hora de inicio** y active la opción **Acontecimiento para todo el día**.
6. Puede completar el aviso añadiendo una nota y una categoría y activando la opción por la cual éste no se mostrará cuando comparta el calendario. En el apartado **Aviso**, active la opción **Enviar un correo electrónico a (su dirección de correo electrónico)**.
7. Para que el aviso se repita anualmente, haga clic en la doble punta de flecha del apartado **Periodicidad**, pulse en el botón de punta de flecha del campo **Repetir** y elija la opción **Anualmente**.
8. Mantenga la opción **Sin fecha final** seleccionada y pulse el botón **Guardar** para almacenar este aviso.
9. Al guardar el aviso, accedemos automáticamente a la sección **Calendario** de nuestra cuenta de Hotmail. Haga clic en la doble punta de flecha del apartado **Avisos** de la izquierda para comprobar que el aviso se ha almacenado correctamente.
10. De este modo puede ir añadiendo citas, eventos compromisos y todo tipo de avisos para evitar olvidos imperdonables. Para acabar este ejercicio, vuelva a su página de inicio.

086

4

6

5

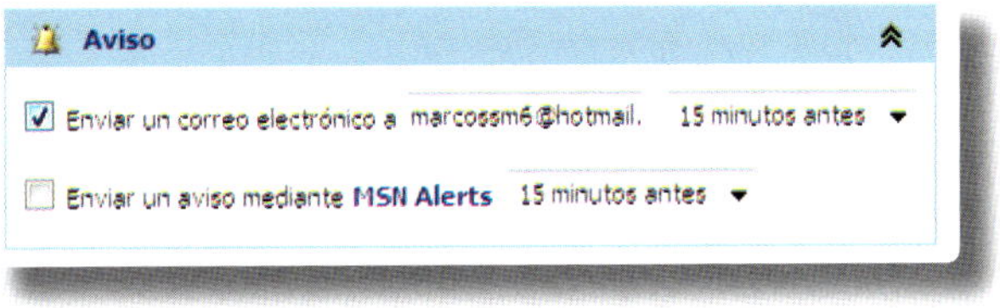

7

8

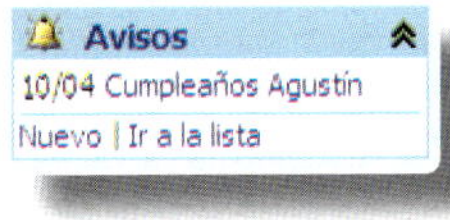

Proteger con Windows Live Protección infantil

IMPORTANTE

Puede usar una **configuración de filtro personalizada** que le permitirá elegir entre diferentes categorías que pueden considerarse no adecuadas para un niño, y admitir el acceso del niño a páginas con ese contenido, advertir al administrador en caso de que el niño pretenda acceder a ellas o bien no admitir en ningún caso que el niño acceda a las mismas.

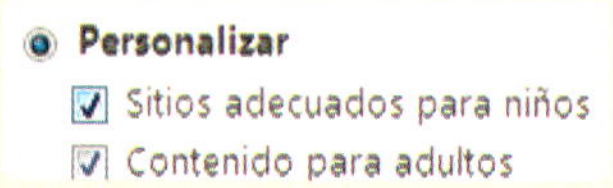

WINDOWS LIVE PROTECCIÓN INFANTIL ofrece mayor seguridad y la posibilidad de crear reglas para evitar que los más pequeños de la casa entren en sitios Web no adecuados para ellos. La exploración será más segura gracias a los filtros de información que se pueden crear en función de la edad del niño y de los límites en las búsquedas y los bloqueos de determinados sitios Web. Además, en todo momento podrá saber qué sitios Web visitan sus hijos gracias a los informes de actividades que ofrece esta aplicación.

1. Para empezar, escriba en la Barra de direcciones la dirección **http://download.live.com/familysafety** y pulse en el vínculo **Descargar**. 1
2. Aparece el habitual cuadro de advertencia de seguridad para la descarga de archivos. Pulse el botón **Ejecutar**. 2
3. Pulse también el botón **Ejecutar** en el siguiente cuadro. 3
4. En el cuadro que se abre podemos escoger las aplicaciones de este servicio que queremos instalar. Vamos a aprovechar para instalar algunas con las que practicaremos en los siguientes ejercicios, además de Protección infantil. Active los programas **Messenger**, **Galería fotográfica**, **Toolbar**, **Protección infantil**, **Microsoft Office Advanced** y pulse **Instalar**.
5. Mantenga la opción **Cerrar estos programas por mi** (guarde antes su trabajo para no perder datos) y pulse **Continuar**.

1

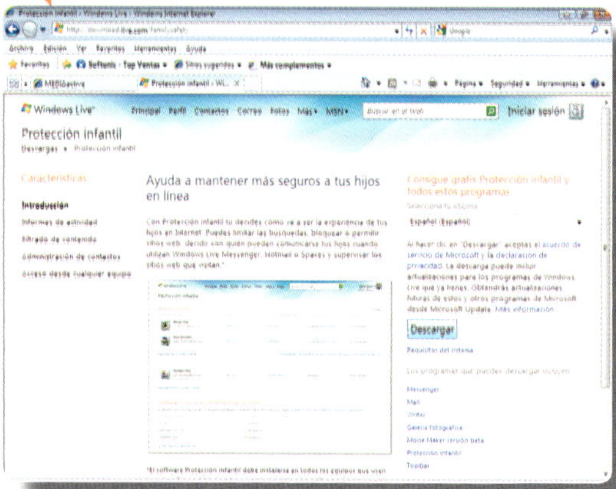

Los filtros de seguridad que cree sólo tendrán efecto en los equipos que tengan este software instalado.

2

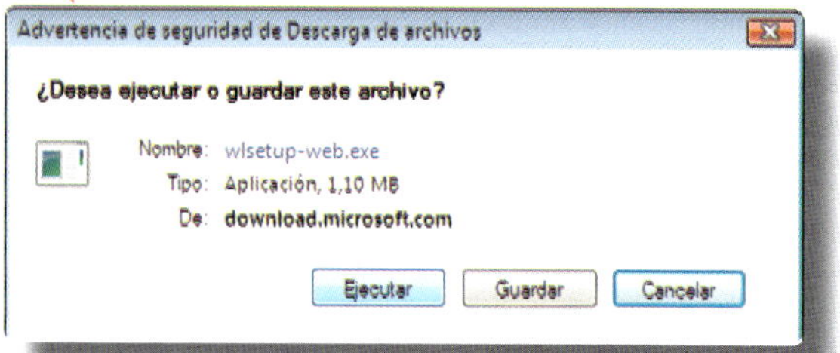

3

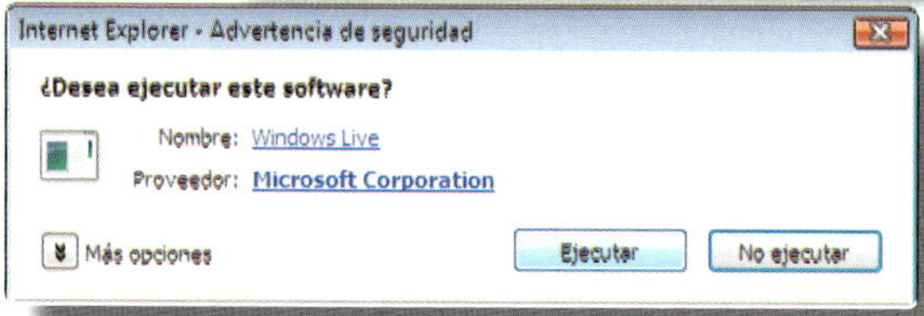

087

6. Una vez instalados los programas, marque las opciones que desee en el cuadro **Selecciona tu configuración**, pulse **Continuar** y cierre el cuadro de bienvenida.
7. Pulse en el botón **Inicio**, haga clic en **Todos los programas**, localice la carpeta de **Windows Live** y pulse en **Protección infantil**.
8. Inicie sesión en Windows Live escribiendo su **Windows Live ID** y su contraseña y pulse **Iniciar sesión**.
9. Un nuevo cuadro le informa ahora de que el filtro de protección infantil está activado. Para personalizar el servicio, pulse en el vínculo **Ir al sitio web de Protección infantil** e inicie sesión nuevamente.
10. Pulse el vínculo **Agregar hijo** y, si el niño tiene una cuenta de Windows Live, inicie la sesión con sus datos.
11. En la siguiente página puede establecer qué tipo de filtro desea aplicar a la cuenta del niño así como crear listas de sitios permitidos y bloqueados. Active, por ejemplo, el filtro **Básico** y permita para todas las cuentas la dirección de la página Web del ayuntamiento de su ciudad.
12. Pulse el botón **Guardar** para guardar la nueva configuración.
13. Pulse en el vínculo **Informe de actividades** y, tras comprobar que desde aquí puede controlar los accesos del niño a determinados sitios Web y otras actividades de Internet en un período de tiempo, pulse en el vínculo **Administrar contactos**.
14. Desde aquí puede administrar los contactos de su hijo. Por último, pulse en el apartado **Solicitudes** y compruebe que en él se listan las solicitudes del niño para acceder a los sitios Web que requieren permiso del administrador. Una vez configurada la protección infantil, vaya a su página principal pulsando en ese vínculo para dar por acabado el ejercicio.

4

8

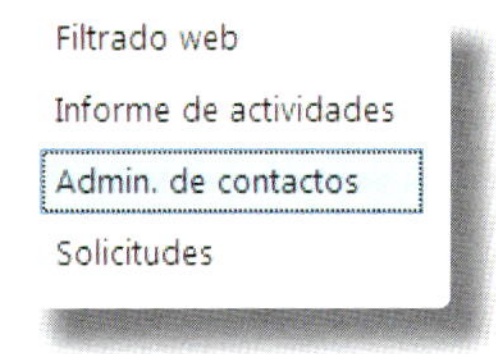

Desde el apartado **Administración de contactos** también es posible determinar si los niños podrán usar Windows Live Messenger, Windows Live Hotmail y Espacios de Windows Live.

6

5

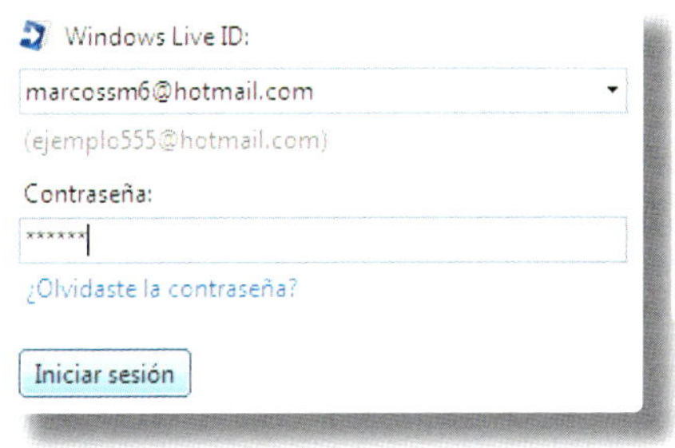

7

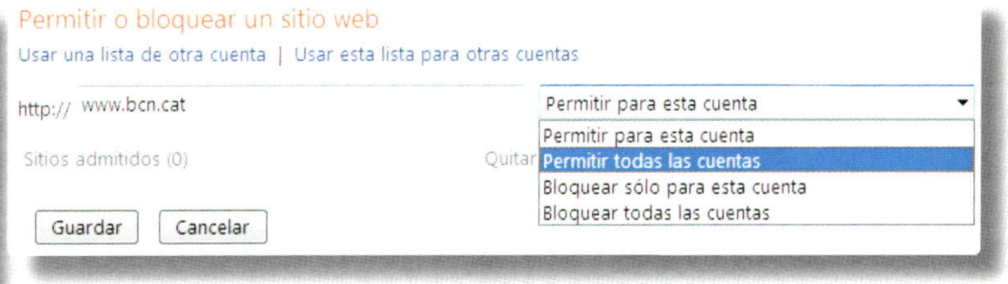

Si su hijo desea acceder a un sitio que usted ha **bloqueado** con Protección infantil, le puede pedir permiso y usted puede revisarlo para decidir si se lo da o no.

Empezar a usar Windows Live Messenger

LA RED DE MENSAJERÍA INSTANTÁNEA más conocida del mundo presenta con Windows Live Messenger nuevas y mejoradas funciones que le permitirán contactar y conversar con amigos de todas partes del planeta, compartir todo tipo de archivos (fotos, documentos, canciones...) e incluso comunicarse por voz y realizar llamadas de PC a PC o a teléfonos.

1. Como en el ejercicio anterior ya descargamos Windows Live Messenger, empezaremos accediendo a la aplicación. Pulse en el botón **Inicio**, haga clic en **Todos los programas**, localice y abra la carpeta **Windows Live** y pulse sobre la aplicación **Windows Live Messenger.** 1
2. Como ya sabe, para poder usar los servicios de Windows Live es necesario disponer de una cuenta de correo electrónico y de su correspondiente contraseña. Introduzca esa información en la ventana principal de Messenger.
3. En esta misma ventana puede establecer el estado con que se mostrará al iniciar la sesión y hacer que el programa recuerde la cuenta y la contraseña e inicie sesión automáticamente al arrancar Windows. Seleccione la opción **Ausente** en el campo **Iniciar sesión como** 2 y pulse en **Iniciar sesión**.
4. Al acceder por primera vez a Messenger se abre el cuadro **Paseo por Windows Live Messenger**. Ciérrelo.

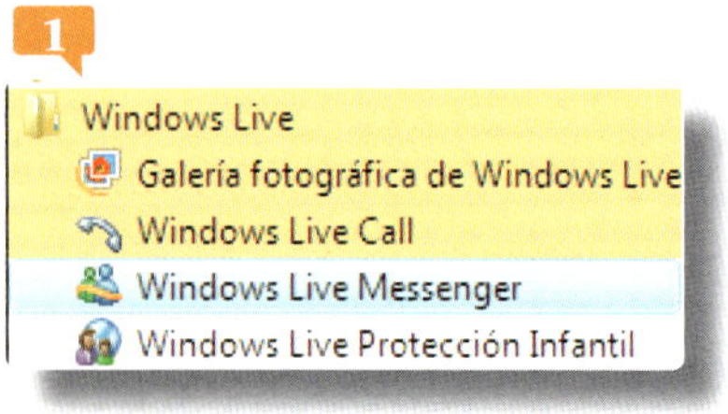

Descargar Windows Live Messenger y utilizar la mayoría de sus funciones es totalmente gratuito.

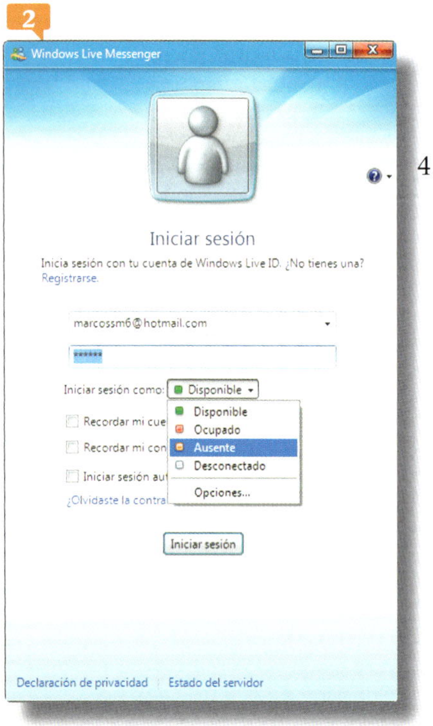

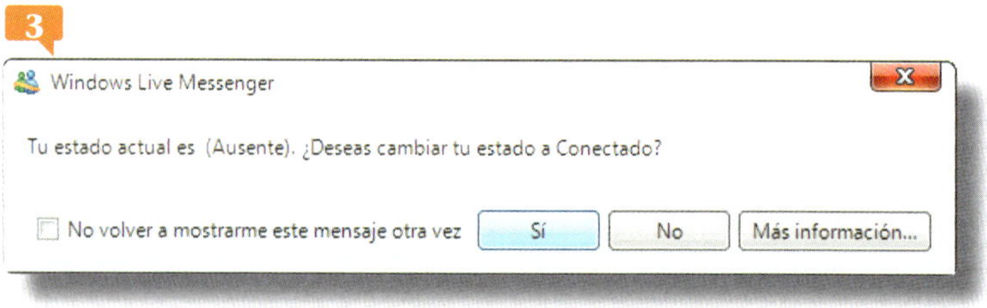

Sea cual sea el **estado** con el que entre en Messenger, podrá modificarlo después desde el menú contextual de su icono del Área de notificación o desde el cuadro de opciones de la aplicación.

5. Otro cuadro le informa de su estado actual. Si desea cambiarlo a **Conectado** pulse en **Sí**. 3

088

6. Lo primero que debe hacer para poder mantener conversaciones, enviar mensajes, etc., es añadir contactos. Pulse en el icono **Agregar un contacto o grupo**, que muestra una silueta y un signo +, y pulse en la opción **Agregar un contacto**. 4
7. En el cuadro **Escribir información de la persona** debe introducir la dirección de mensajería instantánea del contacto que se va a añadir. Hágalo.
8. Puede completar este primer paso insertando su número de móvil y agregándole una categoría. 5 Pulse el botón **Siguiente**.
9. Puede enviar una invitación personal a su contacto y un mensaje de correo electrónico si sabe que aún no tiene Messenger. Pulse el botón **Enviar invitación** y cierre la ventana que le informa de que el contacto se ha agregado a su lista.
10. Compruebe que el contacto aparece ya en su ventana principal de Messenger, en la categoría que ha indicado. Para eliminar un contacto, haga clic sobre él con el botón derecho del ratón y pulse en la opción **Eliminar contacto**. 6
11. Puede bloquear este contacto y quitarlo de sus contactos de Windows Live Hotmail. Pulse el botón **Eliminar contacto**. 7
12. En el siguiente ejercicio veremos cómo configurar las opciones Windows Messenger y cómo comunicarse con el programa. Para cerrar su ventana principal, pulse el botón de aspa de su **Barra de título** y cierre también el cuadro que le informa de que el programa continúa ejecutándose. 8

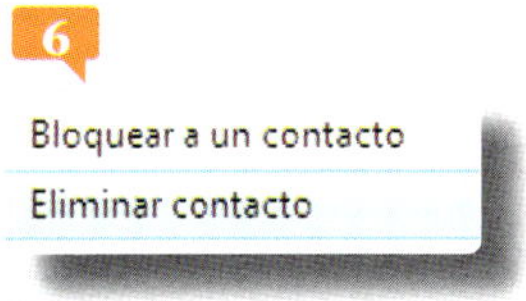

Desde el menú contextual del contacto puede **bloquearlo**, **eliminarlo**, **enviar** directamente un mensaje de correo electrónico a su dirección, etc.

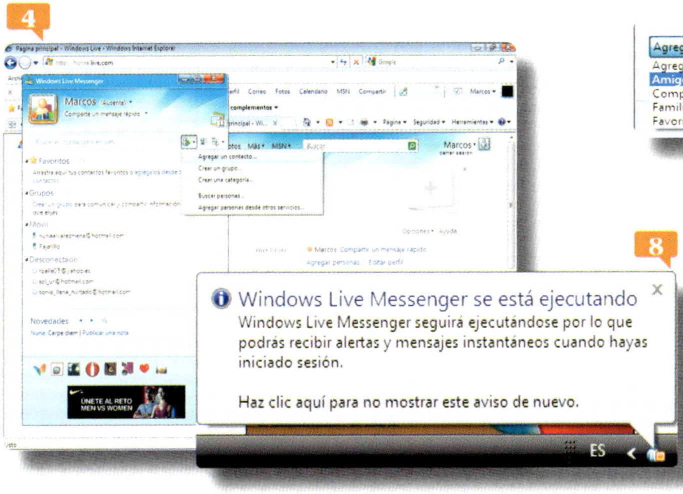

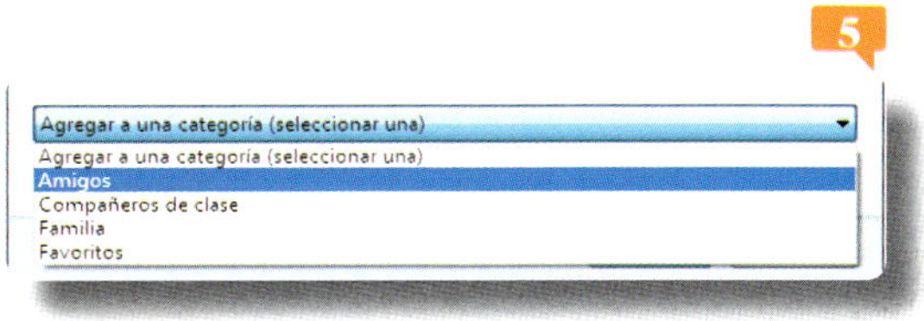

Comunicarse con Windows Live Messenger

PUEDE UTILIZAR WINDOWS LIVE MESSENGER para comunicarse en tiempo real con sus contactos, enviarles mensajes de correo electrónico, compartir carpetas, fotos y archivos, hablar con los contactos mediante llamadas gratuitas de PC a PC e incluso llamadas a teléfonos fijos y móviles con tarifas muy reducidas, etc.

1. Para empezar, acceda a la ventana principal de Windows Live Messenger haciendo doble clic en el icono del programa que se ha agregado al **Área de notificación** de la Barra de tareas. 1
2. Vamos a ver en primer lugar algunas opciones generales de la configuración del programa. Haga clic en el último de los iconos situados a la derecha del cuadro de búsqueda de contactos, pulse en la opción **Herramientas** y haga clic en **Opciones.** 2
3. Desde el cuadro de opciones del programa podemos personalizarlo según nuestras necesidades. Vamos a cambiar la imagen para mostrar. Haga clic en el botón **Cambiar imagen.**
4. En el cuadro **Seleccionar una imagen para mostrar**, elija una de las imágenes normales y pulse el botón **Aceptar.** 3
5. Pulse ahora en la categoría **Diseño.**
6. Desde este apartado cambiaremos la organización de los contactos. Haga clic en el botón **Organizar contactos por** y elija la opción **Estado En línea.** 4

IMPORTANTE

Sepa que puede obtener una vista previa de los **guiños** (pequeñas y divertidas animaciones con sonido) antes de enviarlos accediendo al cuadro **Guiños**, seleccionándolos y pulsando el botón **Vista previa.**

1

La marca de color situada junto al icono de Messenger indica si su estado es **Conectado**, **Ausente** u **Ocupado.**

2

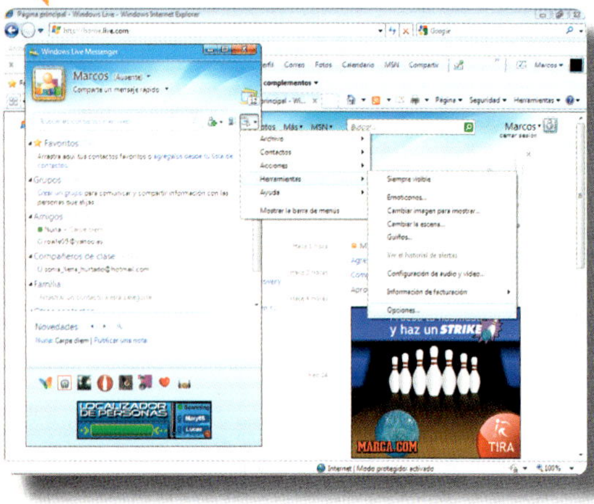

3

Pulse el botón **Examinar** del cuadro Imagen para mostrar para buscar una imagen que tenga guardada en su equipo y aplicarla como imagen de Messenger.

7. Puede seguir configurando el programa en cuanto a las alertas y los sonidos que éste emitirá, el modo en que se transferirán los archivos y se enviarán los mensajes, los elementos que aparecerán en la ventana principal, etc. Pulse los botones **Aplicar** y **Aceptar** para salir del cuadro de opciones.
8. Los cambios de imagen y de organización de contactos se aplican correctamente. Para iniciar una conversación con un contacto conectado, haga doble clic sobre su nombre.
9. Se abre así la ventana de conversación con el contacto elegido, donde se muestra la imagen de ese contacto y la suya propia. Escriba un texto cualquiera en el campo destinado a ello y pulse la tecla **Retorno** para enviarlo.
10. En la parte superior de la ventana van saliendo los mensajes instantáneos que usted envía y las respuestas de su contacto. Puede añadir emoticonos a sus mensajes para hacerlos más divertidos. Haga clic en el primer icono de la parte inferior del cuadro de mensaje y elija uno de los emoticonos anclados. Después, haga clic en el segundo de los iconos de esa zona y envíe uno de los guiños disponibles. 5
11. Puede también aderezar las conversaciones escritas con diferentes tipos y colores de fuentes. Desde el cuadro **Cambiar fuente**, al que se accede usando la herramienta **Cambiar la fuente y el color del texto**, se pueden cambiar las principales propiedades de la fuente. 6 Por su parte, la pestaña **Escribir y enviar mensajes manuscritos** activa ese modo de escritura y le permite escribir con su propia letra y trazar divertidos dibujos. Para acabar este ejercicio, cierre la ventana de conversación y la de Messenger pulsando en sus botones de aspa.

089

IMPORTANTE

Para crear un emoticono, abra el cuadro **Emoticonos** usando el vínculo Mostrar todo y pulse el botón **Crear**. Seleccione la imagen que se va a convertir en emoticono y asígnele un método de teclado abreviado y un nombre.

6

Además de poder cambiar la fuente y el color de fuente, puede cambiar el fondo de Windows Live Messenger.

4

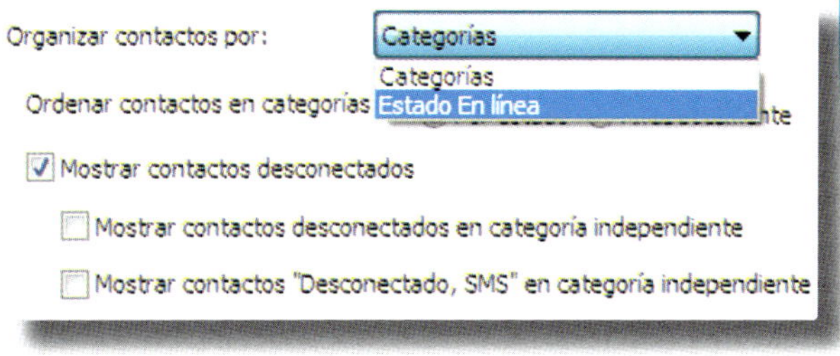

Si deja activada la opción **Organizar contactos por categorías** podrá mostrar los contactos desconectados en una categoría independiente.

5

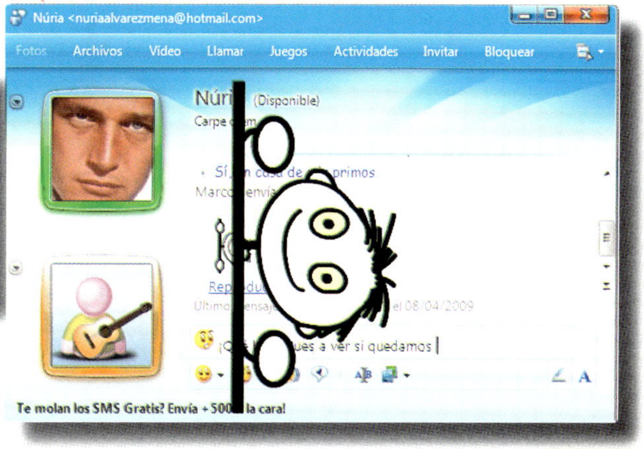

La Barra de herramientas de Windows Live

IMPORTANTE

Si cierra la Barra de herramientas de Windows Live, puede volver a mostrarla activando la opción **Windows Live Toolbar** en el menú contextual de la Barra de herramientas de Internet Explorer.

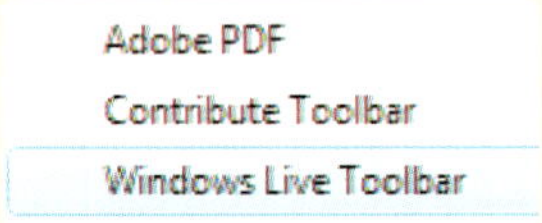

LA PREMISA EN QUE SE BASA ESTE IMPRESCINDIBLE servicio de Windows Live es efectuar búsquedas desde cualquier página Web y acceder con un sólo clic a los principales servicios de Windows Live (correo electrónico, noticias, etc.)

1. La **Barra de herramientas de Windows Live** permite iniciar una con Live Search una búsqueda desde cualquier página Web y puede ser personalizada con botones exclusivos. En el ejercicio **87** descargamos este complemento, por lo que ya debería mostrarse en su navegador. Si no lo hizo en su momento, acceda a la página **http://toolbar.live.com** y descárguelo. 1
2. En la parte izquierda de la barra se encuentra el botón **Windows Live**, que da acceso a la página principal y al correo de Live Mail, y el campo de búsqueda de **Live Search**. Para realizar una búsqueda, haga clic dentro del campo de búsqueda, escriba el término sobre el cual desea encontrar información y pulse sobre el botón que muestra una lupa. 2
3. La parte derecha de la **Barra de herramientas de Windows Live** está ocupada por distintos botones que dan acceso a elementos como noticias actualizadas en forma de titulares, el perfil, el correo electrónico, fotos y calendario de Windows Live, etc. Haga clic en el botón de doble punta de flecha que aparece al final de la barra y pulse sobre la punta de flecha del elemento **Noticias** para ver los titulares. 3

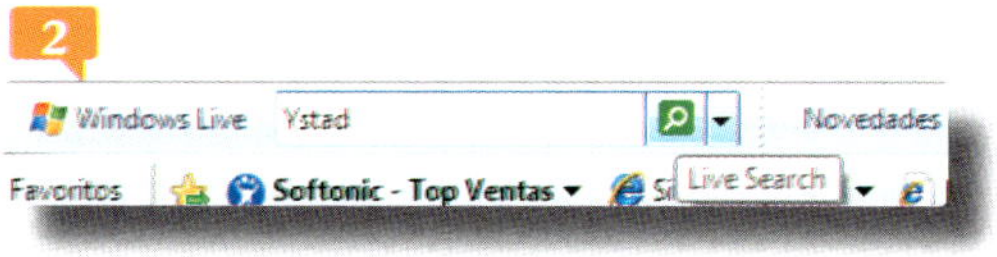

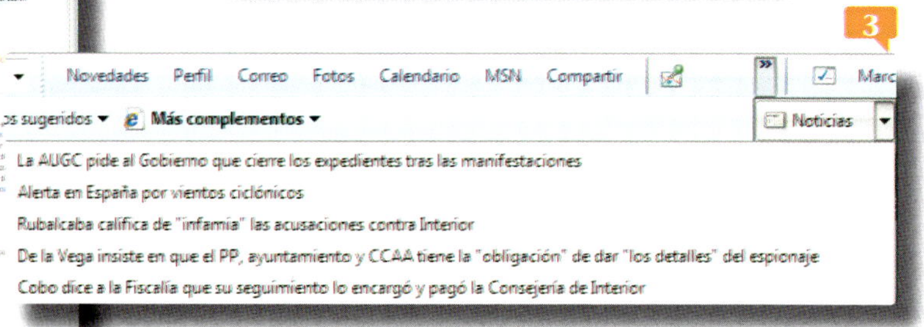

090

4. Pulse ahora en el botón **Live Search Maps**, situado junto a la opción Compartir para acceder a esa aplicación. 4
5. Puede personalizar la barra de Windows Live según sean sus necesidades. Para ello, haga clic con el botón derecho del ratón en un punto libre de la barra y elija el comando **Opciones de Toolbar** de su menú contextual. 5
6. Se abre de este modo el cuadro de opciones de la barra, desde el que puede elegir los botones que desea mostrar en ella, mover, cambiar la configuración o desinstalar los botones adicionales, y hacer que se muestren todas las etiquetas de los botones. En el apartado **¿Qué botones deseas mostrar en la barra de herramientas?** desactive, por ejemplo, la opción **Compartir**. 6
7. Y ahora, para que el botón **Noticias** se muestre antes del botón **Mapas**, seleccione el botón Mapas en el apartado inferior y pulse el botón **Bajar**. 7
8. Haga clic ahora en la categoría **Búsqueda y complementos** del panel de la izquierda.
9. Desde esta ficha puede configurar el motor de búsqueda de Live Search y el modo en que se mostrarán los resultados. Pulse en el vínculo **Borrar las búsquedas anteriores** y, para aplicar los cambios en la barra, haga clic en **Aceptar**.
10. Observe la nueva distribución de los botones finales de la barra y, para acabar este ejercicio, ciérrela pulsando el botón de aspa de su extremo izquierdo 8 y confirme que desea deshabilitar este complemento pulsando el botón **Deshabilitar.**

5

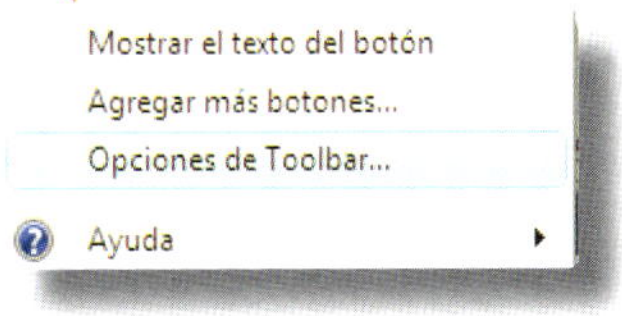

Desde el menú contextual de la barra de Windows Live puede mostrar los textos de los botones, agregar más botones a la barra, acceder a su cuadro de opciones y a la ayuda de la aplicación.

8

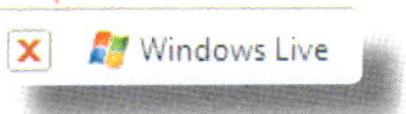

4

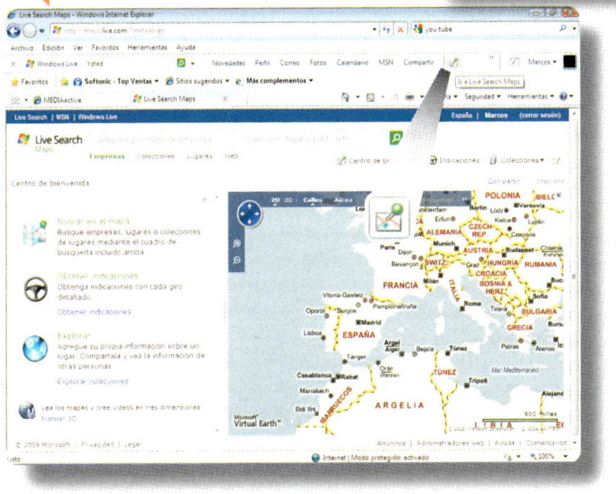

6

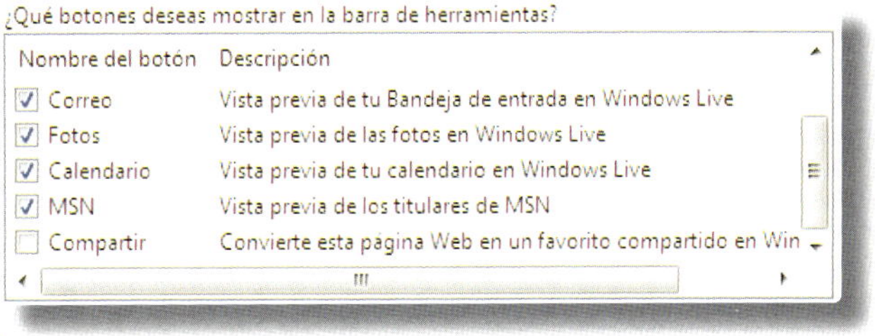

7

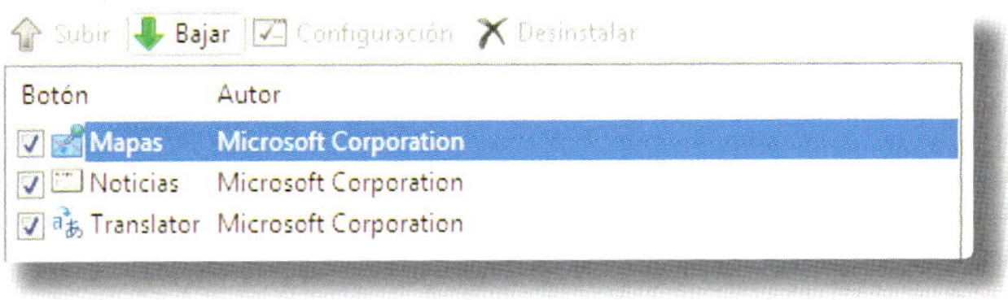

Protegerse con Live OneCare

IMPORTANTE

La página principal de Windows Live OneCare no sólo proporciona acceso al examen de seguridad para el PC, sino que además le mantiene informado acerca de las **principales amenazas** para el sistema.

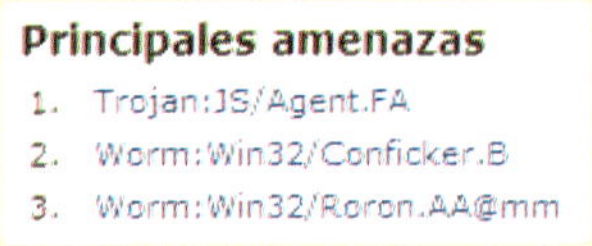

EN EL COMPLETO PAQUETE DE SERVICIOS y aplicaciones Windows Live, no podía faltar un servicio destinado a la seguridad y la protección del equipo ante las constantes amenazas a que se ve expuesto: virus, software malintencionado, phishing... Windows Live OneCare realiza las funciones de seguridad esenciales para proteger su PC.

1. Desde la página principal de Live OneCare puede descargar una versión de prueba gratuita que tiene una validez de 90 días, suficientes para comprobar el potencial del producto. De forma gratuita, puede utilizar el servicio Windows Live OneCare Examen de seguridad, con el cual puede comprobar si su equipo está salvo de virus y otras amenazas. Acceda a la página Web **http://onecare.live.com/site/es-us/default.htm.** 1
2. Si dispone de Windows Vista instalado en su equipo, no dude en probar el examen de seguridad especial beta desde esta página. Para ello, pulse sobre el vínculo **edición beta** 2 que se encuentra en el texto descriptivo del servicio, o bien diríjase a la categoría de novedades, en la cual encontrará el botón correspondiente para iniciar el **examen completo**. 3
3. Tras leer las condiciones, acepte el contrato de servicio pulsando el botón **Acepto**.
4. Y para instalar la versión de prueba del examen para Windows Vista, pulse el botón **Instalar ahora**.

1

2

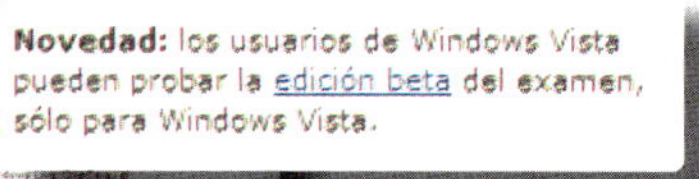

3

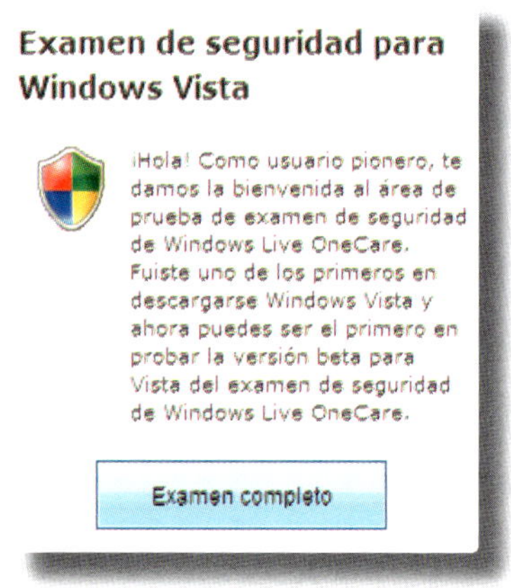

091

5. Si el sistema solicita la instalación de un complemento ActiveX, (esto sucederá si tiene activado el bloqueador de elementos emergentes) haga clic en la **Barra de información** y pulse en la opción **Instalar este complemento para todos los usuarios del equipo.** 4

6. En el cuadro de instalador de complementos de Internet Explorer, pulse el botón **Instalar**.

7. Una vez instalado el complemento, pulse el botón **Iniciar examen** y permita siempre los elementos emergentes de este sitio pulsando en la opción adecuada del menú de la **Barra de información**.

8. Se abre una nueva ventana que le permite elegir entre realizar un examen exhaustivo del equipo, con el cual se detectan virus, spyware y otros tipos de software malintencionado, así como espacio de disco desaprovechado y una conexión a Internet seguro, o bien un examen rápido. Mantenga activada la opción **Examen exhaustivo** y pulse en el vínculo **Personalizar**.

9. Ahora puede seleccionar los exámenes que quiere ejecutar así como seleccionar las carpetas sobre las que desea realizarlos si pulsa en el vínculo **Seleccionar carpetas**. En este ejemplo, mantenemos activadas las opciones del apartado **Protección** y desactivamos las de los apartados **Rendimiento** y **Seguridad de red** antes de pulsar el botón **Siguiente**. 5

El tiempo necesario para examinar el PC depende del tipo de examen elegido y del contenido del equipo. No es lo mismo un examen de seguridad parcial, que un examen de seguridad completo. En cualquier caso, el cuadro nos informa del estado del examen. 6

Además de permitir la instalación del complemento ActiveX necesario para la ejecución del examen, deberá dar permiso al sistema si tiene activado el **control de cuentas de usuario**.

4

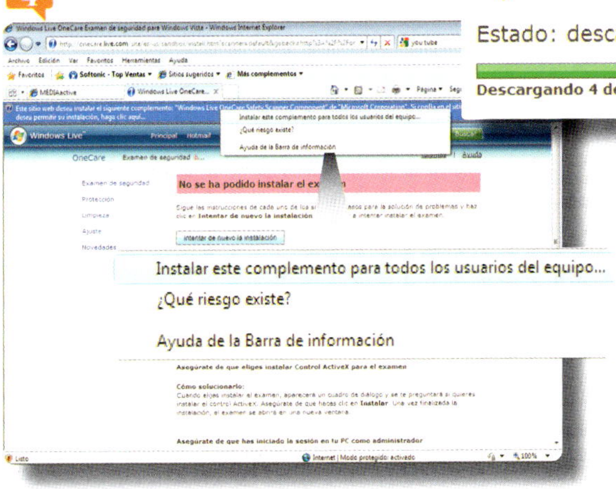

5

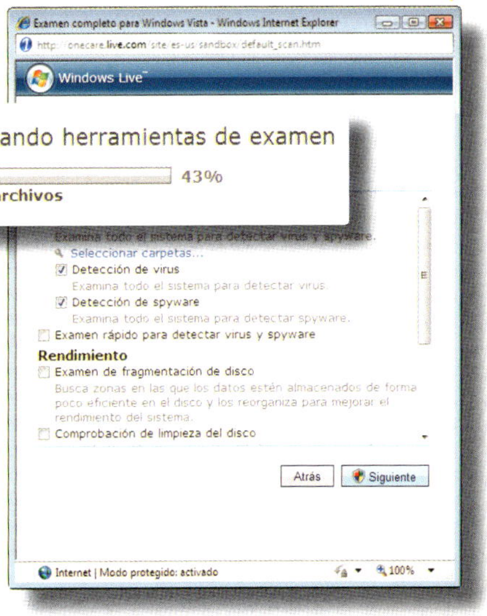

La Galería fotográfica de Windows Live

IMPORTANTE

La Galería fotográfica de Windows Live le permite mostrar las imágenes que tiene guardadas en su equipo en **modo de presentación** así como clasificarlas del 0 al 5 mediante **estrellas**, entre otras muchas opciones.

LA GALERÍA FOTOGRÁFICA DE WINDOWS LIVE permite administrar, buscar y corregir las fotografías almacenadas en el equipo y publicarlas con el fin de compartirlas o imprimirlas en línea. La Galería interactúa con Windows Live Mail, Windows Live Messenger y Windows Live Spaces para enviar, compartir y publicar fotos rápida y fácilmente con un solo clic.

1. La Galería fotográfica de Windows Live es otro de los servicios que hemos descargado antes (si no lo tiene, acceda a la página **http://download.live.com/photogallery** y descárguelo desde aquí). Pulse el botón **Inicio**, haga clic en **Todos los programas**, abra la carpeta de **Windows Live** y pulse en la aplicación **Galería fotográfica de Windows Live**. 1
2. Se abre así la ventana de la galería, mostrando por defecto todas las fotografías y vídeos que tenga guardados en su equipo. Además, un cuadro de diálogo le pregunta si quiere usar esta aplicación para abrir los archivos con extensiones JPG, WDP, BMP e ICO. Pulse el botón **No** de este cuadro. 2
3. Puede utilizar los botones de la izquierda para filtrar las imágenes por fecha, por ejemplo. Haga clic en uno de los años que aparecen en el apartado **Fecha de captura** y vea cómo se reduce el número de imágenes mostradas. 3

1

2

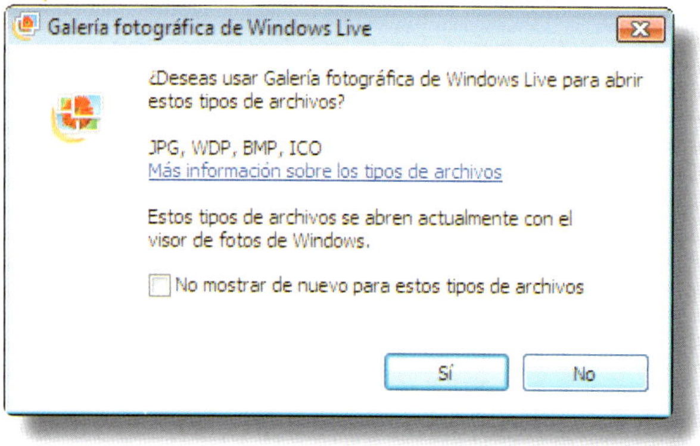

3

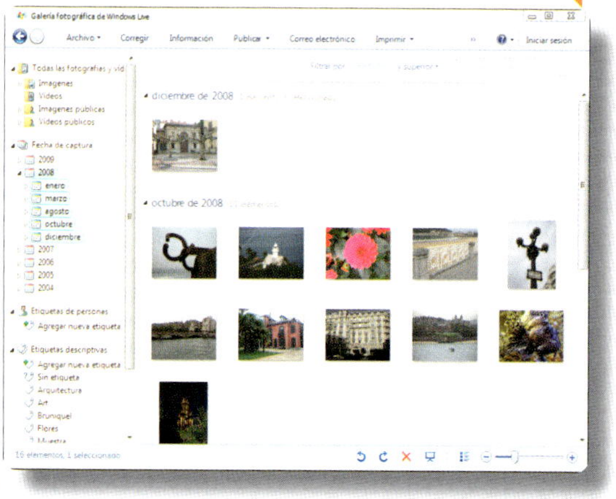

Puede filtrar las imágenes por fechas o por clasificación, por etiquetas...

092

4. Como ve, el menú de la galería le permite, entre otras acciones, corregir las fotografías, publicarlas, enviarlas por correo electrónico e imprimirlas. Seleccione una de sus fotos y haga clic en la opción **Corregir**.
5. Tenga en cuenta que la Galería fotográfica no permite editar todos los formatos de imágenes, por lo que puede ocurrir que tenga que guardar una copia con el formato adecuado para poder editarlas. Usando los controles de la derecha puede ajustar la exposición y el color de la imagen, recortarla y enderezarla, corregir el efecto de ojos rojos e incluso aplicarle efectos en blanco y negro. Haga clic en la opción **Efectos en blanco y negro** (4) y aplique a su foto uno de los filtros disponibles. (5)
6. Ahora pulse sobre el botón **Información** para que aparezcan a la derecha de la foto sus principales datos: leyenda, tamaño, fecha de captura, etc. (6)
7. Para volver a la página principal de la galería, pulse en el botón **Volver a la galería**.
8. Para acabar, etiquetaremos una imagen. Seleccione una fotografía de un paisaje, por ejemplo, que tenga guardada, y haga clic en el botón **Información**.
9. Haga clic en el campo **Agregar etiquetas descriptivas** del panel de la derecha y escriba la palabra **Paisaje**. (7)
10. Puede agregar nuevas etiquetas a la misma foto e incluso crear nuevas etiquetas descriptivas y etiquetas de persona para mejorar las opciones de búsqueda y filtrado. Cierre el panel de información pulsando en su botón de aspa y para acabar el ejercicio cierre también la galería.

7

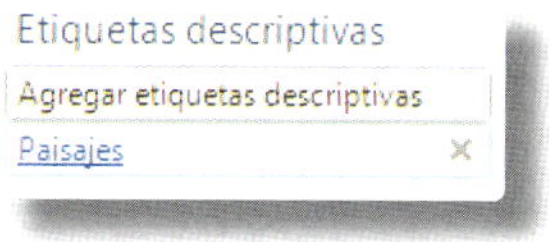

Para **quitar una etiqueta** de una foto, sólo tiene que pulsar el icono de aspa que aparece junto a dicha etiqueta.

6

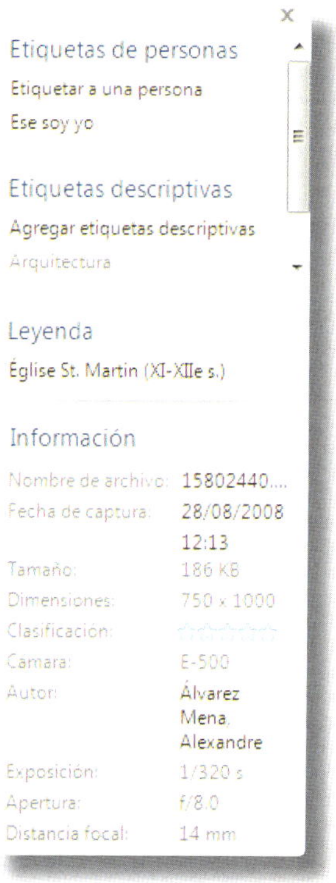

4

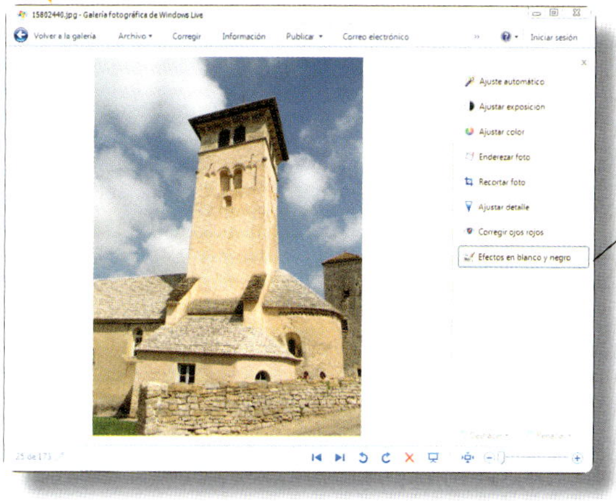

5

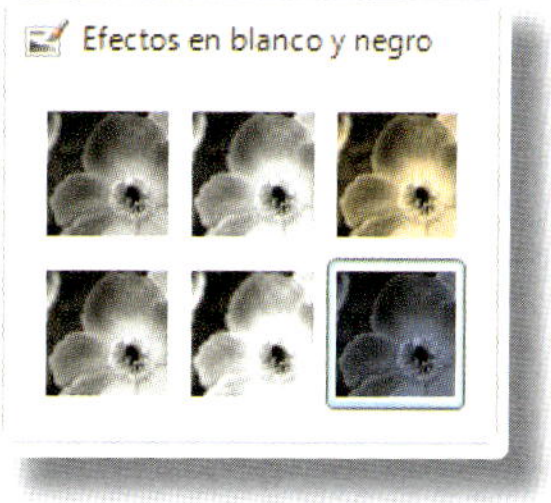

Use uno de estos **filtros** para convertir fácilmente su foto en blanco y negro.

Usar Windows Office Live

LA VERSIÓN BETA DE MICROSOFT OFFICE LIVE Workspace permite intercambiar información creada con los programas más habituales de Office (Word, Excel y PowerPoint) con otros usuarios. Podrá compartir su área de trabajo con esos usuarios, a los que se les permite consultar y actualizar sus archivos y añadir comentarios, entre otras acciones.

1. Al instalar Windows Office Live se añaden nuevas opciones de menú en la suite Microsoft Office 2007. Es posible iniciar la sesión de trabajo en Microsoft Office Live Workspace beta desde el botón de Office de Word, Excel o PowerPoint 2007 o bien desde el menú Inicio. Haga clic en el botón **Inicio**, pulse en la opción **Todos los programas**, haga clic en la carpeta **Microsoft Office Live Add-in** y elija **Office Live Workspace**.
2. Pulse el botón **Acepto** para aceptar el contrato de servicio.
3. Como ocurre con el resto de aplicaciones de Windows Live, para trabajar con el espacio de trabajo de Windows Office Live debe disponer de una cuenta de Windows Live. Introduzca sus datos y pulse en **Iniciar sesión**.
4. Aparece así su área de trabajo, un lugar en línea donde puede almacenar, obtener acceso y compartir documentos con otros usuarios. Vamos a empezar agregando un documento al área de trabajo. Pulse en el botón **Agregar documento** y haga clic en **Un solo documento**.

IMPORTANTE

Con Microsoft Office Live Workspace, puede conservar varias **versiones** de un documento. La aplicación guarda automáticamente una versión del documento si han transcurrido más de 12 horas desde la última edición o si otras personas lo han modificado desde la última vez que lo revisó. Además, el propietario del documento puede guardar manualmente una versión del mismo en cualquier momento.

1

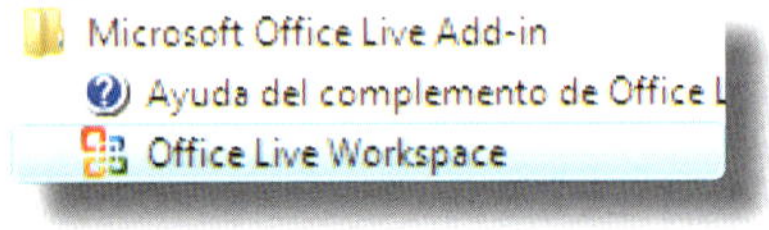

Si desea iniciar la sesión de trabajo en Windows Office Live desde una aplicación de Office use las opciones **Abrir desde Office Live** o **Guardar desde Office Live** de su botón de Office.

2

3

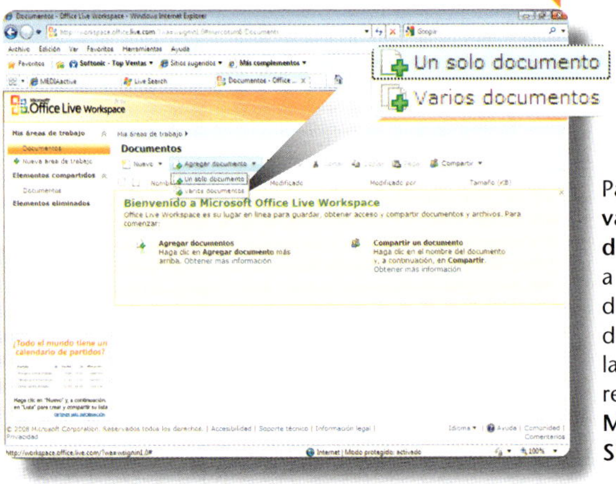

Para **agregar varios documentos** a su espacio de trabajo deberá instalar la versión más reciente de **Microsoft Silverlight**.

093

5. En el cuadro **Elegir archivos para guardar**, localice y seleccione un documento de Word, por ejemplo, que tenga guardado en su equipo y pulse el botón **Abrir**.
6. Vea cómo el nuevo documento se añade a su área de trabajo en línea. Pulse sobre su nombre para obtener una vista previa.
7. Desde esta vista previa puede agregar una descripción para el documento, editarlo en su programa de origen, guardarlo en el Escritorio, compartirlo con otros usuarios, etc. Haga clic en el botón **Compartir** y pulse en **Compartir documento**.
8. Aparecen ahora los campos en los que debe insertar la dirección o las direcciones de correo electrónico de las personas con las que desea compartir el documento. Los **editores** podrán leerlo y modificarlo y los **lectores** sólo podrán leerlo y ver los comentarios y las modificaciones realizados por los editores. Escriba la dirección de correo de la persona con quien desea compartir el documento en el campo que crea conveniente.
9. Si quiere permitir que los destinatarios de la invitación vean el contenido sin iniciar sesión en Office Live Workspace, active la opción **Permitir que todos lo vean sin iniciar sesión**. Y si desea recibir una copia de esta invitación, active la opción **Recibir una copia de la invitación de uso compartido**. En el campo **Mensaje**, puede escribir un mensaje que explique la finalidad del envío. Después, pulse el botón **Enviar**.
10. Pulse en el vínculo **Ver detalles del uso compartido** y vea que puede compartir el documento con más usuarios o bien dejar de compartirlo. Para volver a su espacio de trabajo de Office y dar así por acabado el ejercicio, pulse el botón **Cerrar**.

IMPORTANTE

El texto del mensaje que se envía con el documento para compartir aparece en el cuerpo del mensaje de correo electrónico de invitación, donde también aparece un hipervínculo al área de trabajo o documento compartido.

7

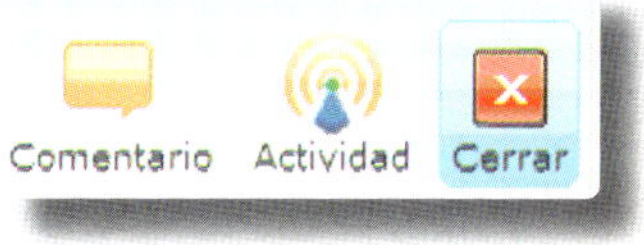

5

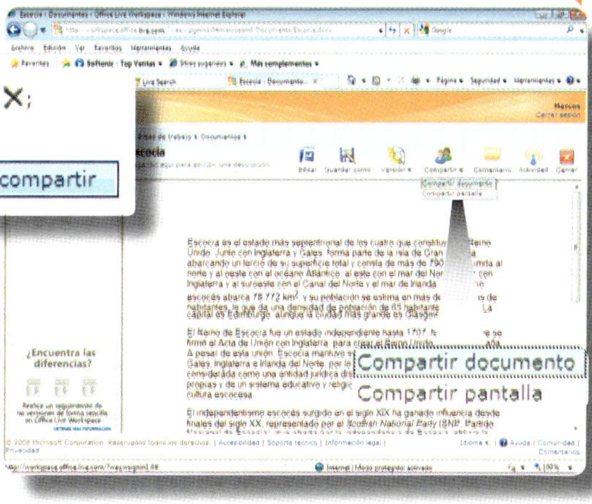

Si instala **Microsoft SharedView**, puede compartir su pantalla en tiempo real con otros usuarios.

4

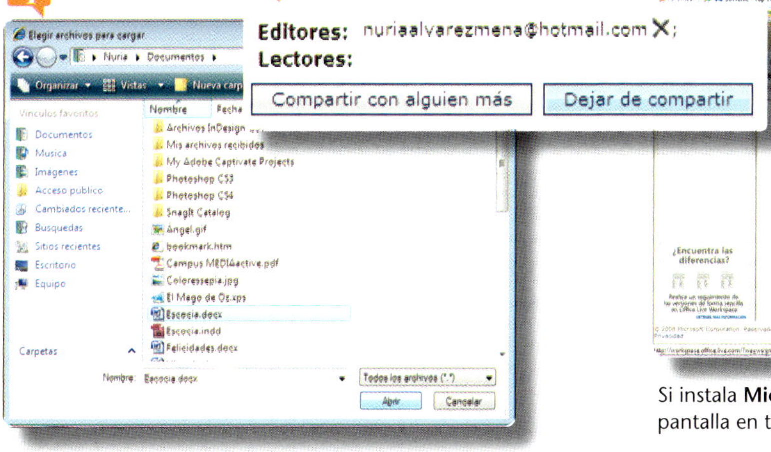

Buscar con Windows Live Search Maps

IMPORTANTE

Pulse en el icono **Opciones**, situado junto al comando Colecciones, para acceder al cuadro de opciones de Windows Live Search Maps y configurar a su gusto las opciones de navegación por los mapas y de los paseos 3D.

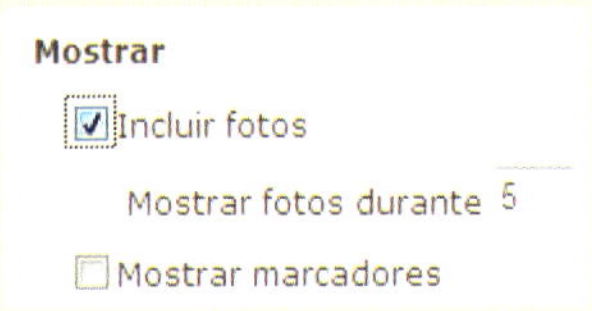

WINDOWS LIVE PRESENTA ENTRE SUS MUCHOS y extraordinarios servicios uno destinado a la localización de cualquier punto geográfico del mundo e, incluso, establecimientos y direcciones extremadamente concretas. Este servicio se denomina Windows Live Search Maps y dispone de su propio acceso directo en la Barra de herramientas de Windows Live.

1. Para empezar, dando por supuesto que tiene la Barra de herramientas de Windows Live instalada en su equipo, haga clic con el botón derecho del ratón en una zona libre de la **Barra de herramientas** del navegador y pulse en la opción **Windows Live Toolbar** para mostrarla. 1
2. Pulse el botón **Habilitar** del cuadro **Habilitar complemento.** 2
3. Pulse en el botón **Ir a Live Search Maps**, cuyo icono muestra un pequeño mapa con una chincheta verde en la Barra de herramientas de Windows Live. 3
4. Live Search Maps permite buscar empresas, colecciones o lugares. Haga clic en el vínculo **Lugares**.
5. En el cuadro de búsqueda escriba, por ejemplo, **Partenón Atenas** y pulse en el icono que muestra una lupa. 4

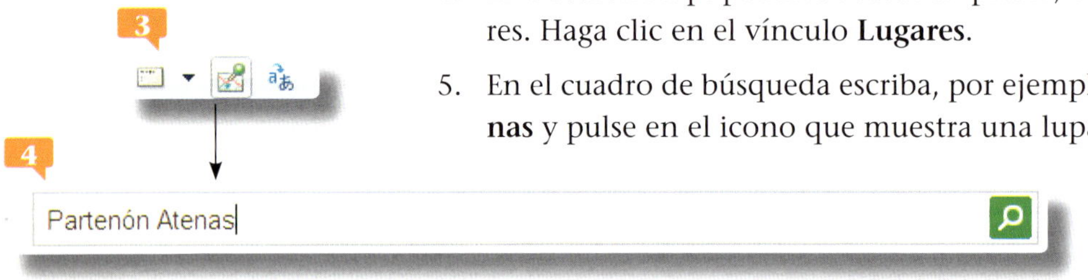

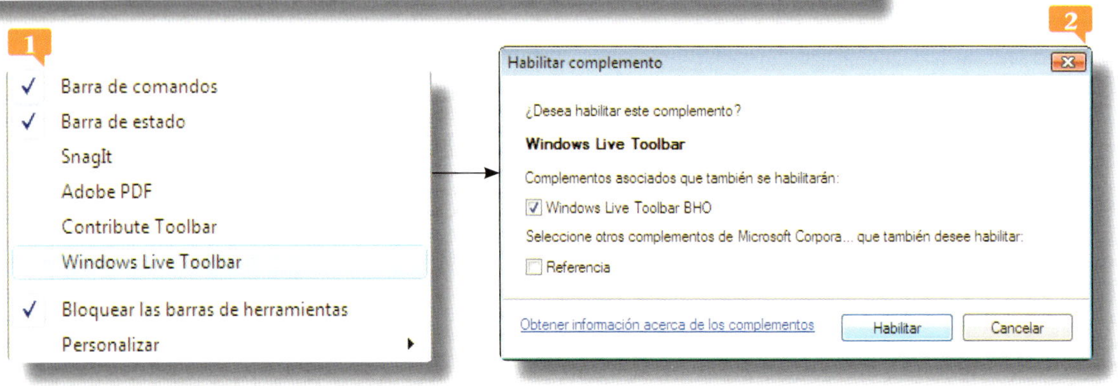

Si no dispone de la Barra de herramientas de Windows Live, puede acceder al servicio Windows Live Search Maps desde la dirección **http://local.live.com**.

Puesto que la Barra de herramientas de Windows Live es un complemento de Internet Explorer, puede habilitarla también desde el cuadro **Administrar complementos**, en la sección Barras de herramientas y extensiones.

094

6. En cuestión de segundos, la página se actualiza mostrando a la izquierda las opciones que se pueden llevar a cabo con la localización y, a la derecha, el mapa con el resultado de la búsqueda. Puede ampliar o reducir el zoom, desplazar el mapa en cualquier dirección, mostrarlo en modo 2D o 3D, ir a la vista de calles, a la vista aérea o a una vista de pájaro y mostrar un minimapa. Haga clic en el icono indicador de la localización y pulse en la opción **calle** del apartado **Ajustar zoom a.** 5
7. Para acercar aún más el zoom, pulse sobre la lupa con un signo + durante unos segundos. 6
8. Ahora vaya a la **vista de pájaro** pulsando en esa opción de los controles de vista. 7
9. Como ve, la precisión de este servicio de localización llega hasta el extremo de poder mostrar incluso los edificios existentes en una zona desde distintas perspectivas. Windows Live Search Maps permite también buscar itinerarios de ruta introduciendo una dirección de origen y otra de destino. Haga clic en el vínculo **Indicaciones**.
10. Como ejemplo, buscaremos la ruta para llegar desde **Barcelona** hasta **Dijon**. Escriba esos nombres en los campos **Inicio** y **Destino** y pulse el botón **Obtener indicaciones.** 8

Automáticamente se muestra detalladamente el recorrido que debe efectuar para llegar de una ciudad a la otra, a la vez que el mapa se actualiza mostrando ese recorrido. Puede compartir esta información con otras personas por correo electrónico, guardándola en un archivo o imprimiéndola.

8

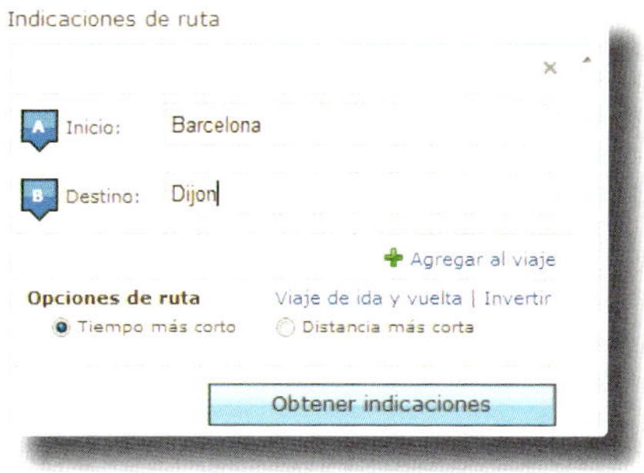

Las **opciones de ruta** le permiten mostrar el recorrido para el tiempo más corto o para la distancia más corta, obtener el viaje de ida y vuelta, invertir el recorrido e incluso agregar paradas al viaje.

6

5

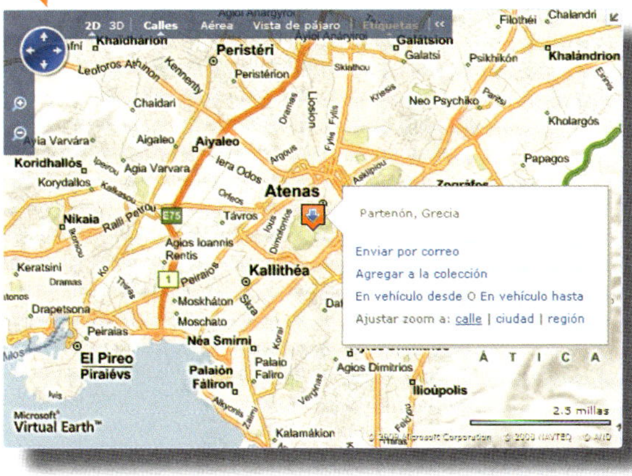

7

Jugar en Internet

LA RED OFRECE A LOS INTERNAUTAS miles de páginas desde las que se pueden descargar los juegos más entretenidos o jugar directamente con ellos individualmente o en equipo. En algunos de estos sitios se solicita un registro o es preciso descargarse el correspondiente archivo. Los juegos suelen encuentran organizados por categorías o estilos (juegos de mesa, de acción, de lógica, de deportes o solitarios).

1. En esta lección le mostraremos uno de los sitios Web desde los que puede acceder a los juegos más variados sin necesidad ni de registrarse ni de descargarlos en su ordenador. Acceda a la página **www.portalmix.com**.
2. Haga clic en el botón de flecha del campo **Las Áreas** y de la lista que se despliega, seleccione la opción **Juegos**. 1
3. En la parte central de la página, puede consultar algunos juegos disponibles pertenecientes a distintas categorías, mientras que en la parte izquierda de la página encontrará la lista de estas categorías. Pulse sobre el vínculo **Otros** de esa lista. 2
4. Localice el vínculo del juego **Tetris** y haga clic sobre él. 3
5. El juego se carga en pantalla. Dependiendo de la página en la que se encuentre, quizás necesite una serie de controladores

1

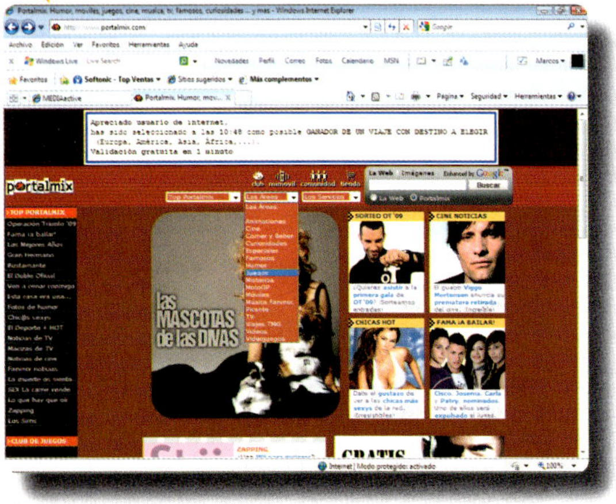

Existen infinidad de sitios Web que permiten **jugar online** sin registro y de manera completamente gratuita.

2

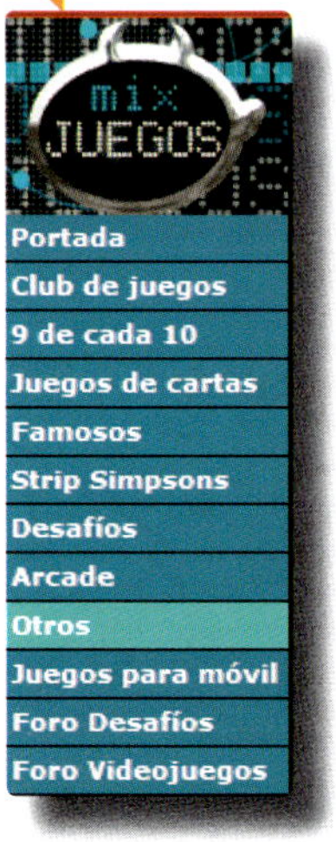

3

para visualizar los juegos correctamente. En tal caso, el juego no se carga, sino que aparece un espacio vacío con un aspa, por lo que debe localizar y descargar en su equipo el controlador que necesita. Lo primero que debemos saber es cómo jugar; nos interesa saber qué controles permiten mover las piezas y colocarlas. Para ello, haga clic sobre el vínculo **ayuda**.

6. Se abre una pequeña ventana con las instrucciones del juego. Léalas y cierre la ventana pulsando el botón de aspa de su **Barra de título**.
7. Para empezar a jugar, haga clic en el botón **Nueva partida**.
8. ¡Empieza la diversión! Juegue a colocar las piezas moviéndolas con el ratón o con las teclas de dirección. Para detener del juego y volver a la página principal pulse sobre el botón **Salir**.
9. Existen juegos en línea individuales, como éste, y también juegos colectivos en los que usted puede enfrentarse a la máquina o a otros usuarios registrados. Entre, por ejemplo, en la sección de juegos del buscador **Yahoo!**, vea la gran cantidad de juegos **multijugador** que ofrece, elija uno de ellos y ¡que empiece la partida! (Tenga en cuenta que para acceder a los juegos de Yahoo! deberá estar registrado o registrarse en este momento, operación muy sencilla que sólo le llevará unos minutos).
10. Éstos son sólo un par de ejemplos de páginas que ofrecen juegos online. Por supuesto, le recomendamos que acceda a los distintos juegos disponibles y descubra los que más le gustan. Para terminar con este ejercicio, haga clic sobre el botón **Página principal** de la Barra de comandos.

6

La opción **Descargable** de esta lista permite descargar juegos para guardarlos en el equipo y poder jugar sin necesidad de estar conectados a Internet.

7

4

5

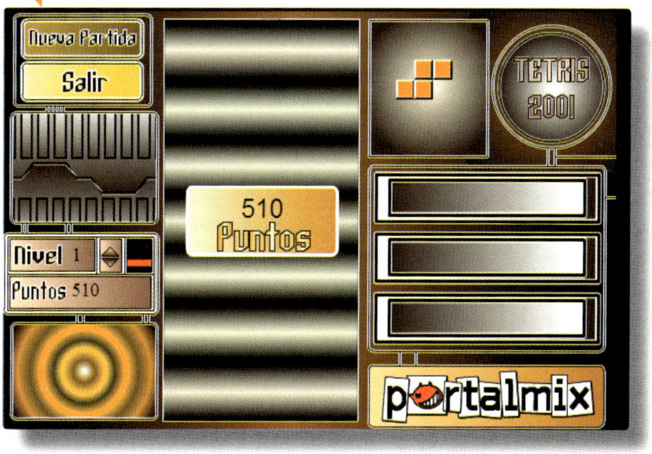

Participar en un foro de opinión

IMPORTANTE

Hay que dejar claro que, generalmente, los mensajes que se publican en los foros de opinión no llegan al buzón de correo del usuario sino que éste debe desplazarse a los puntos en que se encuentran los amplios tablones de anuncios para comprobar si existen nuevas publicaciones.

UN FORO DE OPINIÓN ES UN ESPACIO en la Red en el que los internautas manifiestan sus ideas y, sobre todo, sus opiniones acerca de todo tipo de temas. Existen foros en la mayoría de sitios Web y el modo de contactar con ellos para poder leer los mensajes, comentarlos o introducir nuevos temas consiste simplemente en registrarse.

1. En primer lugar accederemos a uno de los muchos sitios Web que disponen de un foro de opinión. Entre en la página Web **www.terra.es** y pulse sobre el vínculo **Foros**. 1
2. Terra organiza sus foros en categorías. Haga clic sobre cualquiera de los temas de la categoría **Actualidad**, por ejemplo y acceda a uno de los mensajes publicados. 2
3. Para iniciar una conversación, es decir, dejar sus ideas acerca del tema que ha seleccionado en este tablón de opiniones, pulse en el botón **Iniciar Conversación**. 3
4. Si ya está registrado en Terra, simplemente debe identificarse, introduciendo su dirección de correo electrónico y su contraseña y pulsar **Conectar**. 4 Si no lo está, pulse en el vínculo **Date de alta ahora** y siga las instrucciones para crear una cuenta.
5. Una vez cumplimentados todos los datos necesarios, se abre la ventana en la que podrá escribir el mensaje que desea. En primer lugar, escriba un título para el mensaje en el campo **Asunto**.

1

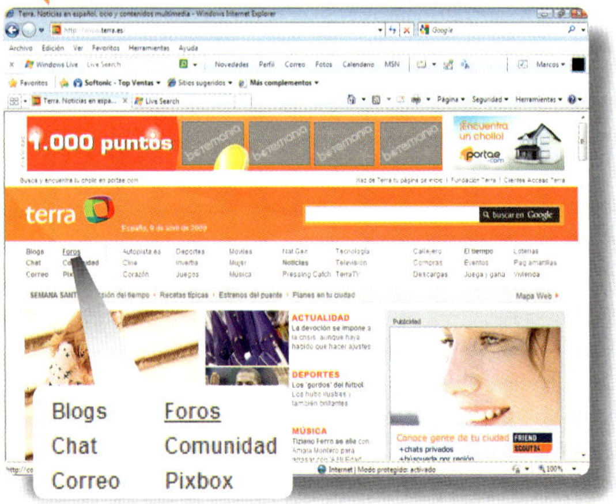

2

3

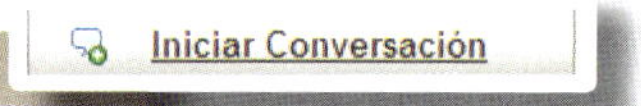

Existen foros de todo tipo en los que los usuarios exponen sus ideas y opiniones sobre determinados temas.

6. Haga clic en el cuadro **Mensaje** y escriba el texto del mensaje.
7. Sepa que utilizando las herramientas de la barra del cuerpo del mensaje puede editar el texto, insertar iconos e hipervínculos, ejecutar el corrector ortográfico, etc. Además, puede añadir a su mensaje un vídeo y una encuesta y obtener una previsualización antes de publicarlo definitivamente. Haga clic en la pestaña **Previsualizar.**
8. Éste es el aspecto que tendrá su mensaje cuando lo publique. (5) En la parte izquierda aparecerá el alias que haya escogido al dar de alta su cuenta. Pulse el botón **Publicar.** (6)
9. El mensaje se publica correctamente. Ahora sólo tiene que esperar a que alguien le responda. A modo de resumen podemos decir que el usuario puede optar por dar sus respuestas a determinadas cuestiones que han sido lanzadas por otros participantes o bien empezar nuevas conversaciones, formulando a su vez otras preguntas. Al acceder a cualquier foro, el usuario deberá proporcionar su nombre de identificador, o ID, y su contraseña; si esta información es correcta, es decir, si el registro se ha efectuado en su momento de forma completa, podrá entrar sin ningún problema. En la ventana del mensaje, puede usar el vínculo **Editar** para modificarlo, el vínculo **Favoritos** para agregar el usuario, el artículo o el foro a sus favoritos, (7) y el vínculo **Contactar** para mandar un mensajes al usuario, ver su perfil o buscar sus mensajes. (8) Vuelva al foro de escritores pulsando en su vínculo.
10. Tras comprobar que la nueva conversación que ha iniciado se ha publicado correctamente, pulse en el botón **Página principal** de la **Barra de comandos**.

096

7

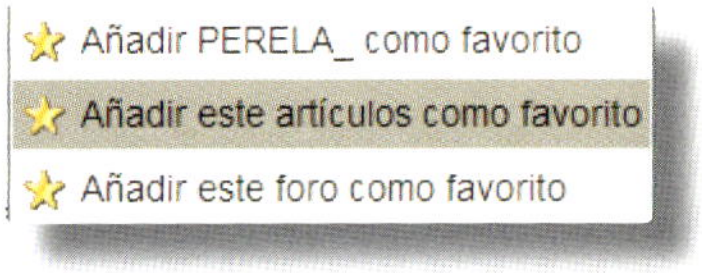

8

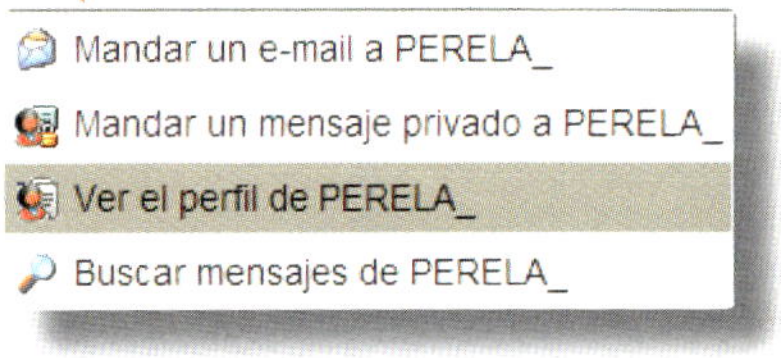

5

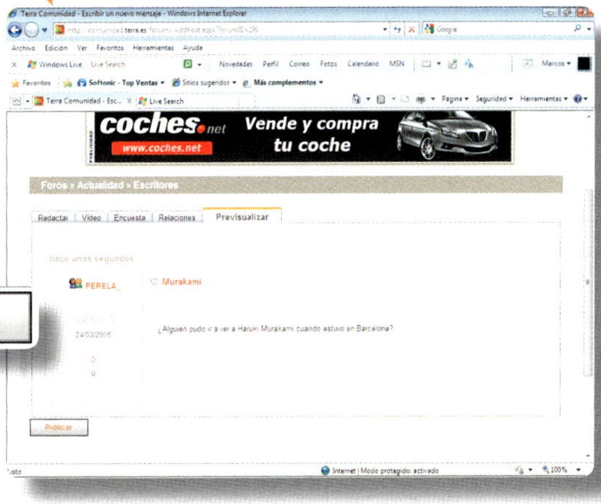

4

6

Escuchar música desde Internet

EXISTEN MUCHOS SITIOS EN INTERNET que permiten escuchar todo tipo de música. En esta ocasión, la música se escucha directamente desde la página, con el único requisito de estar durante este tiempo conectado a la Red. Si el usuario tiene algún cantante o grupo de música preferido, lo mejor es que se dirija a la página oficial de dicho artista, puesto que, normalmente, existe la posibilidad de escuchar algunas de las canciones de su discografía.

1. En este ejercicio llevaremos a cabo dos acciones: nos dirigiremos al sitio Web oficial de un artista y accederemos a un sitio dedicado a la música desde el cual es posible escuchar una amplia lista de canciones. Para empezar, y a modo de ejemplo, acceda a la página Web **www.jarabedepalo.com**.
2. Le recomendamos que lleve a cabo esta práctica con el sitio Web de su artista favorito. Generalmente, las páginas de músicos cuentan con un reproductor con sus mayores éxitos. En esta ocasión, pulse sobre la opción **Player de rarezas**.
3. Para iniciar la reproducción de uno de los temas disponibles, pulse sobre él.
4. De este modo, puede escuchar los nuevos temas de sus artistas favoritos, canciones inéditas, colaboraciones, etc. Ahora accederemos a un interesante sitio Web desde el cual podemos crear nuestra propia lista de reproducción. Entre en la página Web **www.musicovery.com**.

1

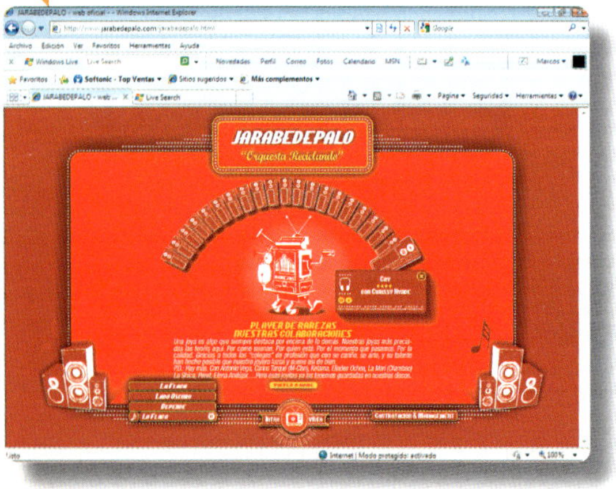

2

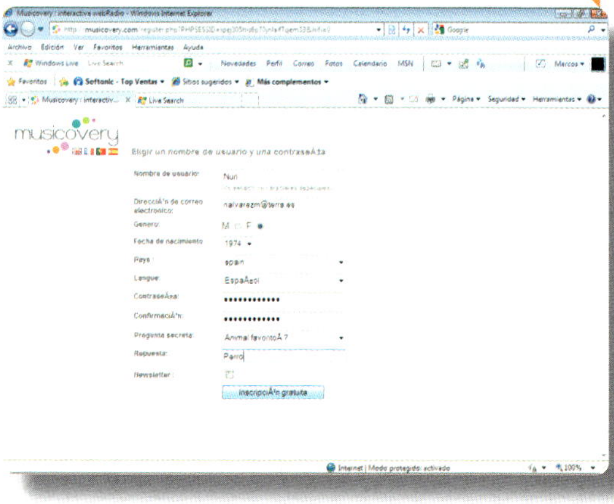

097

5. Para acceder a la mayoría de opciones de esta página debemos estar inscritos, operación sencilla y gratuita que llevaremos a cabo a continuación. Haga clic en el vínculo **Inscripción gratuita** y repita la acción en la siguiente página.
6. Seleccione el idioma español pulsando en la bandera de España, rellene los campos con la información que se le pide y pulse el botón **Inscripción gratuita**.
7. Ahora ya está conectado al servicio. A modo de ejemplo, deje seleccionados únicamente los géneros **rock**, **pop** y **pop vocal** y, seguidamente, use los reguladores que aparecen en la sección de años y sitúelos entre las décadas de los **80** y del **2000**.
8. A continuación, pulse sobre el ambiente **Positivo** para que se inicie la reproducción.
9. Se crea así una primera lista que empieza a reproducirse. Puede controlar la reproducción usando los controles de las canciones y pasar de una canción a otra pulsando sobre sus títulos. Además, puede cambiar de un género o de un ambiente a otro. Hágalo.
10. Cuando suene una canción que le guste, puede añadirla a sus favoritos y crear así una lista de canciones y artistas preferidos. Pulse en el icono que muestra un corazón y un signo + para añadir la canción que suena a sus favoritos.
11. También puede excluir una canción para que no vuelva a sonar pulsando en el icono que muestra un corazón roto y un signo -. Para ver sus favoritos en una nueva ventana del navegador, pulse en el vínculo **Mis favoritos**.
12. Cierre esta ventana y vuelva a su página principal para dar por acabado este ejercicio.

3

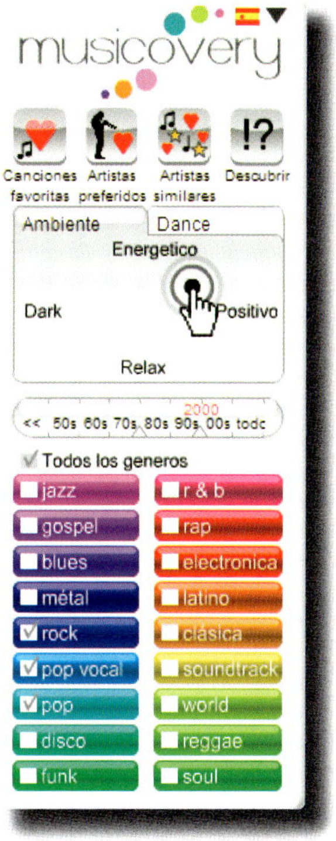

5

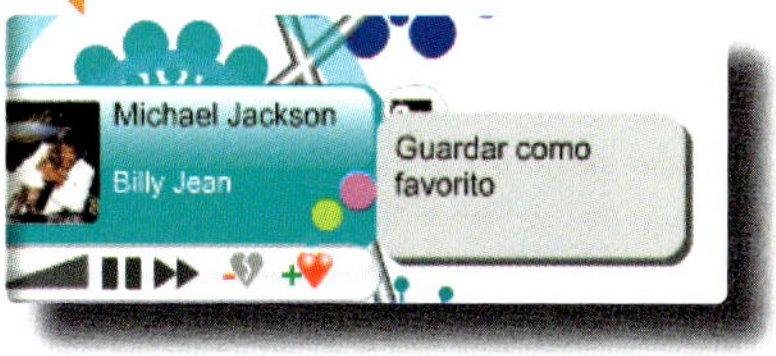

4

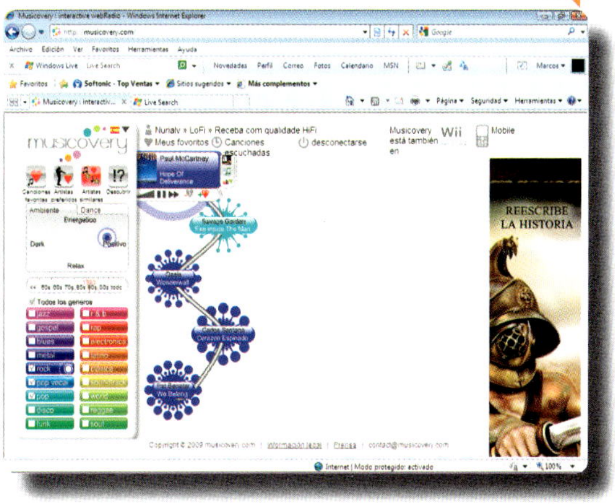

6

Actualizar con Windows Update

LAS ACTUALIZACIONES SON CARACTERÍSTICAS adicionales al software que ayudan a evitar o corregir problemas, aumentar la seguridad del equipo o mejorar su rendimiento. La actualización del navegador se lleva a cabo gracias a la función Windows Update, a la que se puede acceder desde el Panel de control o desde el comando Herramientas de Internet Explorer, si lo que necesita son actualizaciones concretas para el navegador

1. En este sencillo ejercicio le mostraremos cómo puede comprobar si existen actualizaciones para Internet Explorer y cómo cambiar la configuración de Windows Update. En primer lugar, abra el menú **Herramientas** y elija la opción **Windows Update**. 1
2. La integración de Internet Explorer en Windows Vista hace que, al pulsar sobre este comando, el sistema nos dirija a la categoría Sistema y mantenimiento del Panel de control. En esta página puede comprobar si Windows está actualizado y puede consultar la hora en que se ha llevado a cabo la última búsqueda automática de actualizaciones. Haga clic sobre el vínculo **Ver historial de actualizaciones**. 2

1

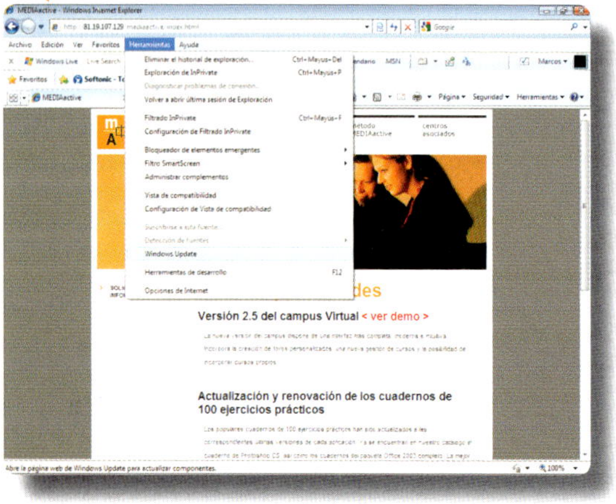

Internet Explorer permite activar las **actualizaciones automáticas**; de este modo, no es preciso que el usuario visite periódicamente la página de Windows Update.

2

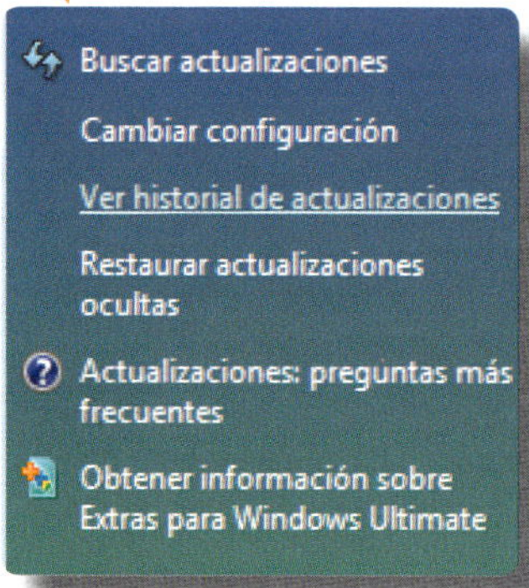

Es preciso saber que las actualizaciones no tienen ningún efecto hasta que se instalan; sin embargo, previamente deben descargarse en el equipo.

098

3. En esta lista puede ver si están correctamente instaladas todas las actualizaciones consideradas importantes para el buen funcionamiento del sistema. [3] Si desea eliminar alguna de estas actualizaciones, debe dirigirse a la página **Actualizaciones instaladas**, como se indica en la parte superior de esta página. Pulse el botón **Aceptar** para salir de este cuadro.
4. Por defecto, Windows Update está configurado para que el sistema busque nuevas actualizaciones y, si existen, instalarlas en el equipo. Vamos a mostrarle cómo cambiar esta configuración. Haga clic sobre el vínculo **Cambiar configuración**.
5. En esta página se proporciona información acerca del comportamiento de Windows Update. Vamos a cambiar la configuración para que la descarga y la instalación de las actualizaciones no se lleve a cabo sin su permiso. Active la opción **Buscar actualizaciones, pero permitirme elegir si deseo descargarlas e instalarlas** y pulse el botón **Aceptar**. [4]
6. Si tiene activado el control de cuentas de usuario deberá dar permiso a Windows para continuar.
7. Para buscar las actualizaciones de forma manual pulse en el vínculo **Buscar actualizaciones** del panel de la izquierda. [5]
8. Tras unos segundos de búsqueda, se muestran las actualizaciones que conviene descargar e instalar. [6] Para acabar este ejercicio, pulse el botón de aspa de la ventana de actualizaciones para cerrarla y volver así a Internet Explorer.

5

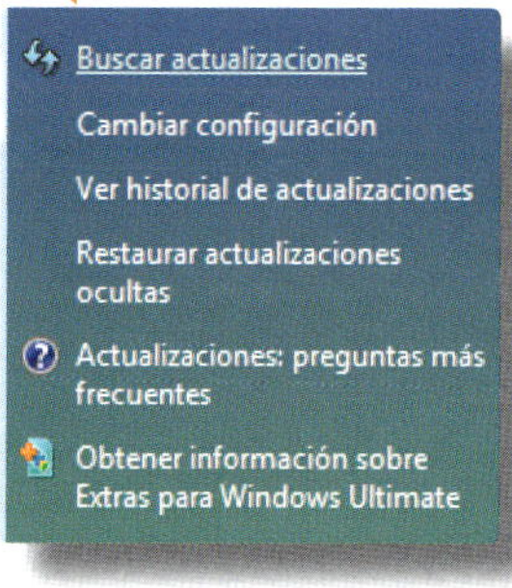

6

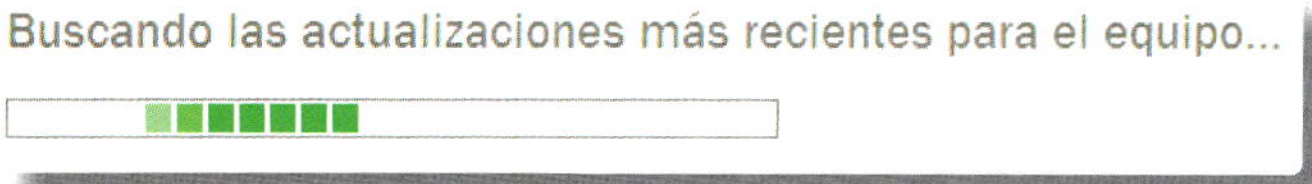

3

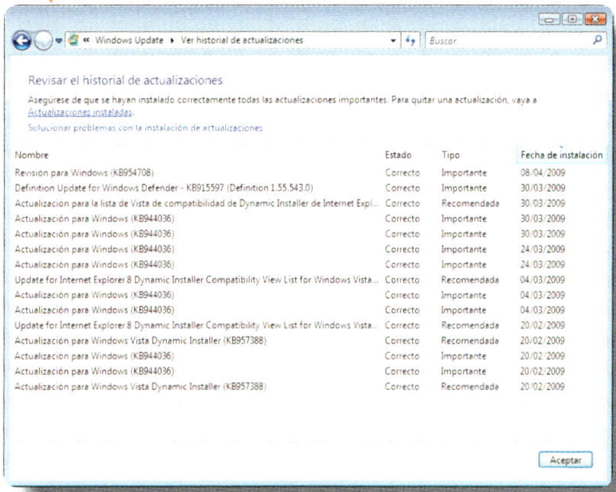

4

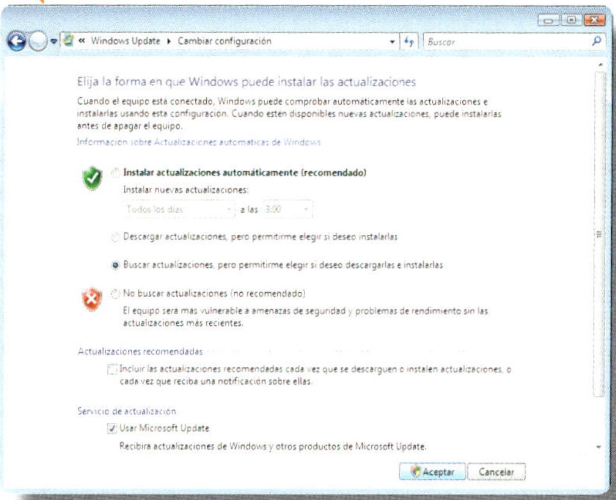

Obtener ayuda

IMPORTANTE

El comando **Explorar la ayuda**, situado a la derecha del comando de impresión, proporciona todos los temas de ayuda acerca de Windows, Internet Explorer y el resto de programas integrados organizados en carpetas.

Internet Explorer cuenta con una completa ayuda que permite al usuario realizar búsquedas por palabras clave y encontrar en ella todo tipo de información. Se trata de una ayuda realmente descriptiva en la que los elementos enlazados cobran mucha importancia. Así, los temas se relacionan unos con otros para completar, si se desea, la búsqueda realizada.

1. Para empezar, haga clic sobre el comando **Ayuda**, que muestra un interrogante sobre un círculo de color azul en la barra de comandos.
2. Internet Explorer dispone de cuatro opciones mediante las cuales es posible obtener ayuda acerca del navegador. En el menú que se despliega, haga clic sobre la opción **Ayuda de Internet Explorer 8**. 1
3. La página principal es una sinopsis de Internet Explorer 8, en la que se describen las principales novedades del navegador. Los vínculos (en azul) permiten acceder a otras páginas de la ayuda relacionadas con la explicación descrita. Haga clic sobre el vínculo **Personalizar las barras de herramientas de Internet Explorer**, por ejemplo. 2
4. Se carga una página mostrando el contenido del tema incluido en el vínculo, organizado, en este caso, por otros vínculos que le permitirán seguir buscando información. Pulse el botón **Atrás** para volver a la página anterior. 3

1

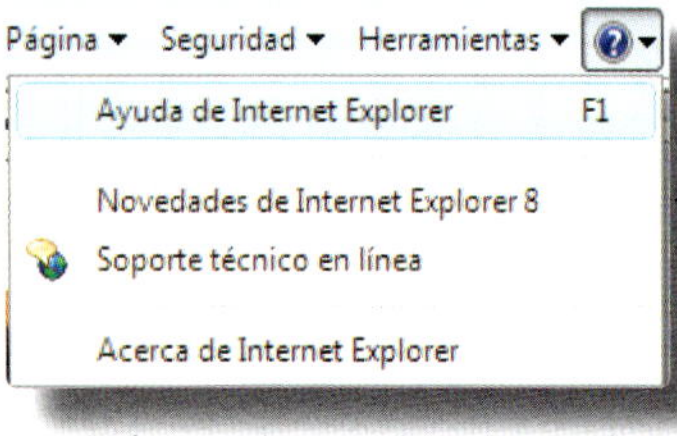

También puede acceder a la ayuda de Internet Explorer 8 pulsando la tecla **F1** de su teclado.

3

2

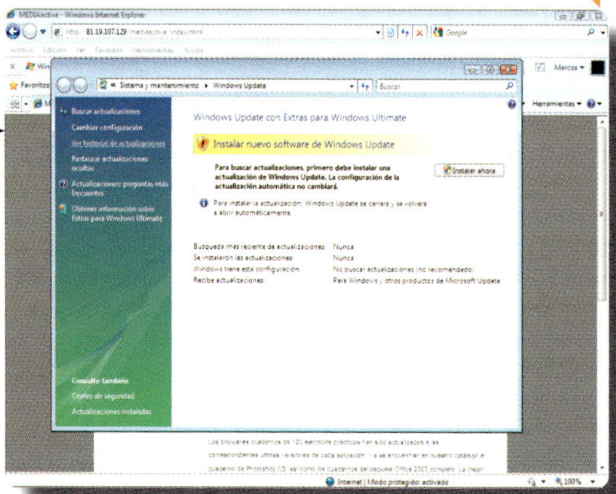

La ventana Ayuda y soporte técnico de Windows cuenta con un cuadro de búsqueda por palabra clave, los clásicos botones de navegación y una serie de comandos que permiten imprimir, realizar otras consultas o cambiar sus opciones.

5. Cuando lo que buscamos es un tema en concreto, lo más efectivo es utilizar el cuadro de búsqueda. Haga clic dentro del campo **Buscar en la Ayuda**, escriba, por ejemplo, la palabra **historial** y pulse la tecla **Retorno**.
6. Se carga una nueva página con los 30 mejores resultados acerca del término buscado. Pulse sobre el primero.
7. Además de una descripción acerca del tema seleccionado, la ayuda proporciona un paso a paso para llevarla a cabo la acción. En el primer paso de esta descripción se incluye un vínculo encabezado por una flecha verde. Haga clic sobre él.
8. Se abre el elemento referido en el texto, en este caso, Internet Explorer. Cierre la ventana del navegador pulsando el botón de aspa de su **Barra de título** y haga clic sobre el comando que muestra el dibujo de una casa para volver a la página principal de la ayuda.
9. Esta página incluye información acerca de Internet Explorer, y sobre todo, de Windows. Escriba el término **Internet Explorer** en el campo de búsqueda y pulse la tecla **Retorno**.
10. Aparecen de nuevo los 30 mejores resultados referentes a la consulta. El comando **Preguntar** muestra información acerca de la obtención de otro tipo de ayuda y el acceso al soporte al cliente. Por último, el comando **Opciones** contiene una serie de funciones relacionadas con el uso de la ayuda, como la impresión de páginas, la modificación del tamaño del texto o la búsqueda en una página, opción muy útil en aquellos casos en que el resultado obtenido sea muy denso. Termine aquí este ejercicio pulsando el botón de aspa de la **Barra de título** de la ventana de la ayuda.

8

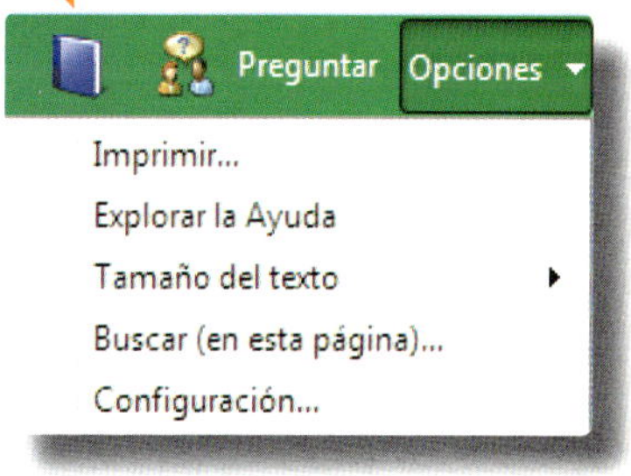

5

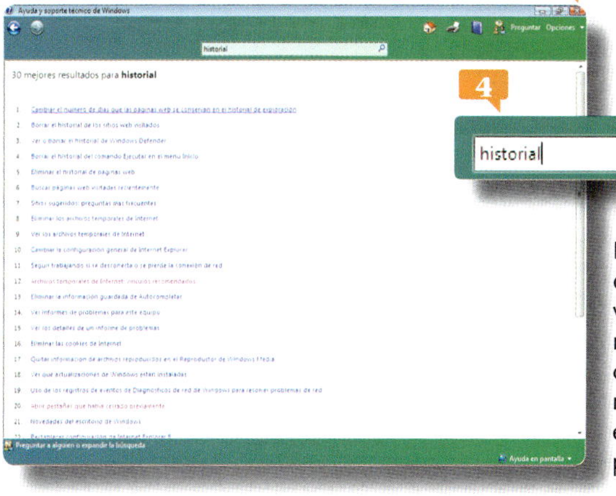

4

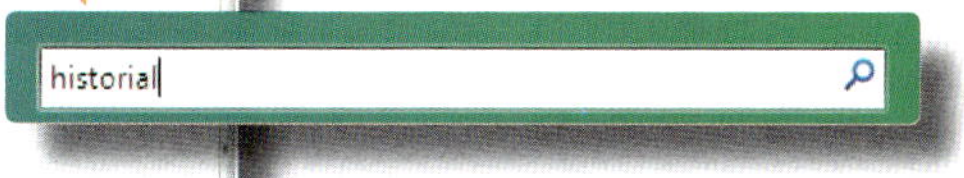

Los **vínculos** que ya han sido visitados se muestran de un color distinto a los no visitados, en este caso, en color púrpura.

6

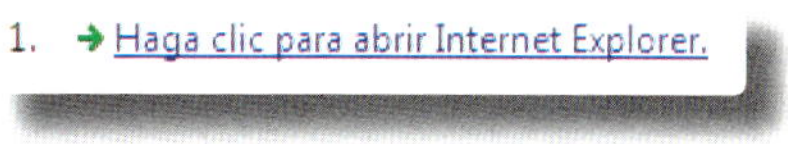

7

Desinstalar Internet Explorer 8

IMPORTANTE

Si desinstala Internet Explorer 8 recuerde comprobar si existen **actualizaciones de seguridad** que afecten a Internet Explorer 7 o a la versión que tuviera instalada antes.

INTERNET EXPLORER 8 SE INSTALA COMO actualización de Windows Vista, por lo que puede desinstalarse fácilmente como cualquier otra aplicación desde el Panel de control. Una vez desinstalado, el equipo volverá a disponer de Internet Explorer 7, la versión que viene instalada por defecto con Windows Vista.

1. En este ejercicio veremos cómo desinstalar Internet Explorer 8 para recuperar la versión anterior que se encontraba instalada en el equipo (si trabaja con Windows Vista esa versión es Internet Explorer 7). Para empezar, haga clic en el botón **Iniciar** de la **Barra de tareas** y pulse en la opción **Panel de control** del menú **Inicio**. [1]
2. Active la vista **Ventana principal del Panel de control** y pulse en el vínculo **Desinstalar un programa** del apartado **Tareas recientes** o de la sección **Programas**. [2]
3. Aparece la lista de programas instalados en su equipo. Puede comprobar que en esta lista no se encuentra el navegador Internet Explorer 8: esto es debido a que el programa se instala como una actualización de Windows. Haga clic en el vínculo **Ver actualizaciones instaladas** en el panel **Tareas** de la izquierda de la ventana. [3] (Si trabaja con una versión anterior de Windows, active la casilla **Mostrar actualizaciones**.)

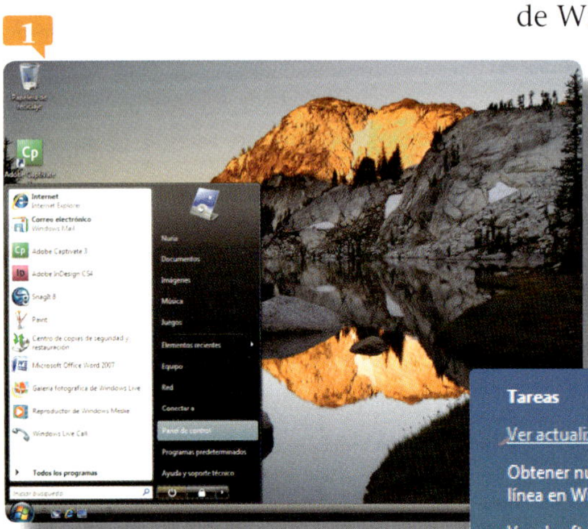

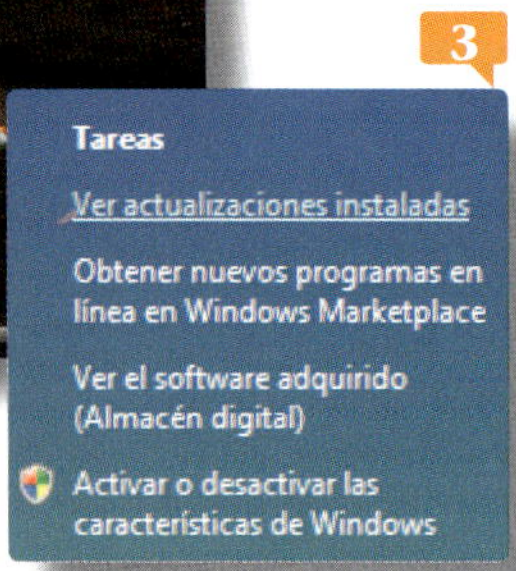

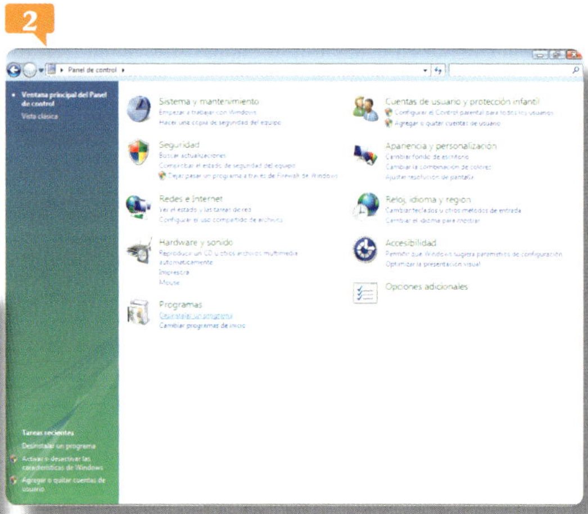

100

4. Tras unos segundos, se muestra la lista de actualizaciones instaladas en el equipo, entre las que se encuentra Internet Explorer 8 y la correspondiente al paquete de idioma español para el navegador. Seleccione el programa **Windows Internet Explorer 8** y haga clic en el botón **Desinstalar.**
5. Un cuadro de diálogo nos pide confirmación para desinstalar la actualización. Pulse en el botón **Sí** de este cuadro.
6. Si tiene activado el Control de cuentas de usuario aparecerá otro cuadro de diálogo que le pedirá permiso para continuar. Pulse en el botón **Continuar**.
7. Como indica el cuadro de proceso de la desinstalación, debe esperar unos segundos hasta que el programa se desinstale del todo. Cuando esto ocurra, aparecerá un nuevo cuadro que nos informa de que se debe reiniciar el equipo para que los cambios se apliquen. Si ha guardado todos los archivos abiertos y ha cerrado todos los programas, pulse el botón **Reiniciar ahora**.
8. Para acabar, una vez reiniciado el equipo, accederemos al navegador Internet Explorer para comprobar que se trata de la versión anterior a la 8. Pulse en el icono de **Internet Explorer** de la **Barra de inicio rápido** (o abra el menú **Inicio** y pulse en el acceso directo a la aplicación.)
9. Para comprobar cuál es la versión de Internet Explorer, abra el menú **Ayuda** y pulse en la opción **Acerca de Internet Explorer**.
10. Efectivamente, se trata de Internet Explorer 7. Cierre el cuadro **Acerca de Internet Explorer** y acabe el ejercicio saliendo también del navegador.

4

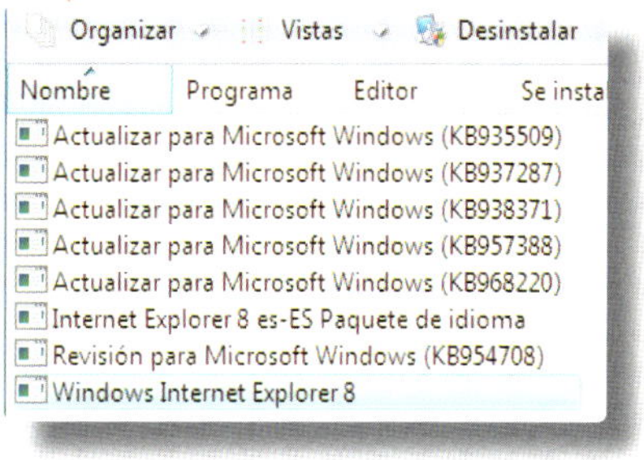

7

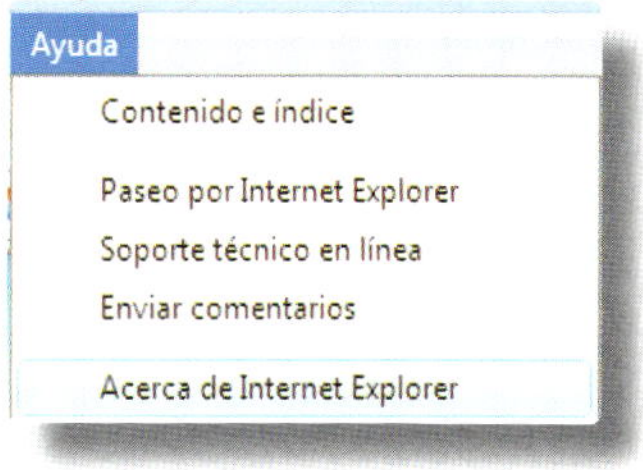

8

5

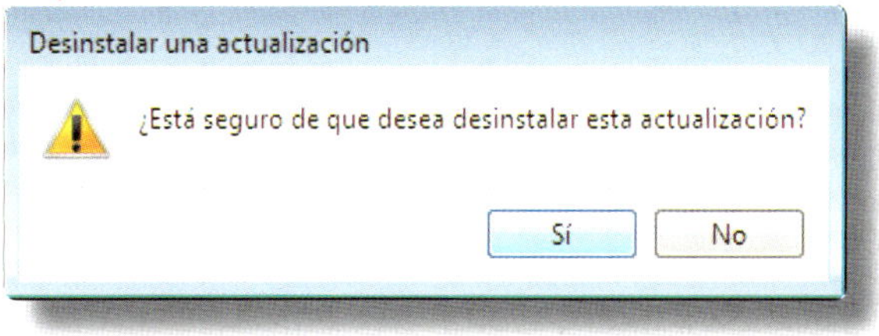

6

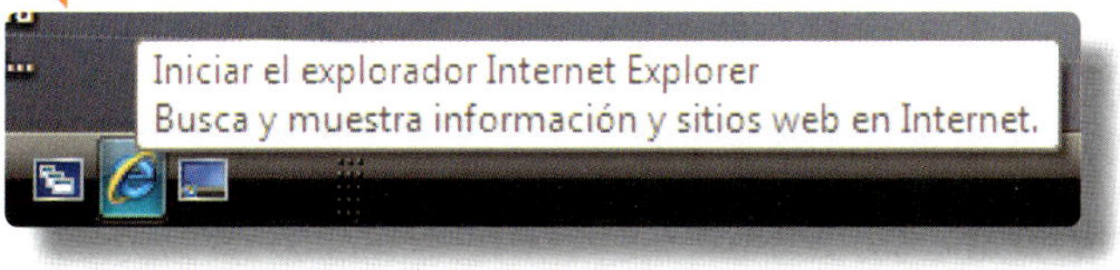

Para continuar aprendiendo...

SI ESTE LIBRO HA COLMADO SUS EXPECTATIVAS

Este libro forma parte de una colección en la que se cubren los programas informáticos de más uso y difusión en todos los sectores profesionales.

Todos los libros de la colección tienen el mismo planteamiento que éste que acaba de terminar. Así que, si con éste hemos conseguido que aprenda a navegar por la Red con Internet Explorer 8 o ha aprendido nuevas técnicas que le han ayudado a sacar más partido de este potentísimo y mejorado navegador, no se detenga aquí; en la página siguiente podrá encontrar otros libros de la colección que pueden ser de su interés.

DIBUJO ASISTIDO POR ORDENADOR

Por otro lado, si su interés está más cerca de la ilustración y el diseño gráfico asistidos por ordenador, entonces su libro es "Aprender Illustrator CS4 con 100 ejercicios prácticos".

Illustrator CS4 es una excelente herramienta de dibujo asistido por ordenador. Gracias a sus increíbles y potentes funciones, podrá crear originales ilustraciones utilizando para ello dibujos e imágenes. Descubra las mil y una posibilidades que esconde este genial programa, tan defendido por los profesionales.

Con este libro:

- Use los distintos espacios de trabajo según sean sus necesidades
- Trace las formas más variadas gracias a su amplia paleta de herramientas y a sus múltiples funciones de transformación
- Convierta sencillos dibujos en 2D en increíbles objetos en 3D aplicando efectos de extrusión y de profundidad
- Dibuje de forma natural y cree los más originales esbozos utilizando el nuevo Pincel de manchas

MAQUETACIÓN

Por otro lado si su interés está más cerca de la maquetación de libros, revistas, folletos, etc., entonces su libro ideal es "Aprender InDesign CS4 con 100 ejercicios prácticos".

InDesign es el programa líder en el sector del diseño gráfico para diseñar y maquetar composiciones de todo tipo, desde libros hasta revistas, folletos publicitarios, etc. Con este manual aprenderá a utilizar este impresionante software, mejorado y ampliado, con sus propias creaciones. En esta versión de InDesign, Adobe ha incluido distintas novedades, tanto en su interfaz como en sus herramientas.

Con este libro:

- Diseñe fácilmente atractivas composiciones para la edición digital e impresa
- Genere rápidamente documentos PDF interactivos
- Explore sus posibilidades creativas y obtenga elegantes composiciones de página
- Cree documentos complejos con tablas, numeraciones...

DISEÑO ASISTIDO POR ORDENADOR

Si su interés está más cerca del diseño técnico y de interiores asistido por ordenador, entonces su libro ideal es "Aprender AutoCAD 2009 con 100 ejercicios prácticos".

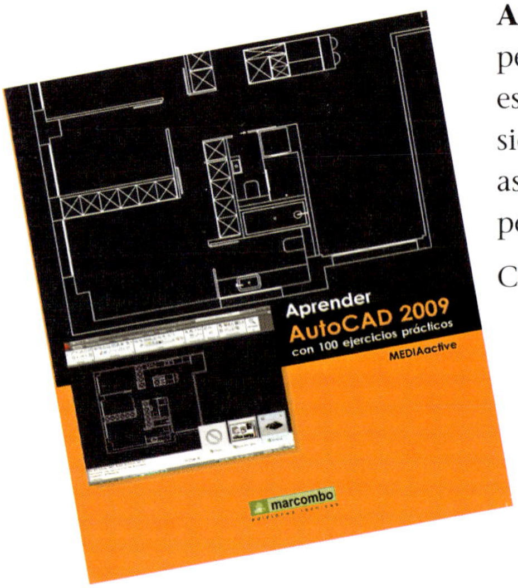

AutoCAD 2009 es en la actualidad una de las aplicaciones más respetadas y utilizadas por diseñadores, ingenieros y arquitectos. Con este manual aprenderá a manejarla de forma cómoda. En esta versión de AutoCAD, se presentan interesantes novedades, tanto en su aspecto como en sus herramientas y funciones, que incrementan las posibilidades de creación y diseño técnico.

Con este libro:

- Conozca la nueva interfaz del programa, mucho más intuitiva y lógica
- Trabaje con coordenadas
- Utilice los múltiples comandos 2D y 3D para dibujar
- Cree impresionantes diseños utilizando sólidos, superficies y múltiples materiales

RETOQUE FOTOGRÁFICO CON PHOTOSHOP CS4

Si su interés está más cerca de la fotografía y todo lo referente al retoque de imágenes digitales, entonces su libro es "Aprender Retoque fotográfico con Photoshop CS4 con 100 ejercicios prácticos".

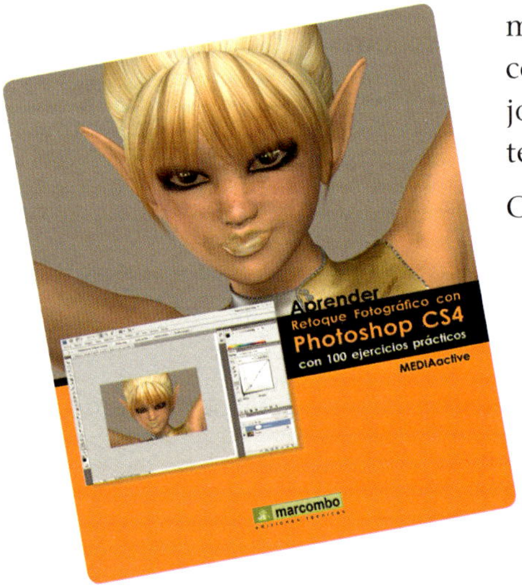

Photoshop CS4 es el programa de retoque fotográfico y tratamiento de imágenes por excelencia. Con este manual aprenderá a combinar sus diferentes herramientas, filtros y funciones para mejorar el aspecto de sus fotografías digitales y para crear sorprendentes composiciones.

Con este libro:

- Aprenda a corregir defectos como la sobreexposición, la subexposición, los desenfoques, el ruido digital, etc.
- Descubra sencillas técnicas para retocar defectos en los retratos de personas (acné, manchas, arrugas, ojeras, etc.)
- Conozca el modo de automatizar acciones
- Aprenda a aplicar correctamente los diferentes filtros para obtener espectaculares efectos